图书馆 · 情报 · 文献学

国家社科基金项目书系

国家社科基金项目“《中图法》最终用户版体系结构及可视化研究”成果之一

《中图法》最终用户版体系结构及可视化研究

Research on Architecture and Visualization of Chinese Library Classification End User Edition

卜书庆 等 著

国家图书馆出版社

图书在版编目（CIP）数据

《中图法》最终用户版体系结构及可视化研究 / 卜书庆等著 .—北京：国家图书馆出版社，2021.12

（图书馆 · 情报 · 文献学国家社科基金项目书系）

ISBN 978-7-5013-7431-1

Ⅰ . ①中…　Ⅱ . ①卜…　Ⅲ . ①《中国图书馆分类法》—研究　Ⅳ . ① G254.122

中国版本图书馆 CIP 数据核字（2021）第 276743 号

书　　名　《中图法》最终用户版体系结构及可视化研究
著　　者　卜书庆 等 著
丛 书 名　图书馆 · 情报 · 文献学国家社科基金项目书系
责任编辑　张　颀　王炳乾
封面设计　陆智昌

出版发行　国家图书馆出版社（北京市西城区文津街 7 号　100034）
（原书目文献出版社　北京图书馆出版社）
010−66114536　63802249　nlcpress@nlc.cn（邮购）
网　　址　http://www.nlcpress.com
排　　版　北京旅教文化传播有限公司
印　　装　河北鲁汇荣彩印刷有限公司
版次印次　2021 年 12 月第 1 版　2021 年 12 月第 1 次印刷

开　　本　787 × 1092　1/ 16
印　　张　24.5
字　　数　520 千字
书　　号　ISBN 978-7-5013-7431-1
定　　价　128.00 元

目　　录

图表目录

表目录

图目录

前　言

本书是国家社科基金项目“《中图法》最终用户版体系结构及可视化研究”的主要成果。本项目的研究，是为专门编制用于资源浏览检索服务的《中国图书馆分类法》（以下简称《中图法》）最终用户版，解决长期以来《中图法》体系分面改造的困扰，建立与《中图法》原体系结构既相对独立又相互关联映射的分面体系，满足最终用户（读者、研究者）从多角度、多属性分类检索资源的需求，满足网络环境下多途径、直观化的以自然语言分类系统浏览或查找以及获取学术资源的需求，同时满足新建数字资源、网络学术资源的多属性分类组织需求，为学术资源发现、知识发现、自动分类组织系统提供分面知识分类体系，解决大数据环境下，我国图书馆信息机构已用《中图法》分类组织的近百年来的中外文各类型学术资源的深度浏览与分类关联检索问题。因此，本项目旨在对《中图法》体系结构及应用发展问题进行分析的基础上，构建《中图法》最终用户版的体系结构并研究其可视化方法。

本项目从分面分类浏览与检索方法对学术资源发现影响的研究出发，在总结国外典型体系分类法的分面改造经验及数字资源分面索引编制经验的基础上，通过对《中图法》体系架构与聚类特点及划分规律的分析，提出以分面分析的方法研究改造《中图法》等级列举式体系结构及其存在的“集中与分散”矛盾。以情报检索语言学家张琪玉的“文献主题的构成因素及层次”理论为基础，结合《中图法》标引文献类聚频率统计，提出专门用于最终用户分类检索资源的版本建设方案，即提出《中图法》最终用户版的体系—分面模型、编制思路、建设步骤、对原体系框架类扩充和对框架类分面改造的方案，以及解决最终用户知识服务体系方案的核心问题和选取最终用户版的类级数据。

通过对国内外分类法可视化调研，本项目提出《中图法》最终用户版应为动态电子化的分面体系，可自动组配、复合检索的导航版本，以便适用于网络环境下学术研究型用户浏览检索习惯。本项目以《中图法》“G8 体育”类和“TP 自动化技术、计算机技术”类体系改造为例形成分面方案，开展分面可视化及自动组配检索的软件实验研究，形成本项目附属成果——《中图法》最终用户版实验类的可视化 demo，这是对研究方案最好的例证、验证和软件开发实验。

本项目成果从理论和技术上解决了网络环境下体系—分面分类法浏览展示方法、多属性类目分面方法以及复合主题自动构建类号的组配检索技术等现实问题。该成果也探索了网络环境下如何利用分类法机读数据开展计算机辅助分面分类的编制与检索，同时为自拟学科资源分类体系和《中图法》专业分类法编制等提供理论与实践基础，也提供了可行的构建方法和模型，为《中图法》自动分类、数字资源分类提供机器可理解、人工操作简单的分面组配体系。从应用层面，《中图法》最终用户版是在不增加资源主题人工分类难度和强度的前提下，来提高标引结果的检索效率、检索准确度与网络度的编制方案。它将通过分面直观浏览与自动组配对为我国学术资源主题检索特别是复杂主题的深度挖掘和知识发现带来便利。所以说该版将具有广泛的应用前景，将为《中图法》用户开展数字资源组织、自动分类组织以及资源的分类导航检索、学术资源发现、知识发现带来革命性变化。

因此，本项目的创新点，在于提出专门为学术资源导航浏览服务的《中图法》最终用户版的研制理念，这也是将传统分类法的实体资源分类排架与分类检索功能分离又相互联系的一种体系改造思想。本项目建立了《中图法》最终用户版的体系—分面模型及最终用户版的建设方案，为《中图法》最终用户版、专业版、学科资源门户建设等项目的实际研发奠定理论、技术基础以及实践基础。在大数据环境下，《中图法》将为学术资源有效地组织、发现和利用建立更适用的学术服务平台，为我国学术资源深度挖掘与导航、参考咨询服务提供不可缺少的应用工具，其社会效益深远。

全书分为 10 章，为本项目研究报告的全部内容；另附两个附录，为本项目软件试验案例及相关数据选编。本项目由卜书庆主持，全书由卜书庆拟定写作大纲。卜书庆编写第 1、3、4、6、7 章及第 5、10 章部分节，第 2 章中喻菲编写 2.1.1，赵悦编写 2.1.2 与 2.1.3，刘华梅编写 2.2，毛雅君编写第 5 章，范炜、孟贇祥编写第 8、9 章，索晶编写第 10 章。附录 1 中的数据由毛雅君、卜书庆选取，赵悦编辑整理。附录 2 中的软件试验案例，由范炜组织开发，刘华梅截图整理。全书由卜书庆统稿、修改定稿。

本项目在研究过程中，除项目成员毛雅君、范炜、赵悦、喻菲、刘华梅、索晶积极参与研制外，还得到南京农业大学侯汉清、华东理工大学陈树年、中国科学技术信息研究所曾建勋、北京大学王军、北京师范大学耿骞、中国人民大学贾君枝、北京交通大学郑兰等专家的咨询指导，在数据统计抽取和编辑方面得到国家图书馆延卫平、樊文哲支持和帮助。在此，我谨代表本项目组和本书编写者向他们表示诚挚的谢意。本书编写几经修改，但限于时间、能力与水平尚有不足和疏漏之处，敬请专家和读者批评指正。

卜书庆

2021 年 1 月于国家图书馆

1 导言

1.1 《中图法》最终用户版研制目的

随着信息技术的飞速发展，纸质资源出版周期与电子化资源发布周期缩短，资源量迅速积累与突飞猛进地增长。面对大数据的环境，图书馆及信息组织机构对各种资源的描述与内容揭示出现简单化、大众化、市场化的趋势。然而学术领域中复杂关联化、专业化、个性化、多样化的资源也不可避免地融于简单大众化的信息组织中，尤其学术资源内容不能得到全面或准确地揭示，揭示途径与角度也很难与学术研究用户的多样化、专业化需求一致。因此，在近些年来，学术资源的深度组织和挖掘越来越多地被研究者及各国信息资源研究机构提出，出现了自建学术资源门户及学科资源导航平台、领域本体，以及研究者利用概念模型自拟标签、自拟知识组织工具整合各类资源等组织方法。无论哪一种方法，其主要研究问题在于建立符合学术用户浏览习惯的、系统的学科资源分类导航体系。即该问题研究的关键点在于如何通过适用的知识组织工具对学术资源内容进行深度挖掘与系统检索，以便在大数据环境下发现新资源，使学术资源能够有效应用及良性增长。

《中图法》最终用户版即《中图法》分类搜索引擎版，其研制意图就是为我国长期广为应用的、业界权威的、学术资源的知识组织工具——《中图法》（全称《中国图书馆分类法》）的分类体系进行研究，利用分面分析的方法，对《中图法》等级列举式体系结构进行分面改造，使它形成多面并列且可组配的等级体系，来满足最终用户（读者、研究者）从多角度、多属性分类检索资源的需求，满足网络环境下学术资源的多样化、直观化的查找获取需求。为用户提供各学科学术资源的深度挖掘及多途径导航浏览体系。同时该版需满足《中图法》新搜索体系与分类标引体系类号映射转换需求，以便同一主题不同划分标准的标引类号与检索类号的一致性检索。从而解决大数据环境下，我国图书馆、信息机构已用《中图法》分类组织了近百年来的中外文各类型学术资源的深度浏览与关联数据检索问题；满足新建数字资源、网络学术资源多属性组织需求；为学术资源发现、知识发现系统提供分面知识分类体系。

1.2 《中图法》最终用户版研制意义

《中图法》最终用户版的研制，可从理论和技术上解决网络环境下分类法浏览展示方法、多属性类目分面显示（可视化）方法以及复合主题检索技术的现实问题。这与20世纪UDC（《国际十进分类法》）、BC2（《布利斯书目分类法》第二版）等所处技术环境下改造分类法体系的方法将有所不同，该版需探索网络环境下如何利用分类法机读数据开展计算机辅助分面分类的编制与展示，如何在《中图法》等级列举式类目体系基础上实现分面体系的改造，构建网络环境下适用于学术研究用户浏览习惯的分面体系及电子化展示、复合检索方法，即分类法可视化应用与导航检索方法。同时将为自拟学科资源分类体系或《中图法》专业分类法编制用户提供理论与实践基础，提供可行的构建方法和模型，也为《中图法》用于自动分类、数字资源分类提供机器可理解、人工操作简单的分面组配体系。

《中图法》最终用户版的研制，从应用层面发挥其资源聚类检索与知识发现的能力，提高不能穷尽列举类目的文献主题组织能力，它将对我国学术资源主题特别是复杂主题的深度挖掘，对复合主题检索与浏览带来便利，不需对资源所有属性面通过人工一一标引组织，只需按《中图法》原体系及规则标引。最终用户从熟知的属性通过较浅层级的多面类目体系浏览触发检索点或选择多个交叉检索点，查找或组合查找到所需的相关资源，间接达到自动后组分类与映射类号检索的目的。

因此，该版是在不增加资源主题人工分类难度和强度的情况下，来提高标引结果的检索效率、检索准确度与网络度。最终用户通过直观自然语言的分类体系浏览、选择，达到后台分类号组配检索的目的。即标引员通过单线体系复分组织与多面最终用户体系映射的兼容方法实现多属性知识资源的关联检索与浏览，从而为学术资源发现、知识发现系统提供不可缺少的知识分类体系。所以该版将具有广泛的应用前景，将为《中图法》用户开展数字资源组织、自动分类组织、分类标引资源的导航检索、学术资源发现、知识发现带来革命性变化。

1.3 《中图法》体系结构及应用发展问题

在国内，《中图法》是新中国成立后编制出版的最具代表性的、国内图书馆、信息机构使用最广泛的一部大型综合性分类法。自1975年出版第一版，至2010年出版第五版，在不同历史时期，为适应不同用户需求、解决不同类型和专业深度的文献组织需要出版了相应版本。如《中图法》未成年人图书馆版、期刊分类表、资料法、教育等专业分类表。为满足分类主题一体化标引需要，适应计算机应用环境和开展互联网服务，《中图法》编委会分别于1994年、2001年、2005年、2009年、2011年以及2013年出版和发布《中国分类主题词表》印刷版，《中图法》电子版，《中国分类主题词表》电子版、Web版（含《中图法》Web版），《中图法》第五版Web版，以及《中国分类主题词表》第三版、Web2.1版及关联数据（实验数据）。《中图法》拥有良好的文献资源分类组织的基础和众多的长期用户，拥有权威的管理机构以及电子化、网络化、专业化的多种用户版本，也是中国传统的图书资料分类法百余年发展的结晶，成为众多学术资源分类组织的首选工具，如国家图书馆民国时期以来的文献资源除线装书以外全部使用《中图法》来分类组织和检索。

在互联网与计算机应用的大数据环境下，很多学者就《中图法》以单线等级顺序划分、复分来揭示多属性主题的知识体系，不能满足最终用户从多类属性入口检索同一主题的需求等问题，曾多次提出对其分面改造的思路。如北京大学信息管理系王军在《基于分类法和主题词表的数字图书馆知识组织》[1]一文中，曾基于《中国分类主题词表》及馆藏书目数据分类号和主题词来构建面向最终用户的数字图书馆知识组织系统，解决自动标引等问题。

《中图法》在编制修订发展史上，受国外分类法分面组配思想，特别是阮冈纳赞分面分类理论的影响，曾几次应用组配技术与方法解决多属性资源检索问题，如：1975年《中图法》第一版，在我国分类法编制史上首次引进冒号组配编号法，解决多属性主题的分类揭示问题。1985年的《中图法》第二版与1991年的第三版增设了大批专用复分表并设置联合符号、复分区分符，扩大冒号组配使用范围。1990年《中图法》编委会在天津组织召开“全国《资料法》(《中国图书资料分类法》）分面改造学术研讨会”，探讨《资料法》（即《中图法》资料分类版）分面改造方法。在1999年出版的《资料法》第四版也有分面复分实践，通过允许自由组配、实行分段标记制方法来组配类号，由列举式分类法的先组类号复分结构转变成组配分类法的后组类号交叉组配结构[2-3]。

进入21世纪之后，《中图法》编委会曾组织或参与组织召开全国第三、四、五次情报检索语言学术研讨会，很多学者又就相关主题研究进行探讨，但研究思路已略有不同。如以侯汉清为代表的学者提出对《中图法》体系脱胎换骨的改造思想；以陈树年为代表的学者提出面向21世纪《中图法》及其标引技术改造研究，提出提高分类法描述文献主题的能力，改造《中图法》分类标引规则，使之适应计算机检索思路，提出多面复分即多个类号的机读标引模式，其理论思想在《中图法》第四版修订以及分类标引规则的国家标准制定中也有一些应用实践[4]。

《文献分类标引规则》(GB/T 32153—2015)附录B，提出“可通过多类号灵活组配的方式，满足用户多途径检索，充分发挥计算机检索系统的功能。也就是将部分凝固的先组类号（类目中固定的主题要素组合）加以分拆，以形成独立的检索点，可利用通用复分号前置区分符的区分功能，使通用复分要素成为能与主类号实现组配检索的独立类号。”并通过示例明确提出“兼顾分类检索与分类排架需求的分类标引规则”，及“仅满足分类检索的文献分类标引规则”，从而达到简排架类号、详检索类号的目的[5]。

2009年，国家图书馆《中图法》编委会发布《中分表》(《中国分类主题词表》)第二版（含《中图法》第四版）Web版，2011年又单独发布《中图法》第五版Web版。Web版功能之一是系统提供OPAC检索式和自定义连接各图书馆OPAC系统，满足最终用户利用分类体系来实时浏览导航和检索相应的文献资源的需要[6]。

以上思路或举措对多角度导航检索文献或信息资源提出了解决思路和方案，但存在以下问题：

（1）标引规则改造方案希望通过多途径、多类目的标引来解决单面体系结构检索不足的缺陷，受限于从编目时间、成本以及每个标引员的专业信息素养等因素，以及编目标引社会化且追求市场化的环境现状，该方案很难达到多类号分析揭示主题标引的目的，因此，标引规则改造方案不完全符合当今标引实践的现实[7]。

（2）即使标引人员采用区分功能的标引方案，采取多类号后组分面标引模式，即提供两个以上散组和后组类号的方案，那么也需要给最终用户提供组合检索类号的检索平台，而且仅类号直接组合检索已不适应网络环境下绝大多数用户的检索习惯，需要提供分组和后组类号对应的类目类名导航途径，否则也不能解决多属性和复合主题组合资源转换或直接检索的问题，只能满足类号检索途径的部分需求。

（3）《中分表》Web版包括《中图法》第五版Web版，层层划分的列举式的详细等级体系直接用于最终用户检索服务，有诸多不适应：不适应多属性主题资源的间接入口检索，不适应专深复杂主题资源的限定因素入口检索，尤其最终用户很难实现对待组的复分类和起止范围类的资源查找，特别是存在对《中图法》庞大的学科体系、多学科属性或层次限定很深的类目以及复合主题文献无从查找和难以判断、发现新资源等困难。

（4）《中图法》之所以不能脱胎换骨地改造，其重要原因在于《中图法》一直承担着实体文献分类排架与各资源分类检索的双重功能，而且等级列举式分类体系更适合文献分类排架的需求，且二者功能目标相互矛盾，在一部分类法中不可兼得。同时旧分类体系结构改变，对业界用户将有“牵一发而动全身”的实体文献重新组织的影响。

（5）《中图法》在手工目录组织环境下形成的排架从简、检索从深的功能区分，对于机检网络环境下资源分类导航并不适宜，且分类浏览检索或类号专指检索也不宜替代主题词专指检索功能。而且层层划分限定、纵深排列的等级列举式体系也不适宜立体化的多用户多面属性浏览检索体系需求。

因此，本课题提出将资源分类排架与分类检索、导航检索功能在一部分类法中分离的思想，专门编制为资源浏览检索服务的《中图法》最终用户版。该版需建立在用户熟知和广泛应用的《中图法》分类体系基础上，是与《中图法》原体系结构既相对独立又相互关联映射的体系，即在《中图法》一二级大类包括部分三级类基本不变的体系基础上，区分不同属性体系结构块，通过组配技术、可视化技术，结合实现不同属性结构块的分面后组检索的体系结构，同时建立新体系多面组合类号与《中图法》原体系复分标引类号的映射索引关系，可通过检索规则动态自动建立和人工编制映射索引结合的方式实现。

《中图法》原类目体系重点满足实体排架与资源复分标引需求，最终用户版通过同步修订和映射关联，实现两个版本的不同功能，解决长期以来《中图法》体系分面改造的困扰，解决数字资源等更多形式的学术资源、专业资源的深度浏览检索和发现新资源问题。既尽可能地简化分类体系，又做到对复杂主题的揭示与检索。

1.4 国外典型分类法体系结构分面演变与应用

图书分类法历史悠久、使用广泛，至今仍是全球范围内对不同语言的资源内容进行有序化并实现在同一系统的组织或检索的常用方法。在 19 世纪末至 20 世纪初，国际上曾产生一批分类法理论家与编制家，他们提出著名的分面分类理论。在应用与完善该理论的基础上编制或修改了很多部分类法，在世界范围内形成三足鼎立的三大分类体系，即体系式分类法、体系—分面组配结合式分类法、分面组配式分类法。

1905 年，比利时人奥特勒首先在《论数字分类法的结构》一文中提出概念分析组配的分面思想，在此基础上，他与拉封丹合作对《杜威十进分类法》（简称 DDC）第五版的等级体系结构进行分面改造，出版了《国际十进分类法》（简称 UDC）。该法成为世界上第一部半分面分类法，即体系—组配式分类法。该结构分类法比较全面地揭示各学科类目间的相互关系与联系，弥补体系式分类法单线列举排列、类目相互关系上反映的不足，可使类目加深加细，适合深度分类揭示学术文献资源的内涵。UDC 至今应用广泛，应用于西方各国科技资源与专利文献等信息机构，用来组织传统与非传统媒介资源，有英、法、德、荷、俄、日等 40 种语言版本及电子光盘和 Web 版，成为事实性的国际标准分类法。因此，在网络环境下，该法也仍然是学术信息资源组织的主流，广泛应用于各学科门户网站或主题网关等资源发现工具，如英国著名的 SOSIG（Social Science Information Gateway）、PORT（Maritime Information Gateway）等主题网关的应用[8]。

同一时期，很多图书馆学家不断提出分类主要原则并继续完善分面分类理论，编制或改造修订出版了一系列体系—组配式分类法。如英国分类理论奠基人布朗应用主题分析方法和组配原则，提出“一个主题，一个位置”的分类关联集中思想，编制出版《主题分类法》(简称 SC)，被世人称为分面分类法的萌芽，其分类理论和视角独特的分类体系在 20 世纪以来的分类理论研究中具有深远的影响[9]。

1933 年，印度图书馆学家阮冈纳赞在布朗等前人分类思想的基础上，系统提出分面分类理论，编制出版世界第一部分面组配式分类法——《冒号分类法》。《冒号分类法》依据概念分析与综合原理建立各类型分面体系，通过各面类目之间的交叉组配来揭示复杂的文献主题。该法主题表达性、容纳性、适应性等揭示能力较强，能及时反映新学科、新主题，并能为最终用户提供多途径类号检索，但分面组配规则及分类号极其灵活复杂，而且完全分面分类体系的系统性较差，理论性较强，应用较难，尤其在网络环境下很难广泛应用于综合性学科资源浏览导航[10]。

自 1969 年始，以英国分类学家米尔斯为代表的布利斯分类法协会，对美国图书馆学家布利斯出版的《书目分类法》（BC）的体系开展研究并进行分面改造，于 1977 年编制出版体系—分面组配式的分类法，即 BC2。采用分面分析方法，在保持 BC 中的基本序列不变的基础上，对基本大类以及传统学科展开分析，建立明确的等级分面结构、统一的组配规则以及较实用的类号体系。BC2 继 UDC 之后又一次突破了传统分类法修订方式，为等级体系分类法做分面分类改造提供了成功模式。该分类法被英国、澳大利亚等许多国家的图书信息系统，尤其是专业学术资源的图书信息系统采用[11]。

进入 21 世纪后，在资源发现领域内，很多研究者考虑开发满足资源发现需求的分类系统和支持工具。如：伦敦大学学院（UCL）图书馆、档案和信息研究学院于 2002 年开展 FATKS（Facet Analytical Theory in Managing Knowledge Structure，分面分类法在知识结构管理中的应用）研究项目，他们利用分面分析理论，综合三部体系—分面分类法，即 BSO（*Broad System of Ordering*，《扩展式分类体系》)、BC2、UDC 的分类数据，创建了“人文科学领域的分面分类法”模型，即 FAT-HUM 原型。其目的为资源发现领域提供可行的分面分类法及其编制经验[12]。

1.5 分面分类浏览与检索方法对学术资源发现的影响

1955 年，英国伦敦分类法研究小组利用 5 年多的时间对文献分类法基本原理以及用户检索步骤、识别主题过程等进行研究，将以“需要以分面分类法作为一切情报检索方法的基础”为题的一份备忘录，提交给英国图书馆协会及联合国教科文组织，提出“分面分类法是今后分类法的发展方向，是主题法、索引法及自动检索等一切情报检索方法的基础”[13]。经过半个多世纪的分类表编制与检索应用实践，该研究结论依然适用和实践于 21 世纪网络环境下学术资源发现和系统检索方法，也将成为网络环境下服务于最终用户的知识组织系统构建的基础。

任何资源检索、浏览、发现或导航系统均需帮助用户明确某一主题模糊检索的准确表达，提供准确内容的选择检索，最终完成获取某一主题准确检索及相关检索资源的任务，这也是资源主题检索的必要步骤和用户检索的思维过程，以及学术用户发现新资源的方法。这与 20 世纪末至 21 世纪初以来 IFLA（国际图联）发布的一系列书目概念模型（FRBR、FRAD、FRSAD），特别是 2017 年 8 月发布的三模型统一版“IFLA 图书馆参考模型”（IFLA-LRM）所提出的用户任务（查找 [Find]、识别 [Identify]、选择 [Select]、获取 [Obtain]、探索 [Explore]）是相一致的[14]，与国际标准 ISO 25964-1:2011《信息与文献 叙词表及与其他词表的互操作　第 1 部分：用于信息检索的叙词表》对资源元数据和词表类表编制提出的检索需求是相一致的[15]。

分面分类体系是通过分析与综合概念，完成其简单主题与复杂主题的资源检索任务。所以也只有分面分类方法可以多种面（多角度）展示类目间或主题间（包括单元主题和部分复杂主题）最有用的属分关系，提供资源主题扩检与缩检的界面或平台，帮助用户构成或拆分复合主题，形成类目组配的检索工具，成为用户主题模糊检索的精准转换工具，而且不局限于字面与不同语种形式的概念转换，同时准确度也优于计算机环境下字、词、句的全文模糊检索。

因此，《中图法》体系结构的分面改造与多面类目体系呈现（可视化）方法将成为最终用户版研制的重要内容。《中图法》体系改造及呈现与文献资源主题构成要素及其综合分析以及满足用户多角度浏览需求的规律性、习惯性、便捷性检索密切相关。

文献主题构成要素按其性质（属性）可概括为几个范畴。阮冈纳赞曾将其概括为本体、物质、动力、空间、时间五大基本范畴。我国国家标准 GB/T 3860—2009《文献主题标引规则》，将其概括为主体因素、限定因素（方面因素）、空间因素、时间因素、文献类型因素五个因素面[16]。这些因素、要素或范畴与阮氏的五大范畴名称虽不完全相同，但实质是相同的，限定因素包含了阮冈纳赞的“物质”“动力”的范畴或方面，这些因素或范畴即为主题分面分类标准、分面分析与概括的要素，也将成为分类浏览、检索的途径。范畴面的细化区分与文献主题的主体或本体的复杂程度及被引文献频率密切相关，即与分类法类目划分的专深度及其聚类文献资源量密切相关。

2　国外分类法分面改造实践研究

2.1　国外分类法分面改造经典案例研究

本项目选择20世纪以来较典型的《国际十进分类法》和《布利斯书目分类法》为体系分类法分面改造案例进行研究。

2.1.1 《国际十进分类法》(UDC)

《国际十进制分类法》(*Universal Decimal Classification*，简称UDC)，是一部通用型的分类法。它是由比利时学者保罗·奥特勒（Paul Otlet）和亨利·拉封登（Henri La Fontaine）共同编制的。其第一版由国际目录学会于1905—1907年期间分35个分册出版，当时的名称是《世界图书总目手册》，为法文版。UDC是世界上最早的使用多种语言的分类表，目前UDC共有23种语言版本。1993年UDC的英文主文档建立，类目被限定在6万个左右，该文档成为UDC各种语文不同类型版本修订和发展的基础[17]。

UDC是引入分面组配技术向体系组配分类法转变的典型代表。它是根据“概念分析”的原则编制的，是体系组配分类法的先驱。为编制世界性书目，国际目录学会参考DDC第五版，以其大类及部分类目体系为基础，改编而成UDC。UDC共有9个一级类目。从内容上看，UDC的一二级类目和DDC是基本一致的，三级类目划分相似，类目详细程度有些差异。其原本设定的“4语言”大类在1963年修订时被并入“8文学”大类，留下空缺的“4”大类的号码以满足扩充科学技术类目的需要。

2.1.1.1　UDC的复分表设置及类号组配方法

UDC的最主要的特征就是通过加入一系列辅助符号作为复分（及组配）标记，这使UDC的结构表现出分面特征。这类符号可分为以下两大类组：主类号的连接、组配符号与辅助表使用的复分符号，它们又可分为通用复分号和专用复分号两类[18]。

这些符号及其用法在UDC的辅助表a至辅助表k一共9个辅助表中列出，分为“通用辅助符号”和“通用复分号”（即通用辅助表）两部分。“通用辅助符号”提供的就是主类号的连接、组配符号，以利用体系分类法中现有的类目组配形成新的类目，从而加强类目的专指度、提高表达新概念或复合主题的能力。UDC 在辅助表 a（+ 并列、/ 扩充）、辅助表 b（：关系、：：固定排序、[ ] 子类）、辅助表 h（*、A/Z）三个辅助表中列出了 7 种辅助复分符号，并提示其详细的用法，以指导用户组配现有类目形成新的类目。每种辅助符号的用法可见表 2-1。

UDC 的“通用复分号”适用于主类表中所有类目的复分号码，通过相应的复分符号同主表类号组配复分，是通常意义的通用辅助表。UDC 共提供了 6 种通用辅助表，包括：辅助表 c（通用语言复分表）、辅助表 d（通用形式复分表）、辅助表 e（通用地区复分表）、辅助表 f（种族与国籍复分表）、辅助表 g（通用时间复分表）、辅助表 k（特性复分表：属性、材料、关系 / 处理、人物）。这些通用辅助表分为两类，即独立辅助表（Independent Auxiliary Tables）和依存辅助表（Dependent Auxiliary Tables）。语言、形式、地区、种族、时间通用复分表为独立辅助表，其号码可以应用于类表的任一类目。必要时，也可以独立使用。如地点复分表、时间复分表等还可以细分为不同的分面，具有多次复分功能。属性、材料、关系 / 处理、人物通用辅助表是依存辅助表，其号码不能独立使用，以短横为标志，必须附在主类表号码之后。

此外，UDC 还提供仅限于在特定类表中使用的“特殊复分号”。这些复分号都列在主类表中。其辅助符号有两种，包括：“.0…”、“-…”。

表 2-1 UDC 通用辅助符号

表名	符号名	标号	注释
表 1a	连接符号	+	连接两个或多个独立的（非连续、非相关）UDC 号码，用于单个号码无法表示的复合主题
	扩展符号	/	连接一系列连续 UDC 号码的第一个和最后一个号码，用于表示一个宽泛主题或概念范围
表 1b	简单关系	:	通过 UDC 号码表示两个或多个主题之间的关系。与加号和斜线不同，冒号是对连接的主题进行限定，而非扩展
	固定排序	::	表示 UDC 类号之间的关系和固定排序，适用于：需要强调双冒号之后的类号是为之前类号增加属性以达到主题细化，并且其前后顺序不得调换的情况
	子类	[ ]	用于表示复杂组合 UDC 类号的一部分，目的是明确类号各部分之间的关系

续表

<table>
<tr><th>表名</th><th>符号名</th><th>标号</th><th>注释</th></tr>
<tr><td rowspan="2">表 1h</td><td>非 UDC 号码（星号）</td><td>*</td><td>用以引出非 UDC 号码及来源的标记（字、符号或号码）</td></tr>
<tr><td>非 UDC 号码（直接按字母顺序排序）</td><td>A/Z</td><td>名称、缩略语与简写的字母顺序可以直接跟在 UDC 后面，不需要星号或空白</td></tr>
</table>

表 2-2　通用复分表宏观比较

<table>
<tr><th rowspan="2">时间</th><th colspan="3">UDC</th><th colspan="3">DDC</th></tr>
<tr><th colspan="2">表名及其子复分面</th><th>标号</th><th colspan="2">表名及其子复分面</th><th>标号</th></tr>
<tr><td>语言</td><td>表 1c 通用语言复分表</td><td></td><td>=...</td><td>表 6 语种复分表</td><td></td><td>无</td></tr>
<tr><td>类型</td><td>表 1d 通用形式复分表</td><td></td><td>(0...)</td><td>表 1 标准复分表（可仿地理区域、时代、传记复分表分）</td><td></td><td>0</td></tr>
<tr><td rowspan="4">地点</td><td rowspan="4">表 1e 通用地区复分表</td><td>（1）一般区域</td><td rowspan="4">(1/9)</td><td rowspan="4">表 2 地理区域、时代、传记复分表</td><td rowspan="4">地理区域</td><td rowspan="4">无</td></tr>
<tr><td>（2）自然地理名</td></tr>
<tr><td>（3）古代世界</td></tr>
<tr><td>（4/9）行政区域</td></tr>
<tr><td rowspan="3">种族和民族</td><td rowspan="3">表 1f 种族与国籍辅助表（可通过冒号组合表 1e 复分）</td><td>（=011/019）地理区域划分的祖先族群</td><td rowspan="3">(=...)</td><td rowspan="3">表 5 种族、民族复分表</td><td rowspan="3"></td><td rowspan="3">无</td></tr>
<tr><td>（=1/=8）语言文化群体、族群</td></tr>
<tr><td>（=1:1/9）特定地方的民族</td></tr>
<tr><td rowspan="7">时间</td><td rowspan="7">表 1g 通用时间复分表</td><td>“0/2”
公历时间</td><td rowspan="7">“...”</td><td rowspan="7">表 2 地理区域、时代、传记复分表</td><td rowspan="7">历史时期</td><td rowspan="7">无</td></tr>
<tr><td>“3”常规时间划分</td></tr>
<tr><td>“4”持续时间段</td></tr>
<tr><td>“5”周期、频率</td></tr>
<tr><td>“6”地理、考古及文化时间划分</td></tr>
<tr><td>“7”时间中的现象、时间现象学</td></tr>
<tr><td>“56”隔代重复、生命周期</td></tr>
</table>

续表

	UDC			DDC		
	表名及其子复分面		标号	表名及其子复分面		标号
属性	表 1k 特性复分表：属性、材料、关系 / 处理、人物	-02 属性复分（表示实体的通用属性或特性）	-0…			
材料	表 1k 特性复分表：属性、材料、关系 / 处理、人物	-03 物质复分（表示组成事物或产品的材料或成分）	-0…			
关系 / 处理	表 1k 特性复分表：属性、材料、关系 / 处理、人物	-04 关系、过程与操作复分［表示任何学科中概念（特别是 -042）和过程、活动与运行之间的关系］	-0…			
人与人特征	表 1k 特性复分表：属性、材料、关系 / 处理、人物	-05 人物与人物特征复分（用于有关人物或他们的特征）	-0…	表 2 地理区域、时代、传记复分表	人物复分	无

注：UDC 的通用复分表分为：通用辅助符号和通用复分号两部分。此表中仅将通用复分类号同 DDC 的通用复分表进行比较。

UDC 复分表采用各种封闭式标识符号在与主类号组配使用时可以前置、中置和后置，最大限度地解决了文献集中与分散的矛盾，根据标引与检索的需要能够局部改变分类体系，类号组配与轮排的灵活性远远优于 DDC，如：5(47) 苏联自然科学；(73)629.113 美国汽车工业；629.1“18”2 十九世纪水运工具[19]。

2.1.1.2　UDC 分面改造特点

UDC 在基本结构方面和 DDC 保持了相当程度的一致性，但在标记制度方面，除了用纯阿拉伯数字作为号码这点相同之外，其余有很大的不同。UDC 从出版之初起，就已突破复分号只用以“0”开头的数字表示的单一方法，开始采用一些特定的标点符号作为复分（及组配）的标记。

这种设置的主要原因在于：UDC 主要用于组织分类目录而不用于藏书排架，所以无须顾及分类排架对分类体系的种种限制。UDC 的主要特征就是借助多种辅助复分符号，提供多种分类标准，对图书资料的多种属性特征进行划分。这些辅助符号所构成的复合号码，可以从时间、地点、种族、民族、文种及出版形式等方面，多角度、多观点全面准确地揭示事物间的内在特征与外部联系，既能全面、准确、灵活地反映事物主题之间的复杂关系，又能及时揭示新的学科主题[20]。UDC的主要特征就是借助多种辅助复分符号，提供多种分类标准，对图书资料的多种属性特征进行划分。

UDC是根据“概念分析”的原则编制的，是组配分类的先驱。它的类目列举详尽，类号组配灵活，可以利用通用复分表、专用复分表以及各种辅助符号进行类目的组配来精确地描述复杂主题。它的类号有较强的表达性，通过使用各种辅助符号表达各主题成分及其之间的关系，因此能够按照不同的类号组织、集中有关文献，进行轮排检索，对计算机检索有较强的适应能力[21]。

20世纪90年代以来，UDC的修订遵循了特别小组①报告的建议，特别是在从列举式分类法到分面式分类法的转型方面。应用分面分析使UDC的类号具有更强的表现力，尽可能使简单的概念用简单的类号表示，复合和复杂概念用类号组合表示。但也需认识到，在许多情况下分面意味着类目的彻底重构，整个类目被取消，被全新的分面体系所代替。当没有其他可能性时，同一个类号可能重新用来表达新的含义。这是修订可能导致的最不利的后果，200宗教类的修订就是无法避免这种后果的一个实例[22]。

UDC的发展演变是引入分面组配技术向体系组配分类法转变的典型代表。传统的分类体系结构在保持系统性的前提下，通过大量运用复分、仿分技术，引入分面标记符号，扩大有效的概念组配，提供可供选择的多种分类体系等方式，使得改造后的体系分类法兼有两种语言结构的优点，不但有较好的系统性，而且有组配灵活、类目多、专指度高等特点。

2.1.2 BC

《布利斯书目分类法》(*Bibliographic Classification*，简称BC)是美国图书馆学家布利斯(Henry Evelyn Bliss，1870—1955)所创制的。在现代主要图书馆分类法中，BC是一部出版较晚但很有特色的分类法。刘国钧先生评价BC“在这些分类法中，可以说是唯一根据预先建立的理论编制起来的分类法”[23]。虽然BC的用户、影响力似乎不及DDC、UDC、LCC这些分类法，但BC及其创建者布利斯对于分类法理论和编制技术所做出的贡献却不可低估，尤其是在分面分类方面。BC1(BC第一版)到BC2(BC第二版)所进行的彻底的分面改造，为后来的相关研究与实践提供了可借鉴的思路与方法。

在编制BC之前，布利斯即对分类理论进行了深入的研究，其分类理论主要体现在

① UDC管理委员会成立于1986年，旨在实施这些变革，并于1989年决定成立一个UDC系统开发工作组(特别小组)，由国际化的工作组成员组成，工作组在短时间内制作了一份提供更多具体计划的UDC长期发展战略文件。

他的两部理论著作中，即1929年出版的《知识组织和科学体系》（*The Organization of Knowledge and the System of the Sciences*）和1933年出版的《图书馆知识的组织》（*The Organization of Knowledge in Libraries*）[24]。在第一部著作中布利斯论述了一般分类问题、欧洲思想史上著名的知识分类体系，为BC打下了哲学的基础。在第二部著作中，他研究了图书馆里的图书分类问题，分析了知识分类和图书分类的关系，提出了图书分类法的基本原则，阐述了类表的编制原则、标记制度和分类规则，并对当时世界上主要的几种分类法进行研究比较后提出了自己的主张，为BC的编制奠定了坚实的理论基础，确立了以下编制原则：

一致性原则，这是BC依据的最根本的原则。图书分类应以知识分类为基础，“知识的组织应与科学和教育相一致”，即与科学、教育具有一致性的知识组织为基础的图书分类体系，才可能发挥出最大的效率。

从属原则，要求类目的排列要遵守从一般到特殊、从总论到分论的原则，即主题间要按外延递减的原则排列，这一原则所要解决的主要是上下位类的关系。

配置原则，要求把密切相关的学科（主题），最大限度地配置在相近位置，既适用于大类也适用于一门学科内各主题的排列，有效地增加了分类法的实用性。

灵活性原则，通过设交替类和采用交替处理的方法，为不同需求提供不同选择。

1935年，布利斯正式发表了《书目分类法体系》（*A System of Bibliographic Classification*），即BC简表，第二年旋即修正再版。1940年详表第一卷（Classes A/G）出版，并更名为*A Bibliographic Classification, Extended by Systematic Auxiliary Schedules for Composite Specification and Notation*；1947第二卷（Classes H/K）出版；1953年第三卷（Classes L/Z）出版，并且对Classes A/K做了更正和少量修订后一起出版，第四卷为A—Z索引，也同期出版。至此，BC第一版完成，这个版本通常被称为BC1。

2.1.2.1 BC2的分面修订

BC1从本质上说是一部列举式分类法，但它允许主表类目之间的组配，且设置了大量的辅助表，在一定程度上具备了分面组配分类法的结构和功能，这对后来的分类法理论和实践都产生了深远的影响，更为之后BC2的分面改造奠定了良好的基础。但由于BC1的分面组配技术和方法应用得还很不彻底，类目编排标准不统一，号码分配也不够合理，因而无法最终克服列举式分类法的根本弊病[25]。BC虽诞生于美国，但在美国图书馆界的影响和应用远不及英国，除了布利斯所在的纽约市立学院图书馆以外鲜有采用BC的图书馆，而在英国BC却得到了相当的重视和一定的发展。1954年布利斯创立了《布利斯分类法公报》（*Bliss Classification Bulletin*，即BC公报），报道BC的修订和增补内容，有效保证了

BC的可持续发展。

1967年“布利斯分类法协会”（Bliss Classification Association，简称BCA）在英国成立，接管了BC公报的编辑与发布，并任命杰克·米尔斯（Jack Mills）和万德·布劳顿（Vanda Broughton）两人为主编，负责BC的全面修订。综合BC的修订目的和结果来看，BC2主要是要解决两大方面的问题，即分类法类目的更新补充和分类法结构的分面改造。而后者正是BC此次修订最显著的变化，修订后的BC2已成为一部完全的分面分类法，对BC而言这是一次彻底的修订，实现了一次质的飞跃。主要有以下方面：

类目调整方面，根据科学与知识的发展，此次修订对原有类目设置进行补充调整，并对先行类、辅助表进行了重编或改造。

分面改造方面的工作更为复杂，包括分面分析、引用次序确定、排列次序确定、标记制度多方面的内容[26]。

2.1.2.2　BC2 体系结构

修订后的BC2在体系结构上，是按总论—现象—学科次序安排，基本类目体系如下[27]：

2/3　总论 Generalia

4/9　现象：属性、活动 Phenomena: attributes, activities

7　知识领域 Universe of knowledge

包括传播与信息（Communication and information）、信息科学与技术（Information sciences and technologies）、数据处理（Data processing）

8　记录，文献 Records, documentation

包括记录类型（Types of records）、出版销售（Publishing, selling）

8G　目录，参考文献 Bibliography, bibliographies

8M　图书馆和图书馆事业 Libraries and librarianship

9　大众传播 Direct and mass communication

A　哲学 Philosophy

AL　逻辑学 Logic

AM　数学 Mathematics

AW　统计与概率 Statistics and probability

AX　系统学，组织理论 Systemology, organisation theory

AY　科学与技术 Science and technology

AZ　科学，实证科学 Science, empirical science

AZB　自然科学 Physical science

B　物理学 Physics
BR　基于物理学的技术 Technologies (physics based)
C　化学 Chemistry
CT　材料科学与技术 Materials science & technology
D　天文学 Astronomy
DG　空间科学 Space science
DH　地球科学 Earth sciences
DY　博物学 Natural history
E　生物学 (Biological sciences)
F　植物学 Botany
G　动物学 Zoology
GZ　经济生物学 Economic biology
H　人类学 Anthropology
HD　解剖学与生理学（总论）Anatomy & physiology (general)
HH　卫生科学 Health sciences
HM　医学 Medicine
I　心理学 Psychology
J　教育 Education
K　社会科学 Social sciences
L　历史 History
L9　传记 Biography
M/O　按地点：欧洲，美洲… By place: Europe, America...
P　宗教 Religion
PB　系统神学 Systematic theology
PD　宗教活动，宗教仪式 Practice of religion, worship
PF　宗教系统 Religious systems
PG　宗教信仰和神话 Religions and mythologies
PGB　信仰形式：泛神论… By form of belief: pantheistic...
PGJ　古代宗教 Ancient and dead religions
PI　现代宗教 Modern: Hinduism, Buddhism, Judaism, Christianity, Islam...
Q　社会福利 Social welfare
R　政治学 Political science
RO　公共行政管理 Public administration
S　法律 Law

T　　经济学 Economies

U　　技术，实用艺术 Technology, useful arts

UA　　农业，林业与畜牧业 Agriculture, forestry, animal industries

UY　　娱乐艺术 Recreative arts

V　　艺术，美术 Arts, fine arts

VY　　表演艺术 Performing arts: theatre, ballet, cinema, broadcasting

W　　语文学 Philology

WA　　语言学 Linguistics

YU[①]　　文学（总论与比较）Literature (general and comparative)

以上大纲与第一版相比，基本上保持了原貌，只是根据科学的发展做了适当的调整。如将第一版的 Z 大类“图书学、目录学及图书馆学”移至“现象”中的有关类，而将“宗教，神秘学，道德”放在 Z 大类[②]。调整后，基本上将综合性的学科集中在前面的“现象”部类。

为弥补单线排列的分类类目体系无法反映综合交叉的复杂科学体系这一严重不足，BC2 大量采取了运用交替类目和参见的方法，以解决一门学科几种归属的问题，用户可根据需要和规则选择其中一个类为使用类，当然一旦确定使用类即不再轻易改变。科学的序列辅以交替和参见，构成了 BC2 联系紧密的体系结构，再配以精细的分面结构和分面标记就形成了 BC2 的基本特征。

2.1.2.3　BC2 标记制度

BC2 与 BC1 一样，仍是采用阿拉伯数字（1/9）和拉丁字母（A/Z）作为标记符号，属混合号码范畴。作为一部完全的分面分类法，BC2 的类号是分析—综合式的，即类表上的类号是分面的简单类号，分类时则用简单类号综合成表达复杂主题的合成类号。BC2 类号的合成比较灵活，根据不同的需求及情况，主要通过以下几种方法来实现：第一种，也是最主要的方法是回溯标记法（Retroactive Notation），即按照引用次序除第一个引用面外，每个面的分类号去掉重复的大类首字母组合在一起，因 BC2 的引用次序是与类表顺序倒置的，所以第一个引用面是各面中排在类表最后的类号，依次倒推；第二种方法是按分类注释进行合成；第三种方法是利用辅助表进行号码合成，即将辅助表的号码直接加在主类号之后，也就是通用复分。

2.1.2.4　BC2 分面结构

基本分面及其子分面、辅助分面、引用次序、排列次序构成了 BC2 的分面结构。在

① WH Literature (general and comparative）交替至 YU。

② Z 大类根据目前发布情况，内容有所变化，已不是修订之初的规划。

BC1 中，布利斯也运用过分面分析的理论和方法，但并没有严格遵循分面分析的原则。BC2 在设计分面结构时，吸收了分面分析方面的研究成果，以求实现最佳的分面结构。BC2 的分面结构是多方面、多层次的结构。首先是基本分面。基本分面由上位分面和若干子分面构成。例如，"教育"类是一个基本大类，即一个上位分面，教育类下再划分出若干子分面，子分面再不断划分，形成一个分面链。分面链有别于等级链。因为在分面下，可采用若干不同的标准，划分出几个系列的子分面。例如，在"教育"类中，"受教育者"可分别依据年龄、性别、职业、智力和身体标准划分出子分面。当然，现代的体系分类法，如《中图法》，也采用类似的方法，我们称之为多重列类。但是，这种方法只是偶尔出现，而不是一贯使用。而且多重列类缺乏合成能力，只采用最前标号法或最后标号法。分面分类法则可以将几个任意的主题因素进行合成，构成复杂的主题。

除基本分面之外，BC2 还有辅助分面，即辅助表。这种形式在现代图书分类法中都是共同的。BC2 的辅助分面有：1 通用形式；1A 人物；2 地点；3 语言；3A 种族集团；4 时间。这些辅助分面不能单独使用，必须附属于主要分面之后。

分面分类法的各分面因素是供合成主题时组配用的。由于有些复杂主题涉及的分面因素很多，因此就有先引和后引的问题。由此可见，一部分面分类法光有严格的分面分析还不够，还必须用一个有效的引用次序来控制类序。BC2 引用次序采用的是"先目的（或结果）后手段"，其基本引用次序为：事物、种类、部件、性质、材料、过程、操作、施动者、产品、副产品、代理、空间、时间（thing – kind – part – property – material – process – operation – patient – product – by-product – agent – space – time），是按照从特殊到一般的原则，如同《中图法》能入专论不入总论的原则相同。根据这一基本引用次序，各类还制定有具体的引用次序。如"J 教育"类的引用次序为：

受教育者（受教育者类型）

教什么（课程）

怎么教（教学方法）

教育施动者（即教师）

上述 4 个方面的教育环境—受教育者的活动与性格特点、学习心理学及教学过程

共同操作（行政、管理学）和它们的施动者（人员、建筑和设备）

被考察的教育主题的观点（理论、哲学、社会学）

地点与时间

通用复分

BC2 排列次序，除引用次序之外，分类体系中还要确定类列次序和分面排列次序。BC2 的类列次序和分面排列次序与引用次序相反，表现为从总到分（从一般到特殊），也

就是采用了倒排法的排列方式，如《中图法》划分排列顺序相同。

2.1.2.5 BC2 特点分析

米尔斯等人对 BC1 进行了彻底的分面改造，使得 BC2 成为一部真正的分面分类法，摆脱了列举式分类法的弊端。主要优点有[28]：

体系优化，使用灵活。在继承第 1 版体系的前提下，根据科学的发展做了适当的调整，尤其是将综合性学科集中在分类表之首的“4/9 现象：属性、活动”（Phenomena: attributes, activities）之中，概括地提供了一个现代科学结构的大纲。而众多的交替和参见类目，更增加了 BC2 的灵活性。

分面严密，改造彻底。采用严格的分面分析，确定有效的引用次序，构成了 BC2 严密的分面结构，完成了从体系分类法向分面分类法的过渡。

标记科学，容纳度大。采用数字和字母作为标记符号，使号码具有很大的容纳性。合成式标记制度，尤其是回溯标记法，使 BC2 的标记符号与分面分析相得益彰。

词汇新颖，专指度深。BC2 坚持文献保证原则，无论是词汇的新颖度还是专指度都跟上了科学发展的步伐，可满足文献标引的需要，可以方便生成主题索引（Subject Index），为叙词表提供了基本的词汇来源。

同时修订后的 BC2 也存在着很多问题：修订时间长，从 1977 年至今出版了 15 卷，使 BC2 缺乏整体性，也导致整部分类法的前后难以保持一致，并且分卷断续出版不利于综合性图书馆的使用。BC2 一些类的修订费至今没有着落，使修订工作进程得不到应有保障。BC 公报也自 2012 年最后一次出版以后即因人员原因未再出版更新。此外，BC2 的使用规则过于复杂，也影响了用户的采用。

尽管 BC2 存在着这些不足，但瑕不掩瑜。BC2 的问世，不仅为传统分类法的修订开辟了新的道路，更为分面分类法的应用开拓了新的领域。BC2 计划分 23 卷出版，自 1977 年出版第一卷以来，至今已出版了 15 卷，各卷的修订出版情况见表 2-3。表中不仅包括 BC2 已出版的各卷，还包括一些未出版的草案，而其中一些是由用户发布的，最终权威版本研发时也可能会有变化。

表 2-3 BC2 修订发布情况[29]

1	Introduction and auxiliary schedules	1977 *	ISBN: 0408708212
2/9	Generalia, phenomena, knowledge, information science & technology		
A/AL	Philosophy and logic	1991	ISBN: 1857390253

续表

AM/AX	Mathematics, probability, statistics	1993	ISBN: 1857390725
AY/B	General science, Physics	2000	ISBN: 0408708247
C	Chemistry (Available on this site in pdf format)	2012	ISBN: 978-3-598-24331-8
D/DF	Astronomy (Unpublished draft available in .doc format)		
DG/DY	Earth sciences (Unpublished draft available in pdf format)		
E/GQ	Biological sciences (Unpublished incomplete draft)		
G/GY	Zoology. (Scanned draft schedule. 87 pages.)		
GR/GZ	Applied biological sciences: agriculture and ecology. (Scanned draft schedule. 4 pages.)		
H	Physical anthropology, human biology, health sciences. (Draft outline.) Guide.	1980 *	ISBN: 040870828X
I	Psychology and psychiatry	1978 *	ISBN: 0408708417
J	Education (Rev. ed.)	1990	ISBN: 0862912784
K	Society (includes social sciences, sociology and social anthropology)	1984 *	ISBN: 0408708301
L/O	History (including area studies, travel and topography, and biography) (Two unpublished drafts available in pdf format, by Haddon Library and Sidney Sussex College)		
LA	Archaeology (Unpublished draft available in pdf format)		
P	Religion, occult, morals and ethics	1977	ISBN: 0408708328
Q	Social welfare and criminology (Rev. ed.)	1994	ISBN: 1857391217
R	Politics and public administration	1996	ISBN: 1857390776
S	Law	1996	ISBN: 1857390679
T	Economics and management of economic enterprises	1987	ISBN: 0408708344
U/V	Technology and useful arts (including household management and services) (Unpublished draft available in pdf format. Scanned typescript, 145 pages.)		
W	The Arts (Available on this site in pdf format)	2007	ISBN: 3598243359
WV/WX	Music (Unpublished draft available in pdf format)		
X/Y	Language and literature (Unpublished draft available in pdf format)		
ZA/ZW	Museology (Unpublished draft available in pdf format)		

2.1.2.6 示例分析——P 大类

BC2 的 P 大类宗教（Religion）是于 1977 年最早出版的一卷。其在类目设置上最大的变化是在 BC2 中将 P 设为交替类，可交替到 Z 大类[30]。

表 2-4 BC1 与 BC2 之 P 类目体系比较

BC1 之 P 的基本类目		BC2 之 P 的基本类目	
P	Religion 宗教	P	Religion（* Alternative is to locate at Z） 宗教（* 交替类号 Z）
PB	Theology: systematic, natural 神学：系统，自然	PB	Systematic theology 系统神学
PD	Worship, devotional religion 宗教仪式，宗教信仰	PD	Practice of religion, worship 宗教活动，宗教仪式
PE	Ethics and morals 伦理道德	PF	Religious systems Institutions, ecclesiology 宗教系统 机构，教会学
PF	History of religion, comparative religion 宗教史，比较宗教学	PG	Religions and mythologies 宗教信仰和神话
PG	Mythology 神话学	PGB	By form of belief: pantheistic ... 信仰形式：泛神论 ...
PH	Asiatic religions, Islam, Judaism, Christianity 亚洲宗教，伊斯兰教，犹太教，基督教	PGJ	Ancient and dead religions 古代宗教
PX	Religious institutions & societies 宗教组织和团体	PI	Modern: Hinduism, Buddhism, Judaism, Christianity, Islam ... 现代宗教：印度教，佛教，犹太教，基督教，伊斯兰教 ...
		PX	The occult 神秘学
		PY	Morals and ethics 伦理学

从类目上看，BC2 修订后的类目体系有一些扩充和调整。类目内容主要包括三大部分，P/PI 是宗教类目，PX 是神秘学类目（可交替至 ZX），PY 是伦理学类目（可交替至 ZY），分别都设置了交替类。此外，还有 PW 是神秘主义类目（可交替至 PBY）。

（1）P 大类分面结构

P 大类严格遵循分面分析原则，其设置的主要分面有：

宗教系统，宗教和神话 Religious systems, religions, and mythologies

宗教活动 The practice of religion

宗教活动代理 Agents of religious practice (phenomena of the natural world, man and his artefacts, phenomena of the supernatural world)

系统神学（教义，概念）Systematic theology (doctrines, concepts, etc.)

观点 Viewpoints from which the subject of religion is examined (theory, philosophy, sociology, etc.)

地点 Place

时间 Time

通用细分 Common subdivisions (e.g. information on the subject of religion, forms of presentation of this information)

（2）P 大类引用次序

P 大类是尽可能地遵守 BC2 的基本引用次序，但根据具体情况也有特殊规定。具体来说，其引用次序与分面次序是一致的，即“Religious systems”是第一分面（第一引用），“The practice of religion”是第二分面（第二引用），以此类推。对于同一分面下的不同子分面间的引用次序问题，P 大类也做出相应说明，主要是要考虑如何给出反映多个子分面的复合主题，这其间有一些特殊的规定。

（3）P 大类排列次序

P 大类排列次序也是与引用次序相反，即第一分面“Religious systems”排在最后，第二分面“The practice of religion”排在其前，以此类推，各个分面下的子分面排档次序也是如此，保持遵循从一般到特殊的原则。但对分面下的子分面（列）的类是相互排斥、不能组合的情况，如基督教和伊斯兰教，排档次序则也无法由引用次序决定，需考虑其他决定因素。

（4）分类实例

分面分类时，标引人员首先需分析主题，然后确定引用次序，最后按照规则将分面链转换成表达复合主题的类号。BC2 类表是按倒序表达从特殊到一般，引用次序也是这样，因此应在最后类号后逐层累加前面类号（省去类号 P），这即是 BC2 最主要采用的回溯标记法。

实例 1：Women in the Scriptures［圣经中的女人］

概念分析：Women – As a subject – In the Bible［女人 – 作为主题 – 在圣经中］

引用链：Bible (PM) – Works about (PMN/PHY) – Subjects in (PMP) – Persons in religion(PFC/PFE) – Women (PFC N)［圣经（PM）– 圣经作品（PMN/PHY）– 在主题中（PMP）– 宗教人物（PFC/PFE）– 女人（PFC N）］

标记符号：Add PFC N (but minus the initial 'P') to PMP; this gives PMP FCN［在 PMP 后加上 PFC N（将重复首字母 P 去掉），给定类号为 PMP FCN］

实例 2：Tales from the Old Testament［旧约中的故事］

概念分析：Textual matter (perhaps adapted) – In the form of tales – from the Old Testament of the Bible［文本 – 故事形式 – 旧约］

引用链：Bible (PM) – Texts (PM2/9, D/M) – O.T. (PMD) – Tales (common subdivision 3RG)［圣经（PM）– 文本（PM2/9, D/M）– 旧约（PMD）– 故事（common subdivision 3RG）］

标记符号：PMD 3RG（给定类号）

实例 3：Norms for priestly training in Ireland［爱尔兰教士培训规范］

概念分析：Standards – Clergy – Training – Ireland – RC Church［规范 – 教士 – 培训 – 爱尔兰 – 罗马教］

引用链：Roman Catholic Church (PR) – Clergy (PFD Q) – Ireland (8EX) – Training (6A) – Standards (43)［罗马教（PR）– 教士（PFD Q）– 爱尔兰（8EX）– 培训（6A）– 规范（43）］

标记符号：PRF DQ8 EX6 A43（给定类号）

2.1.3 对《中图法》分面改造的启示

2.1.3.1 改造的可能性与实现方法

UDC、BC 的分面改造得到了不少学者的高度评价，也为《中图法》从等级列举到分面组配的改造提供了可借鉴的经验与教训。从 BC 的分面改造过程来看，对《中图法》的分面改造主要包括以下几大方面：类目体系调整、分面体系确立、标记制度确立、面临的问题与解决的思路、BC2 式的分面改造与实用性的考量。

经分析我们认为，BC2 对 BC1 的分面改造是比较成功的，将 BC 从一部列举式分类法改造为分面分类法，但就其应用与发展而言却谈不上成功。BC2 自 1977 年出版第一卷以来，至今仅出版了 14 卷，最近是 2012 年出版的“C 化学卷”，长达 40 年的时间里仍未完成全部 23 卷的出版，这从一个角度说明分面改造的工作量巨大且其成本较高，但也为《中图法》的分面改造提供了思路。而从应用来说，经过如此耗时费力的修订改造，却仅有学术图书馆 12 家、专业图书馆 7 家用户曾经或正在全部或部分采用 BC2 对馆藏文献进行分类。

鉴于 BC 的情况，对《中图法》的改造可在统一原则的前提下，根据各类的知识体系特点与学科发展特点，考虑采用不同的模式，从一个或几个大类入手进行探索尝试，而不是进行全表脱离应用的改造。

2.1.3.2 与原表、原用户的关系及改造后的应用情境

《中图法》自 1975 年出版第一版以来，至今已是第五版，是我国图书馆界最广为采用的知识组织系统。因此，对《中图法》的分面改造绝不仅是修订技术、分面技术的问题，还牵扯到与《中图法》现有体系的关系、现有用户的使用及未来应用情境的问题。

《中图法》现今所面临的环境毕竟与 BC 当年不同。尤其是网络环境和信息技术的发展,《中图法》分面改造成果在数字环境下应用，可通过各种技术手段辅助，一方面能尽量减低对现有分类法用户的冲击，另一方面也为实现从等级体系到分面体系的无缝对照转换提供可能。

2.2 国外分类法基于数字馆藏的分面索引案例（FATKS 项目）研究[31]

21 世纪初，在英国艺术和人文研究委员会（AHRB）的资助下，伦敦大学学院图书馆、档案与信息研究所（SLAIS）开展了主题为“面向知识结构的高性能主题访问和检索数字馆藏”的项目研究，旨在研究一种跨学科访问数字资源的创新方法。当时与研究所合作的有两大人文学科门户网站，即艺术及人文数据服务（AHDS，http://www.ahds.ac.uk）和人文学科中心（Humbul，http://www.humbul.ac.uk）。项目最初是计划将这两个人文学科资源门户网站合并，实现一站式检索，为英国人文学科的研究者检索网络资源提供便捷的入口。

AHDS 是由几个不同数字馆藏组成的，包括考古、视觉和表演艺术。Humbul 有更多传统的人文学科内容的馆藏，包括历史、哲学、神学、文学和古典文学。当前这两个网关的目录数据都采用 DC 元数据，Humbul 用 DDC 分类法组织资源显示，AHDS 用的是 LCSH[32]。为了联合门户实现统一检索，决定开发一种新的、更令人满意的主题描述工具，用于组织门户的前端，同时从主题列表抽取可浏览索引词用于目录式呈现。

项目组开始对为人文领域使用数字资源创建一种完全分面索引语言的可行性进行了专门的研究，即研究分面分析理论在人文学科知识结构管理中的应用，简称 FATKS 项目。最终决定利用分面分析理论（FAT）开发适合数字环境的知识结构，创建一个人文科学领域的分面分类法——FAT-HUM 模型，并在 AHDS 和 Humbul 门户网站实践；同时提供这种知识结构和公认的国际标准之间的映射，以确保互操作性。如果该项目成功，它将会对使用 AHDS、Humbul 的广大用户群体以及对分布式国家电子资源（DNER）和其他数字图书馆活动的未来发展产生非常重要的影响。

2.2.1 人文科学领域分面分类法——FAT-HUM 结构体系

项目以 BSO（*Broad System of Ordering*，即《扩展式分类体系》）、BC2、UDC 为数据

来源，并利用这些分类法的分面理论和经验，创建了一个人文科学领域的分面分类法——FAT-HUM 原型。该原型既能使分面结构清晰和机器可读，又能满足分面分类法在网络环境中应用的需求，还能提供长远的发展和使用。

2.2.1.1 FAM-HUM 分类体系宏观结构

FAT-HUM 分类体系原型主要用于测试和演示分面分析在人文学科领域的应用，宏观结构就是整个分类体系，包括以下不同但密切关联的几个部分，如图 2-1 所示。

综合知识分类体系

人文学科分类体系

通用概念分类体系（通用辅助表）

主体按字母扩展的规则，或从外部辅助系统抽取数据进一步细分的规则（如时代表，地理数据、邮政编码等）

由于时间有限，不可能从无到有构建分类体系，所以选择从现有的术语中采集相关概念。FAT-HUM 模型起源于以下三个分面 / 分析—综合分类法系统：

- Broad System of Ordering (http://www.ucl.ac.uk/fatks/bso/)
- Bliss Bibliographic Classification 2 (http://www.sid.cam.ac.uk/bca/bcahome.htm)
- Universal Decimal Classification (http://www.udcc.org/)

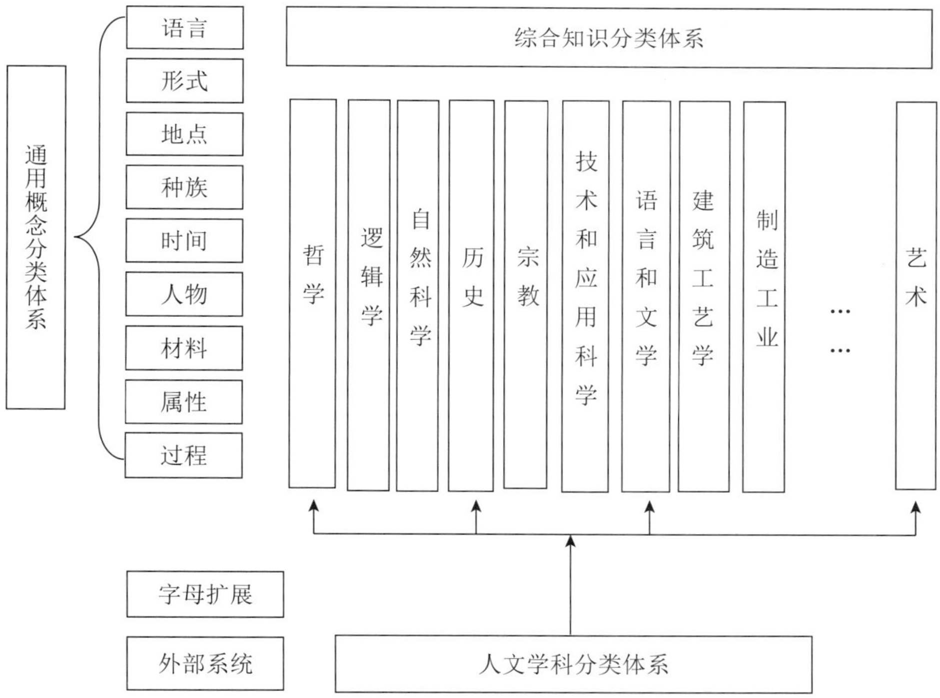

图 2-1 FAT-HUM 分类体系宏观结构

综合知识分类体系表示一系列“综合层次”的科学、学科和领域知识，作为人文领域分面分类法的基本架构，同时可用于表示交叉学科概念以及不同学科间的复杂主题概念。综合知识分类体系是基于BSO概念体系构建的，采用列举等级体系，类号是000—999，一共构建了大约300个类，研究者认为，如果有必要可以用BSO分类法进一步扩展，基本大纲如下：

000 多学科或非学科视角下的现象与实体
100 一般知识
110 科学学
120 哲学
130 逻辑学
140 数学与统计学
150 计算机科学
200 自然科学
400 行为科学
420 教育
470 人类需求
510 历史及相关科学
520 区域研究
530 社会科学
590 宗教，神学
600 技术和应用科学
710 建筑工艺学
722 建筑和建筑艺术
800 制造工业
890 生命科学的应用
910 语言和文学
940 艺术

综合知识分类体系的类号配号灵活，通用知识类目一般用三位分类号表示，且第一层次的类号只表示学科列表，不表示等级结构，例如，“物理”（类号205）虽然是“自然科学”（类号200）的一部分，但类号并不表达这种等级关系。这样做的原因是在顶层上减少类号的长度，便于和其他学科组配，但学科还是会按逻辑聚集成类组。在学科层次之后的类号是十进制的，表达等级层次，如：

200	自然科学
205	物理科学
210	物理学
230	化学
239	结晶学
6004	电子与电气技术
60041	电子工程
600411	电信工程
60042	电气工程
6005	热能工程
6006	机械工程

人文学科分类体系包含哲学、历史、宗教、语言（语言学）、文学和艺术主题领域/学科。FATKS项目主要是在宗教和视觉艺术这两个领域进行构建分面分类表的研究和测试。宗教领域是完整构建的分类表，包含大概2200个类目，并有范围注释、组合实例及相关参照；视觉艺术领域未完全开发，只有大约500个类。其他领域将保留在知识分类的逻辑位置，并计划逐步发展。

人文学科分类体系包含两种类号：一种是纯数字的十进制类号（主要分面），另一种是以大写字母作为标识符开头的数字十进类号分面。所有以字母开头的概念分面列在主要分面之后，且以字母开头的类号不能单独列出，必须与有效的主要分面类号链接。例如，宗教领域的主要分面类号是5901/5909，另一种分面类号是以A、C、E、H、J、K、M、N字母开头的数字十进类号。

通用辅助分面是现代分面分类法的常用方法，这些分面包括过程、属性、材料、人物、时间、民族（种族）、地点、形式和语言等，一般将它们保存成单独的分类表，即通用辅助表。在FATKS项目中，通用辅助表的类号系统取自于UDC，共9个分面大约3000个类。通用类目贯穿于整个分类表，可以结合学科类号或分面类号在任何需要的地方使用。

2.2.1.2 FAM-HUM分类体系微观结构[33]

（1）分面分析

当使用分面分析组织一个知识领域的概念时，需要将概念组织成互相排斥的分面（或范畴）和子分面（或类组），分面的选择是至关重要的。FAT-HUM原型中使用的分面是借鉴英国分类研究小组从阮冈纳赞的5个基本范畴开发的：事物—种类—部分—属性—材料—过程—操作—受动者—产品—副产品—代理—地点—时间。人文学科领域在处理主题和表现形式上都很具体，分面分析比纯粹的科学和技术学科更复杂，例如产品和产品材料分面，可能与人文学科不相关，但有些也需要介绍；例如文学，可能需要一个“文学体裁”的分面。

FAM-HUM原型中宗教领域确定了两种分面，一种是总论宗教理论、属性、人物、机构、活动等的分面，即以字母开头的类号分面；另一种是专论各种宗教类型的分面，即5901/5909。在任何一个分面，概念可以进一步组织成子分面或类组，这些概念共享共同的定义属性或特征。类号都是十进制的，表达等级层次。宗教类的主要分面如下：

590**A** 宗教理论与哲学

590**C** 信仰、宗教、教派和教会的历史

590**E** 宗教中的人和物

590**H** 关爱的接受者，社会类型和群组

590**J** 宗教活动，宗教实践

590**K** 宗教进程

590**M** 按属性划分的各种宗教

590**N** 宗教组织与管理

5901/5909 宗教，信仰

5901 史前和原始宗教

5902 远东地区的宗教

5903 印度教徒的宗教

5904 佛教

5905 古代的宗教

5906 犹太教

5907 基督教

5908 伊斯兰教

5909 现代精神运动

宗教类的分面"A 宗教理论与哲学"，可以进一步细分为以下子分面：

590 A1 按各种属性划分的神学学校

590 A2 宗教概念，宗教思想，宗教体系

590 A3 神圣的、庄严的、超自然的宗教 / 崇拜对象

590 A32 定义

590 A33 起源

590 A34 本性，禁忌，神物

590 A35 表示，符号，象征

590 A352 个人符号

590 A353 字母和数字，数字命理学

590 A4 上帝（不同于内在精神的个性化的上帝）

590 A5 神的本性，超自然生物

590 A7 宇宙，宇宙的特性，宇宙学

590 A8 人，人类，人性，教义的人类学

通用辅助分面包括过程、属性、材料、人物、时间、民族（种族）、地点、形式和语言等，类号是以大写字母作为标识符开头的数字十进制类号，且类号是用括号括起来的，这样可以很清楚地和学科表或基础分面的类号区分开来。通用辅助分面中也有子分面，可用于在同一通用辅助分面中进一步组合。通用辅助表分面表示如下：

(A) 语言

(A-01) 旧时期，古老时期

(A-02) 古典时期

(A-04) 中时期

(A-06) 现代时期

(A-08) 再生的语言

(A-09) 方言、本地和地区语言

(B) 形式

(D) 地点

(E) 民族（种族）

(F) 时间

(K) 人物

(L) 材料

(M) 属性

(T) 过程

（2）类号合成规则

分面分析的主要目的是提供一种方式组织概念，分面中列出的单一概念可以单独使用，也可以组合各分面概念从而产生复合概念。复合概念组合类号的顺序并不是偶然的，而是按照一定的规则形成的，这个顺序就叫作分面公式，它规定了不同分面组配的先后顺序，从而保证组配标引和检索的一致性。FAT-HUM 原型中的宗教分面分类法提供了相当数量的复合概念，用于显示合成规则。同一分面类号组合时，遵循如下分面顺序：部件、属性、过程、操作、受动者、代理、地点、时间、理论，类号直接按此顺序叠加。不同分面之间类号组合时，以主要分面为主体，以字母开头的分面类号不能单独使用，必须与有效的主要分面类号链接。学科主要分面和通用辅助分面组合类号时，通用辅助表的号码必须用括号括起加在学科分面之后。不同学科分面之间组合号码时，必须加上不同的附加符号来表示其关系。具体实例如下文所示：

①同一分面类号的组合

类号	描述	归属分面
J15	婚姻和家庭	宗教行为，实践分面
J1477	禁欲独身	宗教行为，实践分面
J15J1477	婚姻禁欲	

②不同分面之间类号的组合

类号	描述	归属分面
5904	佛教	各种宗教和信仰分面
E31	创始人，创始人，信仰中心人物	代理子分面：人物代理分面
A443	物理形式、外观	理论与哲学分面

5904E31A443　　三身、三体学说

③人文学科和通用辅助分面之间类号的组合

类号	描述	归属分面
57071	东派教会	各种宗教和信仰分面
59071224	自治东正教会	
(D52)	日本	地点通用辅助分面

59071224(D52)　　日本东正教会

④不同学科之间类号的组合

类号	描述	归属分面
420	教育	
590	宗教	
590N25	宗教官员，牧师，部长，领导	宗教组织和管理分面

590N25:420　　教育的牧师

（3）组配关系符号

两个或多个主题（学科）可以自由组合表达各种不同的关系，如并列关系、比较关系、影响关系、揭示关系、部分关系等。当不同学科的两个简单号码需要进行组合时，必须有附加符号将其分开来，并指明所述关系特点。例如，不可能把“590 宗教”和“110 哲学”不带符号就放在一起。FAT-HUM 原型中使用的关系符号是基于 UDC 的系列关系和符号，系统开发和实施过程中也可能扩展或减少。详细信息如表 2-5 所示：

表 2-5 组配关系符号

关系类型	标记符号	实例
Addition（附加）	+	590+420“宗教之外的教育”
Range（范围）	/	420/590“教育到宗教涵盖的学科领域”
Coordination（组配）	:	590:420“宗教与教育的组配（相互）关系”
Comparison phase（比较）	=	590=420“宗教与教育之间的比较”
Influence phase（影响）	>>	590>>420“宗教对教育的影响”
Bias phase（倾向）	<<	420<<590“教育目的的宗教”
Exposition phase（揭示）	−	590−420“教育视野中的宗教”
Sub-grouping（分组）	<	590<420“教育作为宗教的一部分”

（4）归档顺序

除了以分面顺序构建分类系统，还有必要建立通用规则说明包含一种关系符号的组合类号的文献归档顺序。这种规则确保任何知识方面以总论—专论的顺序显示，FAT-HUM的归档顺序如表 2-6 所示：

表 2-6 FAT-HUM 的归档顺序

引用顺序	分类文献的归档顺序	主题描述
+	590+941	宗教和艺术
/	590/945	从宗教到神秘学所涵盖的主题
简单类号	590	宗教
:	590:420	宗教和教育之间的关系
=	590=420	宗教和教育之间的比较
>>	590>>420	宗教对教育的影响
<<	590<<420	宗教对教育的目的
−	590−420	教育中需要的宗教类型
>	590>420	宗教作为教育的一部分
(A...)	590(A11)	英语语言的宗教文献
(B...)	590(B...)	宗教百科全书
(D...)	590(D410)	英国的宗教

续表

引用顺序	分类文献的归档顺序	主题描述
(E...)	590(E11)	讲英语的民族中的宗教
(F...)	590(F632)	史前宗教
(K...)	590(K36)	年轻人的宗教
(L...)	590(L...)	
(M...)	590(M885)	被禁止的宗教
(T...)	590(T...)	
A	590A364	拜物教
C	590C	信仰的历史
E	590E79	祭祀乐器
H	590H83	无家可归的宗教
J	590J146	宗教中的食物和饮食
K	590K7	宗教与社会
M	590M32	Ultraortodox 宗教
N	590N32	教会权威

2.2.1.3 数据库工具

FAT-HUM 数据管理工具是用 Visual C++ 写的，用 Access 数据库存储数据表，并将其作为资源库。最初，数据库工具是为辅助词表开发和编辑而设计的桌面应用程序，如下图 2-2 所示，主要用于分类数据的存储、词表的维护和开发、规范受控以及用作标引工具等。该工具支持编辑、打印、排序、检索、浏览、显示、输入和输出等功能。在核心分类法数据编辑页面，编辑项目包括语言、类号、类名、分面类型、注释、上位类、参照项、实例、说明、通用类别、细分类目等内容，该工具还提供分面指示符下拉菜单选择、自动上位类选择功能以及自动生成关键词和链式索引等辅助功能。该工具还提供了分类法的等级浏览结构，可以展开或折叠各层级结构，便于控制子分面和检查分面结构，等级浏览还可以 HTML 形式输出显示。另外，该工具还支持用户对根范畴进行分面维护，可以定义或修改通用类别的分面范畴，且子类是可继承的，也就是说，在类目树上移动子分面或类组，类号可根据新位置自动改变。

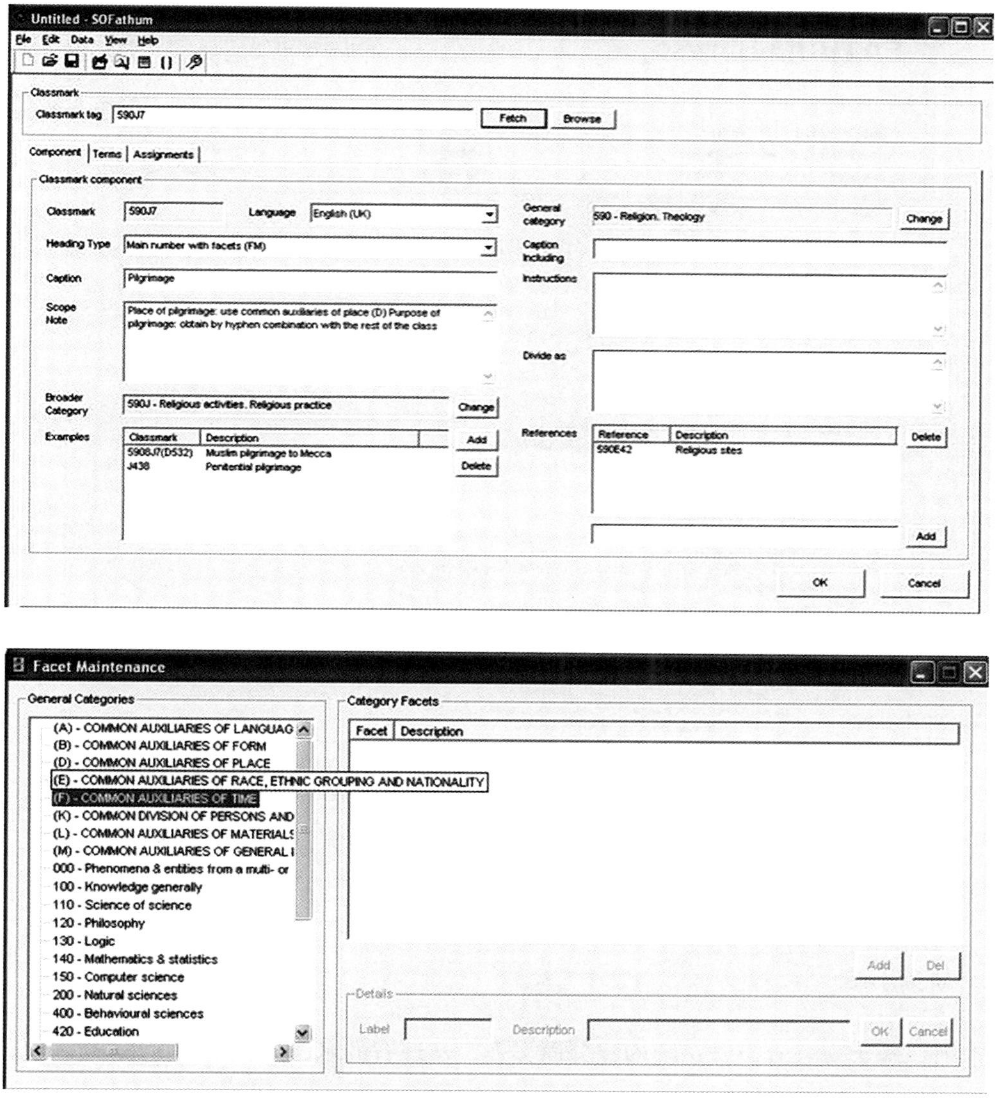

图 2-2　FAT-HUM 桌面用数据库工具

来源：https//www.ucl.ac.uk/fatks/fathum.htm。

桌面用分类法数据库工具充分开发后，为了进一步说明和更广泛地传播该项目成果，项目组又开发了分类法的网络访问界面。为此，访问数据库被导出到网络服务器上的 MYSQL 数据库，项目组用 PHP 语言编写从网络浏览器中浏览和检索数据的程序。分类法网络访问提供了更多的搜索选择，如单一语词检索、词组检索、主题字顺索引检索、分类号检索等。分面浏览界面也反映了桌面工具的展开 / 折叠功能。一旦选择了分面，页面上载和显示的方法是特定的，“浏览”按钮也被激活，整个词表的特定部分在浏览器上载，如图 2-3 所示。

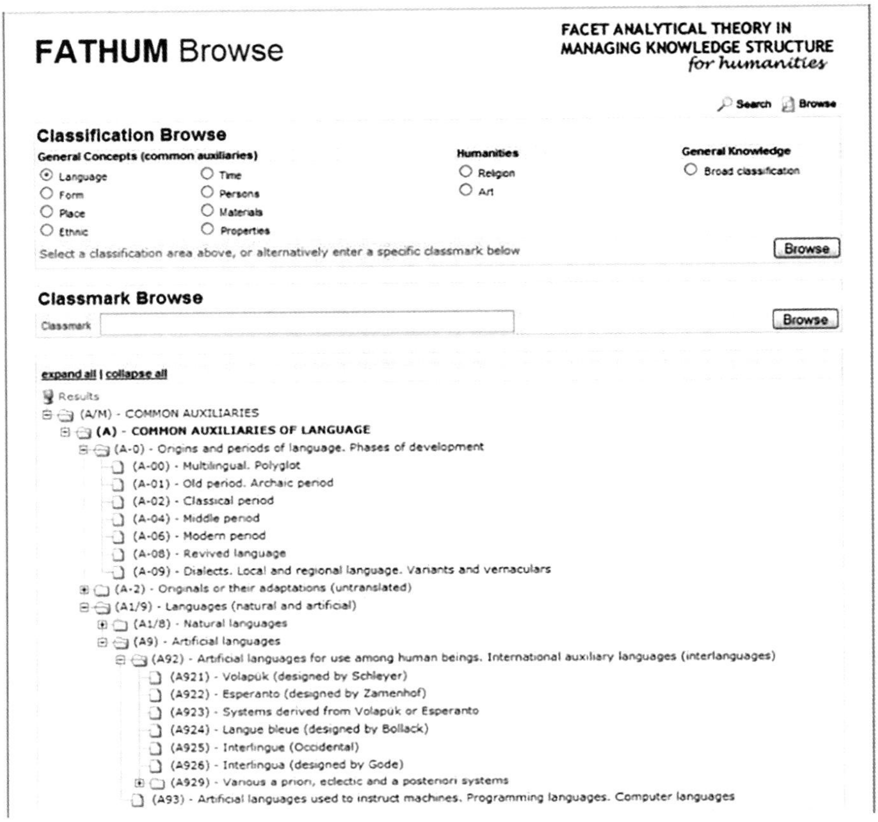

图 2–3　FAT–HUM 网络访问界面

来源：http://dx.doi.org/10.1108/00220410710827772。

2.2.2　研究小结

本项目基于现有分类法系统构建分面类表，从现有的术语中采集相关概念，不仅节省了时间和人力，而且可以吸取现有分类法系统的最优特性。FAT–HUM 原型采用了 BSO 体系构建广义知识分类，采用了 UDC 的宗教类目、十进制表现模型、分面标识符和通用辅助表模型以及一些合成规则，采用了 BC 分类法的知识结构模型、分面分析、分面引用顺序。这三部分类法都是广泛使用的分面分类法，吸取其最优特性有利于原型的推广使用。FAT–HUM 原型构建的宗教类分面分类表将常用概念划分列举，共生成 2200 余个类目，用户可以直接标引检索使用。复杂概念可以在同一分面之间、不同分面之间、学科和通用辅助分面之间以及学科之间自由组合，为用户标引和检索资源提供了便利。

本项目的遗憾是没有进一步应用，构建的分面类表相关概念都是从现有类表术语中采集的，并没有基于文献资源进行调查研究，缺乏实际数据支持。该项目设计之初是为了实现艺术和人文领域数据服务（AHDS）和人文领域中心（Humbul）合并后的跨库检索，但后来合并计划失败，研究工作也无法得到应用测试。由于该原型可操作性不强，后续工作中止。不过该项目作为研究项目，在基于现有分类法构建分面类表、分面类表数据模型设计、编辑工具开发以及提供分类法 Web 访问便利性等方面都提供了宝贵的经验。

总的来说，网络的蓬勃发展使我们可以获得各类海量信息，但在定位和检索信息资源时的一个主要问题是缺乏适用于网络环境的高性能的检索工具或分类系统。虽然大多数数字资源和网络资源使用传统分类系统，但这种线性等级结构不能随时扩展，不能灵活容纳复杂主题和列举以外的主题，更不能在标引或检索时处理互动行为。相比之下，分面分类法的概念分析和概念综合的分类原理对于网络资源所具有的各种属性和多项交叉关系却是非常亲和的，能通过各分面内容类目之间的组配来表达文献主题，能按任何一个事物属性、主题因素集中文献，或从任何一个角度检索文献[34]。所以，数字环境下面向特定领域信息的组织与检索，设计满足专业化、个性化的分面分类表是实现高效检索的前提。

3 《中图法》体系结构与聚类分析[35]

3.1 《中图法》体系架构

《中图法》是以兼顾文献分类排架和编制分类检索工具为基本功能的等级列举式分类法。其分类体系是以科学分类和知识分类为基础，遵循逻辑划分原则，即选择事物的本质属性中最有检索意义的属性作为划分标准，逐级次第划分，保证同一划分阶段的子目相互排斥，外延不相交叉，划分后类列完整、全面。依照从总到分、从一般到具体、从理论到应用的排列子目原则，构建其概念逻辑系统[36]。

首先，《中图法》在确定“马克思主义、列宁主义、毛泽东思想、邓小平理论”“哲学、宗教”“社会科学”“自然科学”“综合性图书”为5个基本部类的基础上，扩展排列形成22个一级大类的知识分类框架。如图3-1[37]：

基本部类	基本大类
马克思主义、列宁主义、毛泽东思想、邓小平理论 ……	A马克思主义、列宁主义、毛泽东思想、邓小平理论
哲学、宗教…………………	B 哲学、宗教
社会科学……………………	C 社会科学总论
	D 政治、法律
	E 军事
	F 经济
	G 文化、科学、教育、体育
	H 语言、文字
	I 文学
	J 艺术
	K 历史、地理
自然科学……………………	N 自然科学总论
	O 数理科学和化学
	P 天文学、地球科学
	Q 生物科学
	R 医药、卫生
	S 农业科学
	T 工业技术
	U 交通运输
	V 航空、航天
	X 环境科学、安全科学
综合性图书…………………	Z 综合性图书

图3-1 《中图法》体系架构图

其次，一级大类为《中图法》的基本大类，《中图法》从科学学科划分角度、知识领域的学科与行业属性划分角度以及作为综合性分类法各学科领域的文献平衡角度，确定22个一级大类。自第一版出版以来，这些基本大类相对稳定，只是各版在大类名称上略有调整，扩大外延或缩小大类范围。因此，《中图法》的基本大类由稳定的、独立的、较概括的经典学科或知识领域构成，但在《中图法》最终用户版中，这些大类还需同时具有较大文献量的保障，才可起到文献类聚与导航检索作用。

3.2 基本大类（含部分二级类）类聚文献量统计

根据 2017 年 1 月 1 日前国家图书馆中外文图书、学位论文数据库（共计 920 余万条文献记录，以国家图书馆为主的全国文献联合编目中心数据）标引的《中图法》类号文献统计，22 个一级大类类聚文献量约在 3 万到 121 万余种不等，其中 18 个大类均高于 10 万种聚类文献量，文献量低于 10 万大于 3 万种的大类有 4 个，为 V（航空、航天）类、N（自然科学总论）类、A（马克思主义、列宁主义、毛泽东思想、邓小平理论）类、X（环境科学、安全科学）类。这几个大类在 22 个大类中规模较小（类目数量少），且具有学科特殊性和专业性以及知识框架性作用，因此，22 个大类对资源均有较强的概括力。

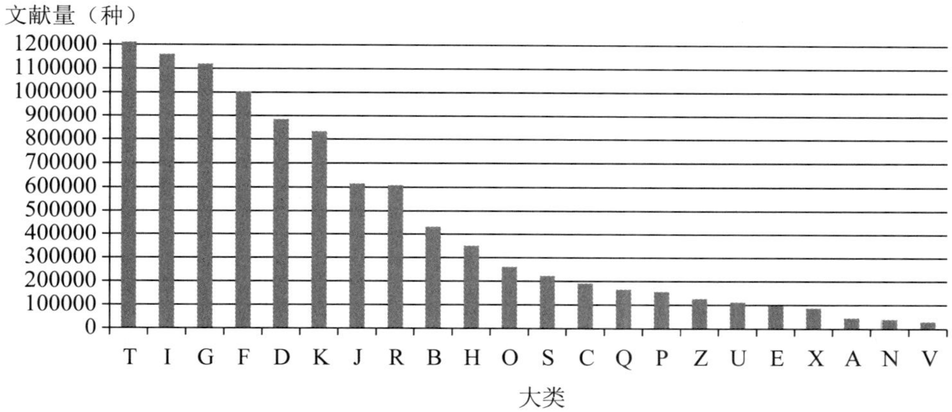

图 3–2 A/Z 大类类聚文献量图

在 22 个一级大类中，《中图法》社会科学部类展开 9 个大类（C、D、E、F、G、H、I、J、K 类），自然科学部类展开 10 个大类（N、O、P、Q、R、S、T、U、V、X 类），其中还有百余个独立学科领域未能被列为一级类，根据学科领域渊源关系它们被设为一级大类的联合类组或设在其渊源学科领域中的二级类。如“B 哲学、宗教”大类中的 B9 宗教、B81 逻辑学、B82 伦理学、B83 美学、B84 心理学，“C 社会科学总论”中的 C8 统计学、C91 社会学、C92 人口学、C93 管理学、C95 民族学、C96 人才学，“D 政治、法律”大类中的 D8 外交、国际关系、D9 法律等，“E 军事”大类中的 E9 军事技术，“F 经济”大类中的 F3

农业经济、F4 工业经济、F49 信息产业经济、F5 交通运输经济、F59 旅游经济、F6 邮电通信经济、F7 贸易经济、F8 财政金融，“G 文化、科学、教育、体育”大类中的 G2 信息与知识传播学（新闻学、图书馆学情报学、博物馆学、档案学、传媒学等）、G4 教育、G8 体育，“J 艺术”大类中的 J2 绘画、J6 音乐、J7 舞蹈、J8 戏剧、J9 电影等专门艺术类，“K 历史、地理”大类中的 K9 地理，“O 数理科学和化学”大类中的 O1 数学、O4 物理学、O6 化学等，“P 天文学、地球科学”大类中的 P1 天文学、P2 测绘学、P4 气象学、P5 地质学、P7 海洋学，“Q 生物科学”大类中的 Q95 植物学、Q96 动物学等。另外“T 工业技术”大类包含独立活动领域的工程技术类，如 TD 矿业工程、TE 石油天然气工业、TF 冶金工业等 16 个二级大类。

根据同样统计方法，对国家图书馆中外文图书、学位论文数据库 2017 年前标引《中图法》类号数据的二级独立学科或领域类统计，超过 3 万种的类聚文献量有 38 个二级大类的独立学科领域，如图 3-3 及 3-4。3 万以下 1 万种以上聚类文献量的二级大类独立学科领域有 23 个类，如图 3-5 及 3-6。

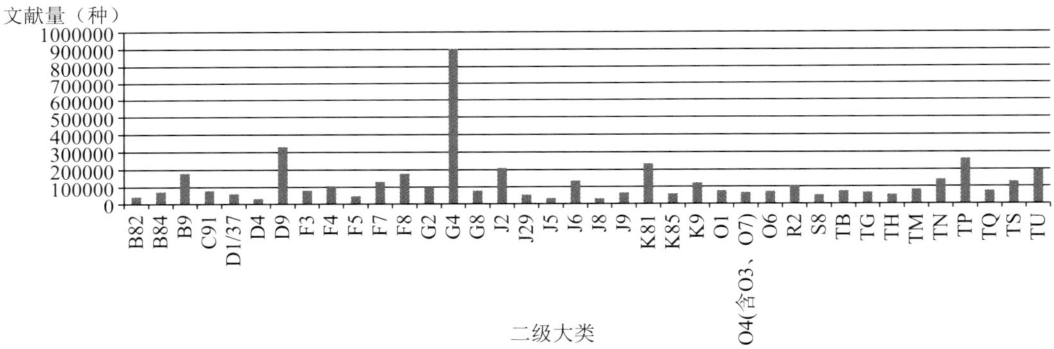

图 3-3　二级学科类聚 3 万以上文献类序图

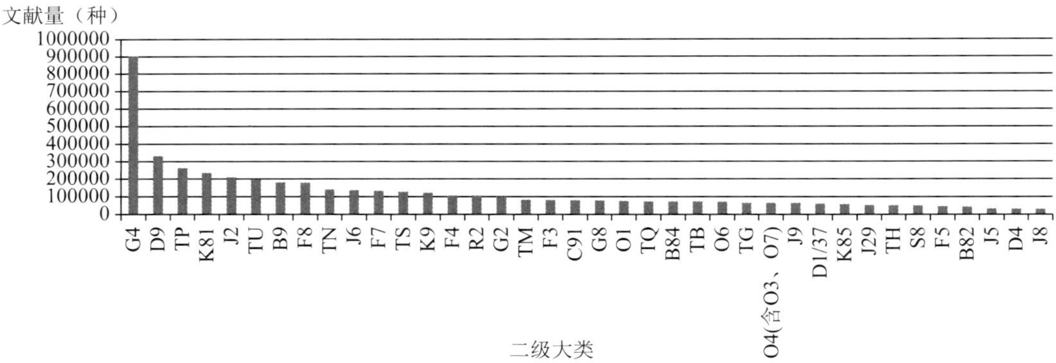

图 3-4　二级学科类聚 3 万以上文献量序图

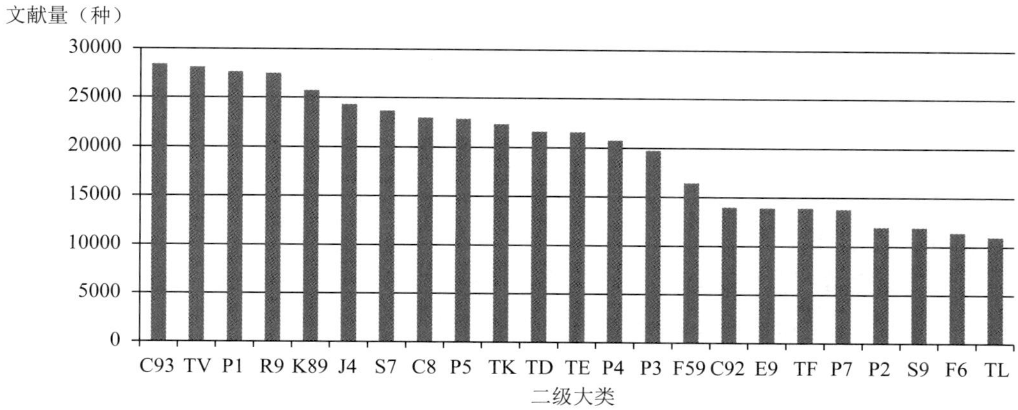

图 3-5 二级学科类聚 1 万—3 万文献量序图

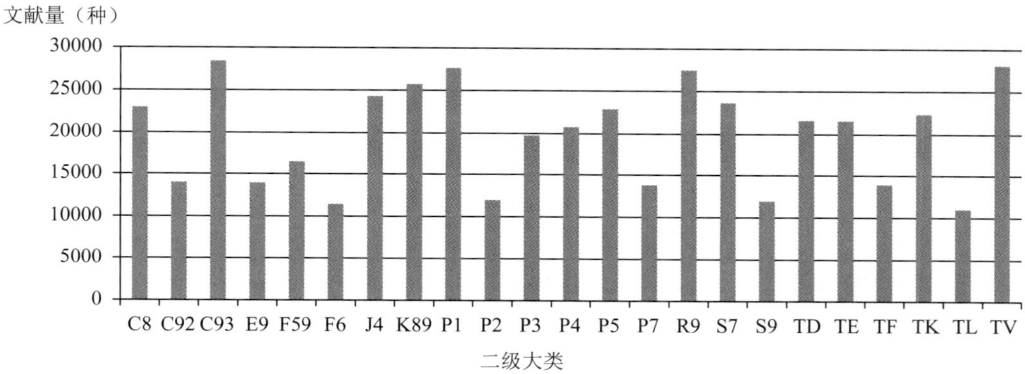

图 3-6 二级学科类聚 1 万—3 万文献类序图

3.3 类聚文献特点与分面导航大类设置分析

首先，《中图法》一级大类类聚文献量多数（18 个大类）在 10 万种以上，其中一半以上（12 个大类）在 20 万种以上。《中图法》最终用户版需从科学性、稳定性、兼容性及实用性立类原则出发，再从学科领域独立性及其文献保障率考虑设置导航类。在一级大类兼容不变的情况下，考虑以一级大类与聚类超过 3 万种或接近 3 万种文献的二级独立学科或领域类构成《中图法》最终用户版的导航大类框架，即分面对象类、分面导航大类。同时考虑聚类超过 10 万种文献的 18 个一级大类析出二级学科领域的需求度，即分面分析的需求度。

分面分析的需求度应由类聚文献量、与本大类学科领域关联度以及学科领域划分特点等要素决定，类聚文献量越大越有必要分面分析加细导航类，与本大类学科领域关联性弱、与其他大类关联性强、有交替性，与本大类学科领域划分相似度弱、与其他大类划分相似度强，则有必要独立成为“面”即分析主体，这样可提高该主体文献的导航发现率以及从主题要素分面角度浏览文献的检准率。

如排在“A/Z 大类聚集文献量图”前几名的 T 类、G 类、F 类、D 类、K 类、J 类、R 类、B 类、O 类、S 类等包含的部分二级学科领域类符合以上分面析出要素，见图 3-3。再如 H 类、I 类、Q 类等包含的二级学科领域类间关联性强、划分相似，不宜拆分与析出本类。P 类所包含的学科领域多，文献类聚量又偏少（小于 3 万种）只有 P1 天文学近 3 万种，其中一些类，如 P5 地质学、P7 海洋学在本大类内外学科领域均有关联，其下包含交替类较多，因此，可考虑拆分为 P1 天文学，P2/7 为 P 地球科学。

其次，对同位学科领域关联性强、划分相似的二级学科领域类也可考虑归并，合为 1 个有文献保障的导航类，便于集中分面分析，并能减轻一级学科领域文献导航量大或不足的检索难度。如 D1 国际共产主义运动、D2 中国共产党、D33/D37 各国共产党，可合并为 D1/37 国际共产主义运动、共产党，然后按国家区域属性分面展开；再如 F49+F59+F6 可合并为信息产业经济、邮电信经济、旅游经济，J7 舞蹈、J8（戏剧、曲艺、杂技艺术）、J9（电影、电视艺术）可合并为 J7/9 表演艺术：舞蹈、戏剧、电影、电视艺术，O3 力学、O7 晶体学与 O4 物理学可合并为 O3+O4+O7 物理学，然后按组成部分的共同属性分面展开。

再次，对跨类或跨部类的相似关联学科进行合并及分面处理。如 E9、TJ 可合并为 TJ+E9 军事技术、武器工业，K9 地理与 P9 自然地理学合并至 K9+P9 地理。原 E9、P9 可在 E 类与 P 类改为交替类，指向合并的联合类组，但类号不变。这就需变通五大部类下的类聚模式。

最后，针对综合性学科与综合性内容的文献，可考虑集中于“总论复分表”，采取相似划分，提供直接入口与各类组配导航检索途径。如 C 社会科学总论、N 自然科学总论、T 工业技术与“总论复分表”的 -0/-79 类目划分相似，可合并。Z 类综合性图书与“总论复分表”的 -5/-79 类目划分相似，由于配号不同，可采取共性类目与“总论复分表”类号映射，单类目导航可指向“Z 综合性文献”类，同时可与各学科类组配，形成各大类组配复分号，从而提供交叉组配入口的导航。对 C 类、N 类文献频率不足的二级学科或领域类，保留在社会科学总论、自然科学总论中，成为导航类的一部分，TB 一般工业技术与 T 类合为 1 个导航类。

综合以上因素，《中图法》可析出的二级学科或领域类作为分面导航大类共计 51 个，即二级类提升至分面导航类。包括：

B82 伦理学

B84 心理学

B9 宗教

C91 社会学

C93 管理学

D1/37 国际共产主义运动、共产党

D4 工人、农民、青年、妇女运动与组织

D8 外交、国际关系

D9 法律

F3 农业经济

F4 工业经济

F49+F59+F6 信息产业经济、邮电信经济、旅游经济

F5 交通运输经济

F7 贸易经济

F8 财政金融（含保险）

G4 教育

G8 体育

J2 绘画

J29（书法、篆刻）

J5 工艺美术

J6 音乐

J7/9 舞蹈、戏剧、电影、电视艺术

K81 传记

K85 文物考古

K89 风俗习惯

K9 地理 +P9 自然地理

O1 数学

O3+O4+O7=O 物理学

O6 化学

P1 天文学

P2/7=P 地球科学

R2 中国医学

R9+R28+R289 药学（含中药学）

S7 林业

S8 畜牧、动物医学、狩猎、蚕、蜂

S9 水产、渔业

TD 矿业工程

TE 石油、天然气工业

TF 冶金工业

TG 金属学与金属工艺

TH 机械、仪表工业

TJ+E9 武器工业、军事技术

TK 能源与动力工程

TL 原子能技术

TM 电工技术

TN 电子技术、通信技术

TP 自动化技术、计算机技术

TQ 化学工业

TS 轻工业、手工业、生活服务业

TU 建筑科学

TV 水利工程

合并或拆分出 51 个二级类与余下的 18 个一级大类一同作为分面导航大类，共计 69 个大类。它们由《中图法》原一级类（A 类、H 类、I 类、Q 类、U 类、V 类、X 类）、析出部分类后的一级类（B 类、C 类、D 类、E 类、F 类、G 类、J 类、K 类、N 类、O 类、P 类、R 类、S 类、T 类）、与总论复分表合成的一级类（Z 类）、高频和独立学科或领域的二级类[B82 伦理学，B84 心理学，B9 宗教，C91 社会学，C93 管理学，D4 工人、农民、青年、妇女运动与组织，D8 外交、国际关系，D9 法律，F3 农业经济，F4 工业经济，F5 交通运输经济，F7 贸易经济，F8 财政金融（含保险），G4 教育，G8 体育，J2 绘画，J29 书法，篆刻，J5 工艺美术，J6 音乐，K81 传记，K85 文物考古，K89 风俗习惯，O1 数学，O6 化学，P1 天文学，R2 中国医学，S7 林业，S8 畜牧、动物医学、狩猎、蚕、蜂，S9 水产、渔业，TD 矿业工程，TE 石油、天然气工业，TF 冶金工业，TG 金属学与金属工艺，TH 机械、仪表工业，TK 能源与动力工程，TL 原子能技术，TM 电工技术，TN 电子技术、通信技术，TP 自动化技术、计算机技术，TQ 化学工业，TS 轻工业、手工业、生活服务业，TU 建筑科学，TV 水利工程]、关联合成的二级类[D1/37 国际共产主义运动、共产党，F49+F59+F6 信息产业经济、邮电信经济、旅游经济，J7/9 舞蹈、戏剧、电影、电视艺术，K9 地理 +P9 自然地理，O3+O4+O7=O 物理学，P2/7=P 地球科学，R9+R28+R289 药学（含中药学），TJ+E9 武器工业、军事技术]构成，如图 3-7 及 3-8。

该图一级大类已剔除析出的二级类的文献量。针对大约 975 万余种文献设置 69 个导航大类，每个大类平均导航文献量 14 万种左右。其中 I 文学、G4 教育、R 医药卫生（除析出类）、

D 政治（除析出类）、F 经济（除析出类）、K 历史（除析出类）、H 语言文字、D9 法律、TP 自动化技术、计算机技术、K81 传记、J2 绘画艺术均超过 20 万种的文献量，且这些类所包含的类目关联性强，其中学科领域也不可再分拆，可采取同级同性质多个集合面分析。

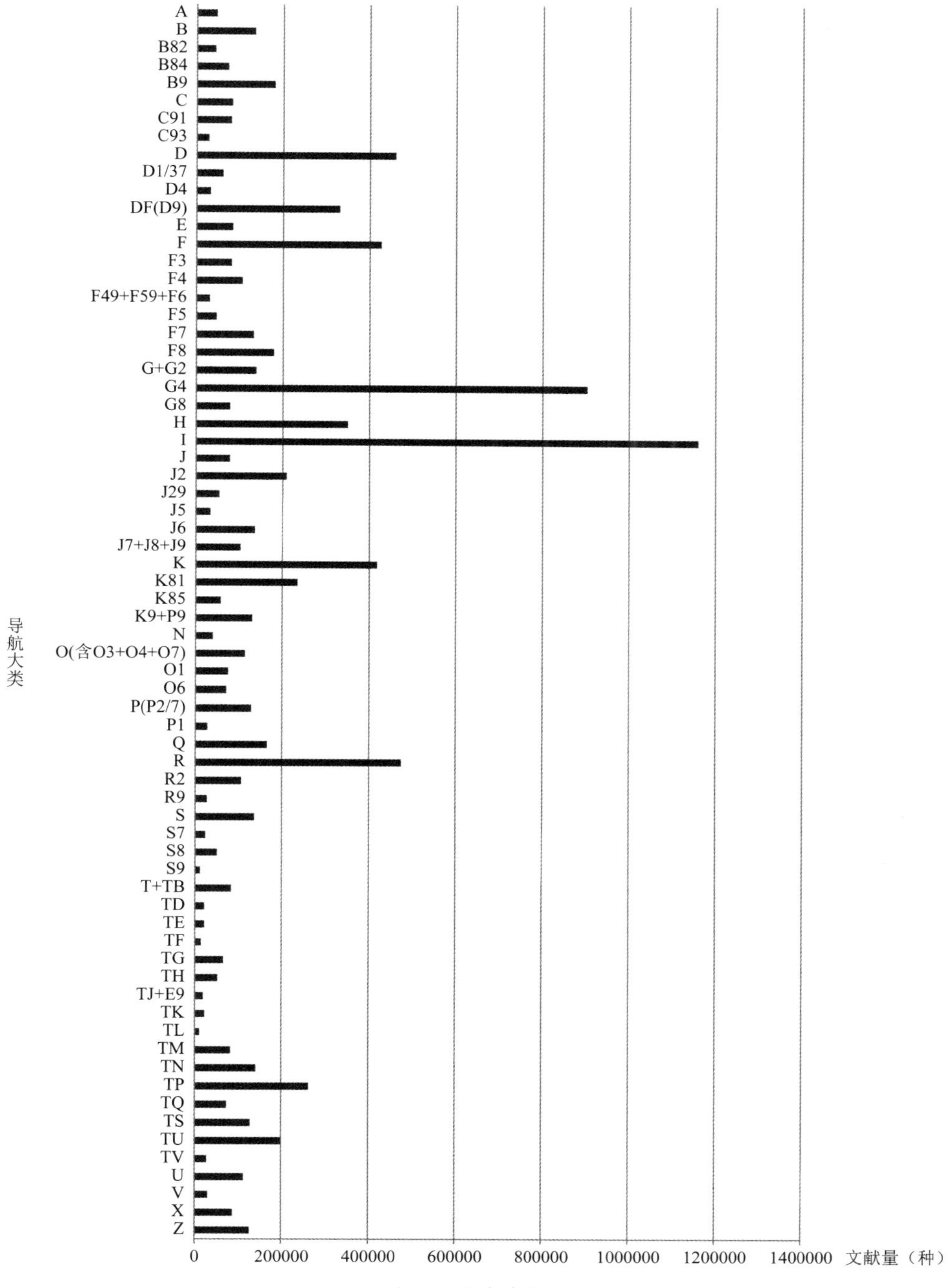

图 3–7 分面导航类类聚文献类序图

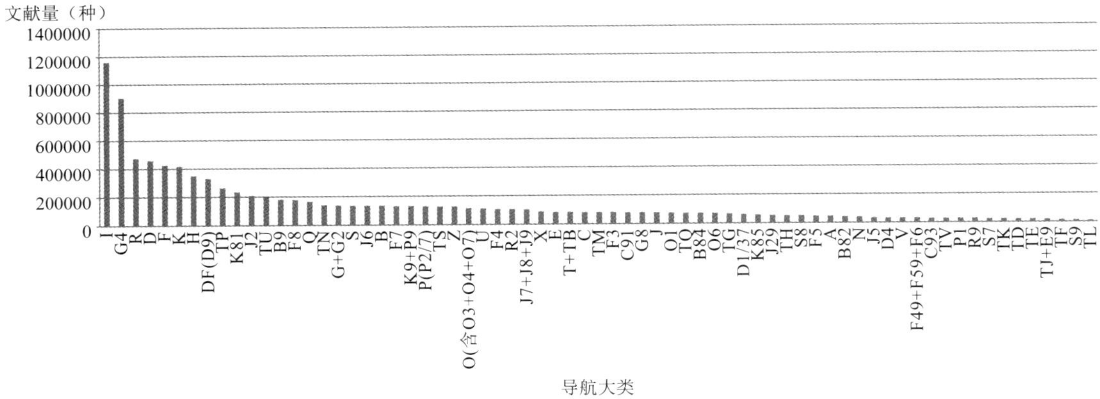

图 3-8　分面导航类类聚文献量序图

3.4　分面导航大类与中国知网学术期刊库二级导航类比较

2019 年 11 月底前，笔者对中国知网学术期刊库导航类目进行动态浏览统计，其导航类目共有 2087 个，层层划分，类级分布为一至八级不等。其中有 168 个二级学科导航类，为学术期刊库扩展导航类目的基础类，起到承上启下的作用。由其向上概括为 10 个一级范畴类，向下扩展为三—八级不等的导航类。二—八级导航类是由《中图法》各级类析出或概括出。经与《中图法》类目对应与比较分析，可发现学术期刊库 168 个二级导航大类包括《中图法》一级类 4 个、二级类 191 个、三级类 102 个，四级类 62 个，五、六级类 13 个，见表 3-1。168 个二级导航大类主要对《中图法》一级类、部分二级大类选择立类或拆分立类，三级大类选择列举，三、四、五、六级类目选择合并或概括列类。

学术期刊库平均每个导航类类聚文献量高于 2 万种，二级导航大类平均类聚文献量 111.26 万余种，其中有 61 个导航大类超过 110 万种的类聚文献量，成为高频类。它们主要集中在《中图法》R 医药学类（包括多数二—三级类类聚文献量超过百万），Q 生物学类，TP3 计算机技术类（TP31+TP39、TP1/2），TQ 化工类（TQ11/17、TQ0+TQ2/31+TQ41/46），X 环境科学类（X1/5+X8），TU 建筑科学类，F 经济类（F1、F2、F3、F4、F27、F7、F82+F83），O6 化学类，S 农业科学类（S81/87、S5、S6、S4），O1 数学类，TS 轻工业手工业类，TM 电工技术类，TN 电信技术类（TN91/98、TN0/8+TN99），G4 教育类（G64、G40/57、G63），TG 金属学与金属工艺类，U 交通运输类（U4+U6），P5 地质学类，I2 中国文学类，H 语言文字类，D 政治类（D5+D6+D73/77+D8），B84 心理学类，TE 石油、天然气工业类，TD 矿业工程类，G8 体育类，TB 一般工业技术类。见图 3-9

及 3-10。

可以看出，学术期刊库 168 个导航大类对《中图法》政治类、法律类、经济类、文学类、语言文字类、文化教育传媒信息类、历史类、医药学类、农业科学类、工业技术类包括化工等下一级类，都达到极限式的拆分和完美穷尽式的列举，但类聚文献量仍然很高，超出 100 万种论文量的类居多。实际上，没有完全达到分类导航的目的，随着学术论文产量的增多，其导航检索效果会越来越差。

与根据书目数据拟定的 69 个分面导航大类相比，虽然个别类名有差异，但学术期刊库包含了其中 68 个导航大类（除 Z 类：综合性图书等通用复分类外），并在 68 个导航大类基础上，对其中高频类拆分析出形成 168 个二级大类。这次比较，一方面例证了 69 个分面导航大类设置的可靠性以及覆盖的准确度、书目数据与学术论文数据类聚文献量和高频类集中度的相似性，另一方面也验证了 69 个导航大类进一步分面区分的必要性。因为，只有通过分面后组，才可解决类目的无限列举，控制复合主题类目的列举量，降低类目的划分级别，同时能提高类目揭示的专指度、多入口的检索度以及新主题的反映力（发现率）和文献的查准率。导航大类常用属性的分面区分，可方便用户规律性地掌握和使用分面导航体系。

表 3-1 学术期刊库二级导航类与《中图法》类号映射及类聚文献量

CNKI 一级导航大类类序	CNKI 二级导航类类名	《中图法》类号	CNKI 聚类文献数量（篇）	CNKI 一级导航大类
1	自然科学理论与方法	N0+N1+N8	65441	基础科学
1	数学	O1	3099557	
1	非线性科学与系统科学	N93+N94	20504	
1	力学	O3	304970	
1	物理学	O4	448962	
1	生物学	Q	5525609	
1	天文学	P1	197719	
1	自然地理学和测绘学	P9+P2	379219	
1	气象学	P4	492313	
1	海洋学	P7	210103	
1	地质学	P5	1396526	
1	地球物理学	P3	565253	
1	资源科学	P96	108933	
∑13	合 计		12815109	

续表

CNKI 一级导航大类类序	CNKI 二级导航类类名	《中图法》类号	CNKI 聚类文献数量（篇）	CNKI 一级导航大类
2	化学	O6	3255301	工程科技 I 辑
2	无机化工	TQ11/17	1035637	
2	有机化工	TQ0+TQ2/31+TQ41/46	3809713	
2	燃料化工	TQ51/56+TE6	243284	
2	一般化学工业	TQ61/65+TQ57/58	401471	
2	石油天然气工业	TE（除 TE6 外）	1093796	
2	材料科学	TB3	802681	
2	矿业工程	TD	1078667	
2	金属学及金属工艺	TG	1875159	
2	冶金工业	TF	426676	
2	轻工业手工业	TS	2548731	
2	一般服务业	TS97	114154	
2	安全科学与灾害防治	X9+X4	502684	
2	环境科学与资源利用	X1/5+X8	3633342	
∑14	合　计		20821296	
3	工业通用技术及设备	TB（除 TB3 外）	1028843	工程科技 II 辑
3	机械工业	TH11/6	615168	
3	仪器仪表工业	TH7	419433	
3	航空航天科学与工程	V（含 R85）	680967	
3	武器工业与军事技术	TJ+E9	262128	
3	铁路运输	U2	347626	
3	公路与水路运输	U4+U6	1647262	
3	汽车工业	U46	682089	
3	船舶工业	U66	199000	
3	水利水电工程	TV	668697	
3	建筑科学与工程	TU	3453444	
3	动力工程	TK0/7	435223	
3	核科学技术	TL	307696	
3	新能源	TK5/91	63464	
3	电力工业	TM	2481966	
∑15	合　计		13293006	

续表

CNKI 一级导航大类类序	CNKI 二级导航类类名	《中图法》类号	CNKI 聚类文献数量（篇）	CNKI 一级导航大类
4	农业基础科学	S1	546616	农业科技
4	农业工程	S2	267129	
4	农艺学	S3	317244	
4	植物保护	S4	1019900	
4	农作物	S5	1640119	
4	园艺	S6	1200628	
4	林业	S7	668279	
4	畜牧与动物医学	S81/87	3229472	
4	蚕蜂与野生动物保护	S88/89	285340	
4	水产和渔业	S9	899653	
∑10	合　　计		10074380	
5	医药卫生方针政策与法律法规研究	R-0+R19+F840.61	1901671	医药卫生科技
5	医学教育与医学边缘学科	R-1/-4+R-02/-09+R499	1687320	
5	预防医学与卫生学	R1	2530271	
5	中医学	R2-0/R278+R29+R79	3270752	
5	中药学	R28+R289	6214656	
5	中西医结合	R2-1+R259+R269+R271/277.9	108255	
5	基础医学	R3	3193880	
5	临床医学	R4	7196413	
5	感染性疾病及传染病	R51/535	1489989	
5	心血管系统疾病	R54	5493087	
5	呼吸系统疾病	R56	1075100	
5	消化系统疾病	R57	1513792	
5	内分泌腺及全身性疾病	R58	3662733	
5	外科学	R6	6484882	
5	泌尿科学	R69	1757792	
5	妇产科学	R71	2479832	
5	儿科学	R72	2089192	

续表

CNKI 一级导航大类类序	CNKI 二级导航类类名	《中图法》类号	CNKI 聚类文献数量（篇）	CNKI 一级导航大类
5	神经病学	R741	3507490	医药卫生科技
5	精神病学	R749	1629288	
5	肿瘤学	R73	5676403	
5	眼科与耳鼻咽喉科	R77+R76	1953419	
5	口腔科学	R78	1097435	
5	皮肤病与性病	R75	770178	
5	特种医学	R8	665031	
5	急救医学	R459.7	712504	
5	军事医学与卫生	R821+R831+R841+R851	115268	
5	药学	R9	3346192	
5	生物医学工程	R318	712415	
∑28	合　　计		72335240	
6	文艺理论	I0+J0+J1	180083	哲学与人文科学
6	世界文学	I1+I3/7	711233	
6	中国文学	I2	1364687	
6	中国语言文字	H0/2	595447	
6	外国语言文字	H3/9	1356378	
6	音乐舞蹈	J6+J7	433979	
6	戏剧电影与电视艺术	J8+J9	455403	
6	美术书法雕塑与摄影	J2/5	747179	
6	地理	K9	94308	
6	文化	G0/1	299016	
6	史学理论	K0	52652	
6	世界历史	K1+K3/7	221358	
6	中国通史	K20/21	41106	
6	中国民族与地方史志	K28/29	82088	
6	中国古代史	K21/24	167085	
6	中国近现代史	K25/27	237156	
6	考古	K85	266616	

续表

CNKI 一级导航大类类序	CNKI 二级导航类类名	《中图法》类号	CNKI 聚类文献数量（篇）	CNKI 一级导航大类
6	人物传记	K81	766299	哲学与人文科学
6	哲学	B0/80+N031	403857	
6	逻辑学	B81	38905	
6	伦理学	B82	136683	
6	心理学	B84	1226914	
6	美学	B83	35900	
6	宗教	B9	240511	
∑24	合　　计		10154843	
7	马克思主义	A	234045	社会科学Ⅰ辑
7	中国共产党	D2	598365	
7	政治学	D0	139464	
7	中国政治与国际政治	D5+D6+D73/77+D8	1332512	
7	思想政治教育	D64	173423	
7	行政学及国家行政管理	D035+D52+D63+D73/77"3"	565388	
7	政党及群众组织	D05+D1+D33/37+D4+D665+D69	303521	
7	军事	E0/8	309993	
7	公安	D035.3+D523.3+D631+D73/77"339"	428991	
7	法理、法史	D90+D909	399916	
7	宪法	D911+D921+D93/97"1"	59917	
7	行政法及地方法制	D912.1+D912.3/.6+D922.1+D922.3/.6+D93/97"21"+"23/26"+"7"	359523	
7	民商法	D913/913.99+D923/923.99+D93/97"3/399"	492695	
7	刑法	D914+D924+D93/97"4"	203357	
7	经济法	D912.29+D922.29+D93/97"229"	228805	
7	诉讼法与司法制度	D915/916+D925/926+D93/97"5/6"	381904	
7	国际法	D99	121630	
∑17	合　　计		6333449	

续表

CNKI 一级导航大类类序	CNKI 二级导航类类名	《中图法》类号	CNKI 聚类文献数量（篇）	CNKI 一级导航大类
8	社会科学理论与方法	C0/7	34913	社会科学II辑
8	社会学及统计学	C8+C91	569379	
8	民族学	C95	52992	
8	人口学与计划生育	C92	188215	
8	人才学与劳动科学	C96/97	317984	
8	教育理论与教育管理	G40/57	1236402	
8	学前教育	G61	112268	
8	初等教育	G62	521660	
8	中等教育	G63	1524906	
8	高等教育	G64	1923021	
8	职业教育	G71	559377	
8	成人教育与特殊教育	G72/79	329304	
8	体育	G8	1073495	
∑13	合　　计		8443916	
9	无线电电子学	TN0/8+TN99	1504360	信息科技
9	电信技术	TN91/98	1983403	
9	计算机硬件技术	TP30+TP32/38	499018	
9	计算机软件及计算机应用	TP31+TP39	4250148	
9	互联网技术	TP393	633384	
9	自动化技术	TP1/2	2313393	
9	新闻与传媒	G20/22	892975	
9	出版	G23	590296	
9	图书情报与数字图书馆	G25	711553	
9	档案及博物馆	G26+G27	280364	
∑10	合　　计		13658894	
10	宏观经济管理与可持续发展	F2	3303157	经济与管理科学

续表

CNKI 一级导航大类类序	CNKI 二级导航类类名	《中图法》类号	CNKI 聚类文献数量（篇）	CNKI 一级导航大类
10	经济理论及经济思想史	F0	245083	经济与管理科学
10	经济体制改革	F1	1042020	
10	经济统计	F22	25684	
10	农业经济	F3	1647907	
10	工业经济	F4	2944461	
10	交通运输经济	F5	309305	
10	企业经济	F27	2662754	
10	旅游	F59	512240	
10	文化经济	G1+G219+G229+G239+G249+G259+JG269+G279+J114+J124……	95052	
10	信息经济与邮政经济	F49+F6	376233	
10	服务业经济	F264.1+F719+F726.9+F73/77"69"	124437	
10	贸易经济	F7	1275874	
10	财政与税收	F81	435663	
10	金融	F82+F83	1253211	
10	证券	F830.39+F830.91……	271852	
10	保险	F84	179034	
10	投资	F830.59	770511	
10	会计	F23	546071	
10	审计	F239	169286	
10	市场研究与信息	F76+F304+F405+F713+F724.7+F746.2/.9+F713+F723……	342147	
10	管理学	C93-0+C931	89940	
10	领导学与决策学	C933+C934	47368	
10	科学研究管理	G3	321161	
∑24	合　　计		18990451	

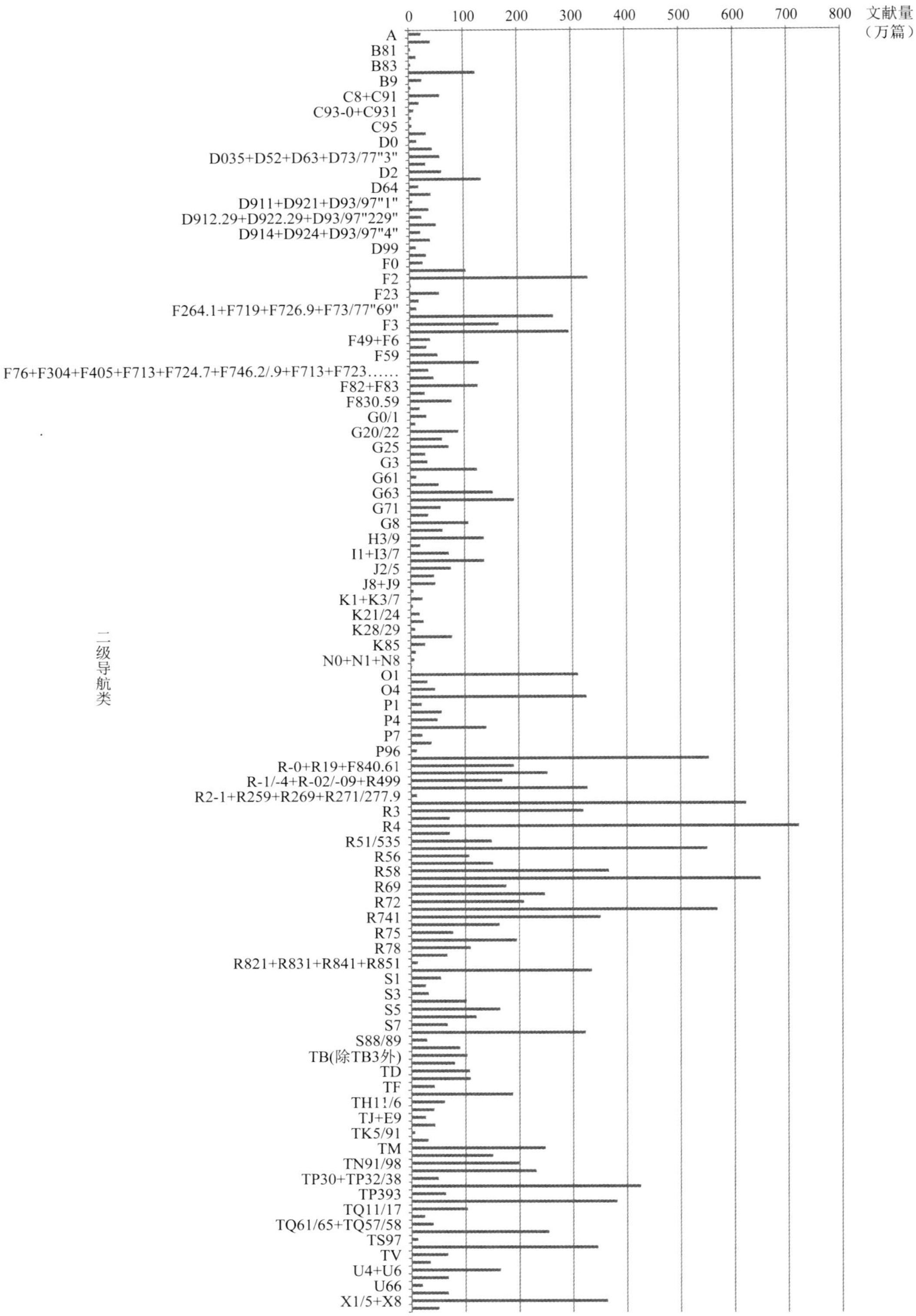

图 3–9　学术期刊库二级导航类类聚文献类序图

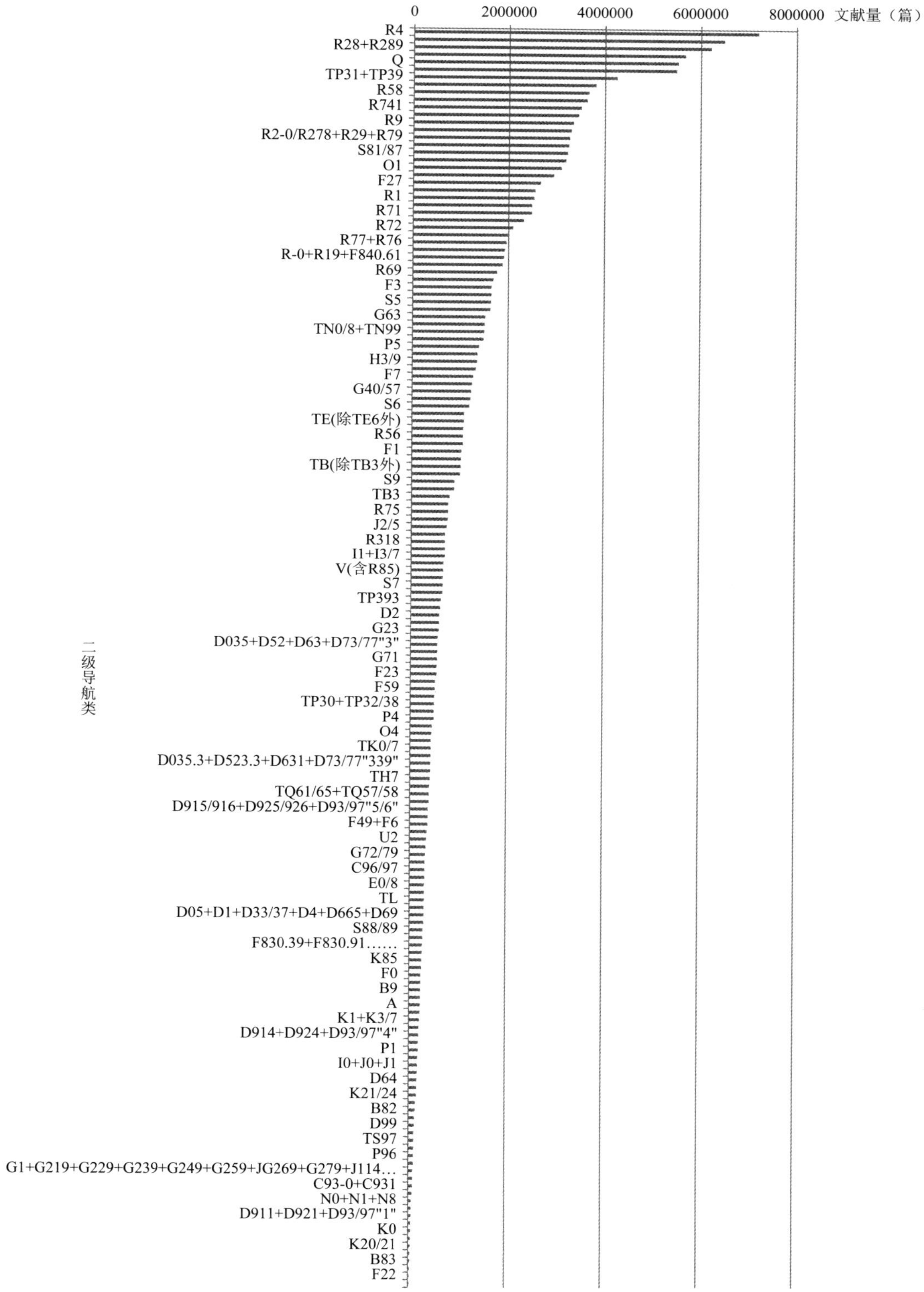

图 3-10　学术期刊库二级导航类类聚文献量序图

4 导航大类的划分规律与分面改造的可行性

4.1 导航大类首层划分特点

《中图法》的一级大类和二级高频独立学科领域类，是《中图法》的核心大类，属于起到知识框架作用的大类，本项目推荐将其作为“最终用户版”分面导航大类（69 个大类），即通过其学科或领域的分面分类体系所序列的类目，来容纳、导航所有类文献，从而构成文献类序浏览导航及分面检索工具。

《中图法》兼顾编制分类检索工具和组织文献分类排架两种功能，选择等级列举式的分类体系编列类目，即采用概念层层划分和列举的方法，每层类目划分采用一个或多个最具有检索属性的划分标准，形成一组或多组平行并列同位类，并按划分标准相对集中排列类目，严格控制不同层的划分标准和划分顺序，以便按一定顺序构成对应的等级序列。

在拟定的 69 个导航大类中，首层划分一般同时使用两个或两个以上分类标准，其分类标准的属性有较明显特点。因为同时使用两个或两个以上分类标准划分，所以大类下的同位类大多超过 10 个，按从总到分、从一般到具体、从理论到应用的划分顺序同级连续排列。所采用的划分标准可归纳概括为以下要素：理论、管理或技术、设计、结构、工艺（制造或生产）、材料、设备、维护、应用、种类（或组成部分或分学科领域）、空间因素、时间因素等，可按性质把以上标准区分概括为“事物方面属性”“事物种类属性”“空间属性”“时间属性”等，进一步可归纳为以下 5 组类型。

4.1.1 首层仅从事物种类或组成部分或分学科领域为划分标准

导航大类首层采用 1 种划分标准，即以事物种类、组成部分或分学科领域作为划分标准列举各“专论”，每个“专论”为事物的不同组成部分或种类，其集合构成上位类的全部。如 S9 水产、渔业类，由领域理论、资源分布、资源保护、渔业工程与技术（养殖、捕捞、加工）等专论部分组成。很多自然科学部类采用此划分形式。

事物的每个种类或组成部分的再划分一般采用相似标准，常用仿分方法、专类复分表或“一般性问题”解决共性问题的分类方法等。如“A 马克思主义、列宁主义、毛泽东思想、邓小平理论”类，按著作种类划分出 6 位伟人的原著（A1/49 类）、著作汇编（A5 类）、生平和传记（A7 类）、著作学习研究（A8 类），每个“专论”又有相似属性的划分，具有可区分的“专论”“共性问题”的类目，如 6 位伟人“原著”类均按文集、选集、书信、日记等列举。同理，A5、A7、A8 类分别采用专类复分表、仿分方法、相似列举的方法处理共性类的划分。

首层采用这种方式划分的导航大类，还有 C（社会科学总论，含统计学、人口学）类，D4（工人、农民、青年、妇女运动与组织）类，F8（财政、金融）类，G（G0/1 文化、G2 信息与知识传播、G3 科学）类，O6 化学类，P1 天文学类，P 地球科学（含 P2 测绘学、P3 地球物理学、P4 大气科学、P5 地质学、P7 海洋学）类，Q 生物科学类，R9 药学类，T 工业通用技术类（含 TB 类）、TD 矿业工程类，TE 石油、天然气工业类，U 交通运输类，V 航空、航天类，X 环境科学、安全科学类，Z 综合性文献类（含“总论复分表”及 C 类、N 类的合并类）。联合概括类包括 F49+F59+F6（信息产业经济、邮电信经济、旅游经济）类，J7/9（舞蹈、戏剧、电影、电视艺术）类，O 物理学类（O3 力学 +O4 物理学 +O7 晶体学），P2/7 地球科学类，见图 4-1 的 1 型。该类型导航类可以根据类目引用频率情况，对包含学科领域类即下一级类选择分面分析，如 G25 图书馆事业、信息事业类等。

4.1.2 首层同时按理论方面属性和事物种类为划分标准

导航大类首层同时按理论方面属性（包括管理与技术方法）和事物种类（或组成部分、分学科领域）为导航大类划分标准，区分出“总论”和“专论”两组性质的同位类列。在 69 个大类中，该类型划分较常用，而且有的学科类“理论”划分采用与“总论复分表”相同的划分标准及配号方法。如 B9 宗教类，按理论方面属性划分出宗教“总论”（B91/92 类），按种类划分出各教，如佛教等“专论”（B93/99 类）。再如“H 语言、文字”类，按语言理论划分出“总论”：语言学（H0 类），按语种或语系类型划分汉语等“专论”（H1/9 类）。相似划分的还有 B82 伦理学（道德哲学）类，B84 心理学类，C91 社会学类，C93 管理学类，J29 书法、篆刻类，O1 数学类，R 医学、卫生类，R2 中国医学类、S 农业科学类，S7 林业类，S8（畜牧、动物医学、狩猎、蚕、蜂）类，见图 4-1 的 2 型。

4.1.3 首层同时按理论方面和区域属性作为划分标准

导航大类首层划分与本章 4.1.2 所述相同，但首层划分的种类或组成部分具有区域属性，即同时从理论和区域属性作为导航大类的首层划分标准，分别对应区分出“总论”类列与“专论”类列。如 D9 法律类，D90 法律理论可概括为“总论”类，D91/97（世界各国部门法）可概括为“专论”。还有 B 哲学（含世界各国哲学、思维科学、逻辑学、美学）类，D 政治（含世界各国政治、国际关系、各国外交）类，D1/37（国际共产主义运动、各国共产党）类，F3 农业经济类，F4 工业经济类，I 文学类，J2 绘画类，J5 工艺美术类，K81 传记类，K85 文物考古类。其中文学艺术类，如 I 类、J2 类、J5 类，虽然也按区域属性划分，但区域属性划分的类包括文艺作品以及评论、艺术技法等部分理论，均又按体裁或题材区分，因此，可把 I 类、J2 类、J5 类的理论属性类区分为“专论”部分，把按体裁和题材区分的作品类归为“总论”，各体裁或题材文学评论或技法的类归纳为“专论”，“专论”“总论”中的类目一般均涉及区域属性的复分，见图 4–1 的 3 型。

4.1.4 首层同时按理论相同方面属性和事物种类为划分标准

导航大类首层划分与本章 4.1.2 所述相同，但理论等通用属性均按原理、技术（管理）、设计、结构、工艺（制造）、材料、设备、维护、应用等方面列举划分。即首层同时按理论包括以上通用方面属性和事物种类（或组成部分或分学科领域）区分，形成通用属性的“总论”类列与事物种类的“专论”类列，该型划分主要集中在工业技术类，如：TF 冶金工业类，TG 金属学与金属工艺类，TH 机械、仪表工业类，TJ+E9 武器工业、军事技术类，TK 能源与动力工程类，TL 原子能技术类，TM 电工技术类，TN 电子技术、通信技术类，TP 自动化技术、计算机技术类，TQ 化学工业类，TS 轻工业、手工业、生活服务业类，TU 建筑科学类，TV 水利工程类，见图 4–1 的 4 型。

4.1.5 首层同时以本章 4.1.2、4.1.3 所述划分标准为导航大类的划分标准

以理论、区域属性和组成部分同时作为导航类划分标准，理论、区域属性划分的类目构成“总论”面，组成部分为“专论”面。如：E 军事（除 E9 军事技术外）类，F 经济（含经济学、世界各国经济、经济管理）类，F5 交通运输经济类，F7 贸易经济类，G4 教育类，G8 体育类，J 艺术（含艺术论、世界各国艺术、雕塑、摄影）类，K 历史（含史学、世界各国史、风俗习惯）类，K9+P9 地理（含自然地理）类，见图 4–1 的 5 型。

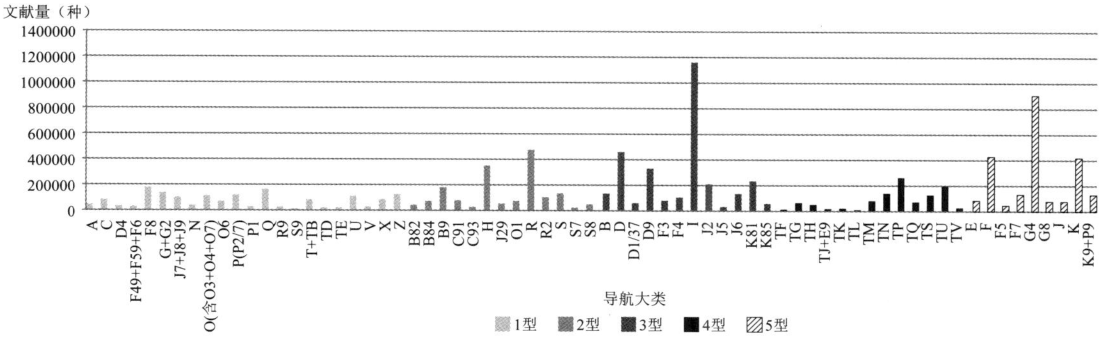

图 4-1 导航类划分类型图

导航大类的以上几种划分标准按不同组合和顺序使用，则形成了不同类型的二级或三级以下分类体系，不同的分类体系将关系到分面分析的方法和分面体系的建设方案。

4.2 导航大类潜在的分面结构与分面分析

4.2.1 “总论面”与“专论面”的区分

对导航大类的本章 4.1.1 至 4.1.5 所述划分类型的关系属性进行分析，可将其归纳为两种关系属性，即“方面限定关系”与“属种关系”（含整体与部分的关系），其分别对应形成总论性类目体系面（简称“总论面”即主体限定面）与专论性类目体系面（简称“专论面”即主体专论面）两部分。“总论面”一般包括事物理论、性质、过程（事业）、状态、作用、影响、意义、与其他事物的关系、对事物的研究（角度、目的、措施等）或产品的设计、结构、制造工艺、材料、设备、维护等限定划分属性。“专论面”一般包括事物的种类、组成部分或学科分支，两个面都可按区域、时代、民族或文献形式等区分种类或方面。

张琪玉先生 1985 年在《图书情报知识》第 1 期发表题为“文献主题的构成因素及层次”的文章，提出主题层次结构图[38]，见图 4-2。文章把文献主题详细区分两种学科类、6 种主题要素类型、18 种主题要素，即图 4-2 中的 A、B、C、D、E、F、G、H、I、J、K、L、M、N、O、P、Q、R 要素。这个主题要素图得到业界认可，也是我国国家标准“文献主题标引规则”的依据之一。

用图 4-2 的 18 种要素分析《中图法》体系结构，归纳“总论面”与“专论面”的划分标准，可基本对应归纳形成《中图法》的分面要素，即 A、B、C、D 要素及两属的 Z

要素可归纳为“专论面”（本体面）的划分标准，E、F、G、H、I、J、K、L、M、N、O、P、Q、R要素可归纳为“总论面”的划分标准，S、T、U及两属的Z要素可归纳为“附属面”的划分标准。在此基础上，对“总论面”还可再区分为以下几个面：理论面（E、F、G、H、I、J、K、L面），行为（过程）面（M、N面），行为者面（O、P、Q、R），其结构对应图见图4-3。

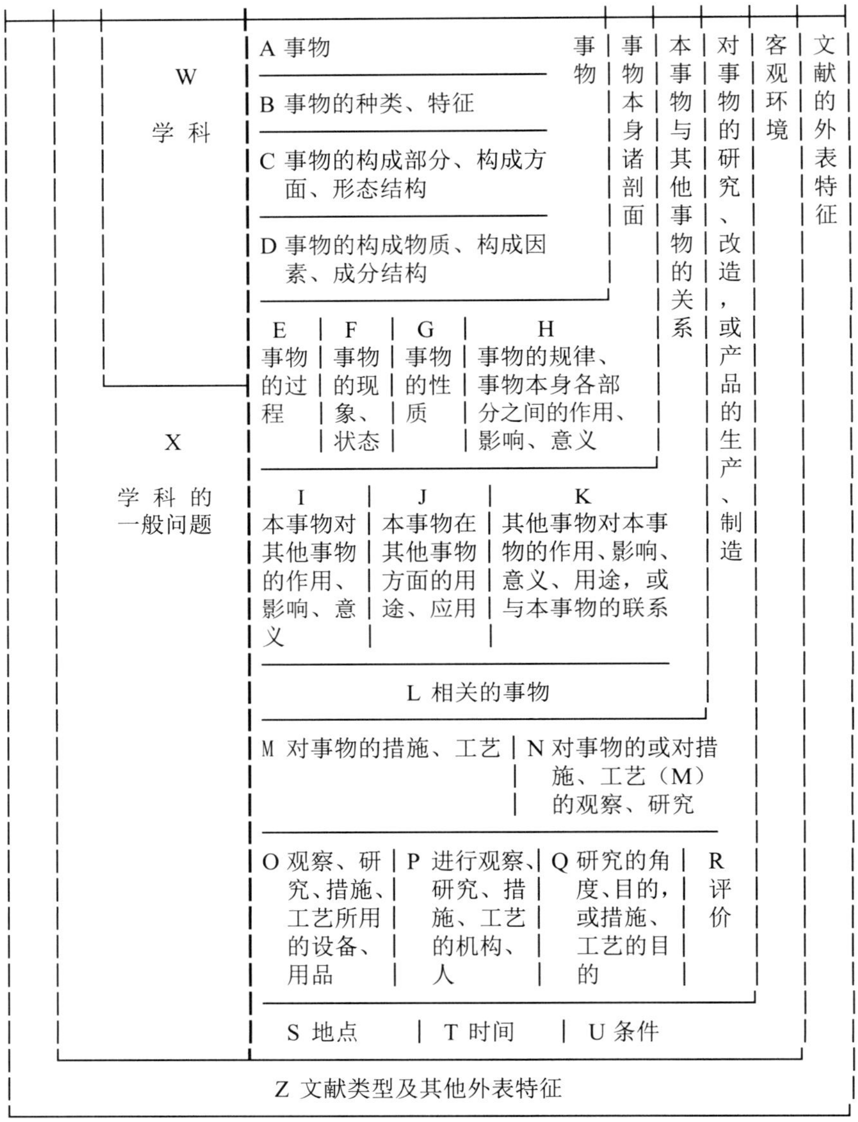

图 4-2　文献主题的构成因素及层次图

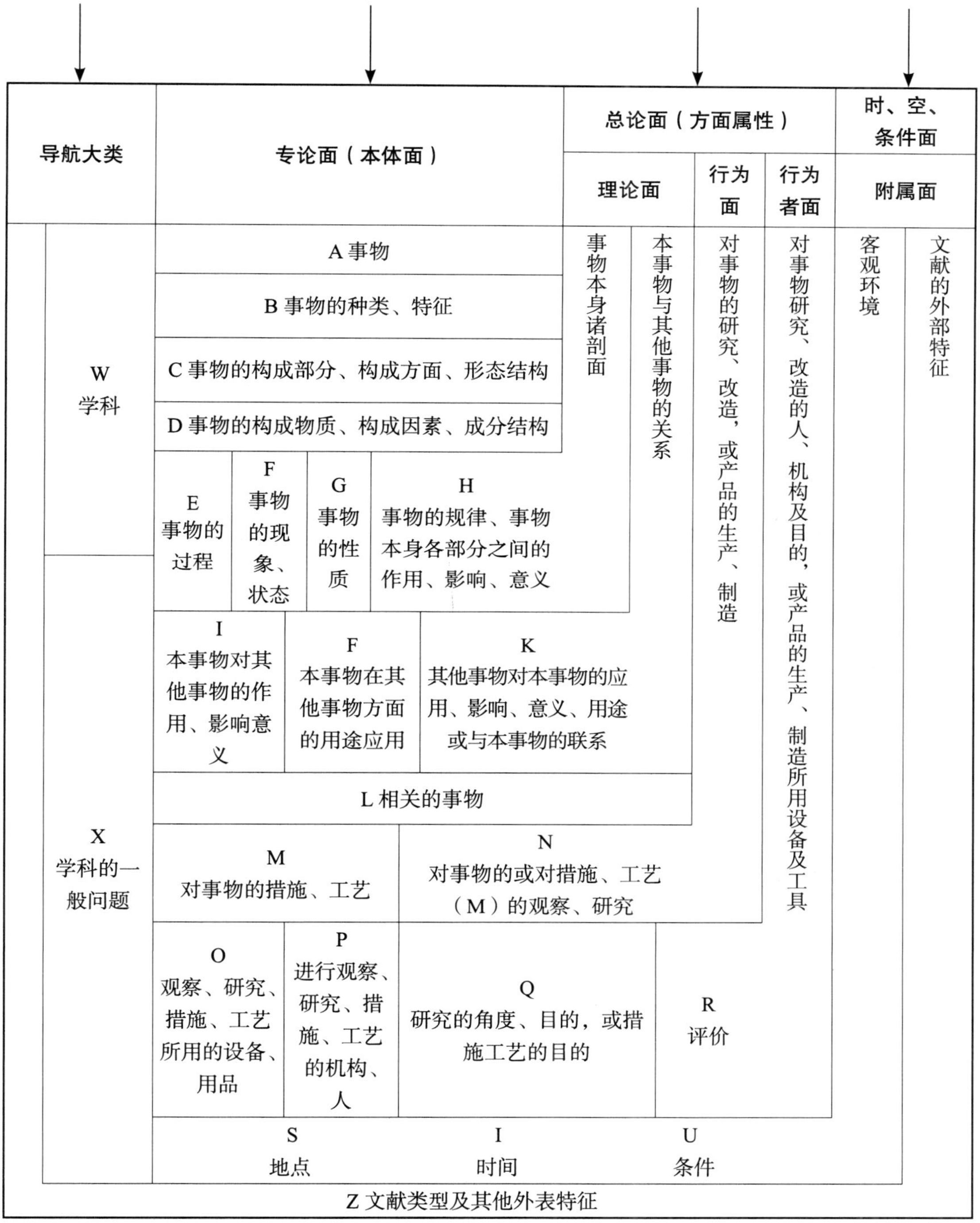

图 4–3 “文献主题的构成因素及层次图”的面结构归纳图

4.2.2 “总论面”与“专论面”的交叉组配性分析

《中图法》具有潜在的分面结构，但为照顾分类排架需求，两“面”采用先后顺序排列，不是分面平行排列，也就是从总到分、从一般到具体、从理论到应用的顺序线性排列“面”，基本是从“总论面”到“专论面”的顺序单线排列。

当导航大类首层划分出“总论面”与“专论面”类目体系时，两“面”中的类目因为划分标准不同，所以具有两“面”属性，即相互包含性，形成类目外延交叉、内涵不相互排斥的类目体系。对于具有两“面”属性的文献复合主题，为照顾同主题集中分类排架需求，则采取一“面”复分（组配）集中、另一“面”分散的方式。为此，《中图法》分类标引规则规定：对具有相互包含两“面”交叉的文献主题，一般要求集中归入“专论面”的类目中，归入“专论面”类目后，可根据其仿分注释再仿“总论面”类目复分，或按等同于“总论面”的“一般性问题”（面）或“专类复分表”（面）仿照复分。个别“面”会通过类目注释特殊规定聚类方向。

《中图法》最终用户版为满足不同属性类目的检索入口和交叉属性类目的导航，首先需拆分出不同性质划分的“面”，即“总论面”“专论面”，可分别并行排列，即分别导航或交叉检索导航，以示区分和规律性使用。其次，在“总论面”或“专论面”中，当同一事物多方面属性同时作为分类标准划分时，即采用多重列类法，如图 4-4。对同级不同方面属性划分区分构成不同性质“面”，即多重列类属性面，可按顺序排列。区分不同性质“面”，以示不同的导航索引功能、可视化形式以及索引方法，这种方式也直接影响类目数据映射处理，因为《中图法》对多重列类的类目采用“前标法”或“后标法”的分类规则，不是交叉组配规则。

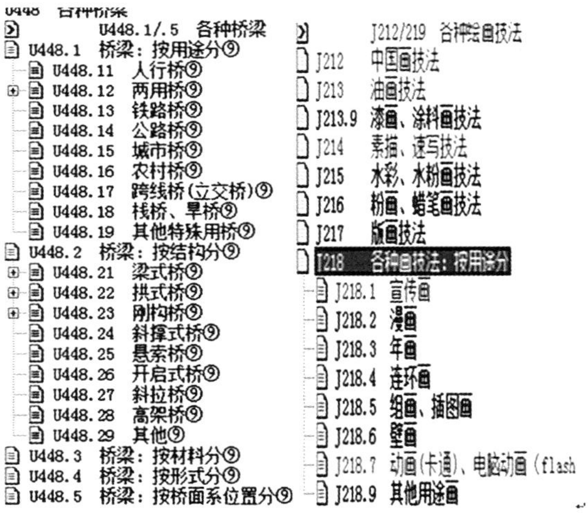

图 4-4 各种桥梁多重列类属性面、各种绘画技法多重列类属性面

多重列类属性面在《中图法》中较为常见，其分类标引规则即前标法或注释规定采用后标法或前标法以及附加分类标引法等。如：

J412/419.9　各种摄影艺术

涉及多重列类标准的文献入编列在后的类。例：水下人物新闻摄影入 J419.1。

TN722.1/.7　各种放大器

涉及多重列类标准的入最前编列的类。例：低频激光放大器入 TN722.1+1。

4.2.3 “总论面”与“专论面”的归纳分析

若导航类首层划分为两个或两个以上不同性质“面”时，除按属性种类区分外，还需结合《中图法》复分或组配集中方向确定归纳“总论面”“专论面”。对按“总论面”列举相似的“一般性问题”面或“专类复分表”面等需归纳合并处理为“总论面”，对按“专论面”列举的一些种类型类目，其分类规则为分散处理办法，不是集中在种类下，则需按“总论面”归纳。如图 4-5“G25 图书馆事业、信息事业”类，按属性及归类原则区分“总论面”与“专论面”，其中“总论面”包括 3 个不同属性面——理论面：G250、G256、G257；图书馆类型面：G258。“专论面”包括：图书馆管理面 G251，工作流程面 G252/G254.9，各类资源管理流程面 G255，图书馆建筑设备面 G258.9，图书馆事业面 G259。其中 G258 图书馆类型面与 5 个“专论面”均有交叉，集中的资源类号均为“专论面”类号。

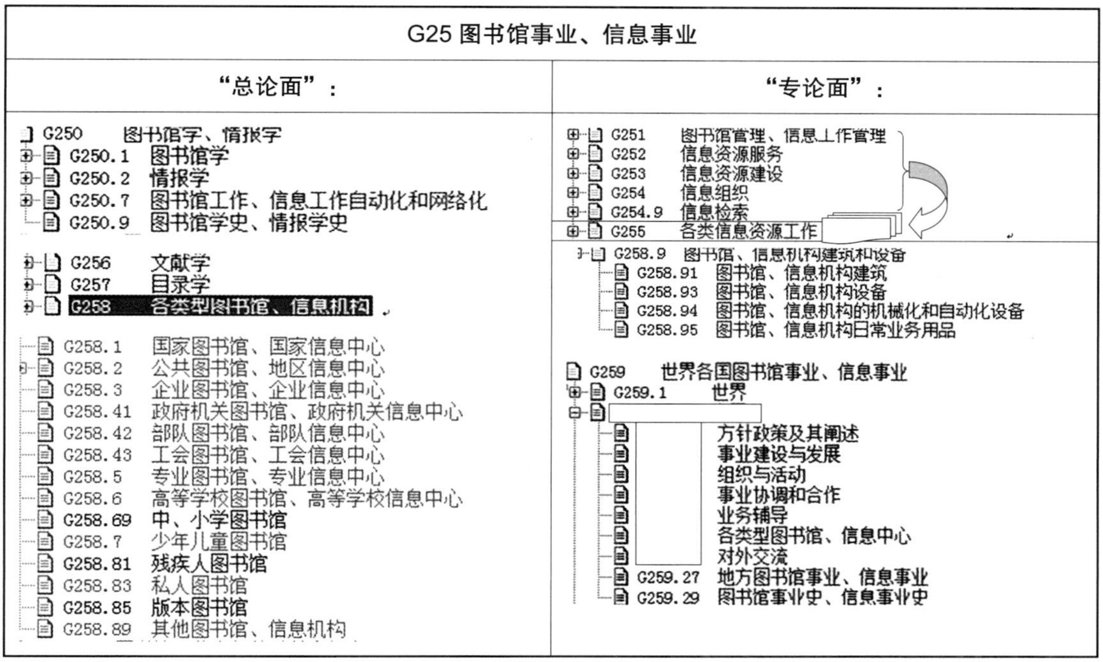

图 4-5　“G25 图书馆事业、信息事业”的总论面与专论面

"总论面"中的不同面和同一面的类目间几乎不交叉，可采用独立和联合检索导向资源类号的方法。"专论面"的前 4 个面间虽有交叉但属联合检索导向资源类号的导航方法，若前 4 个面与"G259 各国图书馆事业"面的交叉导引，需按多重列类的集中方法即前标法导引。

G25 类目的划分方法在《中图法》类表中是较常见的一种划分，即在同一划分阶段中，一些类目使用同一分类标准划分，而另一些类目采用其他类型分类标准划分，形成多种"专论"并排列在类列之后，并规定文献排架集中方法，若不按"专论"集中方法来集中文献，要注意其归纳分析至"总论面"，如 G258 面。

4.2.4 "总论面"与"专论面"中的通用或专用属性的分面分析

《中图法》除导航大类下"总论"性类目设置区分外，在类目划分中，凡涉及某大类或某些类目范围共性区分的问题时，一般分别采用编制通用复分表或专类复分表、"一般性问题"以及"仿分"（采用类目之间的仿照复分）的办法。一方面增强列类规律性、缩减篇幅，另一方面也解决列举式分类法无法穷尽列举类目和解决复合主题的揭示问题。《中图法》共计设有 8 个关于通用形式与论题、时间、空间、民族以及环境、人员等通用属性附表，68 个专类复分表，150 个可集中文献也可供复分用的"一般性问题"类列，共有 14630 余类目注明复分与仿分要求。这些可复分的类目均有分面复合属性，若文献主题需要均可与以上通用或专用属性复合标引或组配揭示。

根据对国家图书馆为主的全国文献联合编目中心数据（截至 2017 年 1 月）调研统计，《中图法》中约 5300 条类目有在 100 频次以上使用频率的文献保障，最终用户版有必要在此类目范围内通过属性分面浏览及复合组配检索，解决复合主题的文献查准率问题。

"一般性问题"类列也可称"一般性问题"面，主要设置在《中图法》自然科学部类下，哲学、社会科学部类只有"F76 商品学"类下有 1 个"一般性问题"面。"一般性问题"面与专类复分表设置不同，不仅有供某些类复分的功能，而且有集中总论性问题独立检索入口功能。因此，《中图法》最终用户版可将专类复分表、"一般性问题"面合并至"总论面"列举相似的类目中。不能合并类目的或对"总论面"补充新主题，或在"总论面"设置交替类指向特定类。

《中图法》附表中的"世界地区表"与"中国地区表"、"世界民族种族表"与"中国民族表"为嵌套表，可合并形成地区面、民族种族面。"国际时代表"与"中国时代表"结构上不嵌套，且"中国时代表"突出中国朝代的划分，可并行处理。在导航类中尤其哲学、社会科学部类以区域作为首层划分标准的大类体系较多，因此，地区面、时间面也可直接构成主表“总论面”或“专论面”的组成部分和入口检索的必要途径。如B1世界各时代哲学、B2/7各国哲学。“G259各国图书馆事业”面，可与地区面、时间面交叉组配，实现联合导航资源。

《中图法》附表中的“总论复分表”与C0/79类、N0/79类、Z类相同通用类目合并建立“综合性文献与共性问题面”，成为既可导航又可与各大类交叉组配的导航面。另各大类“总论面”必要时也均可与“综合性文献与共性问题面”合并简化处理。因此，8个通用表自身或与主表相似标准合并建立最终用户版附属面，达到入口检索、交叉检索导航的目的。

4.2.5 “总论面”与“专论面”中的交替类、应用类分析

《中图法》将部分具有多重隶属关系的类目分别列于不同的上位类下，规定其中一个为使用类，其余供选择使用的为交替类，并以类目注释方式指向使用类，与使用类为交替关系（同一关系），具有提供多个入口检索或导航资源功能的类目。《中图法》现有交替类共计1200多个类，按指向使用类类型分，包括以下几种：一种为对应指向唯一普通使用类；一种为指向导航大类或一定范围类；一种为指向多个应用类，与应用类相似，并可选择使用冒号组配、附表或专表复分集中于本类下。《中图法》有近500个应用类，多为3级或3级以下类目，提供冒号组配使用法的类目近十分之一。

《中图法》最终用户版需保留有频率保障类的同位交替类，一般4级以内的交替类，针对交替类指向一个类、一个面或多个面等不同情况，采取“宜入类”导航资源和再现“宜入类”列“面”导航的不同方法。对于有复分选择要求的交替类，可组配检索，采取编制映射表办法解决指向类的导航，如[C952]民族史志、民族地理（宜入K1/7有关各类。若使用本类，可依世界种族与民族表分）。应用类可参考交替类集中与分散办法处理，也可根据实际情况增加交替类和应用类，并增补组配交叉下位类列，以便提高多途径入口检索或导航，还可针对专业类表用户，推荐集中使用的分类导航办法。

4.3 《中图法》体系的分面重排、新建可行性分析

4.3.1 从检索导航功能对《中图法》体系结构分面分析

《中图法》体系结构不适应检索导航功能主要体现在等级列举式分类体系。等级列举

式分类体系为概念层层限定划分、单线层层展开排列，形成各大类的树形结构。由于类目连续划分时，运用分类标准不同或先后次序不同会形成不同的聚类树形结构，对不能穷尽列举类目采用重点列类或复分要求，形成不同类系的树形结构。任何权威聚类树形结构都会受到不同时代的认知和需求等因素影响，类目设置的预见性与滞后性与其先天体系永远并存，所以等级列举式分类体系不能满足不同时代检索者的所有需求或同一时代不同检索者多属性检索需求，特别不适应面向非专业培训的互联网用户，即《中图法》的最终用户。

因此，对等级列举式体系分类法分面改造，应拆分复合划分标准的类列，将先后标准划分的类列拆分为并列类列，区分重排不同类型属性划分的类列，即"面"，使层层限定划分、单线展开的树形结构变为多线并列属性"面"，即区分排列《中图法》潜在的"总论面""专论面"。多个同一类型"面"应遵循首类号顺序排列"面"，并区分不同的"面"名称，但尽可能减少"面"内类目层次限定，即降低连续性的不同属性划分，原则上不设置"面"间属分关系，避免使用复杂入口，对限定复杂类目可并列多类型标准"面"以交叉待组形式替代，解决多属性入口导航和交叉属性组配导航。同一类型不同"面"的类目间交叉按多重列类方式导航使用。

4.3.2 从解决体系分类法"集中与分散"的矛盾角度重排分面序列

"集中与分散"的矛盾，是等级体系分类法固有的一个基本矛盾。张琪玉先生曾在《体系分类法中"集中与分散"的矛盾》[39]一文中这样概括"集中与分散"的矛盾：当同一类的事物共同具有几组属性，若只采用其中一组属性作为分类标准，其他几组属性的事物因未被采用划分标准而造成分散。若几组属性全被用作分类标准，首先被采用的一组属性可分别集中具有该组某一属性的事物，其他属性越是后被采用越是分散，相对小范围集中。例如:《中图法》文学作品类，首先按国家属性划分则集中某国各体裁文学作品，而小说、诗歌、散文等各体裁属性的文学作品不能全部集中，只能分散或只能在某国文学作品下按体裁小范围集中。

因此，一个大类（包括导航类）在连续划分过程中，需要分别使用该类事物的若干属性作为分类标准时，各大类基本都可概括为"事物种类"类列（专论面）与"事物剖面"类列（总论面）。为满足文献分类排架需求，《中图法》规定了专指性分类规则，能归入专论性或具体问题类目的文献，则不能入总论性或理论方法性类目，"专论面"相对集中。如：G42 教学理论（注：各级各类学校教学理论入 G61/79 有关各类），在 G40/57（教育理论至教育事业）类列不再选择"事物种类"作为划分标准，即不集中 G61/79 各级各类教育方面的属性文献，分散在G61/79教育种类下的方面属性，相对“总论面”为“专论面”集中资源。

事物时间、空间等属性（包括环境、民族、人员等属性）或成为“专论面”“总论面”其中一部分或为进一步区分“专论面”“总论面”的附属属性，因此，就以上附属属性并列展开不同类型“面”，检索者不分先后多面类目选择同时后组，后台按检索公式指向集中类，则连续划分造成的每种属性一边得到集中而另一边却被分散的聚类现象得以解决，即“集中与分散”的矛盾就迎刃而解，层层限定划分造成很多独立属性文献无直接入口检索途径的问题也不攻自破。

等级列举式分类体系不能穷尽事物的重复属性，多采用复分体系编制，如总论复分表、地区复分表、时间复分表、专论复分表、“一般性问题”类列、被仿类目体系等，等级列举式体系的复分体系对于检索者而言不是直接入口，也是不能集中资源的隐性体系。因此，分面分析时，对复分体系可概括归纳至主体“总论面”中或作为主体面的通用附属面，如“共性问题面”，附属面还包括“区域面”“时间面”“民族面”等，可提供与主体面组配的联系，也可成为入口检索途径。通过软件技术根据分面检索公式自动区分组配顺序，解决原体系附属面不能显现展示和提供入口检索的问题。用上述方法新建数字资源分类标引时，只把具备属性的多个类号以联合方式给出即可，直接联合检索也不需转换检索公式即可实现检索和导航。

分面重排满足了多方面、多角度的科学研究需要，提供多途径检索，满足检索者从他所从事的、熟悉的属性入手查找学科、专业的有关文献的需要。交叉选择（组配）查找则可使不同检索者按其所希望的方式集中检索文献，其实后台文献早已按《中图法》原体系分类聚类方向集中，但检索者的交叉选择则激活二者（多属性）的联系与索引指向。

4.3.3　从《中图法》导航大类包含的关系来区分“面”

《中图法》类目体系包含纵向关系和横向关系。导航类包含的纵向关系为其等级关系，包括从属关系和并列关系，反映类目之间的亲缘关系，形成等级结构。类目的横向关系指类目间虽不存在等级关系，但内容上相互关联。导航类间和导航类内均包括横向关系，即相关关系和交替关系、应用关系。

《中图法》从属关系又分为属种关系、整部关系和方面关系。属种关系，即包含和被包含的关系。如生物的分类、事物及其类型等。整部关系，即整体和部分的关系。如学科及其分支、生物及其器官、事物及其组成部分、各级行政区域等。方面关系，即全面和某一方面的关系。如学科及其问题、事物及其属性等[40]。其中属种关系、整部关系的体系一般可概括归属为“专论面”，即专论的全部集中面。方面关系的体系为“总论面”，即总论方面集中面。特殊规定集中法，可根据类目注释区分确定“面”的性质。

导航类包含的并列关系是指处在同一划分层次上的不同类目的关系。若同一划分层次上存在多个属性的划分，则存在多组同位类，每组同位类与导航类从属关系类型若不同则构成以上不同面，即“总论面”与“专论面”，若相同则构成“总论面”或“专论面”的多个属性面，多个属性面间的类目存在包含关系，外延不相互排斥，可归纳为多重列类法的属性面。如图 4-4。

当一个学科或事物与另外的学科或事物关系密切或性质相近时，通常在相关的类目下编制参照注释，用以显示类目之间的相关关系。《中图法》最终用户版可通过相关关系类目的注释扩展相关文献的直接导航和检索。当注释指向为导航类或多个类时可超链接相关面，进一步选择检索。交替关系的类目分面可行性，见本章4.2.5。因此，参见注释和“宜入”注释，在最终用户版应保留其导航作用。

5 《中图法》类目使用频率分析与分面类级测定

5.1 《中图法》(第五版)类目基本情况

本课题以《中图法》(第五版)类目为分面导航类目的建设基础。其共计 5 大部类，22 个大类，50332 个列举类目。其中主表的马克思主义、哲学、宗教及社会科学部类的类目共计 9800 多个，自然科学部类的类目 4 万多个，综合性图书类目 104 个。主表一级类目 22 个，二级类目 252 个，三级类目 1809 个，四级类目 6943 个，五级类目 15754 个，六级类目 15502 个，七级类目 7080 个，八级类目 2350 个，九级类目 580 个，十级类目 40 个。

5.2 标引类目数据情况

本研究标引类目数据来源有两个。一是全国联合编目中心文献书目数据库涉及的分类号数据；二是中国知网学术期刊库涉及的导航类目数据。

5.2.1 书目数据库标引的《中图法》分类号数据

全国联合编目中心文献书目数据库(以下简称书目数据库)中涉及 10137553 个分类号数据，共计聚类文献量为 9242031 种(截至 2016 年 12 月 31 日)。其中，中文书目数据库涉及 7103146 个分类号数据，聚类文献量为 6275085 种(含普通图书、期刊及硕士博士论文等)；外文书目数据库涉及 3034407 个分类号数据，聚类文献量为 2966946 种(含图书、期刊等)。将 10137553 个分类号数据与《中图法》(第五版) 50332 个类目进行前方一致性匹配。经比较，有效分类号数据共计 9757910 个(中文书目数据库涉及有效分类号数据 6964772 个，外文书目数据库涉及有效分类号数据 2793138 个)，涉及聚类文献量为 9636133 种。

5.2.2 学术期刊库导航类目数据

中国知网学术期刊库涉及3747个导航类目数据，共计聚类文献量为142110583种（截至2019年3月25日）。将3747个导航类目数据与《中图法》（第五版）50332个类目进行前方一致性匹配。经比较，一对一匹配2087个，聚类文献量104326493种；一对多匹配1660个，聚类文献量37784090种。

5.3 类目引用频率与类级分布分析

运用统计分析的方法，对各类所含类目的使用情况进行全面调查。分别统计《中图法》（第五版）类目类级分布情况、《中图法》（第五版）类目聚类文献分布情况、复分类目、交替类目分布情况等，并结合各类类目的体系结构、类目属性，参考学术期刊库导航类目设置等，以选取确定最终用户版可导航的类目，选取最终用户版的类目数据，并确定分面改造或类目优化调整方式。

5.3.1 《中图法》类目类级分布情况

表5-1 《中图法》（第五版）类目类级分布表

类号	类名	类级					合计（个）
		一级（个）	二级（个）	三级（个）	四级（个）	五级以下（个）	
A	马克思主义、列宁主义、毛泽东思想、邓小平理论	1	8	46	50	34	139
B	哲学、宗教	1	15	83	368	360	827
C	社会科学总论	1	17	104	76	48	246
D	政治、法律	1	11	88	383	715	1198
E	军事	1	7	44	188	254	494
F	经济	1	11	61	324	1279	1676
G	文化、科学、教育、体育	1	6	58	352	984	1401
H	语言、文字	1	18	168	235	120	542
I	文学	1	4	32	113	196	346

续表

类号	类名	类级					合计（个）
		一级（个）	二级（个）	三级（个）	四级（个）	五级以下（个）	
J	艺术	1	13	64	325	617	1020
K	历史、地理	1	12	99	308	1570	1990
N	自然科学总论	1	14	59	18	12	104
O	数理科学和化学	1	5	68	284	1749	2107
P	天文学、地球科学	1	7	72	314	1900	2294
Q	生物科学	1	20	155	501	2779	3456
R	医药、卫生	1	20	153	755	2836	3765
S	农业科学	1	13	94	502	4046	4656
T	工业技术	1	21	221	1353	17386	18982
U	交通运输	1	6	32	177	3138	3354
V	航空、航天	1	4	25	131	1157	1318
X	环境科学、安全科学	1	13	58	149	94	315
Z	综合性图书	1	7	25	37	32	102
合计		22	252	1809	6943	41306	50332

表 5-2　学术期刊库导航类目类级分布表

类名	类级						合计（个）
	一级（个）	二级（个）	三级（个）	四级（个）	五级（个）	六级（个）	
基础科学	1	13	137	295	9	0	455
工程科技 I 辑	1	14	120	386	48	0	569
工程科技 II 辑	1	15	140	238	83	0	477
农业科技	1	10	76	252	55	0	394
医药卫生科技	1	28	216	372	96	3	716
哲学与人文科学	1	24	102	107	8	0	242
社会科学 I 辑	1	17	81	62	18	0	179

续表

类名	类级						合计（个）
	一级（个）	二级（个）	三级（个）	四级（个）	五级（个）	六级（个）	
社会科学 II 辑	1	13	76	87	0	0	177
信息科技	1	10	70	120	58	0	259
经济与管理科学	1	24	114	95	45	0	279
合　计	10	168	1132	2014	420	3	3747

表 5-3　书目数据库涉标（引）大类聚类文献分布表

类号	类　名	类目总量（个）	书目数据库涉标大类聚类文献量(种)	类目平均聚类文献量（种）
A	马克思主义、列宁主义、毛泽东思想、邓小平理论	139	46258	333
B	哲学、宗教	827	432436	523
C	社会科学总论	246	190758	775
D	政治、法律	1198	884595	738
E	军事	494	98363	199
F	经济	1676	1004008	599
G	文化、科学、教育、体育	1401	1120330	800
H	语言、文字	542	350735	647
I	文学	346	1160214	3353
J	艺术	1020	614733	603
K	历史、地理	1990	833594	419
N	自然科学总论	104	39725	382
O	数理科学和化学	2107	260945	124
P	天文学、地球科学	2294	156006	68
Q	生物科学	3456	165262	48
R	医药、卫生	3765	608339	162
S	农业科学	4656	222567	48
T	工业技术	18982	1211043	64

续表

类号	类　名	类目总量（个）	书目数据库涉标大类聚类文献量(种)	类目平均聚类文献量（种）
U	交通运输	3354	112639	34
V	航空、航天	1318	30821	23
X	环境科学、安全科学	315	87826	279
Z	综合性图书	102	126713	1242
合　计		50,332	9757910	194

表 5-4　学术期刊库涉导航类目聚类文献分布表

类　名	类目总量（个）	学术期刊库导航类目聚类文献量（种）	类目平均聚类文献量（种）
基础科学	455	13732309	30181
工程科技 I 辑	569	16435045	28884
工程科技 II 辑	477	12082087	25329
农业科技	394	8965759	22756
医药卫生科技	716	40393038	56415
哲学与人文科学	242	9080816	37524
社会科学 I 辑	179	5645589	31540
社会科学 II 辑	177	8083064	45667
信息科技	259	12184384	47044
经济与管理科学	279	15508492	55586
合　计	3747	142110583	37926

表 5-5　有效类目数据分布表

类号	类　名	学术期刊库导航类目总量（个）	学术期刊库导航类级分布	书目数据库涉标类目总量（个）	书目数据库涉标类类级分布
A	马克思主义、列宁主义、毛泽东思想、邓小平理论	5	2	133	1/5
B	哲学、宗教	14	2/3	791	1/6

续表

类号	类　名	学术期刊库导航类目总量（个）	学术期刊库导航类级分布	书目数据库涉标类目总量（个）	书目数据库涉标类类级分布
C	社会科学总论	17	2/3	228	1/5
D	政治、法律	98	2/6	916	1/7
E	军事	3	2/3	443	1/8
F	经济	127	2/7	1630	1/8
G	文化、科学、教育、体育	85	2/5	1348	1/7
H	语言、文字	20	2/4	533	1/6
I	文学	22	2/5	336	1/6
J	艺术	21	2/3	977	1/7
K	历史、地理	49	2/6	1839	1/7
N	自然科学总论	10	2/4	90	1/5
O	数理科学和化学	171	2/5	1597	1/8
P	天文学、地球科学	72	2/7	1429	1/8
Q	生物科学	29	2/5	1496	1/9
R	医药、卫生	416	2/6	2653	1/8
S	农业科学	214	2/6	2586	1/10
T	工业技术	579	2/8	10231	1/9
U	交通运输	71	2/7	1526	1/8
V	航空、航天	22	2/6	568	1/7
X	环境科学、安全科学	42	2/4	295	1/7
Z	综合性图书	0		100	1/6
合　计		2087	2/8	31745	1/10

综上，学术期刊库导航类目 2087 个，类级分布为二至八级。其中二至四级共 1797 个类目，五至八级共 291 个类目，其中六至八级共 63 个类目。

书目数据库涉标类目 31745 个，类级分布为一至十级。其中一至四级共 8539 个类目，五至十级共 23206 个，其中六至十级共 10563 个类目。

经对比书目数据库标引类和学术期刊库导航类以及类级分布情况，可发现，书目数据库标引类级较深，一——二级基础类有 274 个，作为导航类平均类聚文献量明显偏低，多数类低于1000种；而学术期刊库导航类类级较浅、较概括，由10个一级类扩展168个二级导航大类，二级及以下导航类由《中图法》各级类析出或概括。其中二级导航类包括《中图法》一级类4个、二级类析出和综合106个（含《中图法》二级类188个）、三级类析出和综合41个（含《中图法》三级类102个，二级类3个，四级类16个，六级类1个），四级类析出和综合12个（含《中图法》四级类46个），五、六级类析出和综合5个（含《中图法》五、六级类12个）。平均类聚文献量明显偏高，多数类高于2万种。同时，两个库涉及各类级聚类文献量虽然差异较大，且后者导航类已对《中图法》二至六级类目进行不同程度的归并，不完全一对一，因此，二者类目不宜进行简单的累加，因此，本研究以书目数据库标引类目聚类文献量为基准进行统计分析，不对两个库的类目数据进行加和，必要时参考。

经调研分析，一般馆藏目录检索系统多采用命中检索结果在1000以下，则直接给出检索结果，超过1000个检索结果，则给出前1000个检索结果的策略。因此，当书目数据库涉及类目（包含下位类）聚类文献量大于等于1000种时，原则上，选取该类目为最终用户版导航类目数据；当书目数据库涉及类目（包含下位类）聚类文献量少于1000时，参考学术期刊库导航类（包含下位类）聚类文献量，如果两者之和大于等于1000种，原则上，同样选取该类目为最终用户版数据；当书目数据库涉及类目（包含下位类）聚类文献量少于1000种，两个库涉及类目（包含下位类）聚类文献量之和仍然小于1000种时，则需要结合各类目的体系结构和类目的分面组配属性，以确定是否选取为最终用户版数据。一般类目（不含下位类）聚类文献量小于100种的类目没有导航意义（也是《中图法》修订划分类目的标准经验），个别类可为分面属性类或类级较高有概括高频的下位类的上位类，因此，最终用户版可对书目数据库中聚类文献量100种以下类（不含下位类）归并或省略，此时不再与书目期刊库进行加和参考。

5.3.2 《中图法》各级类目聚类文献量分布情况

（1）书目数据库中聚类文献量（包含下位类）小于等于10种的共计29277个类目，经与学术期刊库加和仍然小于等于10种的共计29222个类目。其中18090个类目聚类文献量为0（包括14379个专用于论文资料分类类目，726个交替类目，其中219个既是交替类目又是专用于论文资料类目），11132个类目聚类文献量是1—10种（2708个专用于论文资料分类类目，307个交替类目）。经分析，29222个类目共涉及6个二级类目（4个交替类目），152个三级类目（47个交替类目），1197个四级类目（208个交替类目，68个专用于论文资料类目），27868个五级以下类目（774个交替类号，17020个专用于论文资料分类号）。

这些类目聚类文献量低，无须作为导航类和分面属性类，二级至四级类目以及交替类视体系结构可直接列出。五级以下类目可单独形成数据附件，无须列入最终用户版（见附件 1）。

（2）书目数据库中聚类文献量（包含下位类）大于 10 并且小于 1000 种的共计 17661 个类目，经与学术期刊库加和仍然在此区间的共计 16726 个类目。经分析，16726 个类目（227 个专用于论文资料的类目，169 个交替类目）共涉及 34 个二级类目（4 个交替类目），665 个三级类目（39 个交替类目），3799 个四级类目（51 个交替类目，2 个专用于论文资料的类目）；12227 个五级以下类目（75 个交替类号，225 个专用于论文资料分类类号）。

这些类目聚类文献量偏低，无须作为导航大类，一般二级至四级类目（大于 100 种的四级类）以及交替类视体系结构可直接列出导航或作为分面属性类用，其中对小于 100 种的四级类和大于 100 种的五、六、七级类，可根据类目性质、上下位关系及功能选择或概括升级或修改后直接列出，无须分面。其他五级及以下类原则上无须列入最终用户版，建议列入最终用户版各类级数据，见附件 1。

（3）书目数据库中聚类文献量（包含下位类）大于等于 1000 种的共计 3127 个类目，经与术期刊库加和后大于等于 1000 种的共计 4117 个类目。经分析，4117 个类目（59 个交替类目，1 个原《资料法》类号）共涉及 22 个一级类目，211 个二级类目（2 个交替类目），972 个三级类目（18 个交替类目），1815 个四级类目（24 个交替类目）；867 个五级类目（6 个交替类号），194 个六级类目（1 个交替类目），31 个七级类目，4 个八级类目，1 个九级类目。类目类级分布情况详见表 5-6，类目数量占总类目数量比例情况详见表 5-7。

这些类目聚类文献量高，原则上，应选取为最终用户版数据。类目（不含下位类）聚类文献量大于等于 100 种的类目分布情况详见表 5-8，类目数量占总类目数量比例情况详见表 5-9。建议列入最终用户版各类级数据，见附录 1。

表 5-6 类目（包含下位类）聚类文献量≥ 1000 种的类级分布表

类号	类名	类级				
		一级（个）	二级（个）	三级（个）	四级（个）	五级以上（个）
A	马克思主义、列宁主义、毛泽东思想、邓小平理论	1	7	13	4	3
B	哲学、宗教	1	13	47	66	39
C	社会科学总论	1	13	23	23	9
D	政治、法律	1	10	50	112	85

续表

类号	类名	类级				
		一级（个）	二级（个）	三级（个）	四级（个）	五级以上（个）
E	军事	1	7	16	9	11
F	经济	1	11	50	133	163
G	文化、科学、教育、体育	1	6	48	126	102
H	语言、文字	1	8	29	25	24
I	文学	1	4	23	48	54
J	艺术	1	12	43	78	47
K	历史、地理	1	12	50	83	84
N	自然科学总论	1	9	9	1	0
O	数理科学和化学	1	5	49	117	30
P	天文学、地球科学	1	7	46	43	17
Q	生物科学	1	15	39	21	18
R	医药、卫生	1	18	123	255	124
S	农业科学	1	10	56	149	35
T	工业技术	1	18	176	432	250
U	交通运输	1	5	20	36	38
V	航空、航天	1	3	15	6	3
X	环境科学、安全科学	1	11	25	26	1
Z	综合性图书	1	7	17	8	7
合计		22	211	967	1801	1144

表 5-7 类目（包含下位类）聚类文献量≥1000 种的类目数量与类目总量比例表

类号	类名	一级类目数量	二级类目数量	三级类目数量	四级类目数量	五级以下类目数量
A	马克思主义、列宁主义、毛泽东思想、邓小平理论	100%	88%	28%	8%	9%
B	哲学、宗教	100%	87%	57%	18%	11%
C	社会科学总论	100%	76%	22%	30%	19%
D	政治、法律	100%	91%	57%	29%	12%

续表

类号	类名	一级类目数量	二级类目数量	三级类目数量	四级类目数量	五级以下类目数量
E	军事	100%	100%	36%	5%	4%
F	经济	100%	100%	82%	41%	13%
G	文化、科学、教育、体育	100%	100%	83%	36%	10%
H	语言、文字	100%	44%	17%	11%	20%
I	文学	100%	100%	72%	42%	28%
J	艺术	100%	92%	67%	24%	8%
K	历史、地理	100%	100%	51%	27%	5%
N	自然科学总论	100%	64%	15%	6%	0%
O	数理科学和化学	100%	100%	72%	41%	2%
P	天文学、地球科学	100%	100%	64%	14%	1%
Q	生物科学	100%	75%	25%	4%	1%
R	医药、卫生	100%	90%	80%	34%	4%
S	农业科学	100%	77%	60%	30%	1%
T	工业技术	100%	86%	80%	32%	1%
U	交通运输	100%	83%	63%	20%	1%
V	航空、航天	100%	75%	60%	5%	0%
X	环境科学、安全科学	100%	85%	43%	17%	0%
Z	综合性图书	100%	100%	68%	22%	22%
合计		100%	84%	53%	26%	3%

表 5-8　类目（不含下位类）聚类文献量≥ 100 种的类目分布表

类号	类名	类级				
		一级（个）	二级（个）	三级（个）	四级（个）	五级以上（个）
A	马克思主义、列宁主义、毛泽东思想、邓小平理论	0	6	26	28	12
B	哲学、宗教	1	15	48	180	135
C	社会科学总论	1	12	40	49	27
D	政治、法律	1	10	62	187	342

续表

类号	类名	类级				
		一级（个）	二级（个）	三级（个）	四级（个）	五级以上（个）
E	军事	1	7	31	60	41
F	经济	1	11	53	238	543
G	文化、科学、教育、体育	1	6	53	215	365
H	语言、文字	1	10	54	82	57
I	文学	1	4	28	88	141
J	艺术	1	12	39	173	190
K	历史、地理	1	11	72	121	353
N	自然科学总论	1	8	23	4	0
O	数理科学和化学	1	5	54	140	252
P	天文学、地球科学	1	7	46	111	138
Q	生物科学	1	20	97	112	75
R	医药、卫生	1	20	124	337	397
S	农业科学	1	12	64	140	226
T	工业技术	1	20	158	495	1190
U	交通运输	1	5	23	73	133
V	航空、航天	1	4	17	31	25
X	环境科学、安全科学	1	12	40	59	15
Z	综合性图书	1	7	16	23	19
合计		21	224	1168	2946	4676

表 5-9 类目（不含下位类）聚类文献量≥ 100 种的类目数量与类目总量比例表

类号	类名	一级类目数量	二级类目数量	三级类目数量	四级类目数量	五级以下类目数量
A	马克思主义、列宁主义、毛泽东思想、邓小平理论	0%	75%	57%	56%	35%
B	哲学、宗教	100%	100%	58%	49%	38%
C	社会科学总论	100%	71%	38%	64%	56%
D	政治、法律	100%	91%	70%	49%	48%

续表

类号	类名	一级类目数量	二级类目数量	三级类目数量	四级类目数量	五级以下类目数量
E	军事	100%	100%	70%	32%	16%
F	经济	100%	100%	87%	73%	42%
G	文化、科学、教育、体育	100%	100%	91%	61%	37%
H	语言、文字	100%	56%	32%	35%	48%
I	文学	100%	100%	88%	78%	72%
J	艺术	100%	92%	61%	53%	31%
K	历史、地理	100%	92%	73%	39%	22%
N	自然科学总论	100%	57%	39%	22%	0%
O	数理科学和化学	100%	100%	79%	49%	14%
P	天文学、地球科学	100%	100%	64%	35%	7%
Q	生物科学	100%	100%	63%	22%	3%
R	医药、卫生	100%	100%	81%	45%	14%
S	农业科学	100%	92%	68%	28%	6%
T	工业技术	100%	95%	71%	37%	7%
U	交通运输	100%	83%	72%	41%	4%
V	航空、航天	100%	100%	68%	24%	2%
X	环境科学、安全科学	100%	92%	69%	40%	16%
Z	综合性图书	100%	100%	64%	62%	59%
合计		95%	89%	65%	42%	11%

5.3.3 《中图法》最终用户版类级类目引用频率选择标准

综合各类分布情况，类目（包含下位类）聚类文献量大于等于1000种的类目以及类目（不含下位类）聚类文献量大于等于100种的类目中，一—三级类目占各级类目总量比例均大于50%。原则上，可将一—三级类目（不含下位类）选取为最终用户版数据，再以此为基准进行分面改造或类级优化调整。同时，可看到类目（不含下位类）聚类文献量大于等于100种的类目中，四级以下类目特别是五级以下类目占各级类目总量比例较低。可针对各级类目中占比较低的同级类目进行归并、省略或修改上位类类名等优化调整。

类级和聚类频率是我们确定导航类目、分面组配检索与否的数据基础，但不是绝对的，由于导航的文献资源类型、专业深度、用户信息素养等不同，对类级控制以及不同类级聚类频率标准也将随之调整。以下为最终用户版对《中图法》四级及以下类目选择导航类提出较宽泛的参考标准，根据具体类划分情况，可调整。

当书目数据库中四级类目（包含下位类）大于等于 1000 种时：

（1）若书目数据库中或书目数据库与学术期刊库加和后，五级类目（包含下位类）大于等于 1000 种，原则上，可将四级、五级（大于 100 种，不含下位类）均选取为最终用户版数据。

（2）若书目数据库中或书目数据库与学术期刊库加和后，五级类目（包含下位类）小于 1000 种，原则上，可将四级类目（不含下位类）选取为最终用户版数据。

当书目数据库四级类目（包含下位类）小于 1000 种，书目数据库与学术期刊库加和后，四级类目（包含下位类）大于等于 1000 种时：

（1）若书目数据库中或书目数据库与学术期刊库加和后，五级类目（包含下位类）大于等于 1000 种，原则上，可选择将四级、五级类目（大于 100 种，不含下位类）均选取为最终用户版数据；也可选择将五级类目（不含下位类）概括到注释中或修改四级类名等调整后，将四级类目（不含下位类）选取为最终用户版数据。

（2）若书目数据库中或书目数据库与学术期刊库加和后，五级类目（包含下位类）小于 1000 种，原则上，可将四级类目（不含下位类）选取为最终用户版数据。

若书目数据库四级类目（包含下位类）小于 1000 种，书目数据库与学术期刊库加和后仍然小于 1000 种时，但其同位类目需要选取为最终用户版数据时，或其对应交替类目需要选取为最终用户版数据时，可根据体系结构需要，将部分或全部类目选取为最终用户版数据。一般情况下，选取的列举类为“总论面”时，则可选取部分类目列类；选取为属种类的“专论面”时，则应选取全部类目列类。当类目可通过两面或多面组配检索给出，则无须单独列类时，不应将该类目选取为最终用户版数据。以此类推至其他类级类目。

特别说明：“总论面”为导航类或被用来复分的类时，其类级与“专论面”相较，被选取为最终用户版数据的类目类级更深。

5.4 导航类目选取分析

5.4.1 69 个导航大类选取情况

本书第 3 章，根据书目数据库中标引类目与《中图法》（第五版）50332 个类目（主表列举类）进行前方一致性匹配分析，确定各大类聚类文献量。根据各类类聚文献量、学科领域独立性与关联度以及学科领域划分特点、分面分析的需求度等要素推荐 69 个导航大类。其类级与频率分布情况见表 6–1 导航大类表。

5.4.2 导航类目类级及分面选取分析

本节根据最终用户版类级类目引用频率选择标准，针对 69 个导航大类选取下级导航类目。以下着重针对书目数据库与学术期刊库加和后聚类文献量（包含下位类）大于等于 1000 种的 4117 个类目进行分析，并结合各类体系结构和类目属性，提出各导航大类包含的类目及其“总论面”“专论面”的分面建议，研究确定各导航大类中哪些可被选取为最终用户版类目数据。以下为叙述简练，具体类目说明一般用《中图法》类号代表，实际呈现给用户的导航体系应为导航类类名，类号由后台系统自动映射控制。

根据前文所述最终用户版类目数据选取的参考标准，原则上，聚类文献量大于 1000 种的类目均可被选取为最终用户版类目数据。但是，当类目可通过两面或多面组配检索给出，或者综合考虑可通过上位类检索给出，则无须单独列类，就不应将该类目选入最终用户版类目数据中，部分类在各类下表中具体标注说明。

A 类

类目聚类文献量（含下位类）低于 1000 种的类目直接由上位类给出检索结果，超过 1000 种的有 28 个类目。经统计，28 个类目中包含 1 个一级类目，7 个二级类目，13 个三级类目，4 个四级类目，3 个五级类目。

其中，结合 A 类体系结构特点，将二级、部分三级类目形成“专论面”。提取 A1/5 下三级类目、A7 的四级类目、A8 的五级类目共性类，形成联合检索的共性问题面即“总论面”（如同《中图法》“一般性问题”的下位类列）。见图 6–3。A42、A81 和 A84 下四级类目或五级类目均可通过“总论面”和“专论面”组合检索，或与时代表面进行分面组配检索给出，不单独列类。

类号	类名	二级类目	三级类目	四级类目	五级类目
A	马克思主义、列宁主义、毛泽东思想、邓小平理论	全部	总论面共性部分类	A811、A841，A424/425 不单独列类	A811.2、A811.6、A841.6 不单独列类

B 类

类目聚类文献量（含下位类）低于 1000 种的类目直接由上位类给出检索结果，超过 1000 种的有 79 个类目（其中 4 个类目是交替类目）。交替类目可通过宜入类的关系给出聚类文献。经统计，79个类目中包含1个一级类目，10个二级类目，25个三级类目，20个四级类目，15个五级类目和8个六级类目。

其中结合引用频率及体系结构综合考虑，将B-4，B0及其下三级、四级类目，B089下五级类目形成“总论面”。B2及其下三级、四级、五级类目以及B1及其下三、四级类目为“专论面”，可与世界地区表组配检索B3/7各国哲学。对于文献量超出1000，或与地区表、时代表组配号不符的需单独列类。如B21中国古代哲学、宋元哲学以及欧洲哲学B502.23、B516.3、B516.4、B516.5、B565.5及其下六级类目可在“专论面”单独列类，见图6-2。B80、B81及其下三级类目，以及B83及其下三级、四级类目均列在“总论面”下为导航用类，均可推荐与“总论复分表”面-0组配。

类号	类名	二级类目	三级类目	四级类目	五级类目	六级类目
B（含B0/7；B80、B81、B83）	哲学（含思维科学、逻辑学、美学）	B-4、B0、B1、B80、B81、B83。B2、B3、B5、B7不单独列类	B21、B244，B0、B1、B80、B81、B83的下位同位类目。B-49、B22/241、B248/71不单独列类	B01、B02、B08、B83-0、B834的下位同位类目。B221/712不单独列类	B502.23、B516.3、B516.4、B516.5、B565.5，B089的下位同位类目。B222.1/712.5不单独列类	B502.23、B516.3、B516.4、B516.5、B565.5的下位同位类目

B82类

类目聚类文献量（含下位类）低于1000种的类目直接由上位类给出检索结果，超过1000种的有12个类目。经统计，12个类目中包含1个二级类目，5个三级类目，5个四级类目，1个五级类目。

其中结合引用频率及体系结构综合考虑，将B82-0及其下四级类目，B82-05下五级类目形成“总论面”。B821及其下四级类目，B822、B823及其下四级类目形成“专论面”。B821-49归入上位类，不单独列类。

类号	类名	三级类目	四级类目	五级类目
B82	伦理学（道德哲学）	全部	B82-0、B821、B822、B823的下位同位类目	B82-05的下位同位类目。B821-49不单独列类

B84类

类目聚类文献量（含下位类）低于1000种的类目直接由上位类给出检索结果，超过1000种的有23个类目需要进行分面导航。经统计，23个类目中包含1个二级类目，8个三级类目，13个四级类目，1个五级类目。

其中结合引用频率及体系结构综合考虑，将 B84-0 及其下四级，B841、B842 及其下四级类目形成“总论面”。将 B844、B845、B848 及其下位四级类目，以及 B846、B849 形成“专论面”。B84-065 归入上位类，不单独列类。

类号	类名	三级类目	四级类目	五级类目
B84	心理学	全部	B84-0、B841、B842、B844、B845、B848 的下位同位类目	B84-065 不单独列类

B9 类

类目聚类文献量（含下位类）低于 1000 种的类目直接由上位类给出检索结果，超过 1000 种的有 52 个类目需要进行分面导航。经统计，52 个类目中包含 1 个二级类目，9 个三级类目，28 个四级类目，14 个五级类目。

其中结合引用频率及体系结构综合考虑，将 B91、B92 及其下位四级类目形成“总论面”。将 B93、B94、B97、B99 及其下四级、五级共性类目，B95、B96、B98 及其下四级类目形成“专论面”。

类号	类名	三级类目	四级类目	五级类目
B9	宗教	全部	共性部分	B942、B946、B949、B971、B975、B976、B979 和 B992 的下位同位类目

C 类

类目聚类文献量（含下位类）低于 1000 种的类目直接由上位类给出检索结果，超过 1000 种的有 30 个类目（19 个交替类目）需要进行分面导航。经统计，30 个类目中包含 1 个一级类目，11 个二级类目，10 个三级类目，5 个四级类目，3 个五级类目。

其中结合引用频率及体系结构综合考虑，C0/79 使用 C 与总论复分表组配检索给出，不单独列类，见表 6-2。C97 和 C8、C92、C95/97 及其下三级类目，C924.2 下五级类目形成“专论面”。C832.1/ C832.7、C831/C837、C924.3/ C924.7 与世界地区表和中国地区表组配检索给出，不单独列类。

类号	类名	二级类目	三级类目	四级类目	五级类目
C	社会科学总论（除社会学、管理学）	C8、C92、C95、C96、C97。C0/5 不单独列类	C8、C92、C95/97 的下位同位类目	C831/C837 不单独列类	C924.2 的下位同位类目。C832.1/.7、C924.3/.7 不单独列类

C91 类

类目聚类文献量（含下位类）低于1000种的类目直接由上位类给出检索结果，超过1000种的有27个类目（4个交替类目）需要进行分面导航。经统计，27个类目中包含1个二级类目，6个三级类目，15个四级类目，5个五级类目。

其中结合引用频率及体系结构综合考虑，将C91-0及其下四级类目形成“总论面”。将C914、C915、C916，以及C912、C913及其下四级、五级类目形成“专论面”。

类号	类名	三级类目	四级类目	五级类目
C91	社会学	全部	C91-0、C912、C913的下位同位类目	C912.1、C912.8、C913.1的下位同位类目

C93 类

类目聚类文献量（含下位类）低于1000种的类目直接由上位类给出检索结果，超过1000种的有10个类目需要进行分面导航。经统计，10个类目中包含1个二级类目，5个三级类目，3个四级类目，1个五级类目。

其中结合引用频率及体系结构综合考虑，将C93-0通过总论复分表组配检索给出，不单独列类。将C931及其下四级、五级类目，C933及其下四级类目，以及C932、C934、C935、C936、C939形成“专论面”。

类号	类名	三级类目	四级类目	五级类目
C93	管理学	C931/939，C93-0不再单独列类	C931、C933的下位同位类目	C931.4的下位同位类目

D 类

类目聚类文献量（含下位类）低于1000种的类目直接由上位类给出检索结果，超过1000种的有127个类目需要进行分面导航。经统计，127个类目中包含1个一级类目，5个二级类目，31个三级类目，49个四级类目，32个五级类目，9个六级类目。

其中结合引用频率及体系结构综合考虑，将D0、D5、D6、D8四级及以上类，D035、D091、D621、D630/632、D634、D648、D691、D693、D813、D815下五级类目，D691.4、D693.09、D693.6、D693.7、D813.2下六级类目形成“专论面”。鉴于该大类的期刊论文类聚量超出100万，且该类组共性类关系复杂，可将其中D035与D52+D63+D73/77"3"的共性类与高频个性类析出形成“国家行政学与管理”的“专论面”，其余形成“政治学与各国政治、外交”的“专论面”，其中D0、D5、D8与D6、D73/77、D82/87的共性类及后者的高频个性类为必列的导航类目，中国与各国相关主题的类目可使用D0、D5、D8与世界地区表映射组配或组配检索，不单独列类。

类号	类名	二级类目	三级类目	四级类目	五级类目	六级类目
D	政治	D0、D8。D5、D6、D73/77 不单独列类	D0、D5、D6、D8 中的三级类。D82/87 不单独列类	D0、D5、D6、D8 中的四级类。D822/829 不单独列类	D035、D091、D621、D630/632、D634、D648、D691、D693、D813、D815 的下位同位类目。D610.1、D64-53、D822.3/829.3 不单独列类	D631.4、D691.4、D693.09、D693.6、D693.7、D813.2 的下位同位类目。D64-53 不单独列类

D1/37 类

类目聚类文献量（含下位类）低于 1000 种的类目直接由上位类给出检索结果，超过 1000 种的有 28 个类目需要进行分面导航。经统计，28 个类目中包含 3 个二级类目，10 个三级类目，11 个四级类目，3 个五级类目，1 个六级类目。

其中结合引用频率及体系结构综合考虑，将 D1 及其下三级类目，D2 下三级类目，D22/23、D26、D29 下四级类目，D261/262 下五级类目形成“专论面”。D33/37 由“专论面”D2 类的主题与世界地区表相关类组配检索给出，不单独列类。

类号	类名	二级类目	三级类目	四级类目	五级类目	六级类目
D1/37	国际共产主义运动、各国共产党	D1、D2。D33/37 不单独列类	D1、D2 的下位同位类目	D21/23、D26、D29 的下位同位类目	D261/262 的下位同位类目	D261.4 的下位同位类目

D4 类

类目聚类文献量（含下位类）低于 1000 种的类目直接由上位类给出检索结果，超过 1000 种的有 23 个类目需要进行分面导航。经统计，23 个类目中包含 1 个二级类目，4 个三级类目，11 个四级类目，5 个五级类目，2 个六级类目。

其中结合引用频率及体系结构综合考虑，将 D41/D44 三级类，D422.6、D432.5，D412.6、D432.6 及其下六级类目形成“专论面”。将 D41/D44 下位共性类目概括形成“总论面”（或根据需要形成三级类下共性问题的联合检索面）。其余各类由“专论面”与“总论面”组配检索或与世界地区表组配检索给出，不单独列类。

类号	类名	三级类目	四级类目	五级类目	六级类目
D4	工人、农民、青年、妇女运动与组织	D41、D42、D43、D44	D41/44 下的共性部分类	D412.6、D422.6、D432.5、D432.6。D432.9 不单独列类	D412.6、D432.6 的下位同位类目

D9 类

类目聚类文献量（含下位类）低于 1000 种的类目直接由上位类给出检索结果，超过 1000 种的有 76 个类目需要进行分面导航。经统计，76 个类目中包含 1 个二级类目，5 个三级类目，40 个四级类目，28 个五级类目，2 个六级类目。

其中结合引用频率及体系结构综合考虑，将 D90 及其下四级类目，D90-05 下五级类目、D99 及其下四级类目，D993、D996、D997、D998 下五级类目形成“总论面”。将 D911/D919，D912.1、D912.29、D913、D915、D916、D917、D918、D919 下五级类目形成“专论面”，见表 6-3。其余各类由“总论面”与“专论面”或与世界地区表组配检索给出，不单独列类。

类号	类名	三级类目	四级类目	五级类目	六级类目
D9	法律	D90、D91、D99。D92/97 不单独列类	D90、D91、D99 的下位同位类目。D920.0/929 不单独列类	D90-05、D912.1、D912.29、D913、D915、D916、D917、D918、D919、D993、D996/998 的下位同位类目。D922.11/926.5 不单独列类	D924.33、D926.13 不单独列类

E 类

类目聚类文献量（含下位类）低于 1000 种的类目直接由上位类给出检索结果，超过 1000 种的有 36 个类目需要进行分面导航。经统计，36 个类目中包含 1 个一级类目，6 个二级类目，17 个三级类目，6 个四级类目，3 个五级类目，5 个六级类目，2 个七级类目。

其中结合引用频率及体系结构综合考虑，将 E0、E1 及三级以上类及 E8、E99 及其下位类目形成“总论面”。将 E15 及下位类，E2 中三、四级个性类形成“专论面”，与“总论面”或与世界地区表组配检索给出各国军事、各军兵种等主题，不单独列类。

类号	类名	二级类目	三级类目	四级类目	五级类目	六级类目	七级类目
E	军事	E0、E1、E8、E99。E2/7 不单独列类	E0、E1、E8、E99 下位类及 E2/7 的下位个性部分类	E221/297 择列类	E296、E297.3、E297.4，择列类	E296.1/.9 不单独列类	E296.51、E296.93 不单独列类

F 类

类目聚类文献量（含下位类）低于 1000 种的类目直接由上位类给出检索结果，超过 1000 种的有 134 个类目需要进行分面导航。经统计，134 个类目中包含 1 个一级类目，3 个二级类目，19 个三级类目，56 个四级类目，41 个五级类目，14 个六级类目。

其中结合引用频率及体系结构综合考虑，将F0、F1及下四级类（共性类合并），F20、F22、F23、F239、F24、F25、F26、F27、F28、F29下四级类目，F014、F091、F112、F113、F121、F123、F124下五级类目，F222、F224、F231、F234、F270、F272、F272.9、F273、F275、F276、F293下五级类目，F276.4、F293.3下六级类目形成“总论面”。F091/097、F11、F12、F129、F13/17使用“总论面”与世界地区表组配检索给出，不单独列类。将F249、F259、F269、F279、F299形成“专论面”，其下类目使用“专论面”与“总论面”、世界地区表组配检索给出，F023、F272-05归入上位类，不单独列类。

类号	类名	二级类目	三级类目	四级类目	五级类目	六级类目
F	经济（含经济学、经济管理	F0、F1、F2	F0、F2的下位同位类目。F11/17不单独列类	F01、F04、F06、F11、F12、F20、F22、F23、F239、F24、F25、F26、F27、F28、F29的下位同位类目共性部分。F091/097、F129不单独列类	F014、F091、F112/113、F121、F123/124、F222、F224、F231、F234、F270、F272、F272.9、F273、F275/276、F293的下位同位类目。F114.4、F120.2、F249.2/.7、F259.2、F269.2、F279.1/.3、F299.2/.3不单独列类	F091.3、F276.4、F293.3的下位同位类目。F249.21、F272-05、F279.21/.29、F299.21/.27不单独列类

F3类

类目聚类文献量（含下位类）低于1000种的类目直接由上位类给出检索结果，超过1000种的有41个类目需要进行分面导航。经统计，41个类目中包含1个二级类目，4个三级类目，13个四级类目，19个五级类目，3个六级类目，1个七级类目。

其中结合引用频率及体系结构综合考虑，将F30、F31及其下四级类目（共性类合并），F301、F302下五级类目、F32/37共性类及F32下个性高频类形成“总论面”，F316下五级类目形成“专论面”。其余类由“专论面”与“总论面”或与世界地区表组配检索给出，不单独列类。

类号	类名	三级类目	四级类目	五级类目	六级类目	七级类目
F3	农业经济	F30	F30/32的下位同位类目	F301、F302、F316的下位同位类目。F321.1/.2、F323.2/.9、F324.1、F326.1/.6、F329.0/.1不单独列类	F323.21、F326.11、F326.27不单独列类	F323.211不单独列类

F4 类

类目聚类文献量（含下位类）低于 1000 种的类目直接由上位类给出检索结果，超过 1000 种的有 32 个类目需要进行分面导航。经统计，32 个类目中包含 1 个二级类目，4 个三级类目，11 个四级类目，15 个五级类目，1 个六级类目。

其中结合引用频率及体系结构综合考虑，将 F40、F41 及其下四级类目（共性类合并），F403、F406 下五级类目，F406.7 下六级类目，F42/47 共性类及 F42 下个性高频类形成“总论面”，F407 下五级类目形成“专论面”。其余类包括 F416 下五级类目使用“专论面”与“总论面”或与世界地区表组配检索给出，不单独列类。

类号	类名	三级类目	四级类目	五级类目	六级类目
F4	工业经济	F40、F41。F42/47 不单独列类	F40、F41、F42/47 下位共性类	F403、F406、F407 的下位同位类目。F416.1/.9 不单独列类	F406.7 的下位同位类目

F49+F59+F6 类

类目聚类文献量（含下位类）低于 1000 种的类目直接由上位类给出检索结果，超过 1000 种的有 19 个类目需要进行分面导航。经统计，19 个类目中包含 3 个二级类目，6 个三级类目，6 个四级类目，4 个五级类目。

其中结合引用频率及体系结构综合考虑，将 F490、F590、F60 下四级类目，F632 下五级个性类目形成“总论面”，将 F491/497、F592/597、F61、F62、F63 类目形成“专论面”。F491、F492、F493/497、F591、F592、F593/597、F631/637 使用“总论面”与世界地区表组配检索给出，F626.1 归入上位类，不单独列类。

类号	类名	三级类目	四级类目	五级类目
F49+F59+F6	信息产业经济、旅游经济、邮电通信经济	F490、F590、F60、F61、F62、F63	F590、F592、F60 下位共性部分、F62 的下位同位类目	F632 下位同位类目。F626.1 不单独列类

F5 类

类目聚类文献量（含下位类）低于 1000 种的类目直接由上位类给出检索结果，超过 1000 种的有 20 个类目需要进行分面导航。经统计，20 个类目中包含 1 个二级类目，7 个三级类目，9 个四级类目，3 个五级类目。

其中结合引用频率及体系结构综合考虑，将 F50、F51 及下四级、五级类目，F53/57 下四级、五级类目个性部分形成“总论面”。将 F53、F54、F55、F56、F57 形成“专论面”。

F53、F54、F55、F56、F57 下四级、五级类目使用与“总论面”、世界地区表组配检索给出，不单独列类。

类号	类名	三级类目	四级类目	五级类目
F5	交通运输经济	F50、F51、F53/57	F50 的下位类、F53/57 的下位个性类	F511/512 的下位同位类目，F532.6、F532.9 不单独列类

F7 类

类目聚类文献量（含下位类）低于 1000 种的类目直接由上位类给出检索结果，超过 1000 种的有 51 个类目需要进行分面导航。经统计，51 个类目中包含 1 个二级类目，6 个三级类目，21 个四级类目，13 个五级类目、8 个六级类目，1 个七级类目，1 个八级类目。

其中结合引用频率及体系结构综合考虑，将 F71、F74 及下四级类目，F72 下个性四级类目，F76 及 F760，F713 下五级、六级、七级类目，F715、F717、F719、F740 下五级类目形成“总论面”。将 F72、F73、F75、F762/769 形成“专论面”，其下类目使用与“总论面”与世界地区表组配检索给出，不单独列类。

类号	类名	三级类目	四级类目	五级类目	六级类目	七级类目	八级类目
F7	贸易经济	F71、F74、F75、F76。F72、F73 不单独列类	F71、F74、F76 下位同位类目，F72 下位个性部分	F713、F715、F717、F719、F740 的下位同位类目	F713.3、F713.5、F713.8 的下位同位类目列类。F715.51/54、F752.65 不单独列类	F713.36 的下位同位类目	F713.365.2 不单独列类

F8 类

类目聚类文献量（含下位类）低于 1000 种的类目直接由上位类给出检索结果，超过 1000 种的有 56 个类目需要进行分面导航。经统计，56 个类目中包含 1 个二级类目，4 个三级类目，16 个四级类目，27 个五级类目，8 个六级类目。

其中结合引用频率及体系结构综合考虑，将 F81、F82、F83、F84、F810、F820、F830、F840 及下五级类目以及 F812.4、F830.9、F832.3、F840.6 下六级类目形成“总论面”。将 F811、F812、F813/817、F821、F822、F823/827、F831、F832、F833/837、F842、F843/F847 形成“专论面”，其下类目与“总论面”、世界地区表组配检索给出，不单独列类。

类号	类名	三级类目	四级类目	五级类目	六级类目
F8	财政、金融（含保险）	全部	F810、F820、F830、F840	F810、F812、F820、F830、F832、F840 的下位同位类目共性部分	F812.4、F830.9、F832.3、F840.6 的下位同位类目列类

G+G2 类

类目聚类文献量（含下位类）低于 1000 种的类目直接由上位类给出检索结果，超过 1000 种的有 82 个类目需要进行分面导航。经统计，82 个类目中包含 1 个一级类目，4 个二级类目，14 个三级类目，39 个四级类目，20 个五级类目，4 个六级类目。

其中结合引用频率及体系结构综合考虑，将 G0 下二、三级类目，G1 下四级类目共性类及 G12 下的个性类形成“总论面 1”。G250、G256、G257、G258 下五级类目形成“总论面 2”。G11、G12、G13/17 使用“总论面 1”与世界地区表组配检索给出，不单独列类。G2、G3 下三级、四级类，G206、G212 下五级类目形成“专论面 1”，G251、G252、G254、G254.9、G255、G259 下五级类目形成“专论面 2”。见图 4–5。G21/27 概括共性类和提取个性类，与 G25 相同处理办法，分别形成“总论面 3”和“专论面 3”。G219.1/.3、G229.2/.3、G239.2/.3、G249.2/.3、G269.2/.3、G279.2/.3、G323/327 使用“专论面”与世界地区表组配检索给出，不单独列类。

类号	类名	二级类目	三级类目	四级类目	五级类目	六级类目
G+G2	文化、科学、信息与知识传播	G0、G1、G2、G3	全部。G11/17 不单独列类	共性类和个性类	G206、G212、G250/252、G254、G254.9、G255、G256、G258 的下位同位类目。G219.1/.3、G229.2/.3、G239.2/.3、G249.2/.3、G269.2/.3、G279.2/.3、G323/327 不单独列类	G219.29、G229.27、G239.29、G259.29 不单独列类

G4 类

类目聚类文献量（含下位类）低于 1000 种的类目直接由上位类给出检索结果，超过 1000 种的有 168 个类目需要进行分面导航。经统计，168 个类目中包含 1 个二级类目，25 个三级类目，74 个四级类目，52 个五级类目，15 个六级类目，1 个七级类目。

其中结合引用频率及体系结构综合考虑，将 G40/57 形成“总论面”，将 G61、G62、G63、G64、G65、G71、G72、G74、G75、G76、G77、G78、G79 下四级及部分五六级类目共性部分合并至 G41、G42、G43、G44、G45、G46、G47、G51、G52 下三级、四级及

部分五六级类目的共性部分中，G613、G623、G624、G633、G634 下五级类目和部分六级类目可提取共性类分别归设在 G427 和 G423.3 类下。将 G61、G62、G63、G64、G65、G71、G72、G74、G75、G76、G77、G78、G79 形成“专论面”，与“总论面”组配检索给出其下位类目，不单独列类。G629.1/.7、G639.1/.7、G649.1/.7、G659.1/.7、G719.1/.7 使用“总论面”与世界地区表组配检索给出，不单独列类。

类号	类名	三级类目	四级类目	五级类目	六级类目	七级类目
G4	教育	全部	G40、G41、G42、G43、G44、G45、G46、G47、G51、G52、G61、G62、G63、G64、G65、G71、G72、G75、G76、G77、G78、G79 的下位同位类目共性部分	G40-05、G424、G451、G613、G622、G623、G625、G632、G633、G635、G642、G643、G718、G722/724 的下位同位类目共性部分。G629.2/.3、G639.2/.3、G649.2/.3、G659.2/.3、G719.2 不单独列类	G623.3、G623.5、G623.7、G632.4、G633.4、G633.5、G633.95 的下位同位类目共性部分。G639.28/.29、G649.28/.29、G659.28/.29 不单独列类	G632.47 的下位同位类目

G8 类

类目聚类文献量（含下位类）低于 1000 种的类目直接由上位类给出检索结果，超过 1000 种的有 46 个类目需要进行分面导航。经统计，46 个类目中包含 1 个二级类目，10 个三级类目，24 个四级类目，9 个五级类目，2 个六级类目。

其中结合引用频率及体系结构综合考虑，将 G80 下三级、四级类目，G81 下五级类目共性部分，G818、G819、G804、G807、G808、G811 下五级类目共性部分形成“总论面”。将 G82、G83、G84、G86、G87、G89 下三级、四级类目，G891、G898 下五级类目，G85 下五级共性部分形成“专论面”，与“总论面”组配检索给出其下位类目，不单独列类。G811、G812、G813/817、G852、G853/857 使用“总论面”与世界地区表组配检索给出，G831.3 归入上位类，不单独列类。见表 6-4。

类号	类名	三级类目	四级类目	五级类目	六级类目
G8	体育	全部	共性部分。G811、G812、G813/817、G852、G853/857 不单独列类	共性部分。G811.2、G831.3 不单独列类	G852.1 的下位同位类目。G811.21 不单独列类

H 类

类目聚类文献量（含下位类）低于 1000 种的类目直接由上位类给出检索结果，超过1000种的有87个类目需要进行分面导航。经统计，87个类目中包含1个一级类目，8个二级类目，29个三级类目，25个四级类目，18个五级类目，6个六级类目。

其中结合引用频率及体系结构综合考虑，将H0、H1/9下三级、四级类目共性部分形成“总论面”。H1部分下位类、H2、H3、H4、H5、H63、H7形成“专论面”，与“总论面”组配检索给出其下位类目，不单独列类。见表6-5。

类号	类名	二级类目	三级类目	四级类目	五级类目	六级类目
H	语言、文字	全部	H0、H1、H2、H3、H5、H7的下位同位类目共性部分	H0-0、H01、H03、H12、H13、H14、H15、H16、H17、H19、H31、H71的下位同位类目共性部分	H125、H136、H146、H152、H193、H194、H195、H310.4、H313、H314、H319的下位同位类目	H136.3、H194.3、H310.42、H319.3的下位同位类目

I类

类目聚类文献量（含下位类）低于1000种的类目直接由上位类给出检索结果，超过1000种的有130个类目需要进行分面导航。经统计，130个类目中包含1个一级类目，4个二级类目，23个三级类目，48个四级类目，46个五级类目，8个六级类目。

其中结合引用频率及体系结构综合考虑，将I0，I1/7的06、07及I210下三级、四级、五级类目共性部分形成“专论面”。I1、I2、I3/7的“作品”类为“总论面”，“专论面”“总论面”之间及各面均可与国际时代表或中国时代表和世界地区表组配检索给出，不单独列类。见表6-6。

类号	类名	二级类目	三级类目	四级类目	五级类目	六级类目
I	文学	I0、I1。I2/7不单独列类	全部	I05、I106、I11、I206、I207、I209、I21的下位同位类目共性部分。I22、I23、I239、I24、I25、I26、I269、I27、I28的下位同位类目不单独列类	I207.2、I207.3、I207.4、I207.6、I210的下位同位类目共性部分。I222、I226、I235、I236、I242、I246、I247、I253、I266、I276、I277、I286、I287的下位同位类目不单独列类	I207.222、I207.227、I207.411、I247.81、I247.82、I277.21不单独列类

J类

类目聚类文献量（含下位类）低于1000种的类目直接由上位类给出检索结果，超过1000种的有31个类目需要进行分面导航。经统计，31个类目中包含1个一级类目，5

个二级类目，14 个三级类目，10 个四级类目，1 个五级类目。可以将二级至五级中相同内容元素归类提取分面。

其中结合引用频率及体系结构综合考虑，将 J0、J1、J31、J41 及其符合频率要求的下位类构成“总论面”，J30、J32/33、J40、J42/43 及其符合频率要求的下位类构成“专论面”。两“面”间组配以及涉及地区或时代类按对应的地区表或时代表组配检索给出，不单独列类。

类号	类名	二级类目	三级类目	四级类目	五级类目
J	艺术（总论、雕塑和摄影）	J0、J1、J19、J3、J4	J0、J1、J3、J4 下位同位类目	J06、J11、J12、J31、J41、J42、J43 下位同位类目	J110.9 下位同位类目

J2 类

类目聚类文献量（含下位类）低于 1000 种的类目直接由上位类给出检索结果，超过 1000 种的有 34 个类目需要进行分面导航。经统计，34 个类目中包含 1 个二级类目，4 个三级类目，21 个四级类目，8 个五级类目。

其中结合引用频率及体系结构综合考虑，可以将二级至五级中相同内容元素归类提取分面。J20、J21 及 J211 下位类、J22/23 为“总论面”，J212/219 为“专论面”，两“面”组配、“总论面”与世界地区表、中国时代表组配类目检索给出其下位类，不单独列类。

类号	类名	三级类目	四级类目	五级类目
J2	绘画	全部	全部	J212、J214、J218、J221、J222、J223 下位同位类目

J29 类

类目聚类文献量（含下位类）低于 1000 种的类目直接由上位类给出检索结果，超过 1000 种的有 18 个类目需要进行分面导航。经统计，18 个类目中包含 1 个二级类目，2 个三级类目，4 个四级类目，11 个五级类目。

其中结合引用频率及体系结构综合考虑，J292.2/.4 书法作品区分为“专论面”，其他均为“总论面”。可以将三级至五级中相同内容元素归类提取分面，两“面”可组配检索类目不单独列类。

类号	类名	三级类目	四级类目	五级类目
J29	书法、篆刻	全部	J292 的下位同位类目	J292.1/.4 的下位同位类目

J5 类

类目聚类文献量（含下位类）低于1000种的类目直接由上位类给出检索结果，超过1000种的有15个类目需要进行分面导航。经统计，15个类目中包含1个二级类目，4个三级类目，7个四级类目，3个五级类目。

其中结合引用频率及体系结构综合考虑，J50、J51区分为“总论面”，J52/53区分为“专论面”，可以将三级至五级中相同内容元素归类提取分面，两“面”可组配检索出的类目以及与世界地区表组配检索的类目不单独列类。

类号	类名	三级类目	四级类目	五级类目
J5	工艺美术	全部	J52下位同位类目	J524、J525、J528下位同位类目

J6 类

类目聚类文献量（含下位类）低于1000种的类目直接由上位类给出检索结果，超过1000种的有49个类目需要进行分面导航。经统计，49个类目中包含1个二级类目，7个三级类目，19个四级类目，19个五级类目，3个六级类目。可以将二级至六级中相同内容元素归类提取分面。

其中结合引用频率及体系结构综合考虑，J60/63区分为“总论面”，J64/69区分为“专论面”，可以将三级至五级中相同内容元素归类提取分面，两“面”可组配检索出类目以及与世界地区表组配检索的类目不单独列类。

类号	类名	三级类目	四级类目	五级类目	六级类目
J6	音乐	全部	全部	J609、J616、J623、J624、J642、J643、J647、J648、J652下位同位类目	J642.2、J647.4下位同位类目

J7+J8+J9 类

类目聚类文献量（含下位类）低于1000种的类目直接由上位类给出检索结果，超过1000种的有34个类目需要进行分面导航。经统计，34个类目中包含3个二级类目，12个三级类目，17个四级类目，2个五级类目。

其中结合引用频率及体系结构综合考虑，J7、J80/81、J90/94区分为“总论面”，J82/89、J95/97区分为“专论面”，可以将其四级至五级中相同内容元素归类提取分面，两“面”可组配检索出的类目以及与世界地区表组配检索的类目不单独列类。

类号	类名	二级类目	三级类目	四级类目	五级类目
J7+J8+J9	表演艺术（含舞蹈、戏剧、曲艺、杂技、电影、电视艺术）	全部	全部	J70、J72、J80、J81、J82、J83、J90、J95 下位同位类目共性部分	J722、J951 下位同位类目

K 类

类目聚类文献量（含下位类）低于 1000 种的类目直接由上位类给出检索结果，超过 1000 种的有 155 个类目需要进行分面导航。经统计，155 个类目中包含 1 个一级类目，9 个二级类目，38 个三级类目，62 个四级类目，36 个五级类目，9 个六级类目。

其中结合引用频率及体系结构综合考虑，将 K0 及其下三级类目，K10 与 K20 下共性部分，K89、K890、K892 及下位类分别形成两个“总论面”。K3/7 的地区国别史非共性类及 K21/29，K891/897 形成分别形成两个“专论面”。K091/097、K11/18 通过“总论面”与世界地区表、国际时代表给出，K3/7 的地区国别断代史共性导航类以及 K21/29、K891/897 分别与中国时代表及“总论面”组配给出相关导航类，不再单独列类。

类号	类名	二级类目	三级类目	四级类目	五级类目	六级类目
K	历史（含风俗习惯）	K0、K89。K1/7 不单独列类	K01/10、K890。K1/7 的下位同类目、K891/897 不单独列类	K10、K892 的下位同位类目。K092、K125/712 不单独列类	K204 的个性下位同位类目、K892.2 的下位同位类目。K207.8/712.9 不单独列类	K265.21/712.41 不单独列类

K81 类

类目聚类文献量（含下位类）低于 1000 种的类目直接由上位类给出检索结果，超过 1000 种的有 31 个类目需要进行分面导航。经统计，31 个类目中包含 1 个二级类目，4 个三级类目，7 个四级类目，10 个五级类目，9 个六级类目。

将 K810 及其下位类目以及 K82 及其下 K820/820.9、K825/828 及其下位类形成“专论面”。将 K811 及其下位类目、K833/837 通过“专论面”与世界地区表组配给出，不再单独列类。

类号	类名	三级类目	四级类目	五级类目	六级类目
K81	传记	K810。K811/837 不单独列类	K810 及 K82 的下位同位类目。K811 下位同位类目不单独列类	K825 的下位同位类目	K825.3/.7、K826.1、K828 的下位同位类目

K85 类

类目聚类文献量（含下位类）低于1000种的类目直接由上位类给出检索结果，超过1000种的有19个类目需要进行分面导航。经统计，19个类目中包含1个二级类目，3个三级类目，8个四级类目，6个五级类目，1个六级类目。

其中结合引用频率及体系结构综合考虑，将K851/854、K870.6、K871/871.7、K872/879，以及K875/879下五级类目，K877.2下六级类目，K877.4下七级类目形成“专论面”。将K86、K883/887通过“专论面”与世界地区表组配给出，不再单独列类。

类号	类名	三级类目	四级类目	五级类目	六级类目
K85	文物考古	K851/854。K86/887不单独列类	K87的下位同位类目	K875/879的下位同位类目	K877.2的下位同位类目

K9+P9 类

类目聚类文献量（含下位类）低于1000种的类目直接由上位类给出检索结果，超过1000种的有36个类目（1个交替类目）需要进行分面导航。交替类目可通过宜入类的关系给出聚类文献。经统计，36个类目中包含2个二级类目，10个三级类目，11个四级类目，6个五级类目，7个六级类目。

其中结合引用频率及体系结构综合考虑，将K90、P90及其下四级类目，K99，K91/92下共性部分，K921/927以及K901、K992下五级类目，K928.4等个性类或同主题不同类号类目、K928.7下六级类目、P91/93及下四级类目、P94/941.8、P951/98形成“专论面”。K93/97、K991、K993/997、P942/947及其下四级类目等均可通过“专论面”与世界地区表组配给出，K921/927与中国地区表组配给出，均不再单独列类。其中K9、P9下交替类保留可直接导航出对应类资源。

类号	类名	三级类目	四级类目	五级类目	六级类目
K9+P9	地理＋自然地理学	K90、K99、P90/98。K91/97不单独列类	K90、K928、K928.9，K90、K91、P90、P93的下位同位类目，K91/92的共性下位同位类目。K921/927、P941/942、K992不单独列类。K928的共性下位同位类目不单独列类	K928的个性下位同位类目，K992、P941的下位同位类目。K928的共性下位同位类目不单独列类	K928.4、K928.7的下位同位类目

N 类

类目聚类文献量（含下位类）低于1000种的类目直接由上位类给出检索结果，超过1000种的有19个类目（1个交替类目）需要进行分面导航。交替类目可通过宜入类的关系给出聚类文献。经统计，19个类目中包含1个一级类目，8个二级类目，9个三级类目，1个四级类目。

其中结合引用频率及体系结构综合考虑，将N0/79使用N与总论复分表组配检索给出，不单独列类，见表6-2。将N8/99以及下三级类目形成“专论面”。

类号	类名	二级类目	三级类目	四级类目
N	自然科学总论	N8/99。 N0/79不单独列类	N94的下位同位类目。 N02/53不单独列类	N031不单独列类

O（含O3+O4+O7）类

类目聚类文献量（含下位类）低于1000种的类目直接由上位类给出检索结果，超过1000种的有96个类目需要进行分面导航。经统计，96个类目中包含1个一级类目，3个二级类目，28个三级类目，55个四级类目，9个五级类目。

其中结合引用频率及体系结构综合考虑，将O3/4和O7及其下三级、四级、五级类目，O572.2/.3下六级类目形成“专论面”。O4-3及其下类目通过“专论面”与总论复分表组配给出，O381可通过O38给出，O431.2可通过O431给出，O461/462可通过O46给出，不再单独列类。

类号	类名	二级类目	三级类目	四级类目	五级类目	六级类目
O	数理化总论及物理、力学、晶体学	全部	O3、O4、O7的下位同位类目。O4-3不单独列类	O31/32、O34/35、O41/44、O47/48、O51、O53、O55/57的下位同位类目。O4-33、O381、O461/462不单独列类	O411/O414、O441、O482、O561/562、O571/572的下位同位类目。O431.2不单独列类	O572.2/.3的下位同位类目

O1类

类目聚类文献量（含下位类）低于1000种的类目直接由上位类给出检索结果，超过1000种的有62个类目需要分面导航。经统计，62个类目中包含1个二级类目，14个三级类目，38个四级类目，8个五级类目，1个六级类目。

其中结合引用频率及体系结构综合考虑，将三级类目，以及O12/18、O21/24下四级类目，O121/123、O151/153、O156/157、O174/175、O177、O186、O189、O211/212、O221、O241下五级类目，O151.2、O174.5、O175.2、O186.1、O211.6、O241.8下六级类目形成“专

论面”。O112、O113/117、O119 通过“专论面”与世界地区表组配给出，O1–6 及其下类目通过“专论面”与总论复分表组配给出，不再单独列类。

类号	类名	三级类目	四级类目	五级类目	六级类目
O1	数学	O1–0、O1–8、O11/29。O1–6、O119 不单独列类	O12/O18、O21/24 的下位同位类目。O112 不单独列类。	O121、O151/152、O157、O174/175、O177、O186、O189、O211/212、O221、O241 的下位同位类目	O151.2、O174.5、O175.2、O186.1、O211.6、O241.8 的下位同位类目

O6 类

聚类文献量（含下位类）低于 1000 种的类目直接由上位类给出检索结果，超过 1000 种的有 50 个类目需要进行分面导航。经统计，50 个类目中包含 1 个二级类目，7 个三级类目，30 个四级类目，10 个五级类目，2 个六级类目。

其中结合引用频率及体系结构综合考虑，将三级类目以及 O611/612、O615/619，O63 下四级类目，以及 O621、O631/O652 下五级、六级类目为“总论面”，O613/614、O622/629、O653/659 形成“专论面”。将 O621、O6–0/–6 及其下类目通过“总论面”与总论复分表组配给出，O621.25 可通过 O621.2 给出，不再单独列类。

类号	类名	三级类目	四级类目	五级类目	六级类目
O6	化学	O61/65。O6–0/–6 不单独列类	O61/65 的下位同位类目	O621、O631、O641、O643、O657 的下位同位类目	O643.3 的下位同位类目。O621.25 不单独列类

P1 类

类目聚类文献量（含下位类）低于 1000 种的类目直接由上位类给出检索结果，超过 1000 种的有 17 个类目需要进行分面导航。经统计，17 个类目中包含 1 个二级类目，10 个三级类目，6 个四级类目。

其中结合引用频率及体系结构综合考虑，将 P1 下三级、四级类目，P144、P159、P183、P185 下五级类目形成“专论面”。P1–0、P1–2、P1–4 及其下位类目“总论面”通过与总论复分表组配给出，不再单独列类。

类号	类名	三级类目	四级类目	五级类目
P1	天文学	P11/19。P1–0/–4 不单独列类	P14/15、P18/19 的下位同位类目	P144、P159、P183、P185 的下位同位类目

P（P2/7）类

聚类文献量（含下位类）低于 1000 种的类目直接由上位类给出检索结果，超过 1000 种的有 91 个类目（2 个交替类目）需要进行分面导航。交替类目可通过宜入类的关系给出聚类文献。经统计，91 个类目中包含 1 个一级类目，5 个二级类目，37 个三级类目，31 个四级类目，14 个五级类目，2 个六级类目，1 个七级类目。

其中结合引用频率及体系结构综合考虑，将 P20 下位类、P40/42 及下位类、P426 及下位类、P61/617.9 形成“总论面”。将其余 P2/P7 二级类目、三级类目、四级类目，P315、P337、P468、P588、P618、P631、P641、P642、P731 下五级类目，P588.1、P731.2 下六级类目，形成“专论面”，可与“总论面”、地区表组配给出高频复分类，P2-0 及其下类目可与总论复分表组配给出，均不再单独列类。

类号	类名	二级类目	三级类目	四级类目	五级类目	六级类目	七级类目
P	地球科学（测绘学、地球物理、大气科学、地质学、海洋学）	P2/7	P21/79	P20、P22/23、P28/33、P40、P42、P45/46、P53/54、P57/64、P73 的下位同位类目	P315、P337、P426、P468、P588、P618、P631、P641、P642、P731 的下位同位类目。P337.1/337.7 不单独列类	P426.6、P588.1、P618.1、P731.2 的下位同位类目。P642.14 不单独列类	P618.13 的下位同位类目

Q 类

聚类文献量（含下位类）低于 1000 种的类目直接由上位类给出检索结果，超过 1000 种的有 95 个类目（1 个交替类目）需要进行分面导航。交替类目可通过宜入类的关系给出聚类文献。经统计，95 个类目中包含 1 个一级类目，16 个二级类目，38 个三级类目，22 个四级类目，11 个五级类目，5 个六级类目，2 个七级类目。

其中结合引用频率及体系结构综合考虑，将 Q1/5、Q6/91 及其下三级类目（Q51/57 除外），Q11、Q14/17 下四级类目，Q24/25、Q34、Q42、Q50/52、Q55、Q57/58、Q811、Q915 下四级类目、Q111、Q178、Q343 下五级类目，Q178.2 下六级类目，Q178.5 下七级类目形成“总论面”。将 Q51/57、Q93/98 及下表所含下位类（含 Q949.72 的下位八级同位类目）形成“专论面”，其中所包含的下位类及复分类可与“总论面”组配给出，Q-0/-9 及其下类目通过“总论面”与总论复分表组配给出，Q958.5 可通过 Q958.2 给出，均不再单独列类。

类号	类名	二级类目	三级类目	四级类目	五级类目	六级类目	七级类目	八级类目
Q	生物科学	全部	Q1/989 的下位同位类目。Q-0/-9 不单独列类	Q11、Q14/17、Q24/25、Q34、Q42、Q50/52、Q5-3、Q55、Q57/58、Q811、Q915、Q939、Q939.9、Q943、Q945/946、Q948/949、Q958、Q959、Q969 的下位同位类目	Q111、Q178、Q343、Q915.8、Q939.1、Q945.1、Q948.1/.2、Q949.1、Q949.4、Q959.1、Q959.3、Q969.2 的下位同位类目。Q958.5 不单独列类	Q178.2、Q915.86、Q949.3、Q949.5、Q959.8 的下位同位类目	Q178.5、Q949.7、Q959.83 的下位同位类目	Q949.72 的下位同位类目

R 类

聚类文献量（含下位类）低于 1000 种的类目直接由上位类给出检索结果，超过 1000 种的有 413 个类目（1 个交替类目）需要进行分面导航。交替类目可通过宜入类的关系给出聚类文献。经统计，413 个类目中包含 1 个一级类目，15 个二级类目，100 个三级类目，205 个四级类目，89 个五级类目，3 个六级类目。

其中结合引用频率及体系结构综合考虑，将 R1/4 及其下三级、四级类目，R441、R445/446、R454、R457、R472/473 下五级类目、R730 及下位类归并概括至 R1/4 中形成“总论面”。将 R5/8 二级、三级、四级类目及 R732/739.9 等下的部分五级、六级类目，R197.32 下七级类目形成“专论面”，可与“总论面”组配给出其下位类，不再单独列类。R-0、R73-3 及其下类目通过与总论复分表组配给出，不再单独列类。个别高频类如 R318.51 可通过 R318.5 给出，R758.61、R758.63 可通过 R758.6 给出，不再单独列类。

类号	类名	二级类目	三级类目	四级类目	五级类目	六级类目	七级类目
R	医学、卫生	R1、R-1、R-3、R3/8。R-0 不单独列类	R1、R3/8 的下位同位类目。	R12/13、R15/19、R31/37、R392、R395、R44/59、R61/711、R714/715、R722、R725/735、R73-3、R737、R739.4、R739.6、R741/743、R749、R751、R764、R774、R779.6、R781/783、R81/82 的下位同位类目。R-331、R-332、R-5、R-9、R720.597 不单独列类	R151/155、R161、R192、R195/197、R318、R322/329、R338、R373、R441、R445/446、R454、R457、R472/473、R511、R541、R543/544、R552、R562/563、R573/575、R587、R589、R593/595、R651/656、R681、R687、R692、R730.2、R730.5、R737.1/.3、R742/743、R749.05、R758.2、R814、R816 的下位同位类目。R758.61、R758.63 不单独列类	R197.3、R318.0、R593.2 的下位同位类目。R730.231 不单独列类	R197.32 的下位同位类目

R2 类

聚类文献量（含下位类）低于 1000 种的类目直接由上位类给出检索结果，超过 1000 种的有 50 个类目（1 个交替类目）需要进行分面导航。交替类目可通过宜入类的关系给出聚类文献。经统计，50个类目中包含1个二级类目，13个三级类目，24个四级类目，11 个五级类目，1 个六级类目。

其中结合引用频率及体系结构综合考虑，将 R21/24 三级类目、四级类目、五级类目，R244、R246 下六级类目形成“总论面”。将 R2-0 及其下类目通过与总论复分表组配给出，不再单独列类。将 R25/278、R29 及高频下位类形成“专论面”，其中一些下位类、复分类可通过与“总论面”组配给出，不再单独列类。

类号	类名	三级类目	四级类目	五级类目	六级类目
R2	中国医学	R2 的下位同位类目。R2-03、R2-09 不单独列类	R21/25、R271、R274、R277 的下位同位类目	R222、R224、R241/242、R245、R247、R249、R255/256、R271.1 的下位同位类目	R244、R246 下位同位类目

R28+R289+R9 类

聚类文献量（含下位类）低于 1000 种的类目直接由上位类给出检索结果，超过 1000 种的有 34 个类目需要进行分面导航。经统计，33 个类目中包含 1 个二级类目，10 个三级类目，19 个四级类目，3 个五级类目，1 个六级类目。

其中结合引用频率及体系结构综合考虑，将 R9 及 R91/99 下四级类目，R977/978 下五级类目形成“总论面”。将 R28/289 及下四级类等形成“专论面”，可与“总论面”组配给出其下位类，不再单独列出。

类号	类名	二级类目	三级类目	四级类目	五级类目	六级类目
R28+R289+R9	药学（含中药学、方剂学）	R9	R28+R289、R9 部分下位同位类目	R28/289，R91/92、R94、R96/97、R99 的部分下位同位类目	R281/282、R977/978 的下位同位类目	R282.7 的下位同位类目

S 类

聚类文献量（含下位类）低于 1000 种的类目直接由上位类给出检索结果，超过 1000 种的有 134 个类目需要进行分面导航。经统计，134 个类目中包含 1 个一级类目，7 个二级类目，34 个三级类目，67 个四级类目，25 个五级类目。

其中结合引用频率及体系结构综合考虑，将 S1/4 二级类目、三级类目，S14/S18、S21/

S23、S27、S31/34、S37、S43、S47、S48、S50、S60 下四级类目，S153/154、S156/157、S432/436、S482 下五级类目包括 S219.01/.09 形成“总论面”，其中 S50、S60 下四级类目可与 S3 有关各类合并。S-0 及其下类目以及 S-1、S-3、S219.0、S220、S50、S60“总论面”通过与总论复分表组配给出，不再单独列类。将 S219.1/.9、S221/229 及 S5/6 二级类目、三级类目包括 S51、S53、S56、S62、S63、S66、S68 下四级类目，S512、S561、S565、S567、S571、S641、S642、S646、S661、S662/663、S682/688 下五级类目形成“专论面”。S5/6 的一些下位类可通过与“总论面”组配给出，S159.1/.7 可通过“总论面”与世界地区表、中国地区表组配给出，S147.2 可通过 S147 给出，S233 可通过 S23 给出，均可不再单独列类。

类号	类名	二级类目	三级类目	四级类目	五级类目
S	农业科学（含基础科学、农学、农业工程、植保、农作物、园艺作物）	S1/6。S-9、S-0、S-1、S-3 不单独列类	S1/6 的下位同位类目。S-09 不单独列类	S14/S16、S18/S22、S27、S33/34、S43、S47/48、S50/51、S53、S56、S62、S63、S65、S66、S68 的下位同位类目。S233 不单独列类	S153/154、S156/157、S219、S432/436、S482、S512、S561/565、S567、S571、S641/642、S646、S661/663、S682/688 的下位同位类目。S147.2、S159.2、S511.6、S511.9 不单独列类

S7 类

聚类文献量（含下位类）低于 1000 种的类目直接由上位类给出检索结果，超过 1000 种的有 47 个类目（1 个交替类目）需要进行分面导航。交替类目可通过宜入类的关系给出聚类文献。经统计，46 个类目中包含 1 个二级类目，8 个三级类目，36 个四级类目，2 个五级类目。

其中，将 S71/79 三级类目，S71、S72、S73、S75、S76、S78、S79 及其下四级类目，S718、S763、S791、S792 下五级类目，S718.5 下六级类目形成“专论面”。S732、S733/737、S759.99 可通过“专论面”与世界地区表、中国地区表组配给出，S7-0 通过与总论复分表组配给出，不再单独列类。S771、S776 可通过 S77 给出，不再单独列类。

类号	类名	三级类目	四级类目	五级类目	六级类目
S7	林业	S71/79。S7-0 不单独列类	S71/76、S78、S79 的下位同位类目。S732、S771、S776 不单独列类	S718、S759.9、S763、S791、S792 的下位同位类目。S759.99 不单独列类	S718.5 的下位同位类目

S8 类

聚类文献量（含下位类）低于 1000 种的类目直接由上位类给出检索结果，超过 1000

种的有 54 个类目需要进行分面导航。经统计，54 个类目中包含 1 个二级类目，8 个三级类目，39 个四级类目，4 个五级类目，2 个六级类目。

其中结合引用频率及体系结构综合考虑，将 S81 及其下四级类目、S821.1/.7、S831.1/.7、S851/857.8、S859 及下位类、S861/864、S866/899 中共性与个性部分形成“总论面”。将 S82、S83 及其下四级类目和 S816.4/.8、S865.1/.9，S812、S816、S831、S851、S852 下五级类目、S858.2/.9、S865 形成“专论面”，其中一些下位类可与“总论面”组配给出。S8-0、S8-1 通过与总论复分表、世界地区表、中国地区表组配检索给出，S852.31 可通过 S852.3 给出，S857.128 可通过 S857.1 给出，均不再单独列类。

类号	类名	三级类目	四级类目	五级类目	六级类目
S8	畜牧、动物医学、狩猎、蚕、蜂	全部	S81/86、S88/89 的下位同位类目	S812、S823、S852、S859 的下位同位类目。S816.1/3、S821.1/.7、S831.1/.7、S851.2/851.9、S858.1/.9、S865.1/.9 中共性与个性部分	S852.6 的下位同位类目

S9 类

类目聚类文献量（含下位类）低于 1000 种的类目直接由上位类给出检索结果，超过 1000 种的有 16 个类目（1 个交替类目）需要进行分面导航。交替类目可通过宜入类的关系给出聚类文献。经统计，16 个类目中包含 1 个二级类目，5 个三级类目，10 个四级类目。

其中结合引用频率及体系结构综合考虑，将 S91/98 三级类目，S94、S96 及其下四级类目形成“总论面”，其中 S965、S966、S968 下五级类目集成“专论面”，其中共性类目通过与“总论面”组配给出，S9-0、S92 下位类分别通过与总论复分表、世界及中国地区表组配给出，均不再单独列类。

类号	类名	三级类目	四级类目	五级类目
S9	水产、渔业	S91、S93/98、S9-9。S9-0、S92 不单独列了	S94、S96 的下位同位类目	S965、S966、S968 的下位同位类目

T+TB 类

聚类文献量（含下位类）低于 1000 种的类目直接由上位类给出检索结果，超过 1000 种的有 51 个类目（1 个交替类目）需要进行分面导航。交替类目可通过宜入类的关系给出聚类文献。经统计，51 个类目中包含 1 个一级类目，3 个二级类目，10 个三级类目，25 个四级类目，11 个五级类目，1 个六级类目。

其中结合引用频率及体系结构综合考虑，将 TB1/TB4、TB9、TB30 及其下四级、五级类目，TB114 下六级类目形成“总论面”。将 TB31/39、TB5/TB8 及其下四级类目，TB53、TB65、TB85 及其下五级类目形成“专论面”，其中共性类目通过与“总论面”组配给出，T-0、T-2 和 T-1、T-6 及其三级类目，T-652.1/6，TB30 等通过“总论复分表”组配给出，TB852.1 可通过 TB852 给出，均不再列类。

类号	类名	二级类目	三级类目	四级类目	五级类目	六级类目
T+TB	工业通用技术	T-9、TB。T-1、T-6 不单独列类	TB1/9。T-65 不单独列类	TB1/6、TB8/9 的下位同位类目。T-652 不单独列类	TB11/12、TB30、TB32/33、TB47/48、TB53、TB65、TB85 的下位同位类目。T-652.1 不单独列类	TB114 的下位同位类目。TB852.1 不单独列类

TD 类

类目聚类文献量（含下位类）低于 1000 种的类目直接由上位类给出检索结果，超过 1000 种的有 25 个类目（1 个交替类目）需要进行分面导航。交替类目可通过宜入类的关系给出聚类文献。经统计，25 个类目中包含 1 个二级类目，10 个三级类目，13 个四级类目，1 个五级类目。

其中结合引用频率及体系结构综合考虑，将 TD1/80、TD88、TD9、TD98 三级、四级类目形成“总论面”，TD82/88 形成“专论面”，其中五级部分类目可通过与“总论面”组配给出，TD-0“总论面”通过总论复分表组配检索给出，TD235.4 可通过 TD23 给出，均不再单独列类。

类号	类名	三级类目	四级类目	五级类目
TD	矿业工程	TD1/98、TD-9	TD2/4、TD7/98 的下位同位类目	TD92 的下位同位类目

TE 类

类目聚类文献量（含下位类）低于 1000 种的类目直接由上位类给出检索结果，超过 1000 种的有 22 个类目（2 个交替类目）需要进行分面导航。交替类目可通过宜入类的关系给出聚类文献。经统计，22 个类目中包含 1 个二级类目，5 个三级类目，13 个四级类目，3 个五级类目。

其中结合引用频率及体系结构综合考虑，将三级类目，TE1/3、TE6、TE8、TE9 下四级类目，TE35、TE62 下五级类目形成“总论面”。将 TE5、TE91/98、TE991/992 形成“专论面”，其下位类及复分类均可通过“总论面”组配给出，均不再单独列类。

类号	类名	三级类目	四级类目	五级类目
TE	石油、天然气工业	全部	TE1/3、TE6/9 的下位同位类目	TE35、TE62 的下位同位类目

TF

聚类文献量（含下位类）低于 1000 种的类目直接由上位类给出检索结果，超过 1000 种的有 34 个类目（2 个交替类目）需要进行分面导航。交替类目可通过宜入类的关系给出聚类文献。经统计，34 个类目中包含 1 个二级类目，8 个三级类目，25 个四级类目。

其中结合引用频率及体系结构综合考虑，将 TF0 及其下四级类目、TF4、TF6 和 TF1、TF5 及其下四级类目形成“总论面”。将 TF31/37、TF7/89 集成“专论面”，其中下四级类目及 TF70、TF80 的下位类个性类列出，其共性类可与“总论面”组配给出，不再单独列类。

类号	类名	三级类目	四级类目
TF	冶金工业	全部	TF0/1、TF5、TF7、TF8 的下位同位类目

TG 类

聚类文献量（含下位类）低于 1000 种的类目直接由上位类给出检索结果，超过 1000 种的有 67 个类目（1 个交替类目）需要进行分面导航。交替类目可通过宜入类的关系给出聚类文献。经统计，67 个类目中包含 1 个二级类目，8 个三级类目，47 个四级类目，9 个五级类目，2 个六级类目。

其中结合引用频率及体系结构综合考虑，将 TG1/TG30、TG4/TG50、TG70、TG80、TG9 下三级、四级、五级类目，TG146、TG174 下六级类目形成“总论面”，将 G31/39、TG51/68、TG71/78、TG81/88 类目形成“专论面”，其下位类与“总论面”组配给出，不再单独列类。

类号	类名	三级类目	四级类目	五级类目	六级类目
TG	金属学与金属工艺	全部	全部	TG11/17、TG30/33、TG44、TG50/51、TG54、TG58、TG66、TG80 的下位同位类目	TG146、TG174 的下位同位类目

TH 类

类目聚类文献量（含下位类）低于 1000 种的类目直接由上位类给出检索结果，超过 1000 种的有 56 个类目需要进行分面导航。经统计，56 个类目中包含 1 个二级类目，12 个三级类目，42 个四级类目，1 个五级类目。

其中结合引用频率及体系结构综合考虑，将 TH-3、TH11/18 及其下四级类目、TH132 下五级类目形成“总论面”。将 TH2/6、TH7 及其下位类目，形成“专论面”，其专论复分表与“总论面”相关类合并，其复分类与“总论面”组配给出，TH145 可通过 TH14 给出，不单独列类。

类号	类名	三级类目	四级类目	五级类目
TH	机械、仪表工业	全部	TH11/13、TH16、TH2/4、TH7 的下位同位类目。TH145 不单独列类	TH132、TH74、TH77 的下位同位类目。

TJ+E9 类

聚类文献量（含下位类）低于 1000 种的类目直接由上位类给出检索结果，超过 1000 种的有 16 个类目需要进行分面导航。经统计，16 个类目中包含 2 个二级类目，7 个三级类目，6 个四级类目，1 个五级类目。

其中结合引用频率及体系结构综合考虑，将 TJ0、E91/920.8 及其下四级类目、TJ910/917 形成“总论面”。将 TJ2/ TJ99，E922/E968 形成“专论面”。其中“专论面”E 与 TJ 相同类名可合并，不同类号可映射，包括交替类目宜入类的映射，“专论面”复分类可与“总论面”组配给出聚类文献。E926.3 归入上位类，不单独列类。

类号	类名	三级类目	四级类目	五级类目
TJ+E9	武器工业、军事技术	全部	TJ7、E92、E96 的下位同位类目。TJ76、TJ81 不单独列类	E926.3 不单独列类

TK 类

聚类文献量（含下位类）低于 1000 种的类目直接由上位类给出检索结果，超过 1000 种的有 33 个类目（1 个交替类目）需要进行分面导航。交替类目可通过宜入类的关系给出聚类文献。经统计，33 个类目中包含 1 个二级类目，8 个三级类目，15 个四级类目，9 个五级类目。

其中结合引用频率及体系结构综合考虑，将TK0/3及其下四级类目、TK12、K22下五级类目、TK227、TK229下六级类目、TK4及TK40下位类形成“总论面”。将TK41/91形成“专论面”，其中TK41/49下位类与“总论面”组配给出，个别类补充到“总论面”TK40下位类中，不再单独列类。

类号	类名	三级类目	四级类目	五级类目
TK	能源与动力工程	全部	TK0/4、TK51、TK6、TK8的下位同位类目	TK12、TK22、TK40的下位同位类目

TL类

聚类文献量（含下位类）低于1000种的类目直接由上位类给出检索结果，超过1000种的有8个类目（1个交替类目）需要进行分面导航。交替类目可通过宜入类的关系给出聚类文献。经统计，8个类目中包含1个二级类目，7个三级类目。

其中结合引用频率及体系结构综合考虑，将TL1/3及其下三级、TL5、TL7下四级类目，TL50及下位类形成“总论面”，将TL41/48、TL51/99形成“专论面”，其下位类可通过与“总论面”组配给出，不需再单独列类。

类号	类名	三级类目	四级类目	五级类目
TL	原子能技术	TL2、TL3、TL5、TL6、TL7、TL8	TL5、TL7的下位同位类目	TL50的下位同位类目

TM类

聚类文献量（含下位类）低于1000种的类目直接由上位类给出检索结果，超过1000种的有62个类目（含4个交替类目）需要进行分面导航。交替类目可通过宜入类的关系给出聚类文献。经统计，62个类目中包含1个二级类目，12个三级类目，39个四级类目，9个五级类目，1个六级类目。

其中结合引用频率及体系结构综合考虑，将TM0/1及其下四级类目，TM2及TM20、TM13下五级类目形成“总论面”。将TM21/938形成“专论面”，其中TM30、TM40、TM50、TM923.0、TM930的下位及“专论面”中需复分类可通过与“总论面”组配给出，不需再单独列类，若其中个性导航类可在“总论面”或“专论面”列出。

类号	类名	三级类目	四级类目	五级类目	六级类目
TM	电工技术	全部	TM0/92 的下位同位类目	TM24、TM26/27、TM31、TM34、TM57、TM62/63、TM71/73、TM76、TM911、TM914、TM921、TM925 的下位同位类目	TM571、TM621、TM623 的下位同位类目

TN 类

类目聚类文献量（含下位类）低于 1000 种的类目直接由上位类给出检索结果，超过 1000 种的有 89 个类目（4 个交替类目）需要进行分面导航。交替类目可通过宜入类的关系给出聚类文献。经统计，89 个类目中包含 1 个二级类目，17 个三级类目，52 个四级类目，15 个五级类目，4 个六级类目。

其中结合引用频率及体系结构综合考虑，将 TN0 及其下四级类目、TN948.50 及下位类形成“总论面”。将 TN1/99 及其下四级类目，高频五级、六级类目形成“专论面”，其中 TN10、TN20、TN30、TN40、TN60、TN70 的下位及“专论面”下复分类均可通过“专论面”与“总论面”组配给出，不再单独列类，若其中有个性导航类可在“总论面”或“专论面”列出。

类号	类名	三级类目	四级类目	五级类目	六级类目
TN	电子技术、通信技术	全部	TN0/92、TN94/96 的下位同位类目	TN20/21、TN24/25、TN30、TN40、TN43、TN70、TN713、TN72、TN82、TN85、TN911/912、TN914/916、TN918/919.8、TN929.1、TN929.5、TN949. 1 的下位同位类目	TN248、TN304、TN911.7、TN915.0 的下位同位类目

TP 类

类目聚类文献量（含下位类）低于 1000 种的类目直接由上位类给出检索结果，超过 1000 种的有 97 个类目需要进行分面导航。经统计，97 个类目中包含 1 个二级类目，6 个三级类目，17 个四级类目，36 个五级类目，17 个六级类目，16 个七级类目，3 个八级类目，1 个九级类目。

其中结合引用频率及体系结构综合考虑，将 TP1/183、TP2/207、TP3/319 及四级、五级类目形成“总论面”，将 TP21/278、TP32/38、TP6/89 下位类包括 TP39 的部分七级、八级、九级类目形成“专论面”，其中部分下位类和复分类可通过与“总论面”组配给出，不单独列类。交替类目可通过宜入类的关系给出聚类文献。见表 6-7。

类号	类名	三级类目	四级类目	五级类目	六级类目	七级类目	八级类目	九级类目
TP	自动化技术、计算机技术	全部	TP1/3、TP7 的下位同位类目	TP18、TP20/21、TP24、TP27、TP30、TP31、TP33、TP36、TP39、TP75 的下位同位类目	TP212、TP242、TP273/274、TP301/302、TP309、TP311、TP316/317、TP333、TP338、TP368、TP391、TP393 下位同位类目。	TP311.1/.5、TP316.8、TP391.1、TP391.4、TP391.7、TP393.0、TP393.1 的下位同位类目	TP311.56、TP391.41、TP393.09 的下位同位类目	TP393.092 的下位同位类目

TQ 类

聚类文献量（含下位类）低于 1000 种的类目直接由上位类给出检索结果，超过 1000 种的有 97 个类目（1 个交替类目）需要进行分面导航。交替类目可通过宜入类的关系给出聚类文献。经统计，97 个类目中包含 1 个二级类目，33 个三级类目，52 个四级类目，9 个五级类目，2 个六级类目。

其中结合引用频率及体系结构综合考虑，将 TQ0 及其下四级类目，TQ02、TQ05、TQ08 下五级类目形成“总论面”。将 TQ11/TQ9 及其下四级类目，部分五级及高频类形成“专论面”，其中一些下位类包括 TQ110、TQ150、TQ170、TQ20、TQ320、TQ330、TQ340、TQ410、TQ420、TQ430、TQ440、TQ450、TQ460、TQ520、TQ560、TQ610、TQ620、TQ630 下位等均可通过与“总论面”组配给出不再单独列类。TQ174.75 可通过 TQ174.7 给出，TQ320.66 可通过 TQ320.6 给出，不再单独列类。

类号	类名	三级类目	四级类目	五级类目	六级类目
TQ	化学工业	全部	TQ0、TQ11、TQ15、TQ17、TQ2/34、TQ42、TQ45/46、TQ52/53、TQ57、TQ63/65、TQ9 的下位同位类目	TQ02、TQ05、TQ08、TQ171/172、TQ174、TQ22、TQ320、TQ323、TQ325、TQ426、TQ531、TQ92 的下位同位类目	TQ174.75、TQ320.66 不单独列类

TS 类

聚类文献量（含下位类）低于 1000 种的类目直接由上位类给出检索结果，超过 1000 种的有 88 个类目需要进行分面导航。经统计，88 个类目中包含 1 个二级类目，13 个三级类目，31 个四级类目，22 个五级类目，14 个六级类目，7 个七级类目。

其中结合引用频率及体系结构综合考虑，将TS0、TS10、TS20、TS80下级类目形成"总论面"，将TS1/97及其下四级类目、TS21/252、TS26、TS27、TS66、TS933、TS935、TS971、TS972、TS973、TS974、TS976下五级类目，及部分高频六级、七级类目，形成"专论面"。"专论面"中部分下位类与"总论面"组配给出，TS972.182、TS972.183/TS972.187可由"专论面"与世界地区表组配给出，均不再单独列类。TS218.1可通过TS218给出，TS941.763可通过TS941.76给出，TS976.15可通过TS976.1给出，不再列类。交替类目可通过宜入类的关系给出聚类文献。

类号	类名	三级类目	四级类目	五级类目	六级类目	七级类目
TS	轻工业、手工业、生活服务业	全部	TS0/2、TS5/8、TS93/97的下位同位类目	TS10、TS19/21、TS251/252、TS255/27、TS66、TS80、TS933、TS935、TS941、TS971/974、TS976的下位同位类目	TS201、TS213、TS262、TS272、TS933.2、TS935.5、TS941.7、TS972.1、TS976.3的下位同位类目。TS218.1、TS976.15不单独列类	TS972.12、TS972.16、TS972.18的下位同位类目。TS941.763不单独列类

TU类

类目聚类文献量（含下位类）低于1000种的类目直接由上位类给出检索结果，超过1000种的有110个类目（1个交替类目）需要进行分面导航。交替类目可通过宜入类的关系给出聚类文献。经统计，110个类目中包含1个二级类目，14个三级类目，47个四级类目，34个五级类目，7个六级类目。

其中结合引用频率及体系结构综合考虑，将TU-8/209及其下四级类目，TU-098下六级类目、TU3/318（代替其下专类复分表）TU50、TU60、TU80、TU990及下位类形成"总论面"。除此，将TU22/998及其下五级类目，TU241、TU352、TU723下六级类目形成"专论面"。将TU-0、TU-09下四级、五级、六级类目用"总论面"与世界地区表、中国时代表组配检索给出，不再单独列类。

类号	类名	三级类目	四级类目	五级类目	六级类目
TU	建筑科学	全部	TU-8、TU1/99的下位同位类目。TU-0的下位同位类目不单独列类	TU-85、TU-88、TU11、TU20/24、TU27、TU31、TU35、TU37、TU39、TU43、TU47、TU52、TU71/72、TU74/75、TU83、TU85、TU984、TU986、TU991、TU998的下位同位类目。TU-09的其他下位同位类目不单独列类	TU201、TU241、TU251、TU352、TU723、TU984.1的下位同位类目

TV 类

聚类文献量（含下位类）低于 1000 种的类目直接由上位类给出检索结果，超过 1000 种的有 25 个类目（2 个交替类目）需要进行分面导航。交替类目可通过宜入类的关系给出聚类文献。经统计，25 个类目中包含 1 个二级类目，10 个三级类目，11 个四级类目，3 个五级类目。

其中结合引用频率及体系结构综合考虑，将 TV1 及其下四级类目，TV12/14 及其下类目形成“总论面”。将 TV21、TV22、TV4、TV5、TV6、TV7、TV8 及其下类目，TV213、TV63、TV64、TV73、TV74、TV88 及下位类目形成“专论面”。TV91/93 均可列入“专论面”，交替检索。将 TV131.2 可通过 TV131 给出，TV35 可通过 TV3 给出，TV632 可通过 TV63 给出，TV882 可通过 TV88 给出，不再单独列类。

类号	类名	三级类目	四级类目	五级类目	六级类目
TV	水利工程	全部	TV1、TV21、TV5、TV6、TV7、TV8 的下位同位类目	TV13/14、TV213、TV64 的下位同位类目	TV882 的下位同位类目。

U 类

聚类文献量（含下位类）低于 1000 种的类目直接由上位类给出检索结果，超过 1000 种的有 921 个类目（3 个交替类目）需要进行分面导航。交替类目可通过宜入类的关系给出聚类文献。经统计，92 个类目中包含 1 个一级类目，5 个二级类目，20 个三级类目，36 个四级类目，27 个五级类目，3 个六级类目。

其中结合引用频率及体系结构综合考虑，将 U1 及其下三级类目，U21、U260、U270 及下位类、U28/29 及下位类，U4/447、U46/468（合并两个专类复分表）、U471/473、U49，U6/U64、U66/673、U675/U69 以及下位类目，形成“总论面”，同时丰富其共性类，修改 U21 下位类。将 U22/26、U448/459、U469、U48、U674 及下位类形成“专论面”，其“专论面”中一些下位类和复分类可通过与“总论面”组配给出,U416.21 可通过 U416.2 给出，U469.11 可通过 U469.1 给出，U472.41 可通过 U472.4 给出，不再单独列类。

类号	类名	二级类目	三级类目	四级类目	五级类目	六级类目
U	交通运输	全部	全部	U21/23、U26/U29、U41/U49、U61、U65/U69 的下位同位类目	U260、U270、U412、U415、U416、U448、U463/464、U469/472、U491、U664、U674/U675 的下位同位类目	U469.1、U472.4、U664.1 的下位同位类目，U214.03、U416.21、U469.11、U472.41 不单独列类

V 类

聚类文献量（含下位类）低于 1000 种的类目直接由上位类给出检索结果，超过 1000 种的有 28 个类目（2 个交替类目）需要进行分面导航。交替类目可通过宜入类的关系给出聚类文献。经统计，28 个类目中包含 1 个一级类目，3 个二级类目，18 个三级类目，6 个四级类目。

其中结合引用频率及体系结构综合考虑，将 V1/V37 及其下三级、四级、高频五级类目，以及 V211、V271 下五级类目形成“总论面”。将 V4 及其下三级类目、个性四、五级类目形成“专论面”，其中“专论面”下共性四、五级类目可与“总论面”组配给出，均不再列类。交替类目可通过宜入类的关系给出聚类文献。

类号	类名	二级类目	三级类目	四级类目	五级类目
V	航空、航天	全部	全部	V21/24、V26/27、V32 的下位同位类目，V41、V42、V47、V51、V52、V55 的个性类目	V211、V271 的下位同位类目

X 类

聚类文献量（含下位类）低于 1000 种的类目直接由上位类给出检索结果，超过 1000 种的有 60 个类目（10 个交替类目）需要进行分面导航。交替类目可通过宜入类的关系给出聚类文献。经统计，60个类目中包含1个一级类目，11 个二级类目，24 个三级类目，23 个四级类目，1 个五级类目。

其中结合引用频率及体系结构综合考虑，将 X1/50、X7/70、X8/820、X83/X830、X84/X87、X93/932 及下位类形成“总论面”，其中 X-0、X-1、X-2、X-4 和 X-6、X9-6 等可与“总论复分表”类组配给出。将 X51/593、X71/799、X821/X827、X831/839.2、X93/968 及下位类形成“专论面”，其中“专论面”下位类目可与“总论面”组配给出。均不再列类。交替类目可通过宜入类的关系给出聚类文献。

类号	类名	二级类目	三级类目	四级类目	五级类目
X	环境科学、安全科学	X1/9。X-0、X-1、X-2、X-4 不单独列类	X1、X2、X3、X4、X5、X7、X8、X9 的下位同位类目。X-0 的下位同位类目不单独列类	X13、X14、X17、X32、X50、X51、X52、X70、X78、X82、X83、X93、X96 的下位同位类目	X703 的下位同位类目

Z 类

聚类文献量（含下位类）低于 1000 种的类目直接由上位类给出检索结果，超过 1000

种的有 40 个类目需要进行分面导航。经统计，40 个类目中包含 1 个一级类目，7 个二级类目，17 个三级类目，8 个四级类目，6 个五级类目，1 个六级类目。

其中结合引用频率及体系结构综合考虑，将二级类目、三级类目形成导航面，可与世界地区表（一些类可与中国时代表或中国地区表）组配检索给出，不再单独列类。鉴于 Z 类与“总论复分表”的 -5/-63 类目划分相似，但配号不同可采取共性类目合并至“总论复分表”中，-7 可修改指向 Z8。“总论复分表”相关类目非组配检索可直接或交替指向“Z 综合性文献”类号来导航资源，形成“综合性问题和文献”的独立面。

类号	类名	二级类目	三级类目	四级类目	五级类目	六级类目
Z	综合性文献	全部	Z8 的下位同位类目。Z1、Z2、Z4、Z5、Z6 的下位同位类目不单独列类	Z12、Z22、Z42、Z82、Z83、Z85 的下位同位类目不单独列类	Z121、Z126、Z228 的下位同位类目不单独列类	Z126.2 的下位同位类目不单独列类

5.5 复分类目与交替类目的分布及导航分析

5.5.1 复分类目的分布及导航分面分析

复分类目是《中图法》潜在分面的导航类目。经统计，《中图法》第五版规定复分、仿分类目有 14600 余条，占比超过列举类的 1/4。它包括三种类型：复分类列类目、起止类目、可组配的单一类目。复分类列类目，即由说明类指示的均可组配复分的、一组类号连续的类目；起止类目，即待组配（复分或仿分）类号的一个范围类；可组配的单一类目，即在类列划分过程中，形成一个可继续使用其他属性复分仿分的独立类目，独立于其他同位类中。

复分类列类目，在全国联合文献编目中心书目数据库达到 100 以上聚类频率的、五级以上的类目有 2000 余条，六至九级类目有 200 余条。这 2000 余条类目应为《中图法》最具有分面导航意义的类目，应选入最终用户版。原则上这些类应为“专论面”的导航类目，因其需仿分集中同一主题的各方面文献资源的类目。其中部分类也可并入“总论面”相似类列中，通过与地区表等通用复分组配检索导航（不单独列举）。如各国历史类，共性断代史类可并入世界断代史相似类中，然后与世界地区表各国各地区组配检索导航。

起止类目，在全国联合文献编目中心书目数据库涉及150余条起止类目，待组的高频类（100以上频率）有130余条，建议选入最终用户版。但它们的类号一般不能直接导航，均需组配或处理后才可导航。其中100余条类为可连续复分类，一般应归属“专论面”导航，或与通用面和“总论面”组配后导航，可提高查询准确度。低频起止类目可直接联合检索后组类或并入其上位类导航。

可组配的单一类目，在《中图法》共计有920余条。在全国联合文献编目中心书目数据库中，有600余条类目使用频率在100以上，一般分布在《中图法》主表一至五级不等的类目中，个别为六、七级类目。因此，对600余条可组配的单一类目，建议选入最终用户版，其涉及主体面复分的类目列入“专论面”中导航与分面使用，只涉及与通用面复分的高频类目可根据体系特点分别归属于“专论面”或“总论面”中。

以上复分类目的导航选取与分面分析，目的在于既能实现分类深度检索又能减少类目列举量，方便用户查询利用。对2700余条三种类型的高频复分类数据建议入选最终版，见附录1。

5.5.2 交替类目导航选取分析

交替类目可为导航类目的一种重要类型。《中图法》为等级列举式分类法，通过设置交替类目，可以为交叉学科或多重属性主题的文献设置多个检索点，方便读者查询检索。交替类目在《中图法》原体系中分布比较广泛，除了A大类之外，其余21大类均存在此型类目。经统计，交替类目在《中图法》主表中共计1258个类，分布在二至九级不等的类目中，二到六级类中分别有11、113、282、460、270个交替类，共计1136个。其中二到四级的交替类均推荐为导航大类或导航类目。五、六级根据分面结构的类级情况可选择设置。见表5-10。

69个导航大类中，A、F49+F59+F6、J2、J29四个导航大类不存在交替类目之外，65个各导航大类均存在此类目。但是，编目员在做标引时，一般只给出宜入类目的类号，并不给出交替类目的类号。用户检索交替类目时，一般不会检索出文献，为了解决从不同学科角度导航检索多重主题文献，提高查全率和查准率的问题，根据体系结构和用户需要，也可大量增补具有交替属性的导航类目。通过系统设置，实现交替类目和宜入类目的系统关联。用户从交替类目和宜入类目等多途径检索出同一主题多属性文献。

表 5-10 《中图法》第五版交替类目各类分布统计表

（单位：个）

类　号	类　名	一级类目数量	二级类目数量	三级类目数量	四级类目数量	五级类目数量	六级类目数量	七级类目数量	八级类目数量	九级类目数量
A	马克思主义、列宁主义、毛泽东思想、邓小平理论	0	0	0	0	0	0	0	0	0
B	哲学（含思维科学、逻辑学、美学）	0	0	12	11	3	0	0	0	0
B82	伦理学（道德哲学）	0	0	0	0	1	0	0	0	0
B84	心理学	0	0	0	2	0	0	0	0	0
B9	宗教	0	0	0	1	0	0	0	0	0
C	社会科学总论（含统计学、人口学）	0	2	13	4	0	0	0	0	0
C91	社会学	0	0	2	1	2	0	0	0	0
C93	管理学	0	0	0	1	0	0	0	0	0
D	政治	0	0	0	3	5	2	0	0	0
D1/37	国际共产主义运动、共产党	0	0	1	0	0	0	0	0	0
D4	工人、农民、青年、妇女运动与组织	0	0	0	0	4	2	0	0	0
DF（D9）	法律	0	0	0	0	16	3	1	0	0
E	军事	0	0	0	4	7	0	0	0	0
F	经济	0	0	0	6	32	2	0	0	0
F3	农业经济	0	0	0	2	1	2	0	0	0
F4	工业经济	0	0	0	2	1	0	0	0	0
F49+F59+F6	信息产业经济、旅游经济、邮电通信经济	0	0	0	0	0	0	0	0	0
F5	交通运输经济	0	0	0	0	0	10	0	0	0
F7	贸易经济	0	0	0	1	1	0	1	0	0
F8	财政、金融	0	0	0	0	0	0	0	0	0
G+G2	文化、科学、信息与知识传播	0	0	2	3	3	2	2	0	0

续表

类　号	类　名	一级类目数量	二级类目数量	三级类目数量	四级类目数量	五级类目数量	六级类目数量	七级类目数量	八级类目数量	九级类目数量
G4	教育	0	0	0	4	2	0	1	0	0
G8	体育	0	0	0	1	2	5	0	0	0
H	语言、文字	0	0	3	2	2	0	0	0	0
I	文学	0	0	0	0	2	0	0	0	0
J	艺术（含雕塑、摄影）	0	0	1	1	0	0	0	0	0
J2	绘画	0	0	0	0	0	0	0	0	0
J29	书法、篆刻	0	0	0	0	0	0	0	0	0
J5	工艺美术	0	1	0	1	1	0	0	0	0
J6	音乐	0	0	0	0	2	1	0	0	0
J7+J8+J9	表演艺术（含舞蹈、戏剧、曲艺、杂技、电影、电视艺术）	0	0	0	9	8	0	0	0	0
K	历史（含风俗习惯）	0	0	0	2	3	0	0	0	0
K81	传记	0	0	0	1	0	1	0	0	0
K85	文物考古	0	0	1	1	0	0	0	0	0
K9+P9	地理	0	0	4	11	7	1	0	0	0
N	自然科学总论（含线性科学、系统科学）	0	2	2	4	1	0	0	0	0
O（含 O3+O4+O7）	物理学（含力学、晶体学）	0	0	0	5	7	0	0	0	0
O1	数学	0	0	0	1	2	1	0	0	0
O6	化学	0	0	0	0	7	5	2	0	0
P1	天文学	0	0	1	1	5	1	0	0	0
P(P2/7)	地球科学（测绘学、大气科学、地质学、海洋学）	0	0	9	12	34	11	1	0	0
Q	生物科学	0	1	16	27	20	7	1	0	0
R	医学、卫生	0	0	3	26	25	4	1	0	0
R2	中国医学	0	0	0	2	3	3	0	0	0

续表

类　号	类　名	一级类目数量	二级类目数量	三级类目数量	四级类目数量	五级类目数量	六级类目数量	七级类目数量	八级类目数量	九级类目数量
R28+R289+R9	药学	0	0	0	3	14	4	0	0	0
S	农业科学	0	1	2	16	16	3	0	0	0
S7	林业	0	0	1	6	5	8	0	0	0
S8	畜牧、动物医学、狩猎、蚕、蜂	0	0	1	2	12	9	1	0	0
S9	水产、渔业	0	0	1	1	4	1	0	0	0
T+TB	工业通用技术	0	1	0	3	7	3	2	0	0
TD	矿业工程	0	0	1	5	5	3	0	0	0
TE	石油、天然气工业	0	0	2	7	17	25	27	8	0
TF	冶金工业	0	0	1	5	1	3	0	0	0
TG	金属学与金属工艺	0	0	0	2	0	1	1	1	0
TH	机械、仪表工业	0	0	1	3	5	3	2	0	0
TJ+E9	武器工业、军事技术	0	0	1	5	8	15	3	0	0
TK	能源与动力工程	0	0	1	5	0	1	0	0	0
TL	原子能技术	0	0	1	7	4	0	0	0	0
TM	电工技术	0	0	1	3	9	7	0	0	0
TN	电子技术、通信技术	0	0	2	1	9	15	0	0	0
TP	自动化技术、计算机技术	0	0	1	1	0	2	5	0	1
TQ	化学工业	0	0	1	12	47	15	8	0	0
TS	轻工业、手工业、生活服务业	0	0	1	2	11	24	15	1	0
TU	建筑科学	0	0	1	13	30	38	17	9	0
TV	水利工程	0	0	4	4	7	4	1	0	0
U	交通运输	0	2	6	5	27	21	7	0	3
V	航空、航天	0	1	2	4	9	2	0	0	0

续表

类 号	类 名	一级类目数量	二级类目数量	三级类目数量	四级类目数量	五级类目数量	六级类目数量	七级类目数量	八级类目数量	九级类目数量
X	环境科学、安全科学	0	0	7	18	4	0	0	0	0
Z	综合性文献	0	0	4	0	0	0	0	0	0
合计	1258 个	0	11	113	282	460	270	99	19	4

附录 1 中建议列入最终用户版的类目类级数据，即为最终用户版推荐的类目数据，包括推荐数据的同位类数据，将合并的共性类、个性类数据以及高频复分类（不同颜色表示）的数据，不包括明确说明不再单独列举可后组的类目数据。

经统计，建议列入最终用户版各类级数据共约近 1 万条。此数据是分面改造的基础数据，在此基础上，要根据各类体系结构特点，进一步进行共性类的选取和去重，聚类文献量（不含下位类）小于 100 种的类目的归并、概括至上位类、类目改写等必要工作。根据各类级聚类文献量（不含下位类）大于 100 种的类目分布规则，初步估算最终用户版导航类目数据约 4000 条左右。

6 《中图法》体系分面改造方案

6.1 体系分面改造原则

通过对《中图法》体系架构与聚类特点分析、导航大类在《中图法》中的划分规律与分面改造的可行性分析以及各类使用频率特点分析，根据其规律性及最终用户检索需求的适用性对《中图法》体系提出分面改造方案，首先建议遵循以下原则。

6.1.1 导航检索功能分离原则

《中图法》体系改造的目的，在于专门编制面向最终用户分类查找文献资源、提供学科导航及浏览检索的分面体系，为查新和新资源发现提供知识分类体系。该体系也可用于新建数字资源的分面组织与检索，与《中图法》实体文献分类排架功能分离。《中图法》原体系将继续承担用于实体文献分类排架和兼顾检索的标引功能。

6.1.2 《中图法》体系框架不变原则

在《中图法》一级大类保持不变的基础上，提升增补高频使用的二级独立学科类，与原一级大类或拆析的一级类共同构成最终用户版的可分面展开的导航大类，在导航大类基础上构建分面体系。对联合类组形式的导航大类，也可根据需要，分别针对包含类构建对应的分面体系。

6.1.3 按属性分面归纳简化层级体系原则

按类目两组主要属性（也是聚类方式）拆分，集中并行展开，形成以两“面”体系为主、附属属性（如时空等）“面”为辅的多“面”体系，简化替代纵向附属属性划分的等级顺序体系。将深层限定的线性复合类目的等级体系改造析出为多维、分面并列的类目等级体系。

6.1.4 文献资源保障原则

以文献分类计量数据统计分析为基础，取舍或概括最终用户版不同“面”下的详简层级类目或体系。

6.1.5 先组标引与后组检索类号映射一致性原则

在新体系建设中，遵循两面或多面交叉后组类号与《中图法》原先组分类号标引保持一致的映射原则，建立合并类号、新建类号或交叉组配类号与《中图法》原标引类号（包括复分先组号）动态映射规则或编制静态对照索引。通过类目计算机可读形式化规则描述及其数据的制作，完成两“面”或多“面”体系的联合类号与单线体系复合类号的自动映射转换，实现先组类号与后组类号的一致性检索，也为类目可视化提供规律性数据。

6.1.6 兼容建设类号编码体系原则

从实用性出发，在原类号编码体系基础上，兼容设置自动后组检索标识、索引码、面标识等，以便起到唯一索引标识的作用，同时区分并固定“面”序、类序及先组与后组类号的转换检索作用。类号可隐匿于后台数据中，以便在原编号体系基础上调整类目级别，突破整齐划一的类号重建、重排体系的限制，使类号成为后台索引的唯一标识，不再成为人工分类检索途径的唯一标识。

6.2 分面改造方案关键问题

6.2.1 《中图法》最终用户版的体系—分面模型

《中图法》最终用户版的体系是由导航大类和“辅助检索面”构成。分面模型如下：即在导航大类下区分“主体检索面”“综合性文献与共性问题面”。“主体检索面”按文献资源聚类方式区分为“总论面”与“专论面”。“综合性文献与共性问题面”由《中图法》Z综合性图书大类和“总论复分表”合并而成。“辅助检索面”由《中图法》7个通用复分表构成，包括区域面（世界、中国两个嵌套地区表），时代面（国际、中国两个时代表），民族种族面（世界、中国两个嵌套民族表），通用时间、地点、环境、人员面（通用时间、地点、环境、人员表）。详见图6-1。

“总论面”按属性可直接区分为“理论面”“行为面”“行为者面”。“总论面”与“专论面”类目均可独立导航检索，也可同时选择两“面”类目组配限定导航检索。“总论面”与“专论面”类目均可与“辅助检索面”通用类目限定组配导航检索。同类型“面”内可联合类目导航检索或以多重属性“面”定位类目指向（前标或后标法）检索资源。“主体检索面”“综合性文献与共性问题面”均可为入口导航检索，可对应检索出Z类及类号尾号为“-”的资源，它同时也是“辅助检索面”，可与C类、N类、T类等69个导航类组配检索，检索出各类号含有“-”的资源。“辅助检索面”中的类目，原则上也可为入口导航检索，可对应检索其首层划分使用时、空、民族、人员、环境等划分的导航大类或其联合类号资源，根据用户需求定义检索范围。

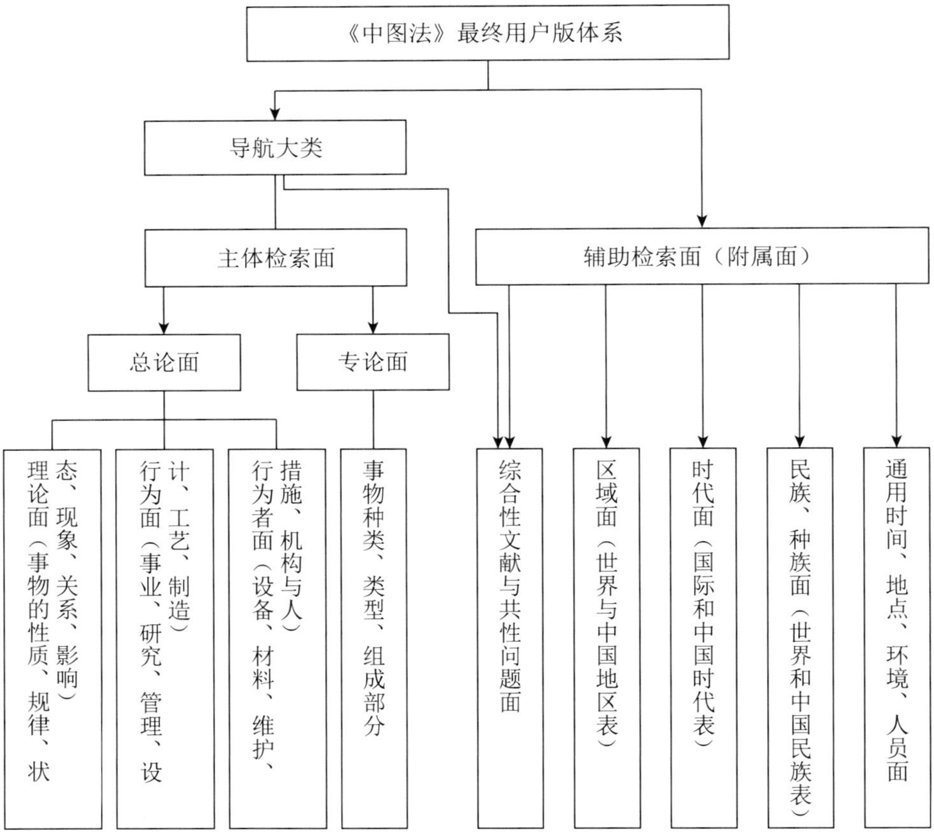

图6-1 《中图法》最终用户版导航大类及分面模型

6.2.2 确立《中图法》最终用户版的检索导航大类

根据前几章分析，《中图法》最终用户版可在原22个大类基础上根据学科大类独立性、稳定性、科学性、逻辑结构性以及类目标引频率分析基础上，选设69个并列导航大类，其中包括22个一级大类和47个二级独立学科类。详见表6-1。

导航大类，即最终用户版的框架类，也是分面对象类。根据文献资源主题因素构成规律以及《中图法》主表与附表的体系架构，在导航大类基础上区分为“主体检索面”“辅助检索面”两部分。其中C类、N类等学科类涉及的总论通用复分问题合并至“总论复分表”的-0/-79类目体系中，不再重复列举。C类、N类与“总论复分表”对照表见表6-2。因为通用问题、资源形式既可为复分组配检索的附属面又作为主体面入口查找途径，用户也可使用总论复分表区分标识符“-”开展资源集中检索或导航，所以，C类、N类、T类等中的相关主题和资源形式的复分类与Z类合并形成一个面，即“综合性文献与共性问题面”。C类、N类、T类的列举类仅留下未拆分出的专门学科类。如C8统计学、N94系统科学、TB一般工业技术等类。

表6-1 《中图法》最终用户版导航大类表

类号	类　名	原类级	文献统计（单位：条）
A	马克思主义、列宁主义、毛泽东思想、邓小平理论	01	46258
B	哲学（含思维科学、逻辑学、美学）	01	134957
B82	伦理学（道德哲学）	02	43491
B84	心理学	02	73326
B9	宗教	02	180662
C	社会科学总论（含统计学、人口学）	01	82573
C91	社会学	02	79799
C93	管理学	02	28386
D	政治（含国际关系、各国对外关系）	01	459779
D1/37	国际共产主义运动、各国共产党	02	61053
D4	工人、农民、青年、妇女运动与组织	02	32366
DF（D9）	法律	02	331397
E	军事	01	84437
F	经济（含经济学、世界各国经济概括、经济管理）	01	427147
F3	农业经济	02	81189
F4	工业经济	02	106851
F49+F59+F6	信息产业经济、旅游经济、邮电通信经济	02	30711
F5	交通运输经济	02	46628

续表

类号	类　名	原类级	文献统计（单位：条）
F7	贸易经济	02	132522
F8	财政、金融	02	178960
G+G2	文化、科学、信息与知识传播	01+02	138418
G4	教育	02	903561
G8	体育	02	78351
H	语言、文字	01	350735
I	文学	01	1160214
J	艺术（含雕塑、摄影）	01	78190
J2	绘画	02	210151
J29	书法、篆刻	02	53735
J5	工艺美术	02	33468
J6	音乐	02	136155
J7+J8+J9	表演艺术（含舞蹈、戏剧、曲艺、杂技、电影、电视艺术）	02	103034
K	历史（含风俗习惯）	02	418555
K81	传记	02	235297
K85	文物考古	02	57966
K9+P9	地理（人文、社会、自然地理）	02	121776+8666
N	自然科学总论（含线性科学、系统科学）	01	39725
O（含 O3+O4+O7）	物理学（含力学、晶体学）	01	114132
O1	数学	02	75505
O6	化学	02	71308
P1	天文学	02	27634
P(P2/7)	地球科学（测绘学、地球物理学、大气科学、地质学、海洋学）	01	128372
Q	生物科学	01	165262
R	医学、卫生	01	474729
R2	中国医学	02	106139

续表

类号	类　名	原类级	文献统计（单位：条）
R9+R28+R289	药学（含中药学、方剂学）	02+03	27471
S	农业科学	01	136373
S7	林业	02	23674
S8	畜牧、动物医学、狩猎、蚕、蜂	02	50580
S9	水产、渔业	02	11939
T+TB	工业通用技术	01+02	83108
TD	矿业工程	02	21626
TE	石油、天然气工业	02	21574
TF	冶金工业	02	13921
TG	金属学与金属工艺	02	65432
TH	机械、仪表工业	02	52224
TJ+E9	武器工业、军事技术	02	19274
TK	能源与动力工程	02	22376
TL	原子能技术	02	10990
TM	电工技术	02	82438
TN	电子技术、通信技术	02	140492
TP	自动化技术、计算机技术	02	263082
TQ	化学工业	02	73615
TS	轻工业、手工业、生活服务业	02	128025
TU	建筑科学	02	198703
TV	水利工程	02	28089
U	交通运输	01	112639
V	航空、航天	01	30821
X	环境科学、安全科学	01	87826
Z	综合性文献	01	126713

表 6-2　C、N 类与总论复分表对照表

C 类：	总论复分表	N 类：
两面组配检索转换公式 C:-O= CO;C:-O1=C1……C:-79=C79	共性问题面	两面组配检索转换公式 N:-O= NO;N:-O1=N1……N:-79=N79
C 社会科学总论 C0 社会科学理论与方法论 C01 科学研究的方针、政策及其阐述 C02 科学的哲学原理 C03 科学的方法论 C04 术语规范与交流 C05 与其他科学的关系 C06 学派、学说及其评论研究 [C08] 资产阶级理论及其评论研究 C09 社会科学史 C1 社会科学概况、现状、进展 C18 专利 C19 创造发明、先进经验 C2 社会科学机构、团体、会议 C20 国际组织 C23/29 （复分仿分规定） C23 社会团体②③ C24 研究机构②③ C26 学术团体、学会、协会②③ C27 学术会议、专业会议②③ C28 展览会、展览馆、博物馆②③ C289 图书馆、信息服务机构、咨询机构②③ C29 企业②③ C3 社会科学研究方法 C31 调查方法、工作方法 C32 统计方法、计算方法 C33 试验方法与试验设备 C34 分析研究、测试与鉴定 C35 技术条件 C36 组织方法、管理方法 C37 数据处理 C39 信息化建设、新技术的应用 C4 社会科学教育与普及 C40 教育组织、学校 C41 教学计划、教学大纲、课程研究 C42 教学方法、教学参考书 C43 教材、课本 C44 习题、试题与题解 C45 教学实验、实习、实践 C46 教学设备 C47 考核、评估、奖励 C49 普及读物 C5 社会科学丛书、文集、连续性出版物 C51 丛书（汇刻书）、文库 C52 全集、选集 C53 论文集 C54 年鉴、年刊 C55 连续出版物 C56 政府出版物、团体出版物 C6 社会科学参考工具书 C61 名词术语、辞典、百科全书（类书） C62 手册、名录、指南、一览表、年表 C63 目录、样本、说明书 C64 表解、图解、图册、公式、数据、地图 C65 条例、规程、标准 C66 统计资料 C67 参考资料 [C7] 社会科学文献检索工具书 C79 非书资料、视听资料 C791 缩微制品 C792 录音制品 C793 感光制品、录像制品 C794 机读资料 C795 网络资源	一、总论复分表 -0 理论与方法论 -01 方针、政策及其阐述 [-019] 法令、法规及其阐述 -02 哲学原理 -03 方法论 -04 术语规范及交流 -05 与其他学科的关系 -06 学派、学说及其评论研究 [-08] 资产阶级理论及其评论研究 -09 历史 -1 概况、现状、进展 01 水平、动态 02 规划、计划 03 预测、展望、趋势 05 技术座谈 06 生产总结 -18 专利 -19 创造发明、先进经验 -2 机构、团体、会议 -20 国际组织 -23/-29 各种机构、团体、会议 -23 社会团体②③ -24 研究机构②③ -26 学术团体、学会、协会②③ -27 学术会议、专业会议②③ -28 展览会、展览馆、博物馆②③ -289 图书馆、信息服务机构、咨询机构②③ -29 生产单位、企业②③ -3 研究方法、工作方法 -31 调查方法、工作方法 -32 统计方法、计算方法 -33 实验、试验的方法与设备 -34 分析研究、测试与鉴定 -35 技术条件 -36 组织方法、管理方法 -37 数据处理 -39 信息化建设、新技术的应用 -4 教育与普及 -40 教育组织、学校 -41 教学计划、教学大纲、课程 -42 教学法、教学参考书 -43 教材、课本 -44 习题、试题及题解 -45 教学实验、实习、实践 -46 教学设备 -47 考核、评估、奖励 -49 普及读物 -5 丛书、文集、连续出版物 -51 丛书（汇刻书）、文库 -52 全集、选集 -53 论文集 -54 年鉴、年刊 -55 连续出版物 -56 政府出版物、团体出版物 -6 参考工具书 -61 名词术语、词典、百科全书（类书） -62 手册、名录、指南、一览表、年表 [-629] 年鉴 -63 产品目录、产品样本、产品说明书 -64 表解、图解、图册、谱录、数据、公式、地图 -65 条例、规程、标准 -66 统计资料 -67 参考资料 [-7] 文献检索工具 -79 非书资料、视听资料 -791 缩微制品 -792 录音制品 -793 感光制品、录像制品 -794 机读资料 -795 网络资源	N 自然科学总论 N0 自然科学理论与方法论 N01 科学研究的方针、政策及其阐述 [N019] 法令、法规及其阐述 N02 科学的哲学原理 N03 科学的方法论 N04 术语规范及交流 N05 自然科学与其他学科的关系 N06 学派与学说及其评论研究 N07 不明的自然现象与事物 [N08] 自然科学研究中的资产阶级理论及其评论研究 N09 自然科学史 N1 自然科学概况、现状、进展 N18 专利 N19 创造发明、先进经验 N2 自然科学机构、团体、会议 N20 国际组织 N23/29 各种自然科学机构、团体、会议 N23 社会团体②③ N24 研究机构②③ N26 学术团体、学会、协会②③ N27 学术会议、专业会议②③ N28 展览会、展览馆、博物馆②③ N289 图书馆、信息服务机构、咨询机构②③ N29 企业、生产单位②③ N3 自然科学研究方法 N31 调查方法、工作方法 N32 统计方法、计算方法 N33 实验方法与实验设备 N34 分析研究、测试与鉴定 N35 技术条件 N36 组织方法、管理方法 N37 数据处理 N39 信息化建设、新技术的应用 N4 自然科学教育与普及 N40 教育组织、学校 N41 教学计划、教学大纲、课程研究 N42 教学法、教学参考书 N43 教材、课本 N44 习题、试题与题解 N45 教学实验、实习、实践 N46 教学设备 N47 考核、评估、奖励 N49 普及读物 N5 自然科学丛书、文集、连续性出版物 N51 丛书（汇刻书）、文库 N52 全集、选集 N53 论文集 N54 年鉴、年刊 N55 连续性出版物 N56 政府出版物、团体出版物 N6 自然科学参考工具书 N61 名词术语、辞典、百科全书 N62 手册、名录、指南、一览表、年表 [N629] 年鉴 N63 产品目录、产品样本、产品说明书 N64 表解、图解、谱录、数据、公式、图册 N65 条例、规程、标准 N66 统计资料 N67 参考资料 [N7] 自然科学文献检索工具 N79 非书资料、视听资料 N791 缩微制品 N792 录音制品 N793 感光制品、录像制品 N794 机读资料 N795 网络资源

6.2.3　区分设置不同属性面

导航大类一般由一个或多个“面”构成，联合类组性质的导航大类可先区分二级导航类再区分“面”。根据文献集中聚类属性不同区分不同属性“面”，一般属种关系和方面限定关系的类列，区分为“专论面”和“总论面”。《中图法》也有少数类目集中和分散规则与通常集中在“专论面”的方向不同，需根据《中图法》文献集中归类的不同处理办法，对原划分标准属性及排列次序分析调整，以便符合“专论面”和“总论面”的集中文

献功能。如图 4-5 中 G258 类列的归属，设置在“总论面”中，即虽为属种属性关系类列但《中图法》规定不在其类下集中所有主题文献资源。

导航大类下一般划分为“事物种类”属性面（简称：专论面）与“事物方面”属性面（简称：总论面），两者共同构成《中图法》最终用户版的主体面。每个面由一个或一个以上相同属性类目组成，每种面根据类目划分需要，可设置一个或多个并列面，区分“面”名称，按面序号排列，并列面间类目可交叉组配导航检索，但其检索结果可按多重列类标引规则映射类号检索执行，若无多重列类规定也可按选择类目分别检索的合集方式来导航检索。若“专论面”或“总论面”区分过程中出现多面类目交叉且互为复分的类列，一般不采纳同类型面下分二级面的复杂设置。通过调整类序，把互为复分交叉组配的类目分别归纳在“总论面”或“专论面”中，通过复分注释机读字段说明在“总论面”或“专论面”集中的办法。如图 6-4 中“S943 各种鱼的疾病、敌害及其防治”的处理方法，即在“总论面”集中。

鉴于“总论面”与“专论面”的关系及功能特点，在选择类目划分深度时，除文献频率因素外，可考虑以下几点：

（1）“总论面”多为方面限定关系的列举类，可列举式保留原版同位类；“专论面”多为属种关系的逻辑划分类，一般同位类应视使用情况全保留或全剔除。若为多重列类，要对多重标准的同位类分组保留或剔除。

（2）“总论面”不仅可导航类目，还被用来组配（复分）的类目，类级深度与“专论面”比偏深。“专论面”有些专深属种关系的类目概念，可用单个主题词替代检索，因此，“专论面”的类级深度更需控制。

（3）为达到入口检索、交叉检索导航的目的，“总论面”与“专论面”交叉组配的先组类目省略不需单独列举；“总论面”“专论面”与《中图法》8 个通用表相似标准划分的类目合并，待后组使用。

（4）辅助检索面可区分为：综合性文献与共性问题面，包括通用问题及文献形式和综合性文献，即《中图法》总论复分表与 Z 类的合并类，所有类目既可单独导航又属复分限定作用的类目；区域属性检索面（简称：空间面），包括《中图法》两个嵌套的地区表；时代属性检索面（简称：时代面），包括《中图法》国际时代与中国时代表；民族种族属性检索面（简称：民族、种族面），包括《中图法》两个嵌套的世界种族民族表和中国民族表；通用时间、地点、环境、人员面（简称：通用时空、环境、人员面），即《中图法》通用时间、地点、环境、人员表。

空间、时间、民族、人员等分类属性常被作为《中图法》主体面类目的划分属性，其类列构成主体面的一部分。为简化导航类目体系，增加附属属性类目的入口检索，需针对导航类目以空间等附属属性划分类目合并列举，使其与区域面等属性后组，不予重复列举。主体面下的附属属性类目的归纳合并，改为与附属属性待组的类列或类目。如图 6-2 中“B 哲学”类的各“面”构成。

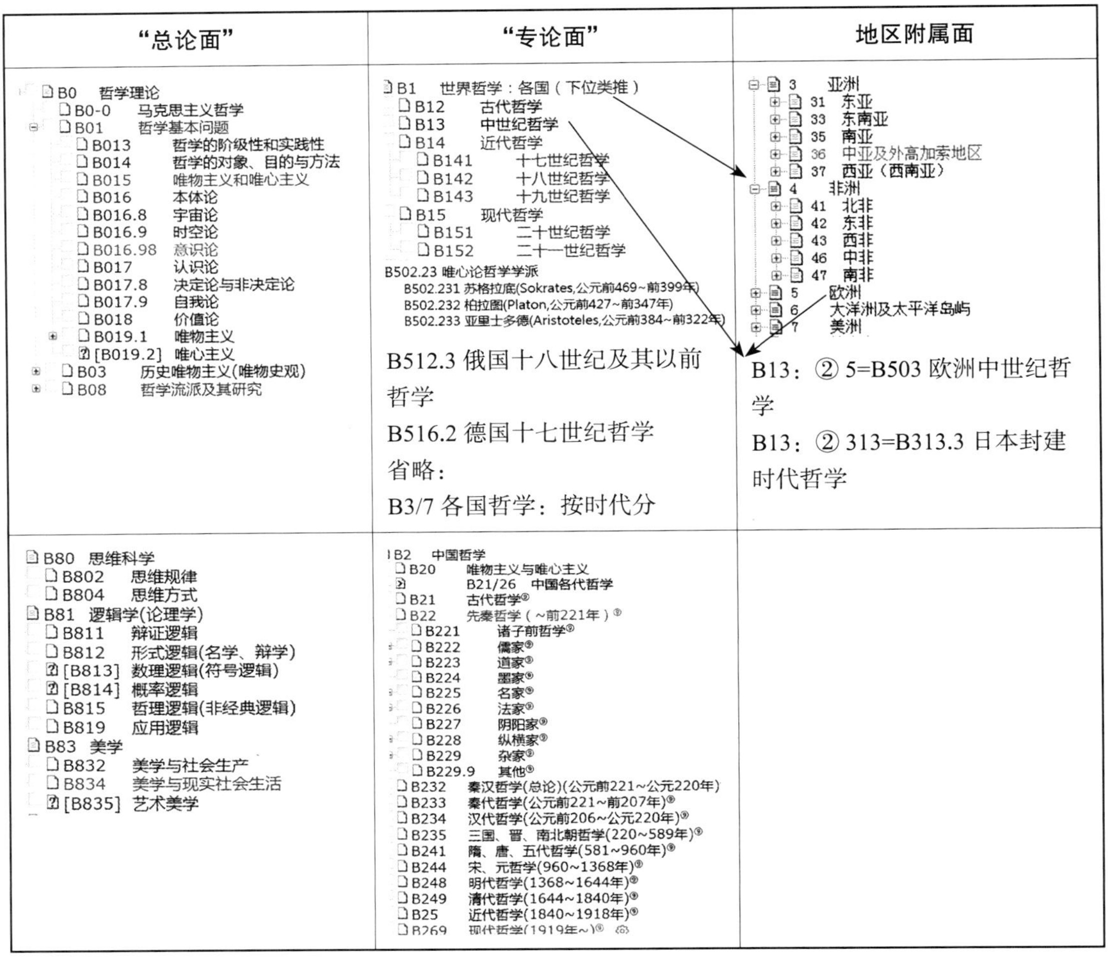

图 6-2　B 哲学类各“面”构成

B 哲学类“总论面”由哲学理论的二、三级类及部分高频四级类构成，还有思维科学、逻辑学、美学的二、三级类组成部分。“专论面”是按区域属性、时代属性分别划分的两组类目，由原来的顺序列举改为并列剔重列举。列举“B1 世界哲学：各国”类，可按各国区域类后组，按时代属性先组列举类。世界各时代哲学类均可与世界地区表类目交叉组配，指向某国哲学类目或某国某时代哲学索引号。索引组配公式可按《中图法》依地区表分再依时代表分机读规则描述。不仅简化“B3/7 各国各时代哲学”类目的列举，且预见很多未知哲学类目。对附属面属性划分不能涵盖类（如类目时代组配后不完全对应）

或高频类目可选择列举，如图中的“B2 中国哲学”、“B502.23 唯心论哲学学派”及其下位类、“B512.3 俄国十八世纪及其以前哲学”等高频类目可单独列举。

6.2.4 合并原体系重复列举的先组相似类

（1）为提供多属性入口检索和浏览途径，减少因划分属性不同，重复列举的相同主题的冗余类列，《中图法》最终用户版需拆分部分通用先组属性中重复列举的类目体系，变先组类号为待组（散组）属性类号，把层层限定待复分仿分类目拆分，归纳为并列显性属性入口查找的类目。除合并按区域属性（或时代等通用属性）划分的世界、中国、各国列举的相似类目体系外，还要合并“各国”类下的专类复分表（仿分类列或一般性问题的类列）到“总论面”中，成为主体面被交叉组配或被仿分的检索入口体系。合并与时代属性面相同划分标准列举的类列等。后组检索公式复原《中图法》先组分类规则，并在类目的计算机可读数据中的复分（组配）字段定义说明。

如表 6-3 中的“D9 法律”类。合并 D92 中国法律、D93/97 各国法律及其专类复分表的相似类目体系，通过“专论面”“总论面”的 02 面交叉组配及与区域面组配实现中国及各国法律的相关“总论面”问题检索。“总论面”的 01 面、“专论面”分别与区域面组配实现其相关区域方面的法律问题检索。对交叉组配不能涵盖的相关类且高频使用的复合类（超过 100 种）则可适当列举，可参见表 6-3“总论面”的第 03、04、05 面。

表 6-3 D 法律类面组成

<table>
<tr><th rowspan="2">序号</th><th rowspan="2">名称</th><th colspan="4">面</th></tr>
<tr><th>总论面（4 个面）</th><th>专论面（各部门法）</th><th>区域面</th><th>时代面</th></tr>
<tr><td>01M</td><td>立法理论面</td><td>D90 法律理论（法学）
D90-05 法学与其他学科的关系
D901 立法理论
D902 法社会学
D903 法理学、法哲学
D904 法的历史类型、法系
D908 比较法学
D909 法学史、法律思想史
D909.9 法制史</td><td rowspan="2">D91 各部门法
>D911/916 各法：复分规定
D911 国家法、宪法⑨
D912.1 行政法⑨
D912.2 财政法⑨
D912.28 金融法⑨
D912.29 经济法⑨
D912.3 土地法、房地产法⑨
D912.4 农业经济管理法⑨
D912.5 劳动法、社会保障法⑨
D912.6 自然资源与环境保护法⑨
D912.7 人权法⑨
D912.8 传媒法、信息法⑨
D913 民法⑨
D913.9 亲属法⑨
D913.99 商法⑨
D914 刑法⑨
D915 诉讼法⑨
D916 司法制度⑨
D917 犯罪学
D918 刑事侦查学(犯罪对策学、犯罪侦查学)
D918.9 司法鉴定学
D919 法医学
（合并保留至中国各部法的原 4/5 级以内类目，组配号不变）</td><td>3 亚洲
31 东亚
33 东南亚
35 南亚
36 中亚及外高加索地区
37 西亚（西南亚）
4 非洲
41 北非
42 东非
43 西非
46 中非
47 南非
5 欧洲
6 大洋洲及太平洋岛屿
7 美洲</td><td></td></tr>
<tr><td>02M</td><td>法的理论论面</td><td>>D910.1/.9 各法通论及复分规定
D910.1 理论
D910.2 法的历史
D910.4 学习、研究
D910.5 解释、案例
D910.9 法律汇编</td><td>3 亚洲
31 东亚
33 东南亚
35 南亚
36 中亚及外高加索地区
37 西亚（西南亚）
4 非洲
41 北非
42 东非
43 西非
46 中非
47 南非
5 欧洲
6 大洋洲及太平洋岛屿
7 美洲</td><td></td></tr>
</table>

续表

序号	名称	面			
		总论面（4个面）	专论面（各部门法）	区域面	时代面
03M	中国法理	D920.0 中国法律理论 D920.1 中国法律方针			
04M	中国法制	D927 地方法制 D929 中国法制史		1 北京市⑨ 2 华北地区 21 天津市⑨ 22 河北省⑨ 23 [热河省](1928~1955)⑨ 24 [察哈尔省](1928~1952)⑨ 25 山西省⑨ 26 内蒙古自治区⑨ 27 [绥远省](1928~1954)⑨ 28 [外蒙古](~1920)⑨ 3 东北地区 31 辽宁省⑨ 32 [辽东省](1949~1954)⑨ 33 [辽西省](1949~1954)⑨ 34 吉林省⑨ 35 黑龙江省⑨ 36 [松江省](1949~1954)⑨ 4 西北地区 5 华东地区 6 中南地区 7 西南地区	五、中国时代表 1 上古(约170万年前~约公元前2070年) 2 先秦(约公元前2070~公元前221年) 21 三代(约公元前2070~公元前770年) 25 春秋(公元前770~公元前475年) 26 战国(公元前475~公元前221年) 3 秦、汉至南北朝(公元前221~公元589年) [31] 战国(公元前475~公元前221年) 32 秦、汉(公元前221~公元220年) 35 三国、晋、南北朝(220~589年) 4 隋、唐至清前期(581~1840年) 41 隋(581~618年) 42 唐(618~907年) 43 五代、十国(907~979年) 44 宋(960~1279年) 46 辽、金、西夏(916~1234年) 47 元(1271~1368年) 48 明(1368~[illegible]年) 49 清前期(1616~1840年) 5 近代(1840~1949年) 52 清后期(1840~1911年) 6 民国时期(1912~1949年) 7 中华人民共和国(社会主义革命和社会主义建设时期)(1949年~
05M	国际法	D99 国际法 D990 国际法理论 D992 国家 D993 领土 D993.1 领土问题 D993.2 国界和边境 D993.3 领水 D993.4 领空、航空法 D993.5 海洋法 D993.7 外交关系法、领事关系法 D993.8 条约法 D993.9 国际组织法 D994 平时国际法 D995 战时国际法（战争法） D995.9 中立 D996 国际经济法 D996.1 国际贸易法(国际商法) D996.2 国际金融法 D996.3 国际税法 D996.4 国际投资法 D996.5 国际技术转让法 D996.9 国际环境保护法 D997 国际私法（总论） D997.1 分论 D997.2 区际私法（冲突法） D997.3 国际民事诉讼法 D997.4 国际商事仲裁法 D997.9 国际刑法 D998 国际法上的居民 D998.1 外国人的法律地位 D998.2 人权的国际保护 D998.3 移民法 D998.8 国籍法 D999.1 外层空间法(宇宙法) D999.2 核法			

（2）合并重复列举的共性问题类。专类复分表、“一般性问题”等共性问题类列若能与“总论面”合并则合并，以便实现仿照夏分、入口检索及导航。若合并过程中出现同体系不同类号类目则需编制映射索引。删除无文献保障的类目，合并频率低的相似类目或需复分的注释。如表 6-4 所示。

首先，区分“总论面”(G80/819）与“专论面”(G82/89)。G82/89 下的专类复分表体系与 G80/819 类目体系基本相似个别差异，则可合并至“总论面”(G80/819）体系中，编制 G80/819 类列与 G82/89 类下专类复分表的类号映射表，以便总、专论面类目能相互交叉组配、附加号码与原版复分号一致性检索。

其次，世界、中国、各国体育事业类列数据，以“世界”类列为主合并中国、各国列举的共性类目体系，在合并过程中对交叉组配不能涵盖的相关类（包括与复分组配类号不一致的类）且高频使用的复合类（超过 100 种）则可列举，或新增至合并的共性体系中，如：由“G812 中国体育事业”高频下位类增补合并来的“G811.0 体育政策及其阐述”、G811.3 的下位类，列举”G812.7 地方体育事业”（聚类 678 种文献）、“G812.78 对外体育关系”（合并后类号不同）、“G812.9 中国体育史”（聚类 818 种文献）。对合并体系缺乏包含概括性的类名可修改，如“G811.1 国际体育运动组织”删除“国际”以便涵盖各国，对无文献保障需复分或合并后复分矛盾类目要单独处理，或简化删除或增加复分条件。

表 6–4 G8 体育类分面结构

<table>
<tr><th rowspan="2">序号</th><th rowspan="2">名称</th><th colspan="6">面</th></tr>
<tr><th>总论面</th><th>专论复分表合并映射索引表</th><th>专论面</th><th>区域面</th><th>时代面</th><th>共性问题面</th></tr>
<tr><td>01M</td><td>理论面</td><td colspan="2">

……</td><td>
</td><td></td><td></td><td>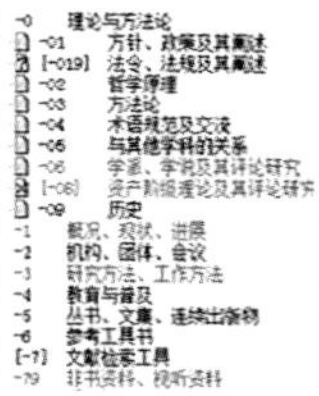
</td></tr>
<tr><td>02M</td><td>运动设施和技术面</td><td colspan="2">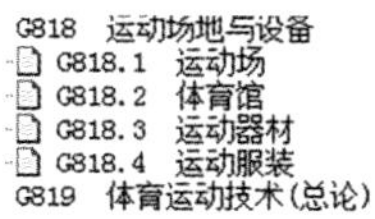
</td><td></td><td></td><td></td><td></td></tr>
<tr><td>03M</td><td>体育事业面</td><td colspan="3">G81 世界各国体育事业
G811 世界体育事业：可按国分
G811.0/.9$fm03 事业问题：按国分（不显示）
G811.0 体育政策及其阐述
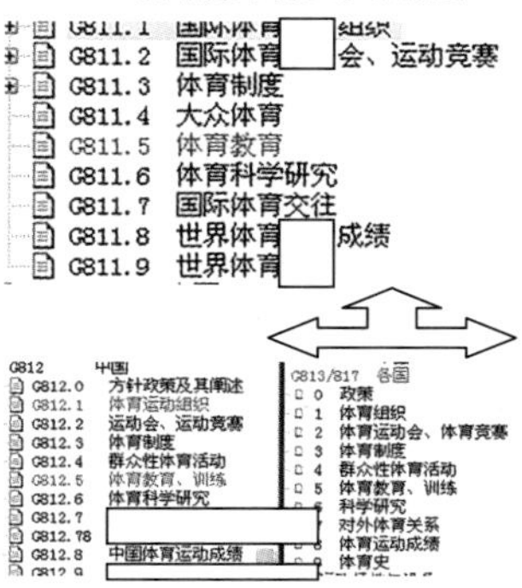
</td><td>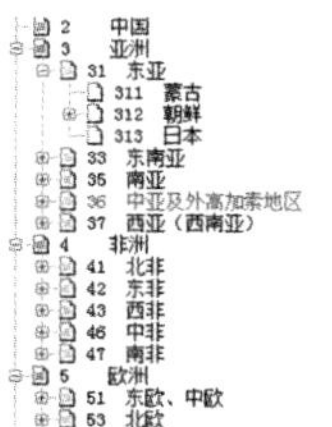
</td><td></td><td></td></tr>
</table>

续表

序号	名称	面					
		总论面	专论复分表合并映射索引表	专论面	区域面	时代面	共性问题面
04M	中国体育事业	G812.20 中国全国运动会 G812.21/27 地方运动会 G812.7 地方体育事业 678 G812.78 对外体育关系 4 G812.9 中国体育史 818					

6.2.5 区分导航类目并保留和增设交替类

所有导航类目为有文献保障的类目，包括使用类、附表类、交替类。数据中的说明类或指示性类为两种，一种为说明其范围类的复分方法，为计算机读取使用，不为导航类，可不显示；另一种为说明“面”名称、顺序代码的说明类，为计算机集中显示面顺序及所在“面”的各集合类，并说明“面”中类目组配方法，可为“面”导航但不并为资源导航，可作为“面”表头显示。

导航类目包括交替类，因为很多类目交叉隶属，交替类可直接导航检索指向类的资源。交替类有两种情况，一种为原版交替类，指向 1 个或 1 个以上类。还有一种新增交替类，为弥补原体系不足或说明与原版本类号不同建立的映射交替类，指向原版 1 个或 1 个以上类。其余停用类或无频率保障类在最终用户版不显示，但动态组成复分号 2 要考虑无文献保障类，以便与原版资源复分类号一致。

6.2.6 定义标识系统

“面”标识，为区分不同属性“面”和同种属性多个“面”的排列顺序，需在原类号编号制度基础上增加“面”标识及“面”名称，从而达到体系可视化、组配有序化、索引号唯一化的目的，且方便数据处理。为说明并列“面”或交叉“面”间类号关系，继续采用原版以下符号，并列类联合符：加号“+”，交叉类间组配符：冒号“:”，与原版符号含义相同，标引、检索使用。“面”标识定义如下：

“专论面”标识代码为 L，“总论面”标识代码为 M。均在类号前冠以“面标识”，机读数据独立子字段表示（见 6.2.7）。当每种“面”有 1 个以上时，需区分顺序号为 01—99，如 M01，为“总论面”第一个面。以便同种“面”按序号排序，同种“面”同序号或无序号再按类号排序，以便于区别同“面“不同序列“面”类目的组配用法。“总论面”

的三种“面”名称统称：理论面、行为面、行为者面，也可根据具体类在统称下具体化命名。“专论面”为种类或组成部分，一般不需区分面名称，只区分面序号即可。

附属面区分为通用附表面与专类附表面，其代码分别为 fb 和 zb，其中 fb 按序 1—8 对应《中图法》8 个附表，即 fb1—fb8。专用附表包括新建的为 zb，新建的可标识所属的类号或范围类号，如 A56 的专表为 zbA56。《中图法》原专类复分表一般合并后导航使用，不独立存在。根据体系改造新建的专类复分表一般既可直接导航使用，又可复分（组配）用。

6.2.7 分面后组检索规则与分面数据、索引数据机读化描述

张琪玉先生在《图书馆理论与实践》2003 年第 2 期以“分类表词表编制规则→文献标引规则→文献检索规则是一种演变过程”为题对分类表编制规则、文献标引规则及检索规则的关系总结，认为文献标引规则及检索规则是互逆规程且由分类表词表编制规则决定的[41]。事实证明，《中图法》的分类规则与检索规则为互逆规程，也是由《中图法》编制规则决定的。因此，《中图法》最终用户版体系分面编制规则映射文献分面后组类号规则，即遵循《中图法》的分类规则，也称分类标引规则。如“专论面”与“总论面”类目交叉组配（不分先后），其映射的组配号（索引号）是以“专论面”为主附加“总论面”类号的部分尾号。在机读数据中，组配字段是用于描述其组配规则，即引用规则，决定后组索引号的计算机导航、检索程序的开发等关键字段。

《中图法》最终用户版机读数据可在原体系 MARC 数据基础上增补修改，针对“面”区分及其组配检索规则（公式）、映射索引一般需通过数据分析字段说明解释，以便实现该版本电子化、可视化及关联数据检索目的。若无组配字段说明，默认单类检索资源或多类选择联合检索资源。

“专论面”“总论面”、附属面之间以及“面”内不同序列“面”为并列关系，均可入口检索也可“面”间类目组配检索，用户选择类目交叉检索不区分选择顺序，但交叉类目间的后组类号应与原体系同一主题标引类号一致，即类号组配顺序（引用次序）由组配规则控制。为保证交叉组配生成类号的正确性、一致性，计算机可理解，组配规则明确如下：

（1）“专论面”(L）与“总论面”(M）间类目交叉组配，其机检后组类号为“专论面”类号附加“总论面”类目的部分类号构成复合索引号，遵循上位加 0 规则。其组配规则通过“总论面”或“专论面”中待组（或可组）类目的组配专用字段 665 字段说明，若待组（或可组）类目为某个序列“面”的连续类或类系，则增加说明款目（指示性类目或与面说明类合并）说明“专论面”待组（或可组）类目范围以及附加号。见机读数据 665 组配分析字段。

（2）“专论面”（L）或“总论面”（M）与附属面（fb1—fb8）间类目交叉组配，其机检后组类号分别为“专论面”类号或“总论面”类号附加附属面类号，或附属面类号替代“专论面”（或“总论面”）部分类号，遵循上位加 0 规则。其组配规则通过“总论面”或“专论面”中待组类目的组配专用字段 661 字段说明，若待组（或可组）类目为某个序列“面”，则增加说明款目（指示性类目或与面说明类合并）说明附属面范围及附加号码以及替换位置。见机读数据 661#1 字段（包括指示符）与附属面合成组配分析字段。

（3）“专论面”（L）与“总论面”（M）与附属面（fb）三面间类目交叉组配，其机检后组类号顺序，原则为各主体面与附属面组配后形成主体面复合类号（含附属复分组合号），再开展主体面间的累加组配，累加复合类号一般为“专论面”主体面复合类号再附加“总论面”部分号（含附属复分组合后的部分号），附属复分遵循上位加 0 规则。违背此顺序规则，需通过 668 字段单独说明组配引用顺序。对起止待分类号的类目如：G853/857，均需按注释字段（661#0）指向的附属面优先复分，则才允许主体面间的再组配（类目就近组配原则）。

（4）“专论面”（L）或“总论面”（M）内不同序列面类目交叉检索，若为并列交叉多重列类的类组间组配，则按前标法索引资源号的标引规则检索，若有后标法或其他方法，需通过 668 字段说明组配引用顺序。若为复分限定组配则按 665 字段说明执行索引资源号的检索。若以上都不属于则按多类目联合检索。

（5）附属面的不同面同时被主体面引用组配检索，一般遵循主体面类目 661 字段的注释，且空间面的世界地区表和中国地区表，民族面的世界种族民族表与中国民族表为嵌套表，嵌套顺序决定其先后顺序。若 661 字段注释未规定，一般需加原版通用复分表复分区分符［ -（ ）= “” < > ］分别与主体面组配检索或加区分符联合检索，不计先后顺序分段组合检索。针对附属面某一面的多种划分序列表，如人员表按多重属性划分，均分别与主体面组配检索。

（6）导航检索规则：选择任意主面一个导航类目，则执行检索该类号一致或前方一致检索的文献；选择两面或多面类目，则按复分字段注释执行，一般检索交叉指向“专论面”的复分复分类号的文献；多面类目交叉，则执行由复分字段连续性注释规定的复分顺序（遵循原表复分顺序）和复分结果类号的检索。如果无复分字段连续性注释，又有多个面组配注释规则，则为主体面分别与附属面复分组合检索结果的并集检索。

（7）分面与索引号数据字段格式定义及实例说明。

《中图法》MARC 格式是在国际标准分类法机读格式（UNIMARC Classification Format，2000 年 10 月 31 日国际图联分类法研究小组颁布）基础上，建立的一套符合《中图法》类目结构和类目间关系的计算机可读格式，也可为中国分类法通用机读标准格式。该格式对类目的基本特征、类型、有效性、组配性、单纯与相关参见（相关与交替关系）、类级的层次性等给予详尽地描述。

本项目分面与组配的机读描述，也是在《中图法》MARC 格式基础上，通过“250 类号字段（Class Number）”增补定义“面”标识，“66- 类号组配块（Number Building Block)”定义说明组配与索引方法。因为 250 类号字段为类目的唯一标识字段，661/668 字段为指导主表和附表正确地进行类号组配和由计算机进行编码组合的使用字段。

本格式利用 661 字段说明限定组配规则，即与附表组配规则，其中 661#1 说明最终用户版主体面与附属面组配规则、索引号组成。利用 665 字段分析说明“专论面”与“总论面”组配规则、索引号组成，利用 668 字段说明多面交叉的非常规组配顺序。即 66- 字段为分面后组计算机检索类号与人工标引索引号的说明字段。启用复分组配字段 665 说明主体面交叉组配规则，启用 661 字段第 2 指示符，说明附表复分组配号合成规则。补充 250 字段、353 交替类宜入注释字段。增补、修改与启用字段定义与说明如下：

250 类号字段（Class Number）

补充子字段 $f，为“面”标识字段。在导航大类下新增面标识说明类。除导航大类外，在所有导航类目之前补充系列面标识说明类，包括面序号、面名称。例如：

例 1：G80/808 体育理论“总论面”的机读描述

250 n\$aG80$cG808$fM01$9G$h 文化、科学、教育、体育 $9G8$h 体育 $j 理论面；

例 2：G80 体育理论类的机读描述

250 0\$d03$aG80$9G$h 文化、科学、教育、体育 $9G8$h 体育 $0G80$cG808$fM01$k 理论面 $j 体育理论

补充子字段 $t。为合成新增类目的专论复分表附加号部分，如 250$aI3$cI7$t07。353 字段增补 661 和 665 使用的 $b、$u、$d、$r、$z 等子字段。

661 复分或仿分字段（Add or Divide Like Instruction）

字段定义：本字段说明从主表与附表复分或组配，产生一个组配号方法的注释。

出现情况：本字段可选择使用，可重复。

指示符：

指示符 1：空格（未定义）

指示符 2：注释组合类型

0 非合成说明注释

1 合成说明注释（最终用户版启用说明附加或仿分合成方法）。

子字段：

$a 建立指令的类号—单纯类号或类目范围的起始号（可重复）。

$b 基础号（所描述的类号，即与 250$a 的类号相同）（不可重复）。

$c 类号—类目范围的尾号（可重复）。

$d 仿分号（可重复）。

$e 例类号（可重复）。

$f 分面标志符（可重复）。

$i 说明性文字（可重复）。

$n 错误的例类号（可重复）：本字段包含一个错误类号，用于说明增加或仿分指导的分类的例子。

$r 词根号（可重复）：当号码被附加时，本字段包含样号或类目范围的起始号码。如果这个子字段出现，那么子字段 $d（仿分号）也必须出现，用来说明附加的号码。

$u 分析号码：本字段标识分析号码。当 66- 字段用一个以上字段出现在同一记录中时，子字段 $u 可重复。表示该字段类号为前一条组配规则结果类号，将在此基础上连续执行另一条组配规则形成索引类号。本字段可重复。

$x 其他类号（可重复）：本字段包含的类号属于该限定复分号之外的类号。如果该号码是一个类号类目范围的一部分，那么子字段 $c 用于类目范围的尾号。

$z 附表的标识符号（可重复）

$8 连接注释段落的顺序号（不可重复）

665 组配类号（Synthesized Number Components，最终用户版启用此字段）

字段定义：本字段可以用作一个组配类号的根查单元，显示该号码如何组成和在何处出现复分注释。它促进组配类号的计算机处理，能分别地标识出类号的各个组成部分，以便于顺利检索和对组配类号的计算机正确验证。本字段对分类表如 DDC 和 UDC 非常适用。

出现情况：本字段可选择使用，可重复。

指示符：

指示符 1：号码分析字段

0 250 字段

1 其他字段

指示符 2：空格（未定义）

子字段

$a 指令建立号码—单纯号码或类目范围的起始号码（可重复）。

$b 基础号码：即索引号（组配后的号码或其基础部分）。本子字段包含附加一个或多个号码的基础号。很多例子表明它同子字段 $a 相同。当两个或更多的附加号组成一个号码时，第二个基础号和下列 665 的子字段就构成附加号码的一部分（可重复）。

$c 指令建立号码—类目范围的尾号（可重复）。

$f 分面标识符：本字段包含被表示分面的类号附加的特殊字符（可重复）。

$r 词根号：本字段包含样号或类目范围的起始号码，当这些号码不被附加时。如果该子字段出现，那么子字段 $s 或 $t 也必须出现，用以表示被附加的号码（可重复）。

$s 主表或外部附表类号的概念附加符号：这些符号由字母数字和 / 或其他符号组成。（可重复）。

$t 专类复分表的概念附加符号：这些符号由字母数字和 / 或其他符号组成（可重复）。

$u 分析号码：本字段标识分析号码。当 66- 字段用一个以上字段出现在同一记录中时，子字段 $u 可重复。表示该字段类号为前一条组配规则结果类号，将在此基础上连续执行另一条组配规则形成索引类号。本字段可重复。

$v 专类附表（内部细排或指令建立附加表）号码（可重复）。

$w 专类附表的标识符号—内部细排或附加表（可重复）代码：zb 或 zb+ 类号（所属类）。

$z 附表的标识符号即附表面标识（可重复），代码：fb1/8。

$i 说明性文字（可重复）。

668 引用（标引）和优先顺序说明（Citation and Precedence Order Instruction）

字段定义：本字段包含的信息是关于被引用的要素在合成类号时的顺序。用于指导计算机和分类员按主题不同面的先后顺序分类或检索。

出现情况：本字段可选择使用，可重复。

指示符：

指示符 1：说明类型

0 引用和优先顺序注释

1 优先顺序表

指示符 2：空格（未定义）

子字段：

$a 类号—单纯号码或类目范围的起始号码（可重复）。

$c 类号—类目范围的尾号（可重复）。

$e 例类号（可重复）。

$f 面标识说明，新增，同 250 字段。

$i 说明性正文（可重复）。

$j 类名：本子字段包含复分先后顺序表中层累关系的类名。该类名通常与 250 字段的类名类号相匹配。本字段可重复。

$n 错误例类号：本子字段包含一个标题类号错误的例子，该标题用于说明引文和先后顺序指令。本字段可重复。

$t 引文或先后顺序指令的用于例子的标题（可重复）。

$x 复分先后顺序表的例外（可重复）。

$z 附表的标识符号（可重复）。

$8 连接和顺序号（不可重复）。

实验数据示例：

例 1：合并 D92/97 类系，修改原类名，增加 661#1 分析字段，说明与世界地区表组配检索规则。

250n#$aD91$j 各法：各国

661#1$i 依 $zfb2$i 分，$aD91$i:$zfb2$a2$c7$bD9$zfb2$d2$c7

例 2：修改原说明类为面标识说明类，修改 661 字段为说明（#1）分析字段，说明 D911/916 可与各国地区面组配及组配检索规则。新增 665 字段说明可与“总论面”D910.1/.9 组配及组配规则。

250n#$aD911$cD916fLj 各法专论面：各国

661#1$i 依 $zfb2$i 分，$aD911$cD916$i:$zfb2$a2$c7$bD9$zfb2$d2$c7$x0?$r1$c6

6650#$aD911$cD916$i:$fM$a D910.1$c D910.9 $bD911$cD916$r D91$s01$c09

6650#$u D9$zfb2$d2$c7$x0?$r1$c6$i:fMa D910.1$c D910.9 $b92$c97$ x0? $r D91$s1$c6$s01$c09

备注 1：$fL 为面标识字段及代码，661 字段使用 #1 指示符，为合成类号方法注释。附表类号有下位类，则在根号（$r 标识）前即附表类号后加 0 的复分规则，用 $x0? 标识。专、总面间检索，在“总论面”说明款目的 665 字段集中说明组配办法。

备注 2：D911/916 同时存在 661 和 665 字段，若用户选择任意两面类目导航可分别执行 661 和 665 所涉及的面组配。当用户选择三个面类目时，则涉及 661、665 字段执行的先后次序，有 $u 子字段的 665 字段是需继承执行，即 $u 执行对象类（$a、$c）为前一个字段（如 661 字段）的执行结果类，是 661 字段的 $b 子字段及其附加字段。带有 $u 的 66- 字段不能单独执行且使用的子字段含义（如 $r）与引用字段（如 661 字段）含义相同。$r 的含义是与其绑定的 $d 或 $s 决定，其含义不同）。

例 3：新增面标识说明类，可重复增加（也可计算判断）665 字段说明该“总论面”与 D911/916“专论面”可组配及组配规则。

250$aD910.1$c D910.9$f02M$j 法的理论面

6650#$aD911$cD916$i:$fM$a D910.01$cD910.09 $bD911$cD916$rD91$s01$c09

例 4：在映射类即替代类（被复分类）的 665 字段说明映射（对照索引表）的附加类号。250$a G811.1$fM01

6650#$aG811.1$i:fLaG82$cG89$bG82$cG89$x0?$t6（映射专类复分表“6”，即 G811.1:G82$cG89 的附加号）

661#1$i 依 $zfb2$i 分。$aG811.1$i:$zfb2$a2$c7$bG81$zfb2$d2$c7$x0?$r1

例 5：本范围类与 G255.1$cG255.9 组配，其索引号优先为 G255.1$cG255.9。250$aG252$cG254.9$fL（多重复分规定）

6680#$i:$fL$aG255.1$cG255.9$i 优先。

6.3 《中图法》各类型体系的分面方案

针对《中图法》导航大类的 5 种划分结构和体系类型，将分别采取相应的分面分析方法，各对应形成以下分面体系方案。

6.3.1 整体—部分划分型体系的分面方案

导航大类首层以事物种类或组成部分或分学科领域作为大类的全部划分标准，构成对应的“专论面”，每个“专论面”采用重点列举和相似标准再划分，形成等级列举式类目表。若以相似标准再划分则往往采取仿列举类复分、或仿专类复分表或仿“一般性问题”复分，形成待组类目的列举。在 69 个导航大类中有 22 个大类为此类型，见 4.1.1 及其图 4-1：导航类划分类型图 1 型。此类型体系一般应采取以下分面分析及分面方案，以 A 大类和 S9 类为例说明其方案。

第一，对相似标准划分的共性问题类目归纳分析，对共性问题归纳设置“总论面”，增设面说明类，说明与“专论面”交叉组配规则，“专论面”为本大类的组成部分或研究对象类。如图 6-3 中的“A1/5+A8 伟人著作与专题类型”“A7/76 伟人传记类型”，以及图 6-4 中的“S91/98 各种鱼类、水产、海产类的基础科学、养殖技术、设备、预防与疾病治疗”为“总论面”；“A 类的各位伟人的著作与传记及其研究”“S9 类各种鱼类水产的养殖”则为“专论面”。

第二，针对此体系的列举类使用频率和逻辑划分标准考虑类目取舍。一般对原四级及以下类取舍区分为两种情况：上下位类（五、六级类）频率均高；仅上位类高或仅下位类高。“均高”可考虑保留上下位类，“仅高”可根据类目划分逻辑关系保留上位或下位类。

第三，新增或修改类。一方面对分面类区分面标识以便可视化、有序化，另一方面在“总论面”和“专论面”的说明类或所含单一类目下分析说明涉及两面交叉组配的索引号生成规则。对于同一面出现交叉组配（一般仿分临近类目情况）的连续性类目，可调整类序分别拆分到“总论面”或“专论面”中，并通过复分注释说明集中映射规则和方向，以便杜绝设置二级面的复杂情况。如 S943 类目的调整，与 S965/968 分别设在不同“面”，在“总论面”方向集中映射索引号。

“专论面”	两面检索及组配规则	（概括共性问题）“总论面”
A1 马克思、恩格斯著作 A2 列宁著作 A3 斯大林著作 A4 毛泽东著作 A49 邓小平著作 A5 马克思、恩格斯、列宁、斯大林、毛泽东、邓小平著作汇编 A7 马克思、恩格斯、列宁、斯大林、毛泽东、邓小平生平和传记 A71 马克思 A72 恩格斯 A73 列宁 A74 斯大林 A75 毛泽东 A76 邓小平 A8 马克思主义、列宁主义、毛泽东思想、邓小平理论的学习和研究 A81 马克思主义的学习和研究 A811 马克思、恩格斯著作的学习和研究 A813 书目、索引 A82 列宁主义的学习和研究 A821 列宁著作的学习和研究 A823 书目、索引 A83 斯大林的思想的学习和研究 A831 斯大林著作的学习和研究 A833 书目、索引 A84 毛泽东思想的学习和研究 A849 邓小平理论的学习和研究 A849.1 邓小平著作的学习和研究 A849.3 书目、索引 A85 著作汇编的学习和研究 A851.6 专题汇编 A853 书目、索引	A1/5$fL01$j 伟人著作及其汇编（新增说明类） 6650#$aA1$cA5 $i:$fM01$aA1$cA8$t1$c8$bA1$cA5$s1$c8 A1/5 $fm01$j 各种著作与专题 353##$aA1$cA5$t1$c8$i 宜入 $aA11$cA18$i+$aA21$cA28$i+$aA31$cA38$i+$aA41$cA48$i+$aA491$cA498$i+$aA51$cA58 A7/76$fL02$j 伟人传记（新增说明类） 6650#$aA7$cA76 $i:$fM02$aA7$cA76$t1$c7$bA71$cA76$s1$c7 A71/76$fM02$j 伟人传记类型（新增说明类） 353##$aA71$cA76$t1$c7$i 宜入 $aA711$cA717$i+$aA721$cA727$i+$aA731$cA737$i+$aA741$c747$i+$aA751$c757$i+$aA761$cA767	A1/5+A8 伟人著作与专题类型 $fm01$t 1 选集、文集 19 选读 2 单行著作 3 书信集、日记、函电、 4 诗词 5 手迹 6 专题汇编 1 论马克思主义、列宁主义 2 论共产主义运动、共产党、青年团 3 论哲学 4 论社会、政治、法律 5 论军事 6 论经济 7 论文化、教育、体育 8 论语言、文字 91 论文艺 92 论历史、地理 93 论科学、技术 94 论医药、卫生 95 论农业技术 96 论工业、交通 A7/76 伟人传记类型 $fm02 1 传记 2 生平事迹、回忆录 3 年谱、年表 4 纪念文集 5 阐述、研究 6 肖像、照片、画传、像章 7 纪念地、故居、遗物

图 6-3　A 马克思主义、列宁主义、毛泽东思想、邓小平理论类分面结构图

备注：①图中 6 位伟人著作、生平传记、其理论学习研究，构成 A 类的“专论面”，6 位伟人的共同著作类型面（A1/5+A8 的下位类，包括专题汇编）、生平和传记类型面（A71/76 的下位类）归纳成“总论面”，该面类目也可设为导航类目，既可组配导航检索文献也可独立入口联合检索文献，用交替类方式联合检索 6 位伟人的相关文献，见 353 机读字段说明检索指向类。

②针对 A 类一些伟人的单行著作是按写作完成时期划分的四级类，虽然使用频率很高，但该划分标准与出版年基本相同，因此作为导航浏览有其他形式检索途径替代，则不再细分，即删除四级及以下类目形成 A 类”专论面”。

总论面 $fm01	两面检索及组配规则	“专论面” $fL01
$fm01S91/95 水产科学、各种鱼类病害及其防治、水产工程 S91 03 水产基础科学$fm01 S912 04 水产化学 S917 04 水产生物学 S92 03 水产地区分布、水产志 S93 03 水产资源 S931 04 水产资源学 S932 04 水产资源调查与评估 S937 04 水产资源保护和管理 S94 03 水产保护学 S941 04 鱼病学 S941.4 05 微生物性鱼病 S941.5 05 寄生虫病 S943 04 各种鱼的疾病、敌害及其防治 S942 04 鱼病防治方法 S944 04 贝类疾病、敌害及其防治 S944.4 05 各种海水贝类疾病、敌害及其防治 S945 04 甲壳类疾病、敌害及其防治 S945.4 05 各种虾的疾病、敌害及其防治 S946 04 藻类的病害、敌害及其防治 S948 04 渔药、水产药物学、药理学 S949 04 水产的水质污染及其防治 S95 03 水产工程 S951 04 水产机械仪器 S953 04 增养殖渔业设施（栽培渔业设施） S954 04 养殖场工程 S955 04 养殖池 S956 04 过鱼设备 S957 04 拦鱼设备 S959 04 水质工程 $fm02S96/964 水产养殖技术与淡水鱼养殖方式 S96 03 水产养殖技术 S961 04 鱼类繁殖和越冬技术 S962 04 鱼苗、鱼种 S963 04 水产动物饵料及其营养 S964 04 淡水鱼养殖方式 S964.2 05 稻田养鱼 S964.3 05 池塘养鱼 $fm03S967/983 海水养殖方式、水产养殖设备、捕捞技术、运输、保鲜、加工 S967 04 海水养殖方式 S967.3 05 网箱养殖 S969 04 水产养殖设备 S97 03 水产捕捞 S971 04 渔具材料、索具及其工艺 S972 04 渔具与捕鱼设备 S973 04 捕捞技术 S974 04 淡水捕捞 S975 04 近海捕捞、沿海捕捞 S977 04 远洋捕捞、深海捕捞 S978 04 捕鲸 S98 03 水产物运输、保鲜、贮藏、加工、 S981 04 水产生物运输 S983 04 水产品保鲜技术	6650#$i 除 S966.12 外，$aS965$cS968$i:$fm01$aS961$cS964$bS965$cS968$r1$c4 661#0$i 依 $zfb2$i 分。 6650#$aS943$i:$fm02$aS965$c968$bS943$r5$c8	$fL01S965/968 各种水产养殖 S965 04 各种鱼类养殖 S965.1 05 淡水鱼 S965.112 06 草鱼（鲩） S965.116 06 鲤鱼 S965.117 06 鲫鱼 S965.125 06 罗非鱼（吴郭鱼） S965.128 06 鲶鱼 S965.2 05 河口性及溯河降海鱼 S965.211 06 鲈鱼 S965.215 06 鲟鱼 S965.223 06 鳗鲡 S965.232 06 鲑鱼 S965.3 05 海水鱼 S965.322 06 大黄鱼 S965.334 06 石斑鱼 S965.8 05 观赏鱼类 S965.81 06 淡水观赏鱼 S965.82 06 海水观赏鱼 S966 04 其他水产养殖 S966.1 05 甲壳类养殖 S966.12 06 淡水虾的养殖 S966.16 06 淡水蟹的养殖 S966.2 05 蚌、螺的养殖 S966.3 05 蛙的养殖 S966.4 05 黄鳝、泥鳅养殖 S966.5 05 龟、鳖、鳄鱼养殖 S966.6 05 娃娃鱼（大鲵）养殖 S966.8 05 淡水兽类养殖 S968 04 各种海产动植物养殖 S968.2 05 甲壳类养殖 S968.3 05 贝类养殖 S968.4 05 藻类养殖

图 6–4 S9 水产、渔业类分面结构图

备注：两“面”类目交叉组配构成索引类号聚类指向不同面，见 655 字段说明。

6.3.2 方面限定与属种关系并行划分型体系的分面方案

导航大类首层同时按理论或通用方面属性和事物种类（或组成部分或分学科领域）划分，区分出方面限定关系与属种关系，分别对应为“总论”和“专论”两组性质的同位类。在 69 个导航大类中有 13 个类为此类型体系，其中有 11 个为《中图法》原二级析出类，两个一级大类，如 H、R 类。见 4.1.3 及图 4–1 导航类划分类型图 2 型。此类型体系需开展如下分面分析。以 H 语言文字大类为例说明。

第一，根据逻辑划分关系和聚类原则区分“总论面”与“专论面”的导航类目。“专论面”为两面交叉主题的主类号面，即文献集中在种类面（“专论面”）中，附加“总论面”的部分类号。

第二，根据类目使用频率与逻辑关系确定各面导航用类。“总论面”类目使用频率在四级基础上取舍，并同时考虑与其组配的“专论面”类目频率。在与“总论面”类目合并过程中，简化删除重复类目、专论复分表类目以及被仿分类目，形成资源检索用类与待组配检索的共性类。在“专论面”或“总论面”中保留列举非共性且高频使用类。

以 H 语言文字类为例,H0 语言学与 H1/9 各语言的共性类目面为“总论面”，省略 H1/9 各语言方面类的重复列举类和专论复分表类目，保留待组类与非共性的高频类，将 H1 汉语和 H3 常用外国语的特有高频类归入“总论面”形成 02 序列面，因为特有类为先组类，不涉及两面组配，根据显示需要组织面序。如表 6–5。

第三，对分面类及新增修改类编辑机读数据，增加分面符和机助复分标引字段，以便确定可视化的分面形式，确定两面交叉组配索引号生成规则。如表 6–5。

6.3.3 方面限定与区域属种关系并行划分型体系的分面方案

导航大类同时按理论方面和区域种类属性作为首层划分标准，与图 4–1“2 型”划分相同，但首层属性的种类或组成部分是按空间属性即区域属性划分。见 4.1.3 及图 4–1 导航类划分类型图 3 型。《中图法》69 个导航大类属此划分体系的共有 11 个大类。以 D9 法律类、I 文学类为例，说明其分面方案，详见表 6–3 中关于 D9 类的分面方案，为 11 个大类中较典型的示例。图 6–5 及表 6–6 为文学、艺术等类按形式划分大类较典型的分面示例。

首先，把按地区划分的各部分共性问题类组成“专论面”，如 D91 类系，其中“专论面”所包含的共性复分问题与“总论面”即理论类合并，也可形成“总论面”的第二个面，如 D910.1/.9。“专论面”既可与“总论面”组配，又可分别或同时与区域面、时间面组配，其主、附面的组配号码置换不同位置码，因此三个“面”引用顺序不受影响，在计算机复分字段说明。见 6.2.7（7）的实验数据示例。

表 6-5 H 语言文字类分面结构

总论面（2 个面）	专论面	两面检索及组配规则	
$fm01 H0 02 语言学 6165 H002 03 语言规划、规范化 232 H003 03 语言的分类 224 H004 03 语言的分布 588 H01 03 语音学 480 H012 04 音素、音位 86 H013 04 音节结构 11 H014 04 声调、语调 99 H016 04 音标 24 H017 04 实验语音学（仪器 56 H018 04 语音生理学 66 H018.1 05 发音法 39 H018.4 05 语音医学 765 H019 04 朗诵法、演讲术 6307 H02 03 文字学 229 H021 04 文字和语言 16 H022 04 文字类型、构造 57 H022.4 05 字母表 11 H023 04 正字法 25 H024 04 文字的创制、整理 9 H026 04 特种文字 20 H026.1 05 速记 99 H026.2 05 盲文 13 H026.3 05 形态语言 577 H028 04 古文字考释（古文 49 H03 03 语义学、语用学、 607 H030 04 语义学、语用学 953 H031 04 基本词汇 23 H032 04 同义词、多义词、 11 H033 04 熟语 1993 H033.1 05 成语 3 H033.3 05 格言 228 H034 04 俗语 82 H035 04 外来语 35 H039 04 词源学 76 H04 03 语法学 1738 H041 04 词法 54 H042 04 词类 217 H043 04 句法 316 H05 03 写作学、修辞学 1276 H051 04 风格论 37 H052 04 文体论 312 H055 04 标点法 14 H058 04 韵律学 20 H059 03 翻译学 2677 H06 03 词典学 397 H061 04 词典 431 H07 03 方言学 112 H08 03 应用语言学 468 H083 04 术语学 65 H085 04 机器翻译 326 H087 04 数理语言学 540 H09 03 语文教学 2581 H091 04 教学改革 290 H092 04 教学计划、教学大纲 209 H093 04 教学法、教材、教 2407 H093.1 05 儿童语言研究 10 H093.2 05 语音教学 162 H093.3 05 文字教学 5 H093.4 05 词汇教学 688 H093.5 05 语法教学 301 H093.6 05 写作教学 938 H093.7 05 阅读教学 2031 H093.9 05 教材、教学参考书 2903 H094 04 读物 35938 H096 04 习题、试题 4923 H099 04 会话 18145	H116 04 （现代汉语）语音 440 H126 04 （现代汉语）特种文字 10 H136 04 现代汉语词汇 757 H146 04 近代、现代汉语语法 1523 H15 03 汉语写作、修辞 1507 H19 03 汉语教学 1052 H2 02 中国少数民族语言 430 >H211/289 各种少数民族语言 H211 03 少数民族古语言 29 H212 03 蒙古语 861 H214 03 藏语 845 H215 03 维吾尔语 579 H216 03 苗语 104 H217 03 彝语 229 H218 03 壮语 154 H219 03 朝鲜语 248 H221 03 满语 176 H236 03 哈萨克语 172 H253 03 傣语 106 H257 03 纳西语（么些语） 130 H3 02 常用外国语 1244 >H31/37 各种常用外国语 H31 03 英语 25921 H32 03 法语 4917 H33 03 德语 6009 H34 03 西班牙语 1889 H35 03 俄语 9599 H36 03 日语 20510 H37 03 阿拉伯语 1668 H4/9 其他外国语 H4 02 汉藏语系 292 H41 03 壮侗语族（侗傣语 37 H411 04 老挝语（寮语） 41 H412 04 泰语（暹罗语） 375 H42 03 藏缅语族 44 H421 04 缅甸语 106 H43 03 苗瑶语族 13 H44 03 越南语 513 H5 02 阿尔泰语系（突厥- 100 H51 03 突厥语族 133 H512 04 土耳其语 201 H53 03 蒙古语族 54 H531 04 蒙古语（喀尔喀蒙 383 H55 03 朝鲜语 3839 H61 02 南亚语系（澳斯特 39 H62 02 南印语系（达罗毗 12 H63 02 南岛语系（马来亚- 43 H631 03 印度尼西亚语族 150 H631.1 04 马来语（马来西亚 289 H631.2 04 印尼语（印尼国语） 306 H64 02 □北亚诸语言 7 H65 02 高加索语系（伊比利 30 H66 02 乌拉尔语系（芬兰- 46 H661 03 芬兰语族 21 H661.1 04 芬兰语（苏奥密语） 61 H662 03 乌拉尔语族（乌戈尔 7 H662.1 04 匈牙利语 145 H67 02 闪-含语系（阿非罗 39 H671 03 闪语族 105 H671.3 04 希伯莱语 249 H672 03 柏柏尔语族 15 H673 03 埃及-科普特语族 97 H674 03 库希特语族 13 H675 03 乍得语族 41 H7 02 印欧语系 258 H71 03 印度语族 128 H711 04 古印度语 553 H712 04 印地语 1111 H713 04 乌尔都语 119 H73 03 伊朗语族 66 H733 04 波斯语 196 H74 03 斯拉夫语族 442 H741 04 乌克兰语 162 H742 04 白俄罗斯语 105 H743 04 捷克语 161	6650#$aH116$i:$fm01$aH012$cH014$bH116$rH01$s2$c4 6650#$aH126$i:$fm01$aH026.1$cH026.3$bH126$rH02$s1$c3 6650#$aH136$i:$fm01$aH031$cH039$bH136$rH03$s1$c9 6650#$aH146$i:$fm01$aH041$cH043$bH146$rH04$s1$c3 6650#$aH15$i:$fm01$aH051$cH058$bH15$rH05$s1$c8 6650#$aH19$i:$fm01$aH091$cH093$bH19$rH09$s1$c3 6650#$aH211$cH289$i:$fm01$aH01$cH09$bH211$cH289$x0?$rH0$s1$c9 6650#$aH31$cH37$i:$fm01$aH01$cH09$bH31$cH91$rH0$s1$c9 6650#$aH4$cH9$i:$fm01$aH01$cH09$bH4$cH9$x0?$rH0$s1$c9	一、总论复分表 -0 理论与方法论 -01 方针、政策及其阐述 [-019] 法令、法规及其阐述 -02 哲学原理 -03 方法论 -04 术语规范及交流 -05 与其他学科的关系 -06 学派、学说及其评论研究 {-08} 资产阶级理论及其评论研究 -09 历史 -1 概况、现状、进展 -2 机构、团体、会议 -3 研究方法、工作方法 -4 教育与普及 -5 丛书、文集、连续出版物 -6 参考工具书 [-7] 文献检索工具 -79 非书资料、视听资料

续表

<table>
<tr><th>总论面（2 个面）</th><th>专论面</th><th>两面检索及
组配规则</th><th></th></tr>
<tr><td>$fm02
H1 02 汉语 3406
H109.2 03 古代汉语 799
H109.3 03 近代汉语 34
H109.4 03 现代汉语 703
H11 03 语音 1034
H111 04 上古语音（周秦两汉语音 140
H113 04 中古语音（魏晋南北朝一 205
H114 04 近代语音（元、明、清语 89
H116.1 04 现代语音发音 85
H119 04 朗诵法、演讲术 212
H12 03 文字学 2375
H121 04 古文字 587
H122 04 汉字构造 335
H123 04 汉字形体 284
H124 04 汉字整理和简化 37
H124.1 05 汉字整理、正字表 622
H124.2 05 简化字 160
H124.3 05 异体字、同音字、多音字 150
H124.5 05 检字法 136
H125 04 汉字改革 216
H125.12 06 注音字母 396
H125.14 06 拉丁化新文字 164
H125.4 05 拼音读物 1293
H134 04 近代词汇 152
H14 03 语法 1000
H141 04 古代语法（文言语法） 1387
H152.2 05 汉语辩论文写作、修辞 765
H152.3 05 汉语应用文写作、修辞 8683
H16 03 字书、字典、词典 295
H163 04 字典 1443
H164 04 词典 1557</td><td>H745 04 波兰语 220
H746 04 保加利亚语 338
H747 04 塞尔维亚-克罗地亚语 134
H75 03 波罗的语族 31
H76 03 日耳曼语族 105
H761 04 荷兰语 161
H762 04 丹麦语 108
H763 04 瑞典语 65
H764 04 冰岛语 27
H765 04 挪威语 54
H77 03 罗马语族 250
H771 04 拉丁语 878
H772 04 意大利语 741
H773 04 葡萄牙语 293
H776 04 罗马尼亚语 355
H791 03 希腊语族 191
H791.1 04 古希腊语 124
H791.3 04 新希腊语 114
H81 02 非洲诸语言 131
H815 03 尼日尔-刚果语系 24
H823 04 班图分语支 193
H824 03 布斯曼-霍登托（考伊散）语 1
H83 02 美洲诸语言 325
H84 02 大洋洲诸语言 114
H9 02 国际辅助语 20
H91 03 世界语 386</td><td rowspan="2"></td><td rowspan="2"></td></tr>
<tr><td>H17 03 方言 546
H171 04 古代方言 108
H172 04 北方话（官话方言） 93
H173 04 吴语（江浙话） 528
H174 04 湘语（湖南话） 185
H175 04 赣语 91
H176 04 客家话 266
H177 04 闽语（福佬话） 285
H178 04 粤语（广东话、白话） 629
H194 04 汉语读物 516
H194.1 05 古代汉语读物 6797
H194.3 05 现代汉语读物 134
H194.4 06 初级学校用读物 4586
H194.5 06 中级学校用读物 6126
H195 04 对外汉语教学 980
H195.1 05 教学理论 232
H195.2 05 教学计划、教学大纲 89
H195.3 05 教学法、教学工作 541
H195.4 05 教材、课本 5287
H195.5 05 读物 1929
H195.6 05 习题、试题及题解 235
H310.1 04 非标准英语 442
H310.4 04 英语水平考试 78
H310.41 05 世界 1046
H310.42 05 中国 3076
H310.421 06 大学英语水平考试 1815
H310.422 06 全国英语等级考试 385
H310.43 05 各国 8
H310.9 04 英语发展史 434</td><td></td></tr>
</table>

备注：①“H0 语言学”及其下位类基本在四级基础上优选高频使用类，对于五级以上低频类的选择，主要依据与其组配”专论面”对应类目的高使用频率，成为待组配检索用类。如“H033.1 成语”，频次为 3，但对应的”H136.31 汉语成语”使用频率 1255 频次决定其成为待组检索用类。

②关于 H09 类的扩展新增下位类，是由于英语、汉语等常用语言的教学方面类目使用频率高引起增补的待组类，如图 6-7 中 H091/099 类目为 H319 英语类的使用频率。

③“H1 汉语”包含的非共性合并类或特殊配号的类保留，归并至“总论面”中，方便“专论面”类目排序。对与“总论面”交叉组配检索的汉语语音、特种文字、现代词汇、近代、现代语法、教学等类归并至”专论面”中，方便组配检索需要。对其中一些类级较深（四级以下）且高频的单一概念类（即可用单个主题词检索类）删除，突出其类称（复合主题限定类）检索的层级简捷性和概括性。如删除“H161《说文》”（四级类，912 频次）类，可用主题词、题名等其他形式检索。

④对于与“总论复分表”复分列举类包括高频类均删除不再列举，需要时可与其组配检索文献。如“H1-09 汉语发展史与汉语语言学史”（279 频次）。

但文学、艺术类在分面分析方面有其特殊性，以 I 文学类为例说明。按区域属性划分的世界文学、中国文学、各国文学包括部分文学理论和文学作品的类目，且均按文学体裁或题材进一步划分。见图 6-5。

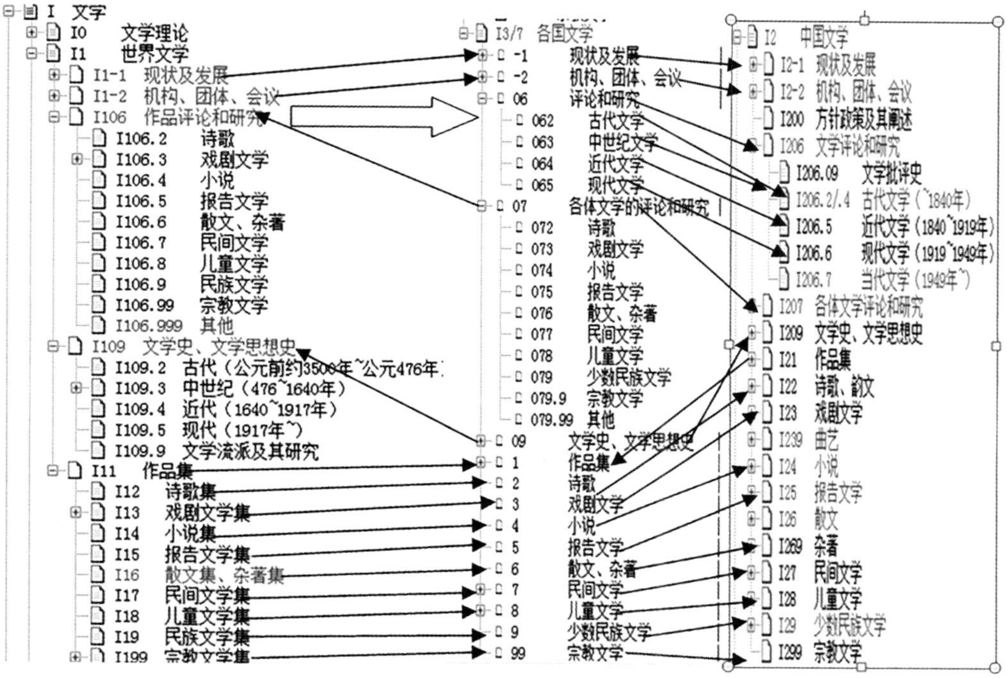

图 6-5 文学类目相似映射图

如何区分 I 文学类的“总论面”“专论面”以及与空间、时间、民族等 8 个属性面及其组配问题？首先需把“I0 文学理论”包括世界各国文学的文学史、“I1 世界文学”“I2 中国文学”“I3/7 各国文学”中的各体裁作品评论、创作论归为“专论面”，I1/199 文学各体裁和题材作品归入“总论面”，“I2 中国文学”有文献保障的独有类根据其理论属性或作品属性相对应归入“总论面”及“专论面”。两面均可分别按区域属性、时代属性组配集中各国各时代文学作品及评论，同时也可按体裁或题材属性集中文学作品和评论，即两面交叉组配检索或三面交叉组配检索。其检索规则见表 6-6。

据此分析出 I 文学类的分面结构，区分“总论面”4 个：世界各国文学及文学作品（I1/199，总论面 M01）、鲁迅著作（I210.1/210.93，总论面 M02）、中国诗歌戏曲等独特文学体裁作品（I218/287.39，总论面 M03）、中国各题（体）材小说（I240.1/242/7$t8，总论面 M04）；“专论面”3 个：文学理论及各国文学史（I0/109.9，专论面 L01），各文体创作论、作品论、各国各时代文学史论（I05/7$t06，专论面 L02），中国独特文体论（I200/210.99，专论面 L03）。见表 6-6。

表 6-6　I 文学类分面结构

总论面	专论面	两面或多面组配检索规则	通用面
I1/199 文学及文学作品（总论面 M01） I1　世界文学 I11　世界各国作品 I111　作品综合集 I12　诗歌、韵文 I13　戏剧文学 I135　电影剧本、电视剧本、广播剧本 I14　小说 I15　报告文学 I16　散文、杂著 I17　民间文学 I172　歌谣 I173　故事、传说、神话 I174　寓言 I177　谚语 I178　谜语、笑话 I18　儿童文学 I182　诗歌、童谣 I183　戏剧、歌舞剧 I184　小说 I185　故事 I185.9　报告文学 I186　散文 I187　童话、寓言 I188　图画故事 I19　少数民族文学 I199　宗教文学 **I210.1/210.93 鲁迅著作（总论面 M02）** I210.1　鲁迅著作全集 I210.2　鲁迅著作选集、文集 I210.3　鲁迅理论著作 I210.4　鲁迅杂文、散文 I210.5　鲁迅诗 I210.6　鲁迅小说 I210.7　鲁迅日记、书信 I210.8　鲁迅手稿、墨迹 I210.91　鲁迅史著 I210.93　鲁迅译文集 **I218/287.39 中国文艺体裁作品（总论面 M03）** I218　地方作品综合集 I219　群众文艺演唱材料 I222　古代至近代诗歌（~1919年） I226　现代诗歌（1919~1949年） I227　当代作品（1949年~） I230　戏剧综合集 I232　京剧 I232.9　昆曲 I233　歌剧、歌舞剧、音乐剧 I234　话剧 I235.1　电影剧本 I235.2　电视剧本 I235.3　广播剧剧本	**I0/109.9 文学理论（专论面 L01）** I0　文学理论 I01　文艺美学 I02　文学理论的基本问题 I03　文艺工作者 I04　文学创作论 I044　文学创作风格、技巧 I045　文学语言 I046　文学翻译 I06　文学评论、文学欣赏 I109　文学史、文学思想史 I109.9　文学流派及其研究 **I05/7$t06 文体创作论、作品论、文史论（专论面 L02）** I05　文体创作论 I106　文体作品论 I2/7$t07 文体作品论：按国分 I206　中国文学史论：按时代分 I3/7$t06　各国文学史论：按国、时代分 **I200/210.99 中国其他文体论（专论面 L03）** I200　中国文艺方针政策及其阐述 I206.09　中国文学批评史 I207.209　中国诗歌史 I207.21　诗律（诗韵）、诗法 I207.22　中国诗歌评论和研究 I207.222　诗经评论和研究 I207.223　楚辞评论和研究 I207.224　赋评论和研究 I207.225　骈文评论和研究 I207.226　乐府评论和研究 I207.227　古体诗、近体诗评论和研究 I207.23　中国词评论和研究 I207.24　中国散曲评论和研究 I207.25　中国新诗评论和研究 I207.309　中国戏剧文学史 I207.32　京剧 I207.329　昆曲 I207.33　歌剧、歌舞剧 I207.34　话剧 I207.351　电影剧本 I207.352　电视剧本 I207.353　广播剧本	**I109：②2/7 或 ④2/5** 661#1$aI109$i：$zfb2$a2$c7 bIzfb2$d2$c7$r09 661#1$aI109$i：$zfb4$a2$c5 $bI109$zfb4$d2$c5 **I109.9：②2/7** 661#1$aI109.9$i：$zfb2$a2$c7 bIzfb2$d2$c7$r099 I1：② 2/7 661#1$aI1$i:$zfb2$a2$c7 bIzfb2$d2$c7 I11/199：② 2/7 661#1$aI11$cI199$i:zfb2$a2$c7 bIzfb2$d2$c7$x0? $r1$c99 I11：② 2/7：⑤ 2/7 或 ④ 2/5 661#1$i 中国依 $zfb5$i 分， $uI21$i：$zfb5$a2$c7 $bI21$zfb5$d2$c7 661#1$i 各国再依 $zfb4$i 分， uIzfb2$d3$c7$x0?$r1 $i：$zfb4$a2$c5bIzfb2$d3$c7 $x0?$r1$zfb4$d2$c5 6680# 先执行说明类下 661，再执行本类 661 I14 相同处理 I12：② 2/7：④ 2/5 661#1$i 各国再依 $zfb4$i 分， uIzfb2$d3$c7$x0?$r2 $i：$zfb4$a2$c5bIzfb2$d3$c7 $x0?$r2$zfb4$d2$c5 I13、I15、I16 相同处理 I17：② 2/7：⑤ 6/7 661#1$i 中国依 $zfb5$i 分， $uI27$i：$zfb5$a6$c7 $bI27$zfb5$d6$c7 I172/178：② 2/7：⑤ 6/7 661#1$i 中国依 $zfb5$i 分， $uI272$cI278$i：$zfb5$a6$c7 $bI27$zfb5$d6$c7$r2$c8 I18、I182/188 相同处理	**国际时代面** 2　古代（公元前约4000年~公元475年） 3　中世纪（476~1639年） 31　中世纪早期（5~11世纪） 32　中世纪中期（12~15世纪） 33　中世纪晚期（16~17世纪上半期） 4　近代（1640~1917年） 41　17世纪中、后期到19世纪60年代（1640~1869年） 43　19世纪70年代至20世纪初期（1870~1917年） (44)　第一次世界大战时期（1914~1918年） 5　现代（1917年~） 51　20世纪早期（1917~1939年） 52　第二次世界大战时期（1939~1945年） 53　第二次世界大战以后时期至20世纪末（1945~1999年） 6　21世纪（2000年~） **中国时代面** 2　先秦(约公元前2070~公元前221年) 21　三代（约公元前2070~公元前770年） 25　春秋（公元前770~公元前475年） 26　战国（公元前475~公元前221年） 3　秦、汉至南北朝（公元前221~公元589年） (31)　战国（公元前475~公元前221年） 32　秦、汉(公元前221~公元220年) 35　三国、晋、南北朝(220~589年) 4　隋、唐至清前期(581~1840年) 41　隋（581~618年） 42　唐（618~907年） 43　五代、十国（907~979年） 44　宋（960~1279年） 46　辽、金、西夏（916~1234年） 47　元（1271~1368年） 48　明（1368~1663年） 49　清前期（1616~1840年） 5　近代（1840~1949年） 52　清后期（1840~1911年） 6　民国时期（1912~1949年） 7　中华人民共和国（社会主义革命和社会主义 71　20世纪50年代（1949~1959年） 72　20世纪60年代（1960~1969年） 73　20世纪70年代（1970~1979年） 74　20世纪80年代（1980~1989年） 75　20世纪90年代（1990~1999年） 76　21世纪（2000年~） **世界地区面** 2　中国 3　亚洲 31　东亚 311　蒙古 312　朝鲜 313　日本 33　东南亚 35　南亚 36　中亚及外高加索地区 37　西亚（西南亚） 4　非洲 41　北非 411　埃及 412　苏丹 413　利比亚 414　突尼斯 415　阿尔及利亚 416　摩洛哥 417　亚速尔群岛（葡属） 418　马德拉群岛 42　东非 43　西非 46　中非 47　南非 5　欧洲 6　大洋洲及太平洋岛屿 7　美洲 **中国地区面** 1　北京市⑨ 2　华北地区 3　东北地区 4　西北地区 41　陕西省⑨ 42　甘肃省⑨ 43　宁夏回族自治区⑨ 44　青海省⑨ 45　新疆维吾尔自治区⑨ 5　华东地区 51　上海市⑨ 52　山东省⑨ 53　江苏省⑨ 54　安徽省⑨ 55　浙江省⑨ 56　江西省⑨ 57　福建省⑨ 58　台湾省⑨ 6　中南地区 7　西南地区

续表

总论面	专论面	两面或多面组配检索规则	通用面
I236 地方剧 I237 古代戏曲 I237.1 杂剧 I237.2 传奇 I238 其他剧种 I238.1 诗剧 I238.2 朗诵剧 I238.3 活报剧 I238.4 哑剧 I238.5 快板剧 I238.6 滑稽剧 I238.7 皮影戏、木偶戏（傀儡戏） I238.8 戏剧小品集 I239 曲艺 I239.1 弹词 I239.2 鼓词 I239.3 河南坠子、道情、渔鼓 I239.4 琴书 I239.5 曲词 I239.6 快书、快板 I239.7 相声、独脚戏 I239.8 评书 I251 回忆录 I252 企业史、村史、家史 I253 通讯、特写、专题报道 I253.1 政治、法律 I253.2 军事、国防建设 I253.3 经济 I253.4 文化、教育、体育 I253.5 文学、艺术 I253.6 科学与工程技术 I253.7 社会生活与社会问题 I253.8 历史 I253.9 其他 I262/265 古代至近代散文（~1919 I266 现代散文（1919~1949年） I266.1 随笔、杂文 I266.3 小品文 I266.4 游记 I266.5 书信、日记 I267 当代散文（1949年~） I276.6 古代至现代变文、宝卷 I269 杂著 I269.6 古代至现代杂著 I269.7 当代杂著 I286.39 古代至现代曲艺 I287.39 当代曲艺 I240.1/242/7$t8 中国各题（体）材小说（总论面 M04） I240.1 革命斗争小说 I240.2 军事小说 I240.3 史传小说 I240.4 经济、政治小说 I240.5 科学小说、科幻小说 I240.6 惊险小说、推理小说 I240.7 社会、言情小说 I240.8 武侠小说 I240.9 其他 I242/247$t1 笔记小说 I242/247$t3 话本、评话 I242/247$t4 章回小说 I242/247$t5 长篇、中篇小说 I242/247$t7 短篇小说、故事 I242/247$t8 故事、微型小说	I207.36 地方剧 I207.37 古代戏曲 I207.38 其他剧种 I207.39 曲艺 I207.409 中国小说史 I207.41 中国古代、近代小说研究与评论 I207.411 《红楼梦》研究与评论 I207.412 《水浒》研究与评论 I207.413 《三国演义》研究与评论 I207.414 《西游记》研究与评论 I207.42 现代、当代小说（1919年~） I207.424 章回小说 I207.425 长篇、中篇小说 I207.427 短篇小说、故事 I207.509 中国报告文学史 I207.609 中国散文史 I207.62 古代（~1840年） I207.65 近代、现代（1840~1949年） I207.67 当代（1949年~） I207.709 中国民间文学史 I209.9 中国地方文学史 I210 鲁迅著作及研究 [I210.94] 鲁迅生平事迹 I210.96 鲁迅思想的学习和研究 I210.97 鲁迅著作研究 I210.99 鲁迅著作书目、索引	I05：M01 6650#$aI05$i：$fM01$aI12$cI199 $bI05$rI1$s2$c99 I106：M01 6650#$aI106$i：fM01$aI12$cI199 $bI106$rI1$s2$c99 I206：⑤ 2/7 661#1$aI206$i：$zfb5$a2$c7 $bI206$zfb5$d2$c7 I207.36：③ 1/7 661#1iaI207.36$i：$zfb3$a1$c7 $bI207.36$zfb3$d1$c7 I2/7$t07：② 2/7：M01 661#1$i 依 $zfb2$i 分， $aI2$cI7$t07$i：$zfb2$a2$c7 bIzfb2$d2$c7$t07 6650#uIzfb2$d2$c7$t07 $i：$fM01$aI12$cI199 bIzfb2$d2$c7$t07$rI1$s2$c99 I3/7$t06：② 3/7：④ 2/5 661#1$i 先依 $zbf2 分，再依 $zfb4$i 分， $aI3$cI7$t06$i：$zfb2$a3$c7$i： $zfb4$a2$c5 bIzfb2$d3$c7$t06$zfb4$d2$c5 I210.97：M02 6650#$aI210.97$i:$fM02$aI210.1$c I210.93$bI210.97$s1$c93 I236：③ 1/7 661#1iaI236$i$zfb3$a1$c7 $bI236$zfb3$d1$c7 I242/247$t3：⑤ 2/7 661#1$aI242$cI247$t3$i： $zfb5$a2$c7$bI24$zfb5$d2$c7$t3 353## 宜入 $aI242.3$i+$aI246.3$i I242/247$t8：⑤ 2/7 661#1$aI242$cI247$t8$i： $zfb5$a2$c7$bI24$zfb5$d2$c7$t8 353## 宜入 $aI246.8$i+$aI247.8$i	

续表

总论面	专论面	两面或多面组配检索规则	通用面
		I240.1/240.9：⑤ 2/7 661#1$aI240.1$cI240.9$i： zfb5$a2$c7 $bI24$zfb5$d2$c7$r01$c09 I242/247$t5：⑤ 2/7 661#1$aI242$cI247$t5$i： $zfb5$a2$c7$bI24$zfb5$d2$c7$t5 353## 宜入 $aI246.5$i+$aI247.5$i I242/247$t1：⑤ 2/7 661#1$aI242$cI247$t1$i： $zfb5$a2$c7$bI24$zfb5$d2$c7$t1 353## 宜入 $aI242.1$i+$aI246.1$i I242/247$t4：⑤ 2/7 661#1$aI242$cI247$t4$i： $zfb5$a2$c7$bI24$zfb5$d2$c7$t4 353## 宜入 $aI242.4$i+$aI246.4$i+ $aI247.4$i I242/247$t7：⑤ 2/7 661#1$aI242$cI247$t7$i： $zfb5$a2$c7$bI24$zfb5$d2$c7$t7 353## 宜入 $aI242.7$i+$aI246.7$i+ $aI247.7$i	

6.3.4 多方面属性限定和属种关系划分型体系分面方案

导航大类首层次划分与 6.3.2 相同，但其中理论属性的类目包括以下分类标准：理论（原理）、技术（管理）、设计、结构、工艺（制造）、材料、设备、维护、应用等方面。其属种关系包括整体—部分的划分，其中类列会再仿理论属性复分或设置专类复分表仿照复分，也有设置“一般性问题”，用来突出属种关系类列的共性类目，并同时用于复分。此型划分体系主要集中在工业技术大类，共有 13 个类。见 4.1.3 及图 4–1 导航类划分类型图 4 型。

分面分析时，一般应将属种关系包括组成部分的类列归为“专论面”，其余均归入“总论面”并合并重复类。如以“TP 自动化技术、计算机技术”为例说明其分面方案。

“TP 自动化技术、计算机技术“类包括自动化基础理论、计算机等自动化技术及设备涉及的一般性问题（设计、结构、制造、维护、应用等方面问题）、计算机语言软件工程均归“总论面”，设 3 个并列“总论面”。各自动动技术包括机器人技术、计算机技术、射流技术、遥感技术、远动技术、设备元件等均归入“专论面”，共设 3 个并列“专论面”。“专论面”所涉及的原理、技术、设计、结构、工艺（制造）、材料、设备、维护、应用等方面共性问题均可按“总论面”（TP20 或 TP30）复分即交叉组配检索，见表 6–7“TP 自动化技术、计算机技术”分面结构中的机读组配格式注释栏。图中所列类考虑到各“专论面”的共性主题和类目文献频率，在原五级基础上有不同等级的选择，删除原版的“一般性问题”、说明类等指示性类目，补充面说明类及其复分方法注释。同一个面的类间组配可根据类下注释组配规则形成注释类的复分号为索引号，如 TP36（仿 TP331/337 分）。本类为本项目分面可视化实验类，机读数据可见附录 2：G8 类和 TP 类。可视化试验 demo 见附录 2 截图。

表 6–7 “TP 自动化技术、计算机技术”分面结构

总论面序号及名称	总论面	专论面	专论面序号及名称、机读组配格式注释
$fM01TP1/183 $j 自动化理论面	TP1 自动化基础理论 TP11 自动化系统理论 TP13 自动控制理论 TP14 自动信息理论 TP15 自动模拟理论（自动仿真理论） TP17 开关电路理论 TP18 人工智能理论 TP181 自动推理、机器学习 TP182 专家系统、知识工程 TP183 人工神经网络与计算	TP21/27 自动化技术、机器人技术专论面 TP21 自动化元件、部件⑨ TP211 一般自动化元件、部件⑨ TP212 发送器（变换器）、传感器⑨ TP212.1 物理传感器⑨ TP212.2 化学传感器⑨ TP212.3 生物传感器、医学传感器⑨ TP212.4 各种材料传感器⑨ TP212.6 智能化传感器⑨ TP212.9 传感器的应用⑨ TP213 分配器、配电器⑨ TP214 调节器、调节阀⑨ TP215 传动装置（执行机构）⑨ TP216 自动检测仪器、仪表⑨ TP217 校正元件、校正装置⑨ TP23 自动化装置与设备⑨ TP24 机器人技术⑨ TP241 机械手⑨ TP242 机器人⑨ TP242.2 工业机器人⑨ TP242.3 专用机器人⑨ TP242.4 空间机器人⑨ TP242.6 智能机器人⑨ TP249 应用⑨ TP27 自动化系统⑨	TP21/27$f01L 自动化技术、机器人技术专论面（TP272/278 删除）665$aTP21$cTP27$i:$fm01$aTP202$cTP207$bTP21$cTP27$r2$s02$c07
$fM02TP2/309 $j 自动化技术（含计算机技术等）与设备面（TP20“一般性问题”（停用不显示）	TP2 自动化技术、计算机技术及设备 [TP201] 理论、方法 [TP201.1] 自动机理论 [TP201.2] 形式语言理论 [TP201.4] 可计算性理论 [TP201.5] 计算复杂性理论 [TP201.6] 算法理论 TP202 设计、性能分析与综合 [TP202.1] 总体设计、系统设计 [TP202.2] 逻辑设计 [TP202.4] 制图 [TP202.7] 性能分析、功能分析 [TP202.8] 容错技术 TP203 结构、构造 TP204 材料 TP205 制造、装配、改装 TP206 调整、测试 TP207 检修、维护 TP308 计算机机房 TP309 计算机安全保密 TP309.1 计算机设备安全 TP309.2 数据安全 TP309.3 数据备份与恢复 TP309.5 计算机病毒与防治 TP309.7 加密与解密	TP3 计算技术、计算机技术 TP32 一般计算器和计算机 TP33/38 各种电子计算机 TP33 电子数字计算机（不连续作用电子计算机）⑨ TP331 基本电路⑨ TP332 运算器和控制器(CPU)⑨ TP332.1 逻辑部件⑨ TP332.2 运算器⑨ TP332.3 控制器、控制台⑨ TP333 存贮器⑨ TP333.1 内存贮器（主存贮器）总论⑨ TP333.2 外存贮器（辅助存贮器）总论⑨ TP333.3 磁存贮器及其驱动器⑨ TP333.4 光存贮器及其驱动器⑨ TP333.5 半导体集成电路存贮器⑨ [TP333.6] 超导体存贮器 TP333.7 只读(ROM)存贮器⑨ TP333.8 随机存取存贮器⑨ TP333.91 移动存贮器⑨ [TP333.93] 交换器 [TP333.95] 延迟线存贮器 TP333.96 虚拟存贮器、缓冲存贮器⑨ TP334 外部设备⑨ TP334.1 终端设备⑨ TP334.2 输入设备⑨ TP334.3 输出设备⑨ TP334.4 输入输出控制器⑨ [TP334.5] 外存储器⑨ TP334.7 接口装置、插件⑨ TP334.8 打印装置⑨	TP3/38$fL02 计算机（器）技术专论面（TP33/38 本类删除，不显示）665$aTP3$cTP38$i:$fm03$aTP201$cTP309$bTP3$cTP38$r2$c3$s01$c09

续表

总论面序号及名称	总论面	专论面	专论面序号及名称、机读组配格式注释
$fM03TP31/319 计算机语言、软件工程面（TP30 删除，不显示）	TP31 计算机软件 TP311 程序设计、数据库、软件工程 TP311.1 程序设计 TP311.13 数据库理论与系统 TP311.5 软件工程 TP312 程序语言、算法语言 TP313 汇编语言、汇编程序 TP314 编译程序、解释程序 TP315 管理程序、管理系统 TP316 操作系统 TP316.1/.5 操作系统：按类型分 TP316.1 分时操作系统 TP316.2 实时操作系统 TP316.3 批处理 TP316.4 分布式操作系统、并行式操作系统 TP316.5 多媒体操作系统 TP316.6/.8 操作系统：按名称分 TP316.6 DOS操作系统 TP316.7 Windows操作系统 TP316.8 网络操作系统（服务器操作系统） TP316.9 中文操作系统 TP317 应用软件（程序包） TP317.1 办公自动化系统 TP317.2 文字处理软件 TP317.3 表处理软件 TP317.4 图形图像处理软件 TP317.5 多媒体软件 TP317.6 游戏软件 TP319 专用软件	TP334.8 打印装置⑨ TP334.9 其他⑨ TP335 信息转换及其设备⑨ TP336 总线、通道⑨ TP337 仿真器⑨ TP338 各种电子数字计算机⑨ [TP338.1] 微型计算机⑨ TP338.2 小型计算机⑨ TP338.3 中型计算机⑨ TP338.4 大型、巨型计算机⑨ TP338.6 并行计算机⑨ TP338.7 阵列式计算机⑨ TP338.8 分布式计算机⑨ TP34 电子模拟计算机(连续作用电子计算机)⑨ TP35 混合电子计算机⑨ TP36 微型计算机⑨ TP368 各种微型计算机⑨ TP368.1 微处理机⑨ TP368.2 单板微型计算机⑨ TP368.3 个人计算机⑨ TP368.4 工业控制计算机⑨ TP368.5 服务器、工作站⑨ TP368.6 网络计算机(NC)⑨ TP37 多媒体技术与多媒体计算机⑨ TP38 其他计算机⑨	
TP29/89$fM04 计算机等自动化技术应用面	TP29 自动化技术在各方面的应用 TP39 计算机的应用 TP391 信息处理(信息加工) TP391.1 文字信息处理 TP391.2 翻译系统 TP391.3 检索系统 TP391.4 模式识别、射频识别 {TP391.5} 诊断机 {TP391.6} 教学机、学习机 TP391.7 计算机辅助技术 {TP391.8} 控制机 TP391.9 计算机仿真 TP392 各种专用数据库 TP393 计算机网络 TP399 在其他方面的应用 TP69 射流技术的应用 TP79 遥感技术的应用 TP89 远动技术在各方面的应用	TP6 射流技术（流控技术） TP61 射流元件⑨ TP62 射流附件⑨ TP63 检测发信装置⑨ TP64 执行机构⑨ TP65 动力源⑨ TP66 射流控制线路⑨ TP67 射流自动控制系统⑨ TP7 遥感技术 TP70 一般性问题 TP72/75 各种遥感及装置 TP72 遥感方式⑨ TP73 探测仪器及系统⑨ TP75 遥感图像的解译、识别与处理 TP751 图像处理方法⑨ TP752 图像处理设备⑨ TP753 图像解译、判读⑨ TP8 远动技术 [TP81] 远动元件、部件⑨ TP83 远动化装置⑨ TP84 远程信道⑨ TP87 远动化系统⑨	TP6/87$fL03 射流、遥感、远动技术专论面（删不显示 TP70、TP72/75） 665$aTP6$cTP87$i:$fm01$aTP202$cTP207$bTP6$cTP87$rTP2$s02$c07

6.3.5 理论、区域属性和组成部分三重并行划分型体系的分面方案

按理论、区域属性和组成部分同时作为导航大类首层划分标准，形成三部分并列分类体系。在 69 个导航类中有 9 个类属于此类型划分，主要分布在社会科学部类中，见 4.1.3 及图 4-1 导航类划分类型图 5 型。以 G8 体育类为例说明其分面分析方案。

把 G80 理论和按区域属性划分的世界、中国、各国体育事业、运动技术、场地设备等共性类目（G81/819）合并归为“总论面”，根据共同属性以及复分范围和文献保障条件等要素区分两个或以上并列面，如“G80 体育理论”为“总论面”的 01 序列面，“G818

运动场地与设备”“G819 体育运动技术（总论）”为 02 序列面，“G81 世界各国体育事业”类列为 03 序列面，部分类目合并过程中新增类或修改类名，与世界地区表各国类目组配可导航检索到 G812/817 各国体育政策、组织机构、运动会、体育制度、群众性体育活动、体育教育、对外体育关系、体育史等主题文献。涉及中国地区复分表或不能合并细分的高频类目直接列举为 04 序列面。

各种体育运动项目（G82/89)，为“专论面”，其中的专论复分表及 G813/817 的专类复分表等共性复分问题类目合并至“总论面”，并编制其共性类目不同类号映射索引，如图 6-8“G8 体育”分面结构中的“映射索引”，可与“总论面”相同主题类目合并和机助复分映射成文献标引类号，即解决“专论面”G82/89 各种体育运动的理论、教学、比赛规则、场地、器材设备、组织、运动会、运动史等方面主题的导航检索。本类为本项目可视化实验类，机读数据见附录 2：G8 类和 TP 类。可视化试验 demo 见附录 2 截图。

表 6-8 “G8 体育”分面结构

<table>
<tr><th>面序号、名称</th><th>总论面（M）：体育理论</th><th>专论面（L）：运动专论</th><th>映射索引</th><th>地区面</th><th>时间面</th><th>总论复分表</th></tr>
<tr><td>01M 理论面</td><td>G80 体育理论
G802 体育运动美学
G803 体育伦理学
G804 体育基础科学
G806 体育锻炼
G807 体育教育
G808 运动训练、运动竞赛</td><td rowspan="3">G82/89 各项体育运动
G82 田径运动⑨
G821 竞走⑨
G822 跑⑨
G823 跳⑨
G824 投掷⑨
G825 全能运动⑨
G826 定向运动⑨
G83 体操运动⑨
G831 基本体操⑨
G832 竞技体操⑨
G833 技巧运动⑨
G834 艺术体操⑨
G835 运动辅助体操⑨
G837 团体操⑨
G838 蹦床运动(弹跳网)⑨
G84 球类运动⑨
G841 篮球⑨
G842 排球⑨
G843 足球⑨
G844 手球⑨
G845 网球⑨
G846 乒乓球⑨
G847 羽毛球⑨
G848 棒球、垒球⑨
G849.1 曲棍球⑨
G849.2 橄榄球(列格比球)⑨
G849.3 高尔夫球⑨
G849.4 地滚球(保龄球)⑨
G849.5 壁球⑨
G849.9 其他球类运动⑨
G85 武术及民族形式体育⑨
G852 中国武术⑨
G852.9 其他民族形式体育⑨
G853/857 各国民族形式体育⑨
G86 水上、冰上与雪上运动⑨
G861 水上运动⑨
G862 冰上运动⑨
G863 雪上运动⑨
G865 现代冬季两项⑨
G87 其他体育运动⑨
G871 射击⑨
G872 汽车、摩托车、自行车运动⑨
G873 军事体育(总论)⑨
G874 航海运动⑨
G875 航空运动⑨
G876 无线电运动⑨
G881 登山运动⑨
G882 马术、马球⑨
G883 健美运动(健力美)⑨
G884 举重⑨
G885 击剑⑨
G886 拳击、摔跤、柔道、相扑⑨
G887 射箭⑨
G888 现代多项运动、极限运动⑨
[G889] 体育舞蹈（国际标准交谊舞）⑨
G89 文娱性体育活动⑨
G891 棋类⑨
G892 牌类⑨
G893 娱乐性球类⑨
[G894] 私人收藏
G895 野外活动⑨
…</td><td rowspan="3">G80 体育理论 1
G804 体育基础科学 14
G804.2 运动生理学 142
G804.21 运动与人体结构 142.1
G804.3 运动卫生、运动保健 143
G804.32 体育运动与个人卫生 143.2
G804.4 运动解剖学 144
G804.49 运动人体测定 144.9
G804.6 运动生物力学 146
G804.7 运动生物化学 147
G804.8 运动心理学 148
G804.86 运动训练的心理学 148.6
G804.87 运动竞赛的心理学 148.7
G807 体育教育 2
G808.1 运动训练 2
G808.18 运动员选拔 25
G808.2 运动竞赛 73
G808.22 组织、管理、宣传 7
G811.1 体育运动组织 6
G811.2 体育运动会、运动竞 71
G811.21 奥林匹克运动会 711
G811.22 世界运动会 712
G811.3 体育制度 4
G811.6 体育科学研究 3
G811.8 体育运动成绩 8
G811.9 体育运动概况、体育 9
G818 运动场地与设备 5
G818.1 运动场 51
G818.2 体育馆 52
G818.3 运动器材 53
G818.4 运动服装 54
G819 体育运动技术(总论) 19</td><td rowspan="3">2 中国
3 亚洲
31 东亚
311 蒙古
312 朝鲜
313 日本
33 东南亚
35 南亚
36 中亚及外高加索地区
37 西亚（西南亚）
4 非洲
41 北非
42 东非
43 西非
46 中非
47 南非
5 欧洲
51 东欧、中欧
53 北欧
531 芬兰
532 瑞典
533 挪威
534 丹麦
535 冰岛
537 法罗群岛（丹属
54 南欧（东南欧、西南
56 西欧
6 大洋洲及太平洋岛屿
7 美洲
71 北美洲
73 中美洲</td><td rowspan="2"></td><td rowspan="2">-0 理论与方法论
-01 方针、政策及其阐述
[-019] 法令、法规及其阐述
-02 哲学原理
-03 方法论
-04 术语规范及交流
-05 与其他学科的关系
-06 学派、学说及其评论研究
[-08] 资产阶级理论及其评论研究
-09 历史
-1 概况、现状、进展
-2 机构、团体、会议
-3 研究方法、工作方法
-4 教育与普及
-5 丛书、文集、连续出版物
-6 参考工具书
[-7] 文献检索工具
-79 非书资料、视听资料</td></tr>
<tr><td>02M 运动设施面</td><td>G818 运动场地与设备
G818.1 运动场
G818.2 体育馆
G818.3 运动器材
G818.4 运动服装
G819 体育运动技术(总论)</td></tr>
<tr><td>03M 世界各国体育事业面</td><td>G81 世界各国体育事业
G811 世界：按国分
G811.0方针政策及其阐述
G811.1 [illegible]体育运动组织
G811.2 [illegible]体育运动会、运动竞赛
G811.3 体育制度
G811.4 大众体育
G811.5 体育教育
G811.6 体育科学研究
G811.7 [illegible]体育交往
G811.8 [illegible]体育运动成绩
G811.9 [illegible]体育史</td><td></td><td></td></tr>
</table>

续表

面序号、名称	总论面（M）：体育理论	专论面（L）：运动专论	映射索引	地区面	时间面	总论复分表
04 中国其他体育事业面	G812.20 中国全国运动会 G812.21/27 地方运动会 G812.7 地方体育事业（678 频次） G812.78 对外体育关系（4 频次） G812.9 中国体育史（818 频次）			1 北京市⑨ 2 华北地区 21 天津市⑨ 22 河北省⑨ 23 [热河省]（1928~1955）⑨ 24 [察哈尔省]（1928~1952）⑨ 25 山西省⑨ 26 内蒙古自治区⑨ 27 [绥远省]（1928~1954）⑨ 28 [外蒙古]（~1920）⑨ 3 东北地区 4 西北地区 5 华东地区 6 中南地区 7 西南地区 71 四川省⑨ 719 重庆市⑨ 72 [西康省]（1928~1955）⑨ 73 贵州省⑨ 74 云南省⑨ 75 西藏自治区⑨	1 上古（约170万年前~约公元前2070年） 2 先秦（约公元前2070~公元前221年） 3 秦、汉至南北朝（公元前221~公元589年） 4 隋、唐至清前期（581~1840年） 5 近代（1840~1949年） 52 清后期（1840~1911年） 6 民国时期（1912~1949年） 7 中华人民共和国（社会主义革命和社会主义 71 20世纪50年代（1949~1959年） 72 20世纪60年代（1960~1969年） 73 20世纪70年代（1970~1979年） 74 20世纪80年代（1980~1989年） 75 20世纪90年代（1990~1999年） 76 21世纪（2000年~）	

6.3.6 适用专业分类体系的交叉学科分面方案

以上 5 种分类体系是在《中图法》原体系基础上，针对最终用户版需求，对先组主题类目、后组主题类目在其大类范围内的分面改造方案。《中图法》作为综合性分类法，在满足综合性图书馆信息机构的文献分类导航检索需求的同时，需兼顾专业文献（包括专题数据库）分类集中导航检索的需求。《中图法》最终用户服务版为满足专业文献分类体系的分面建设需求，提出针对跨学科主题类目集中于专业文献分类体系的分面方案。同时，也是对《中图法》各学科大类中边缘交叉学科或应用学科类、交替类提出双向或多向主题分面处理方案。一方面提供在本学科交替设类，直接索引出指向相关学科类号的文献资源。另一方面，为满足方便跨学科专业属性主题的深入扩展导航浏览，可在《中图法》原体系基础上，集中相关专业面的浏览体系。以“B9 宗教”类为例说明。

“B9 宗教”类的结构体系主要分为两部分，按理论方面属性划分出宗教“总论面”（B91/93），按种类划分出各种宗教“专论面”（B92/99）。在宗教“总论面”设立的交叉学科类目有宗教教育、历史地理、宗教与科学、社会政治以及宗教文学艺术交替类等。《中图法》在各学科类下分设有关宗教类，如宗教饮食、宗教服饰、宗教建筑、宗教文学艺术等类，也是宗教类不可缺少的交叉属性主题。

在《中图法》宗教类分面基础上集中相关学科类目，以上相关学科类目均可分至“总论面”中，对涉及区域、时间等其他属性的类目可用后组方式处理，对《中图法》未明确涉及的主题类目，根据需要可分别增补相应“面”中。延续使用《中图法》原类号并按其排序，新建资源或数字资源均可与新增类统排设置类号，以冒号“：”形式组配原类号，索引号根据需要可指向原号或新建号。如图 6-6 宗教专业集中分面图，本图仅限于扩展框架。

在宗教类“总论面”下以冒号形式标记和对应扩展《中图法》分布在相关学科的类目，如在“B911 宗教与社会政治”类下可冒号扩展 D 类的有关宗教工作、民族宗教问题、宗教事件、宗教方面的法规、与社会政治人物等类目。在“B920 宗教理论、宗教思想”类下可冒号扩展 B 类的有关宗教与道德信仰、宗教思维、宗教美学、宗教心理等类。在“B925 宗教文学与艺术”下可冒号扩展 I/J 类有关宗教文学（小说、诗歌、戏剧等）作品与评论、宗教艺术（音乐、绘画、雕塑等）作品与评论等类。在“B928 世界各国宗教概况”下可冒号扩展 K 类、TS/TU 类有关宗教活动史（传教史、发展改革史等）、宗教风俗、遗址考古、宗教地理、宗教饮食服饰、宗教建筑设计、建筑史等类。各种宗教“专论面”除单列各自独有的经典、教义、教派外，均可与“总论面”相关类包括扩展类组配形成各教的方面主题。“总论面”还可增补“专论面”的共性问题类，如 B926 宗派等类。“专论面”组配后为新版增补主题，如佛教神话，均可采用与原类号冒号标引和检索。“专论面”与原设类组配后出现类号不对应的类目编制对应号表，在机读组配规则描述自动转换，如与 B91、B922、B923 的组配号。

同一主题因多学科属性特点，造成跨学科设类的分散，在《中图法》中一般采取“总论入此，专论入有关各类”的方法分散处理。即边缘学科采取在重点学科属性方面列专类，其他学科列交替类。应用学科在应用到的学科方面列专类，在应用总类下以“如愿集中于此者，可用组配编号法”选择集中的方法处理。《中图法》约有近 300 条总论性类目涉及专论分散处理的类目设置。如“B80 思维科学”“N939 应用管理学”“N955 民族性、民族心理”“D908 比较法学”“O389 应用爆炸力学”“P25 专业测绘”等。若需专业内集中检索，均可采用此方案集中处置。

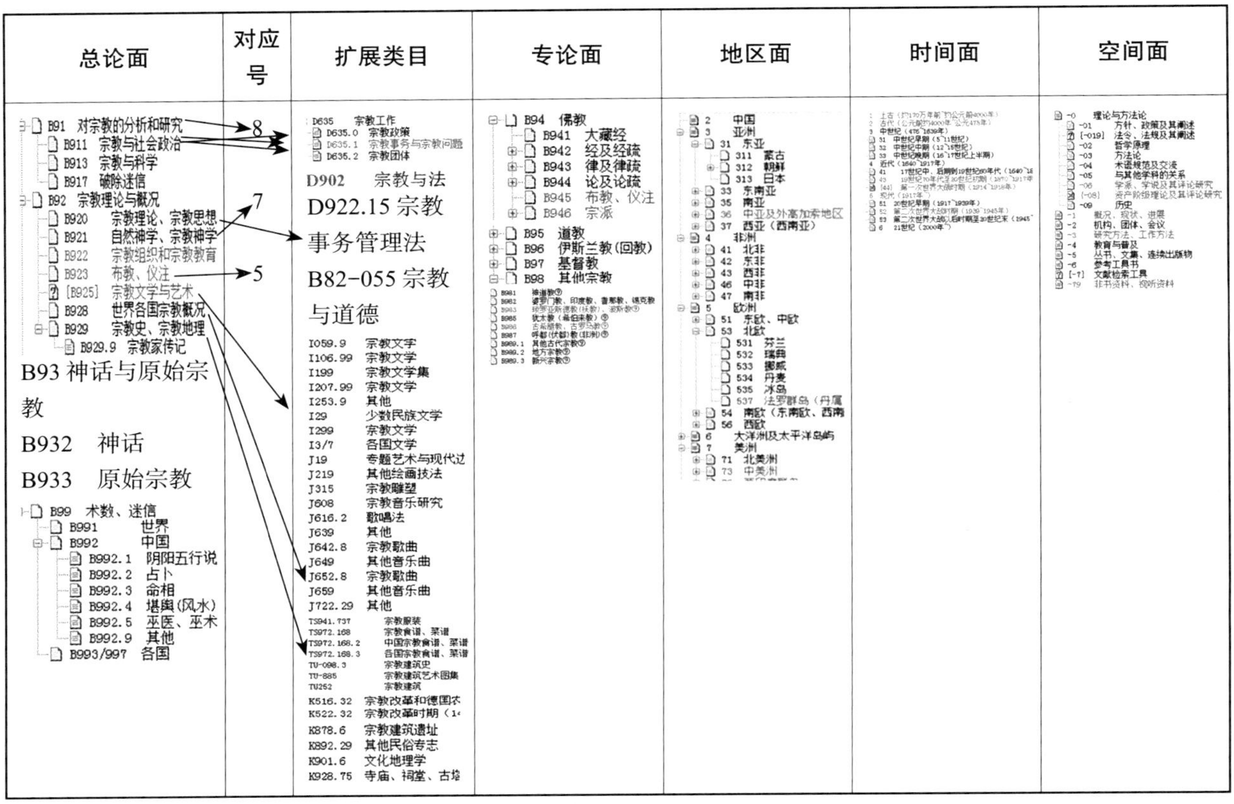

图 6-6 宗教专业集中分面图

7 《中图法》最终用户版体系结构建设步骤

7.1 根据导航大类及其结构特点分类实施

在综合性权威学术资源库分类类号频率统计基础上，分析确定导航大类，建议 69 个导航大类。根据导航大类结构特点、学科关联特点，如“TJ 武器工业”与“E9 军事技术”大类的关联，“P9 自然地理学”与“K9 人文社会地理”类的关联，按类分工、关联实施。导航大类可根据应用系统综合程度，按同级或分级（一二级）展示导航。

7.2 定性分析与确定导航大类的“面”结构

针对导航大类的逻辑划分和文献集中规则，确定不同类型“面”以及“面”序、“面”标识，同“面”标识不同内容的“面”按类号排列集中，形成不同序列“面”。“面”区分要注意逻辑关系与标引规则，确定重复列举类的删除及共性类目的合并以及类名的扩展修改，确定类目合并过程中不同体系类目的新增、不同属性类目的新增。定性分析后，形成分面标识数据，包括面类型、名称、序号。可参见 6.3 各类型体系的分面分析。

7.3 定量分析与确定各“面”等级

定量分析各“面”类目聚集文献量情况，根据导航大类原类级情况，分别在在原三或四级类目（针对工业技术类、联合类组大类）基础上选择五、六级类目，一般保留原四级，控制五级及以下类目。对引用频率 0 或 10 以下类目一般删除，若低频（100 次以下）类但下位类出现高频并具有概括类作用，则考虑保留上位类或下位类提级（不影响逻辑关系的前提下）。也可根据文献主题特点与类聚集量增加类目或系列类目即“面”。可参见

第5部分各大类选入最终用户版类目的建议并剔重合并，增补列举个性高频类，对高频复分类、交替类、应用类给予分面重点处理。

7.4 确定分面组配规则

依据《中图法》列举类目体系的先组标引规则对应表示后组类目体系的类号组配规则，通过机读字段实现后组检索号与标引类号的映射。双“面”或多“面”组配规则一般优先著录在集中面即“专论面”标识类下，以便计算机可读。具体描述方法见6.2.7与6.3的描述与相关示例。

具体后组组配原则依据国家标准GB/T 32153—2015《文献分类标引规则》的附件B（资料性附录）中，对数字资源及仅满足分类检索需要资源分类标引规则执行，先组标引规则依据《中图法》类目复分规则执行。

7.5 机读数据转换与完善

在《中图法》原MARC数据基础上，加工转换分面机读数据，说明分面属性、分面导航与组配规则。主要有以下几点：

（1）新建分面说明类或增补完善组配字段。通过类号字段即250字段$f子字段以说明类形式表示分面及其类目范围。当前类或说明类的复分或组配字段即661、665字段表示单一类或范围类（复分类列类目）的两个分面间组配类号规则。

例1：面标识字段

250 n\$aG80$cG808$fM01$9G$h文化、科学、教育、体育$9G8$h体育$j理论面

例2：两主面组配字段

665 0\$aG811.1$i:$fL$aG82$cG89$bG82$cG89$x0?$t6

例3：主面与附属面组配字段

661 \1$aG811.0$cG811.9$i:$zfb2$d2$c7$bG81$zfb2$d2$c7$x0?$r0$c9

（2）单一类目下的66X字段只说明当前类与另一“面”复分组配的规则，说明类目下的66X字段依据子字段的$a（含$c）或$u（含$c）描述分析确定范围类目（面）的可复分（组配）的规则。如果当前类（也是被说明类）、说明类注释均需同时执行时，应优先执行当前类、再执行说明类注释。如不符合此规则，在668字段特殊说明优先执行顺

序。

（3）多“面”复分组配执行顺序：通常661、665字段分别表示与某一个分面的组配规则，均可单独执行；如果661或665字段中有以$u子字段开头时，表示可有3个或以上“面”组配，该字段与相关一条66x组配规则需连续执行，需在相关一条组配结果的基础上再执行本条，即相关条的$b索引号为本条的$u的对象类号。例如：

250 $aG811.9……

665 0\$aG811.9$i:$fL$aG82$cG89$bG82$cG89$x0?$t9

661 \1$uG82$cG89$x0?$t9$i:$zfb2$a2$c7$bG82$cG89$x0?$t9$zfb2$d2$c7

7.6 确定检索结果与界面可视化规则

7.6.1 检索结果显示规则

检索结果显示规则与检索表述规则应完全一致，确定以下几点：

（1）“总论面”“专论面”下的类目均可以独立对应类号导航检索文献。选择单一类目（类号）默认检索文献结果为：当导航类含有下位类时应采用类号完全一致匹配的检索方式；当该类不含有下位类时，采用类号前方一致匹配的检索方式。这种默认匹配方式可发挥提高各个导航类目对海量文献的查准率，节省用户甄别选择时间。

（2）如果选择两个不同“面”类目检索文献，则检索对应的类目组配规则生成的组配类号（$b：索引号）检索文献；如果选择三个或多个不同“面”类目，首先寻找对应“面”类目最精确的组配方式显示检索结果（即$u连续执行的结果）；如果没有以$u开头的66X字段时，则显示每个“面”组配结果的合集。

如用户同时点击选择“总论面”“专论面”和地区面的类目（用户不区分选择先后顺序），如果这3个“面”可以连续组配在一起，则有$u连续执行结果的66X字段，此时执行结果为3个面组配的结果。如果这3个面中任意2个面可以组配，则检索结果为分别执行任意2个面组配结果的合集；如果这3个面的类目不能组配，检索结果为用户点击3个面的类号检索结果的合集。

（3）选择交替类检索结果（有且仅有一个含“宜入”字样的353字段）

当选择交替类本身，其检索结果应按353字段“宜入”指示的类号检索文献。当交替类与任意面组配检索，其检索结果根据661或665字段组配规则检索（如同普通类）。在类表中排序时按照类号排序，忽略标记符 []。

（4）通用面类目检索结果：选择带有横杠“–”某类号，应检索资源中含有横杠“–”某类号的检索结果。其他附属“面”类检索结果可根据机器统计含有此复分的相关类检索，如地区面的 P9 或 K9 等。

7.6.2 面标识类排序及“面”可视化显示要求

面标识类（面说明类）的排序及各“面”可视化显示应确定以下两点：

（1）同一导航类下的分面依据“面”标识（L 或 M）及“面”序号排序，“面”说明类排在被说明类首类前，每个“面”中类目按照层累制类号顺序排序。面说明类（分面）本身可显示，可以列表或树状等级居中显示。

（2）“总论面”“专论面”可在不同的横纵轴上分别显示，建议“专论面”以等级树状形式显示，“总论面”可用列表形式或等级树形式显示。地区面可以地图形式显示定位。详细可视化规则与研究见第 8 部分。

8　分类法网络版及可视化调研

8.1　分类法网络版的发展定位

信息技术环境的快速变化，使得信息资源的形态与存在方式也发生着变化，呈现数字化、网络化、数据化、知识化特征。与之相关的检索语言与检索工具也要求能够适配信息资源的描述、组织与检索，自身得到发展与进化。

国际上的大型综合分类法目前都实现了网络版运行，通过互联网开展标引、编目与检索服务。与先前的纸质版与光盘版不同，分类法网络版在呈现方式、交互功能与开放互联性方面更具有丰富的内涵与应用探索空间。

面对日益增长信息资源和庞大的用户规模，除了图书馆编目人员之外，最终用户（学术资源检索用户等）如何更好地使用分类法是本课题的重要研究内容。分类法网络版最终将面对各种类型的终端用户，他们具有不同年龄、不同语言、不同职业和不同的领域知识背景，以及不同的检索经验和检索习惯。

分类法是一种重要的检索语言，除了其先组式等级体系提供的族性浏览功能，其可基于分面分析思想的运用，通过多类目灵活组合来表达用户检索需求，实现按需组配的后组式检索功能。

然而，大多数最终用户都不具备熟练掌握分类法各种类目划分或组配规则的技能，如何在用户搜索与浏览的过程中“自然而然”地发挥组配功能，将标引与检索有机结合起来，这为分类法网络版的可视化方式和交互形式提出了更高的要求。

此前，分类法呈现方式上所采用的印刷版，由于其结构稳定、逻辑严密、专业度高等优点，在相当长的一段时间被学界和社会广泛接受。但印刷版由于纸质载体和大型层次结构的局限性，其本身存在不能良好反映学科交叉发展和变化的固有缺陷，而对于使用者来说也有便捷性差、查找不易等问题。在历版分类法改进内容中，虽然也采用了诸如编制注释、组配等方法来加强分类法类目间关系，但单一、线性的呈现模式始终对分类较模糊的边缘学科和交叉学科的处理能力有限。

8.2 分类法的可视化技术应用分析

本节讨论分类结构的可视化形式，在此基础上对分类法的可视化应用研究进行了简要评述。

8.2.1 分类结构的可视化形式

分类法是层级式信息架构,《中图法》就是一部系统、完整、大型的层累制综合学科知识分类体系。一般认为，层级式信息架构包含两类信息：一是结构信息，二是内容信息。其中，结构信息由层次结构的上下级关系体现，在分类法中就表现为上下位类的关系，上位类能包含下位类的外延，下位类可以延续上位类的属性。而内容信息则具体展示在各节点中，在分类法中表现为类名和类号等。当层次结构较简单时，这种信息易于获取和理解，但当层次结构不断深入，内容信息繁杂时，这种信息认知则面临挑战。分类法的网络版不仅仅是实现纸质版的电子化，其核心作用在于利用层次信息可视化技术打造一种辅助管理大型层次信息的有效工具，力图以自然、高效的方式来帮助用户理解信息结构、识别信息内容，避免在复杂信息中陷入混乱。

面向分类法主体内容即大型层次信息的可视化形式丰富，对层级、树的可视化呈现方式上，已有许多方法进行过讨论。例如，Shengdong Zhao 等（2005 年）提出了四种层次可视化分类：节点连接、嵌套包含、邻接和混合方法[42]。陈祯子（2011 年）提出在层次数据绘制技术方面，根据父子节点关系的不同，分类为结点链接法、嵌套法和邻接法[43]。肖卫东等（2011 年）在前人文献总结的基础上提出层次可视化的二维分类框架，其一是表现形式上分为分类节点连接、空间填充、混合方法，其二是空间维度上分为 2D 和 3D[44]。李彦龙等（2015 年）提出将树的可视化分为四类：缩进形式、点线链接形式、邻接形式和空间填充式[45]。李志龙等（2015 年）认为层次信息可视化主要包括结点链接和空间填充两大类[46]。

以下对分类的节点连接式与空间填充式两种可视化呈现形式进行分析，为大型综合分类法的层次信息呈现提供参考。

8.2.1.1 节点连接式可视化

节点连接式是以每一项内容信息作为节点，节点之间的连线表示结构关系。其中，节点图形不限但多以矩形方框、椭圆或圆表示。

（1）层次树（Hierarchy Tree）是分类法网络版的经典可视化方式，采用点线相连并通常结合收缩展开的方式呈现树形类目。此类可视化方式最接近传统印刷版的表达，在无任何其他提示和交互功能辅助的情况下其从左到右、从上到下或两者结合的布局所呈现出的天然有序性也更符合使用者的一般阅读习惯。但数据规模越大空间利用率越低，难以平衡层次节点数目不一的情况。在有限的屏幕空间中让用户选择需要展开的类目，但面对层次越深的分类记录也越突显出在印刷版中存在的缺点，即线性结构带来的查找困难。

（2）双曲树（Hyperbolic Tree）作为结点链接布局图的演变，是由 Xerox Palo Alto 研究中心用户界面研究小组的 John Lamping 和 Ramana Rao 等提出的一种基于双曲几何的可视化技术和操纵大型层次结构的“焦点 + 背景”技术。呈现形式上，焦点即层次结构中的任意节点所在的区域占据大部分显示空间，远离焦点区域的其他部分则随着远离焦点的距离增大而逐渐缩小其显示空间。双曲树主要原理是通过将双曲平面映射在欧拉平面，使一定量的节点获得更多的空间以此显示更多细节信息，帮助用户聚焦当前所关注的部分，同时又显示整个层次结构的面貌。双曲面是一个无限面，需要将其映射在欧式空间来呈现于二维平面上。其中，所选择的映射方式提供了鱼眼变形的方式来支持焦点和背景平面之间的平滑过渡。用户可通过点击视图中任何一处来指定焦点。

（3）放射树（Radial Tree）也称径向树，根节点位于圆心处，同一层次的节点被放置在圆上同一半径处，因此，同心圆的半径决定结构层次的展现细节度。每棵子树都分布在不同的楔形圆弧上，不会造成相互遮蔽的情况。放射树和双曲树的效果类似，但其空间利用率更高。

这三种呈现方式在分类法可视化中都有比较多地应用，其中层次树使用最多，后两者多出现可视化实验中。当分类法复杂度和数据量庞大时，后两者的呈现密度和视觉传达效果上会有所影响。

8.2.1.2　空间填充式可视化

空间填充式是以几何图形框表示节点，以图形框的包含关系体现层次结构，最外围的图形框为根节点。

径向填充（Radial Padding）使用信息切片（Information Slices），将层次结构分为若干个半圆盘，半圆盘上每个扇形区域表示一棵子树，扇形区域所占比例与其对应子树所包含的信息内容成正比。用户点击左半圆盘的任一类目，其内容即显示在右半圆盘区域中，继续点击右半圆盘的类目则在左半圆盘显示进一层次的信息，如此左右交替可不断深入子类。简捷、明了的视图变换提高了用户参与度，有助于改变用户沉默问题。同时，该方法也提供了一定程度的导航功能，但由于其不可回溯、不断深入的设定，对于层级过深的类目也容易让用户丢失方向感，降低导航体验。径向填充相对于传统的空间填充图而言具有高效利用显示空间，且清晰表达层次结构的优点，但过宽的层次将造成每个目录分配的区域过于狭小，不利于视觉体验[47]。

（2）放射圆填充法（Sunburst）作为信息片的扩展，也称径向区域填充法，John Stasko 等开发出一种基于放射圆布局的大型层次信息可视化的方法[48]。将根节点置于显示区域的中心，采用沿径向排列的多层圆环表示层次化的信息，圆环又被划分为多个扇形区域，其中每一扇形表示一个节点，圆环从中心点向外辐射，外层圆环的每个扇形是对应的内层圆环扇形的子节点，代表层次级别越低节点的扇形距离中心圆环越远，相同层次的节点位于同一个圆环上。外围空间利用率不高，且随着子节点数目的增多，很多外层扇形被排列得十分狭长，不易分辨。

8.2.1.3 弹性层级可视化

弹性层级（Elastic Hierarchies）是一种在单一视图中采用混合方法的可视化层次结构，比如树图和节点连接图的组合。比如，Shengdong Zhao 等（2005 年）将树图和节点连接图组合成弹性层次[49]。其主要优点是灵活配置和显示大型层次结构中的内容和结构，这对可视化多个焦点尤为重要。另外，弹性层次的扩展性强，能够搭载多种可视化方法，达成更丰富、更优化的可视化效果。

8.2.1.4 收缩树可视化

收缩树（Compact Explorer For Complex Hierarchy）是一种表现、浏览和探索巨型复杂层次信息的新颖方法，可至少包含上百万个节点[50]。它基于对信息节点的“压缩”可视，用三角形作为可视化构件，关于每一层次的一个逻辑分支的可视化表现就是前一层次的展开结果。

8.2.2 国内分类法有关研究实验

作为检索语言的分类法，不仅要有可视化呈现的需要，还应考虑搜索场景的融入以及用户检索需求的支持。国内围绕《中图法》也展开过一些可视化探索与实验研究。

除了对主要层次结构的可视化呈现，还可利用某些类目的特征内容思考可视化方式。卜书庆（2015 年）提出，从地理信息图形可视化角度，研究分类法中具有地理信息属性的类目可视化，提高分类法中对地理复分、民族复分等深度揭示主题的直观性，简化复杂主题揭示的等级层次[51]。靖培栋等（2005 年）利用 Java 的开放源代码 HyperTree 将《中图法》分类体系存储成 XML 文件并使用 DOM 解析文件，结合 JAXP 技术实现文档内容的检索[52]。欧阳宁（2008 年）等利用本体编辑工具 Protégé 对《中图法》大类进行本体构建，采用 OWL 描述本体并保存为 XML 格式，最后借助 Java 平台实现可视化查询系统[53]。李国俊等（2010 年）采用 SAX 技术解析 XML 格式的《中图法》，利用开源可视化工具 Prefuse，参考 IVRM 模型，实现集焦点定位、检索、颜色定位、放大缩小和拖拽功能于一体的《中图法》可视化系统[54]。

总体而言，大型综合分类法的可视化研究在手段探讨和实验实现上，但融入图书馆业务流程以及最终用户的搜索行为过程，在实际应用层面尚有一段距离。

8.3 国外大型分类法网络版分析

从人机交互视角看，用户为中心、任务驱动的认知是对分类法进行呈现与功能设计的前提。简言之，分类法网络版的任务主要包含两个：一是让用户更直观地看到分类体系，二是更便捷地让用户浏览、构造与检索类目。其中第一个任务的实现主要是通过将分类体系通过合适的可视化方式展现出来，第二个任务的实现则主要是通过提供合适的功能来实现。从用户需求的角度来看，对于经常使用分类法的用户来说，最重要的功能就是检索途径、浏览途径、以及组配构造类号。本节将对杜威十进分类法（DDC）的网络版（以下简称 WebDewey）与国际十进分类法（UDC）的网络版展开分析。

8.3.1 WebDewey 体系结构与功能

8.3.1.1 WebDewey 页面构成分析

WebDewey 的主页面分为四栏。第一栏是用于搜索、浏览、定位用户及机构的评论，第二栏是用于索引的检索框，第三栏是到 DDC 各个主表及复分表的链接，第四栏是到 WebDewey 的其他信息、词汇表，以及重新定位和中断的列表的链接。WebDewey 的主页如图 8-1 所示。

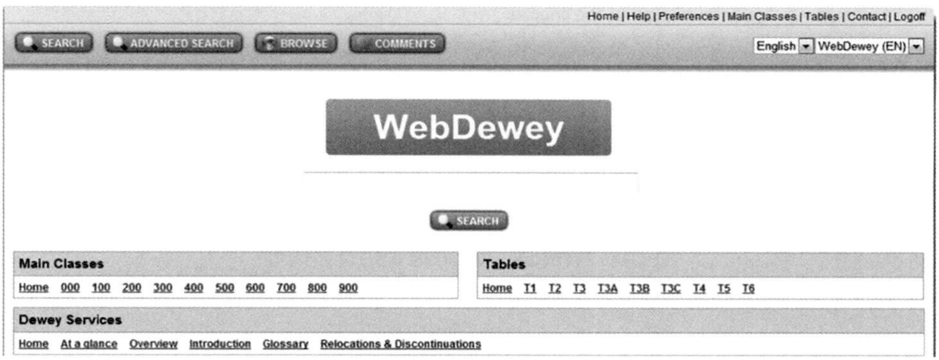

图 8-1 WebDewey 的主页图

图片来源：http://dewey.org/webdewey/。

8.3.1.2 WebDewey 的检索功能

WebDewey 支持包括 DDC 类号、DDC 类名、DDC 类目注释、相关索引词和美国国会主题词表（LCSH）在内的关键词检索，所有的检索结果均指向相应的类号记录。WebDewey 支持字段检索、布尔逻辑检索，并允许使用截断符进行模糊查找。

WebDewey 的类号记录详情页如图 8-2 所示，DDC 类号、DDC 类名以及层次结构位于记录详情页的左侧，在记录详情页的右侧是注释、用户评论、相关的索引项、LCSH 主题词，以及映射网络与 BISAC（书业标准和通讯委员会）项，WebDewey 允许用户对这些元素进行自定义的重新布局。另外，考虑到用户的使用习惯，WebDewey 也增加了如保留历史检索记录、在检索中添加注释以及使用心得等辅助功能。

在最新的 WebDewey 中，WebDewey 支持搜索用户个人的注释，并允许用户在旧的注释的基础上派生出新的注释。WebDewey 同样也支持 OPAC（联机公共目录查询系统）检索，允许用户自定义 OPAC 选项，添加任意数量的 OPAC。

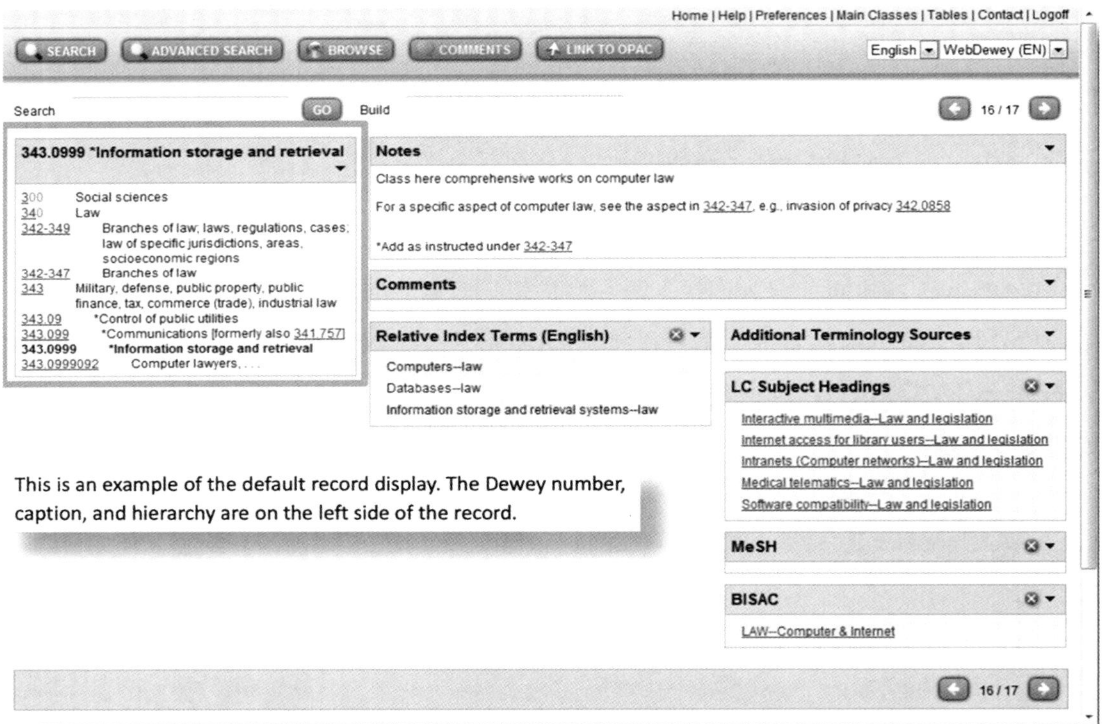

图 8-2 WebDewey 的类号记录详情页

图片来源：WebDewey 帮助手册。

8.3.1.3 WebDewey 的浏览功能

WebDewey 支持包括 DDC 类号、DDC 类目注释、相关索引以及 LCSH 在内的浏览方式。与检索相比，浏览可以得到更多的结果选项，有助于用户逐步了解基本类号，从而更方便地组合类号。浏览也更加精确，例如可以通过浏览与输入语词前方一致的 LCSH 标题词，以便找到某一专指标题词的确切匹配。

WebDewey 建立了 LCSH 标题词到 LCSH 规范档的链接，在用户的浏览中，用户可以方便地从 DDC 类号所映射的主题词链接到主题词表的规范档。同样的，用户也可以通过浏览规范文档，选择合适的 DDC 类号。WebDewey 的浏览页面如图 8-3 所示。

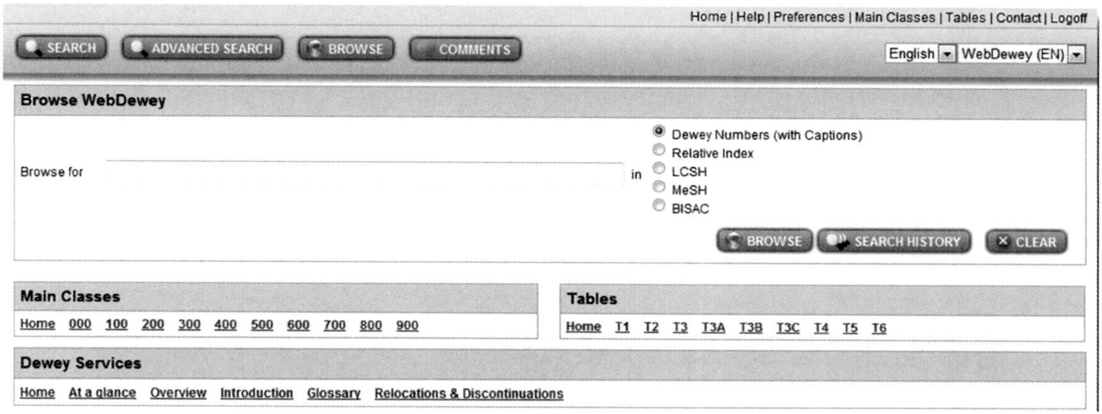

图 8-3　WebDewey 的浏览页面

图片来源：http://dewey.org/webdewey/。

8.3.2　UDC 网络版分析

8.3.2.1　UDC Online 概述

UDC Online 是 UDC 的官方网络版，提供多语种（10 种）访问，英语版目前是其主要工作语言版本。UDC Online 提供订阅服务，由 UDC 的所有者 UDC 联盟负责运营管理。UDC Online 英文版的订阅服务价格是 300 欧元 / 人・年，另外附加 63 欧元数字产品销售税。

根据 UDC-hub.com 的最新数据显示，UDC 现有 72000 个类目，其历史数据超过 12000 条分类记录。UDC Online 与 UDC 主参考文档 MRF 的最新官方版本保持一致。在 2019 年 2 月的更新中（MRF12），涉及 6000 个类的更新，其中超过 2000 个新类，3000 个类修改和超过 900 个类的停用。

UDC Online 服务提供搜索、浏览、解析、验证、归档和类号构建等服务。另外，还提供停用类号的搜索与查看，这可以帮助用户追踪停用的类号及其重定向，仍然会存在馆藏以停用号标引的过往情况。

8.3.2.2 UDC Online 页面构成分析

UDC Online 的主页分为左右两栏。左栏是用于分类体系层次树的展示，右栏是用于 UDC 类号与文本的检索。用户可以选择将检索栏隐藏从而放大层次树进行更加直观的操作。

导航栏包括四大功能：搜索 / 浏览、类号构造器、ABC 索引和验证 / 解析。辅助功能有历史记录、评论、帮助。

主页左侧通过树形目录显示 UDC 的结构，上半部分为辅助表，下半部分为主表，依层级可点击打开。

主页右侧上部为搜索区域，提供类号和文本关键词检索，支持精确匹配、截断通配符（%）、布尔逻辑等。检索范围可以包含示例或停用取消的类号。

主页右侧下部为显示类目详细内容或检索结果。

UDC 的首页如图 8-4 所示：

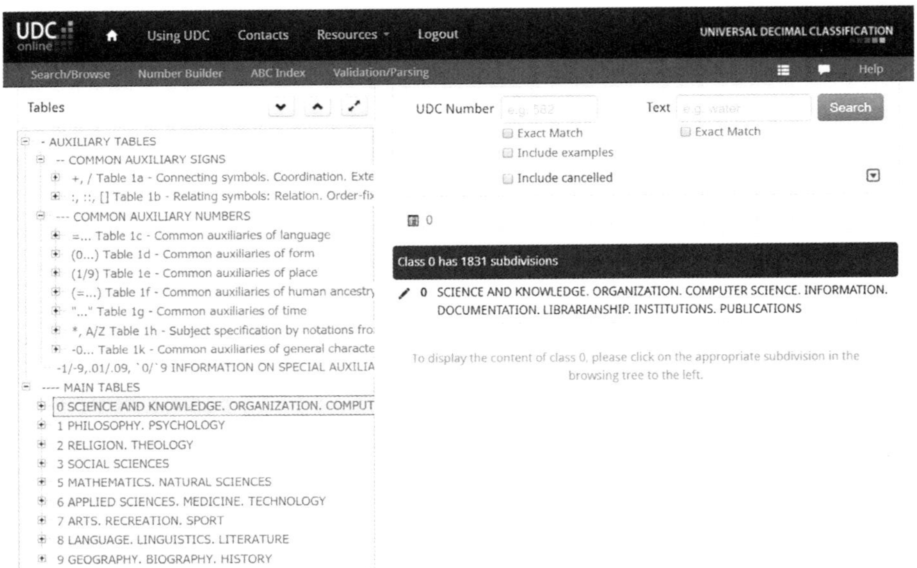

图 8-4 UDC 首页图

图片来源：https://udc-hub.com/。

UDC Online 的浏览的功能基于主页展示的类号层级树，在主页中主表层级树只展开到第一级，通用复分表层级树只展开到第二级。随着用户的点选行为，若用户点选的是主表，则展开主表第一级类号，并在左侧刷新展开第一级类号下的全部类号，若用户继续点选类号则在右侧显示类号的详细信息。

类目详情页如图 8-5 所示，较为详细地展示了类目详情，类目之间的丰富关联是其一大特点。

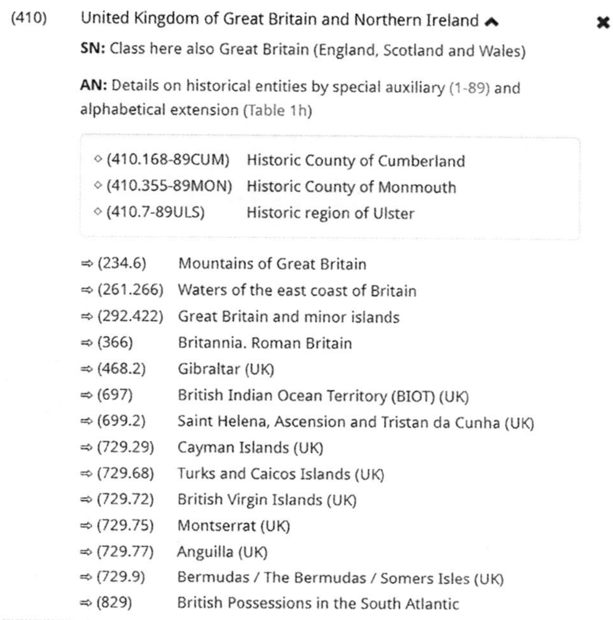

图 8-5 UDC 类目详情页

图片来源：https://udc-hub.com/。

UDC Online 还提供了主题—字顺链式索引的呈现，通过双表互动方式，支持探索式检索发现，如图 8-6 所示：

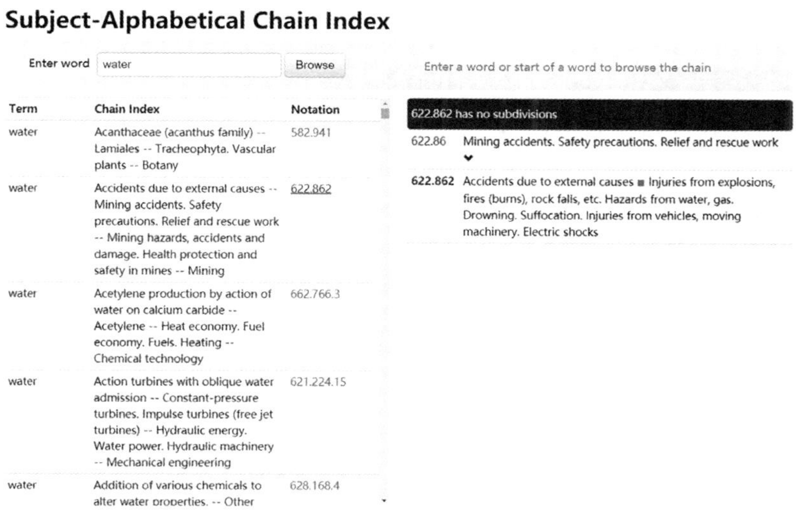

图 8-6 UDC 主题—字顺链式索引互动探索式检索

图片来源：https://udc-hub.com/。

8.3.2.3 UDC Online 的搜索功能

UDC Online 支持类号、类名、注释、示例在内的多途径检索。UDC Online 也支持字段检索、布尔逻辑检索，也允许使用截断符进行模糊查找。具体特点分析如下：

（1）支持类号与关键词组合检索，即在指定类号下，对包含特定关键词的类名进行检索。例如，类号 582（系统植物学）和 algae（海藻）进行组合检索，返回结果如图 8-7 所示，其中包含 582 类号之下海藻相关的类号与类名。这样便于在既定主题内进一步搜索，适合于类号与关键词之间有主题关系的情况，不适合无关主题的组合检索，若为此种情况则检索结果返回为 0。

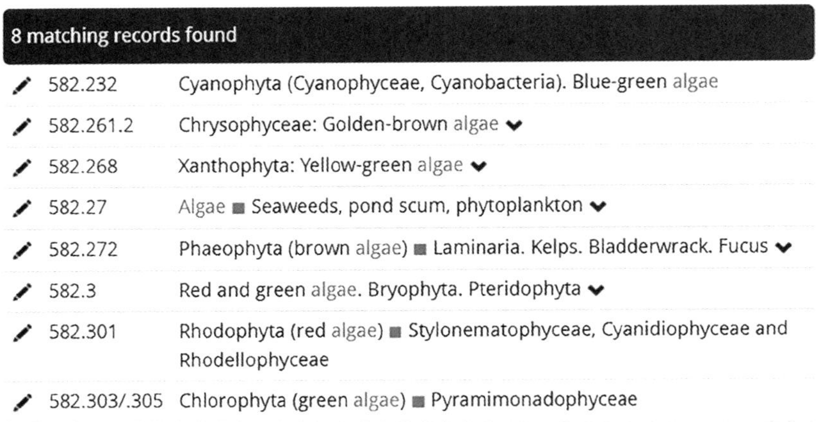

8 matching records found

582.232	Cyanophyta (Cyanophyceae, Cyanobacteria). Blue-green algae
582.261.2	Chrysophyceae: Golden-brown algae
582.268	Xanthophyta: Yellow-green algae
582.27	Algae ■ Seaweeds, pond scum, phytoplankton
582.272	Phaeophyta (brown algae) ■ Laminaria. Kelps. Bladderwrack. Fucus
582.3	Red and green algae. Bryophyta. Pteridophyta
582.301	Rhodophyta (red algae) ■ Stylonematophyceae, Cyanidiophyceae and Rhodellophyceae
582.303/.305	Chlorophyta (green algae) ■ Pyramimonadophyceae

图 8-7 类号 582（系统植物学）和 algae（海藻）的组合检索结果

图片来源：https://udc-hub.com/。

（2）支持截词检索，截词通配符为 %，可出现在检索词前方或中间。例如，%58，检索以 58 结尾的类号。又如 %oil%，检索包含前后含 oil 的类名。

（3）关键词搜索支持布尔逻辑与（AND）、或（OR）。

（4）短语词组检索，在文本框中使用英文双引号 " "，例如 " Essence of God " 。

8.3.2.4 UDC Online 的类号构造器

UDC 是典型的分析合成分类法，即具有分面分类功能，也就是说，UDC 类号可以在标引和信息检索过程中组合（正向）和解构（反向）。UDC Online 开发了独有的类号构造器。这里对其进行重点分析。

当前阶段，类号构造器支持两个功能：①在继续搜索与浏览时记住要存储的类号；②帮助将类号组配成复杂的字符串，以便复制到本地系统中。未来，类号构造器计划支持类号构造指示调用和情景敏感的应用注释。

类号构造器的使用在浏览与搜索过程中发挥作用。因此，类号构造初始页面是无法直接使用的。图 8-8 是类号构造器初始化界面。

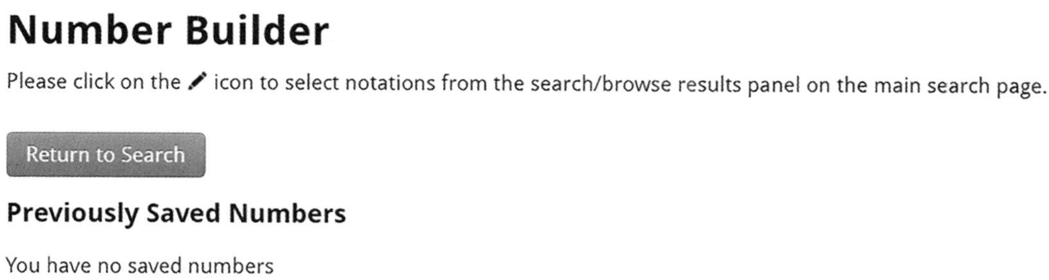

图 8-8　类号构造器初始化界面

图片来源：https://udc-hub.com/。

用户在搜索与浏览的点选过程中，点击类号左侧的“铅笔”标记的同时，类号构造器会记录下来，出现在类号构造器页面上。以下在主表和附表中各选择标记了一个类号，存入类号构造器。点选完成后，系统自动将其记录下来。见图 8-9。

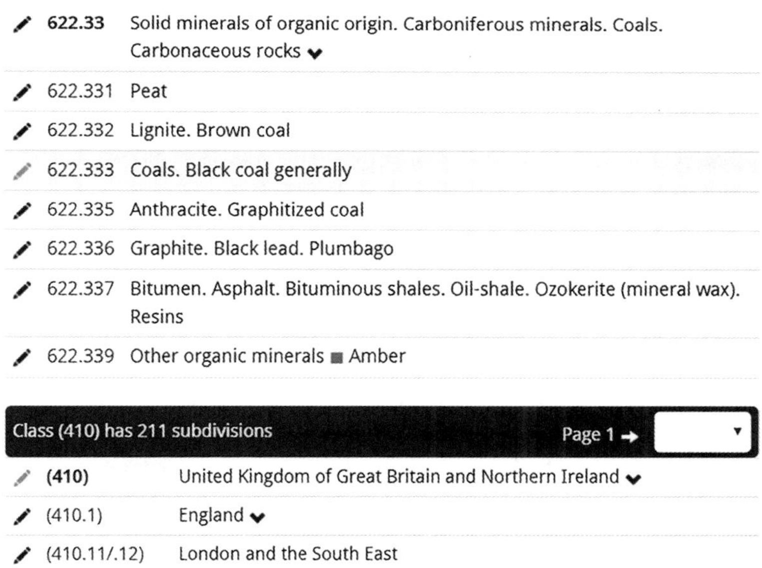

图 8-9　类号 622.333 与（410）构造器点选页面

图片来源：https://udc-hub.com/。

经过点选之后，类号构造器页面如图 8-10 所示。对主表类号 622.333 与地区复分表（410）英国进行简单组合，形成专指的英国采矿主题。

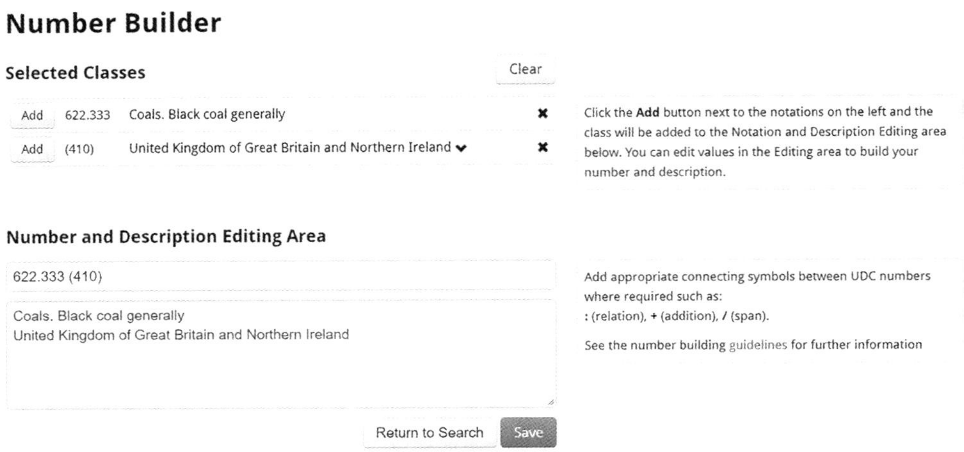

图 8-10　类号 622.333 与（410）构造结果页面

图片来源：https://udc-hub.com/。

当前，类号构造器也支持组配符号的使用，目前支持冒号、加号和斜杠等。但是，需要自行进行组配添加，目前还无法实现自动组配。由于组配操作需要具备分面与组配规则的专业知识，所以此类号构造器只适合熟悉 UDC 的编目人员使用。面向最终用户浏览与检索过程的“自然而然（自动化）、友好地”的专指主题构造，让分面组配规则自动化、机器化，随着最终用户的搜索过程进行分面组配的自动映射与翻译，这是一个值得研究的现实问题。

另外，UDC Online 还提供类号的验证与解析服务，但目前尚未对外开放，值得关注。

8.3.3　DDC 与 UDC 网络版的可视化比较

WebDewey 在检索与浏览功能上要丰富一些，但是 WebDewey 的界面设计并没有把分类体系直观地展现出来。而 UDC Online 则通过层次树的方式将 UDC 的分类体系直观地展现出来。相比较而言，UDC Online 对接触分类法不多的用户更加友好，而 WebDewey 则是对于有一定经验的用户更加有利。在分类法网络版与用户的交互上，设计者既要考虑那些熟悉的用户的检索组配，也需要考虑如何呈现分类体系，让初上手的用户更快熟悉分类法。

与 UDC Online 的层级树式的浏览途径不同，WebDewey 的浏览功能其实更像是另一种形式的检索。虽然 WebDewey 的浏览功能更加丰富，但是通过 UDC Online 层级树式的浏览途径在用户体验上更直观明了。

表 8-1 将两种分类法网络版的检索途径、检索形式、显示方式进行列表比较。从中可以看出，WebDewey 的检索途径与显示方式比 UDC Online 丰富一些，但是在最核心的检

索形式上，其实 WebDewey 与 UDC Online 是一致的，也即这两种分类法网络版均认为提供这些检索形式是必要的。

表 8-1 DDC 与 UDC 的比较

比较项	WebDewey	UDC Online
检索途径	分类号 类名 LCSH 相关索引 注释	分类号 术语（类名及注释中的）
检索形式	前方一致 截词匹配 布尔逻辑检索	前方一致 截词匹配 布尔逻辑检索
记录显示方式	类号及类名 相关索引词与 LCSH 标题 完整等级 注释	类号及类名 部分等级 注释

两种分类法均提供了检索、浏览以及显示结果的窗口。不同之处在于 UDC Online 的检索、浏览以及显示结果均是在一个窗口上，而 WebDewey 则因为浏览功能与显示结果的复杂另设了浏览与显示结果的窗口。检索、浏览、显示结果在一个窗口上对于用户来说操作更加简单、一气呵成，但相应的也就无法再提供较为复杂的服务，设计者在设计分类法网络版时更应该结合分类法特定的情况来决定究竟是合并还是分开。

8.4 对《中图法》最终用户版可视化的启示

《中图法》最终用户版作为最终用户的资源检索工具，显然要以网络版等电子化形式在互联网环境下运行服务。除了等级列举类需提供族性浏览、导航检索文献功能外，还需通过列举类目的灵活组合来表达用户检索需求，实现按需组配即后组式检索文献资源功能。

国内外分类法 Web 版的可视化形式已证明，层次树的方式是分类等级体系直观展现的核心形式，也应该是《中图法》最终用户版导航类目体系可视化的优选形式，辅助展现形式可根据类目的主题形式特点，选择图形等可视化形式，如地理信息图形可视化等。

《中图法》最终用户版的主体体系是由导航大类及其类下根据文献聚类方式构造出的“总论面”与“专论面”等部分组成，两“面”类目既要提供族性浏览导航实现用户检索文献需求外，又要提供两“面”类目间构造类号检索文献的需求，以及两“面”类目分别与“辅助检索面”类目构造类号检索文献的需求。主、辅“面”类目构造类号在《中图法》第五版电子版、UDC 网络版均已实现，都是以主“面”浏览触发相关辅助面类目的可视化形式实现类号的自动构建。

作为主体面类目间交叉构造类号，在 UDC、DDC 网络版中均未实现。UDC 网络版已声明可自行进行组配添加，目前还无法实现自动组配。《中图法》第五版电子版已实现两“面”类目间的类号构造，即自动组配。但受等级列举式分类法结构的限制，仍以主“面”浏览，触发另一主“面”类目的可视化形式实现类号的自动构建。如图 8-11 中，从 R286 类目可触发 R973 类目展开浏览体系，完成组配号：R286.3。

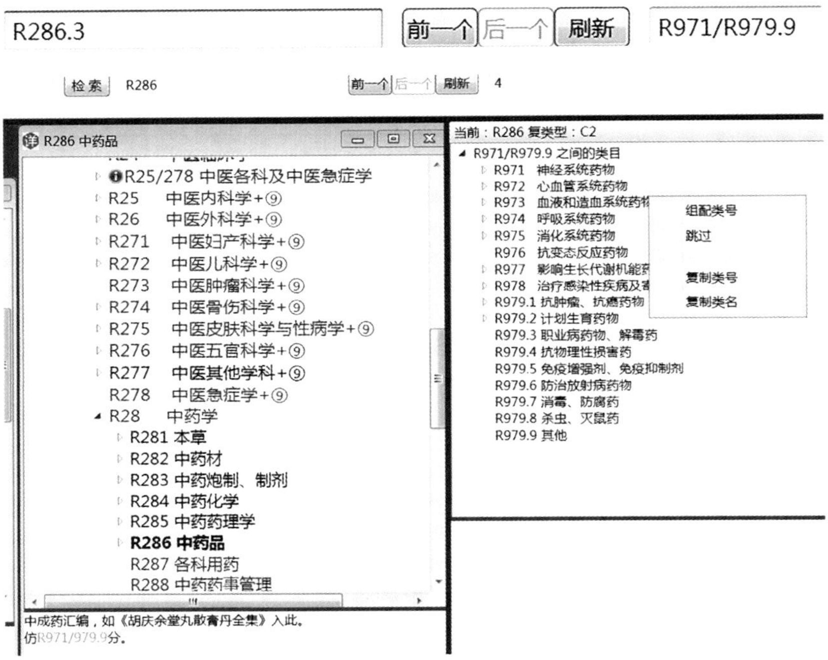

图 8-11 《中图法》第五版电子版 R286：R973 组配实例

因此，为最终用户提供可入口浏览导航的分面体系，并能让用户在等级浏览搜索过程中，自行选择类目分面组配，自动构建映射分类号、自动检索文献的体验，是本项目值得实验研究的问题。

9 分面树形展示与组配检索实验报告

9.1 实验概述

本项目选择“G8 体育”类和“TP 自动化技术、计算机技术”类两个导航大类为分面树形展示与组配检索实验对象。首先在《中图法》G8 类和 TP 类的原 MARC 数据基础上，根据分面分析和组配要求，进行数据描述和修改，最后形成分面组配实验数据（详见附件 2）。其中以 G8 类为主要实验对象，TP 类数据作为实验效果达成后的扩展与推广检验。

G8 类分面组配实验总体目标是在 G8 类“总论面”“专论面”与“辅助检索面”的树形展示基础上，实现分面组配规则的交互点击，最终组配类号的构建生成，匹配检索文献。具体技术思路如下：将 G8 类的 MARC 分类数据转换成标准 JSON 格式，利用开源 zTree 插件，以树形目录的形式，在网页中可视化类号、类名及层次关系。在此基础上，重点是根据数据项相关字段的组配规则实现“专论面”“总论面”和“辅助检索面”（附表）间生成组配类号的功能。

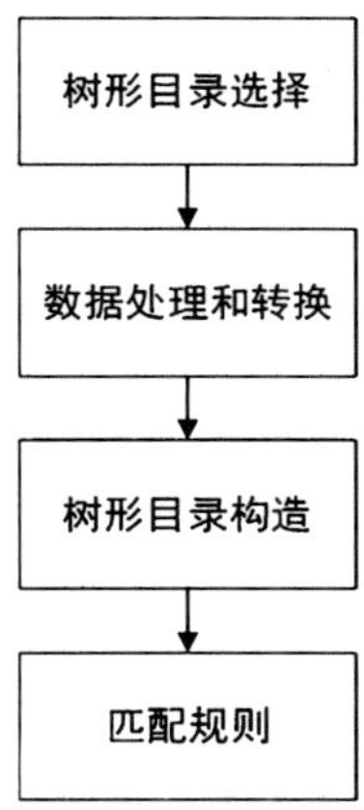

图 9-1 分面组配实验总体思路

9.1.1 树形插件选择

通过自己编写递归函数等方法实现树形目录构造存在一定的安全问题且普适性低、扩展性弱、完整性差、逻辑结构复杂。因此，需要选用一款用于生成树形目录的开源插件。在通过资料搜集和对其他项目在树形目录构造方面的参考借鉴后，就各插件的兼容性、扩展性、功能性等拟定了当前业务情景中主流使用的两款插件 zTree 和 jstree 来实现相关功能。同时，在实际的项目实践中鉴于一定的实践经验最终确定选用 zTree 插件来支撑项目树形目录的呈现和后续其他功能。

9.1.2 数据处理和转换

利用 Python 工具将纯文本数据（.txt）主要按照正则匹配规则和各项数据中的结构化、规律性等特征转换生成 zTree 插件所兼容支持的格式：JSON 格式。其次，不仅基于体现层级结构的考量，更为实现后续重要组配规则，进一步地将数据格式转化为最适配本项目的标准 JSON 嵌套格式。最后依照 875 字段要求删除部分无须显示的内容。

9.1.3 树形目录构造与基础交互功能

树形目录生成。将《中图法》中类号、类名作为一条基础数据项，在 JSON 数据中表现为一条“键值对”。将不同基础数据项集合即“专论面”“总论面”“辅助检索面”等以树形目录的结构直观展示：数据项的位置直接反映出分类法中的层累设计，如各数据项之间的从属关系和并列关系。此结构在多级目录中查询速度更快，同时层次结构更清晰，能够更加有效地进行数据的管理和维护。

树形目录生成之后，面向最终用户（主要指非专业人士）实现两种基础的交互功能：一是搜索框定位辅助点击，利用搜索框提供的模糊搜索方法在界面上定位查找完整的类号或类名，用户可根据记录框提示进行下一步相关操作，点击发送向后台传送类号数据；二是直接在树形目录上点击，根据记录框提示进行相关操作，点击发送向后台传送类号数据。

9.1.4 分面组配规则的交互实现

这是实验的重点与难点所在。根据分类数据记录不同字段的指示符，由两个及以上基础类号组配生成新类号。基础类号来源于“总论面”“专论面”和“辅助检索面”，其中各个附表类号均用于组配新类号并不单独发送类号数据。

以下分章节对实验过程进行详细解释与说明。

9.2 树形目录展示的技术选型

9.2.1 树形目录展示的插件介绍

树形目录在各类网站中有着广泛的应用，如图书馆的书目展示、电子商务的商品目录展示、网站资源导航等。关于树形目录的展示，网络上有众多开源技术实现。在所有可供选择的开源树形目录插件中，经过广泛调研、分析与比较，zTree 和 jsTree 两款运用较为广泛的树形目录展示插件。以下分别进行简要介绍。

zTree 是一款 jQuery 插件，开源并在 MIT 许可下分发。其主要优点在于出色的性能、灵活的配置和众多可供选择的插件调用。兼容 IE、FireFox、Chrome、Opera、Safari 等浏览器。zTree 3.0 及其以上版本将核心代码按照功能进行了分割，可按需求加载不同代码。其支持的功能还包括：checkbox 或 radio 选择功能，提供多种事件响应回调、编辑（增 / 删 / 改 / 查）功能，多节点拖拽等[①]。

jsTree 是一款 jQuery 插件，开源并在 MIT 许可下分发。其主要优点在于易于扩展、可扩展，便于二次开发。兼容 Chrome 14+, Firefox 3.5+, Opera 12+, Safari 4+, IE8+。支持 HTML 和 JSON 数据源以及 AJAX 加载。jsTree 可进行响应式设计，自定义扩展。它使用 jQuery 的事件系统，因此对“树”中各种事件的绑定回调容易。其支持的功能还包括：拖放支持；键盘导航；内联编辑、创建和删除；模糊搜索[②]。

9.2.2 项目的功能需求与技术实现对比分析

结合项目功能实现要求与插件的技术特点分析项目的功能需求，主要分为以下 4 个方面：

（1）数据格式具有通用性和可扩展性。MARC 格式的纯文本 TXT 文件无法直接进行解析和操作，zTree 和 jsTree 使用 JSON 数据驱动，因此本项目需要在技术开发环境中采用更流行和通用的数据格式。另外，jsTree 还可支持 xml 格式，但 xml 格式扩展性不够灵活且数据调用不方便，所以优先考虑转换 JSON 格式。

（2）能够进行模糊搜索。为帮助一般用户即非专业领域用户更好地使用、理解组配类号功能而进行前端的交互操作，预先拟定了两套组配类号交互模式，其中一种方式应用在用户不知或不完全知道其所需类号的场景下：可通过搜索框进行模糊搜索，帮助定位显示

---

① zTree 简介［EB/OL］.［2019-09-11］.http://www.treejs.cn/v3/main.php#_zTreeInfo.

② jsTree［EB/OL］.［2019-09-11］.https://www.jstree.com/.

正确、唯一的类号。zTree 和 jsTree 都提供了模糊搜索的功能，其中 jsTree 在搜索结果呈现、搜索输入方法中都符合项目预设定但需要一个按钮绑定搜索事件；zTree 在默认的配置下不可展开搜索结果，通过源码调试和修改与 jsTree 无异且无须按钮辅助搜索，而是按照当前搜索框的详尽程度适配相应的搜索结果。

（3）能够自定义展开级数。为向用户展现适当的信息量，需要根据前端布局等自由调控树形目录展开级数，目前本项目中确定展开到二级目录。zTree 可通过已有配置选择直接自定义选择展开级数；jsTree 没有相关配置提供，在不修改源码及其固有逻辑的情况下只能全展开或收回。

（4）要求异步加载。项目进行本地化演示操作时均采用静态加载的方式，在实际运用中需要部署在云服务器上，此时为节省开支减少代码冗余需要采用异步加载的方式读取 JSON 数据。

两种插件的比较分析如表 9-1。

表 9-1　zTree 与 jsTree 的技术功能与项目需求匹配

序号	项目需求（必须）	zTree	jsTree	比较
1	是否支持 JSON 格式	是	是	无差异
2	是否支持模糊搜索	是，需要简单修改源码	是，需要按钮辅助	zTree 更优
3	是否支持自定义展开级数	是，调整默认配置	否，一定条件下只能全展开或收回	zTree 更优
4	是否支持异步加载	是	是	无差异

以上，通过对插件官网 demo 演示、功能描述、项目成果等方面的比较，经过预实验操作，最终选择 zTree 插件作为构造树形目录包括生成和组配交互的支撑。

9.3　分类数据的处理和转换

9.3.1　zTree 数据格式选择

数据处理和转换阶段最开始待处理的数据为 MARC 的文本数据，如下所示：

```
=LDR  00448aw   2200121 a 45
=001  C005829
=100  \\$a19991009aaaa abachiy50      ea
=184  0\$aCLC$b 中国图书馆分类法 $c5$d4$echi
=250  0\$d05$aG811.9$9G$h 文化、科学、教育、体育 $9G8$h 体育 $0G81$cG811.9$fM03$k 体育事业面 $9G81$h 世界各国体育事业 $9G811$h 世界体育事业：各国 $0G811.0$cG811.9$k 各国：按国分 $j 世界体育史
=661  \0$i 依 $zfb4$i 分。
=750  \\$a 体育运动史 $y 世界
=005  20051001102030.0
=801  \0$aCN$bNLC$c20051001
=665  0\$aG811.9$i:$fL01$aG82$cG89$bG82$cG89$x0?$t9
=661  \1$uG82$cG89$x0?$t9$i:$zfb2$a2$c7$bG82$cG89$x0?$t9$zfb2$d2$c7
```


所有的数据与字段、子字段均是通过特殊符号分隔、区分。人工阅读时掌握规则即可，但是这种纯文本格式下字符分割以及人为规定赋予的特殊含义不可机读，在前端页面展示生成树的时候并不合适，因此需要转换成适合 zTree 展示的数据格式。

zTree 的官方文档里提供了两种数据格式，一种是标准数据格式，另一种则是简单的数据格式，两种数据格式都能支持生成出树的类目结构。

（1）标准数据格式

标准的 zTree 数据需要嵌套 JSON 表示节点的层级关系，例如：

```
var nodes = [
    {name: " 父节点 1", children: [
        {name: " 子节点 1"},
        {name: " 子节点 2"}
    ]}
];
```

（2）简单数据格式

简单模式的 zTree 数据需要使用 id/pId 表示节点的层级关系。其中 id 是节点的唯一标识号，pId 则代表了节点的层级，例如：

```
var nodes = [
    {id:1, pId:0, name: "父节点 1"},
    {id:11, pId:1, name: "子节点 1"},
    {id:12, pId:1, name: "子节点 2"}
];
```

zTree 简单数据格式并未体现出节点层级间的嵌套关系，而标准的嵌套数据体现出了节点的层级关系，即父子节点的路径关系，而所有节点的路径（所有父节点）均在 250 字段中写了进去，所以最终选择 zTree 标准嵌套数据。

转为 zTree 的标准嵌套分成两步：先将全部的记录转为 JSON 格式，再在转为 JSON 格式的基础上通过路径的匹配进一步生成嵌套的数据，其在数据层和前端的对应关系如下。

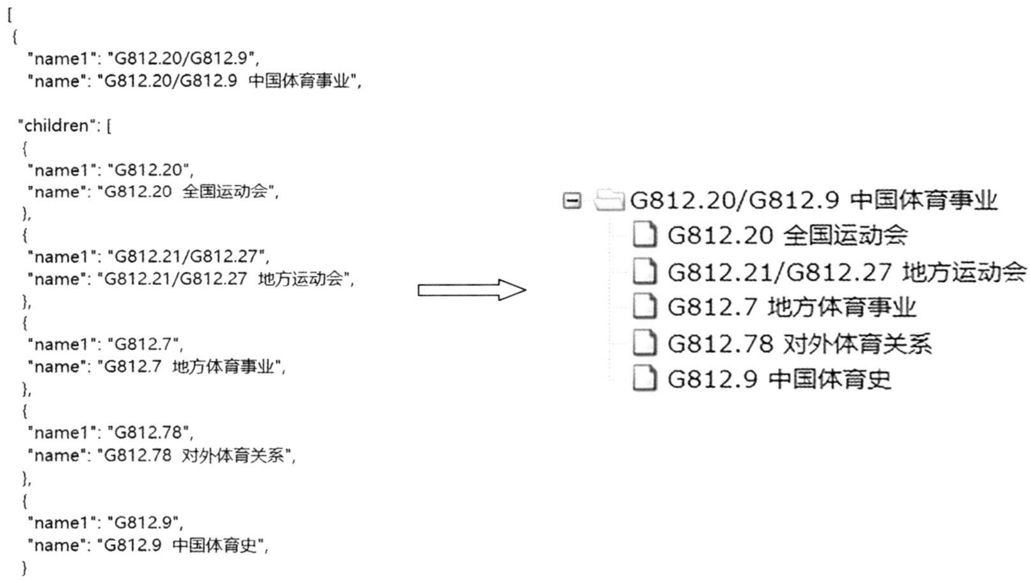

图 9-2 JSON 数据层和前端对应关系图

注：图中 JSON 数据键值对有删改。

9.3.2 分类数据转为普通 JSON 格式数据

9.3.2.1 转换细则

（1）转换原因：用于前端展示的 JavaScript 语言方便读取 JSON 格式的数据，而不方便直接读取的文本数据。

（2）工具选择：Python

（3）相关依赖库：

re: 正则表达式库，为了匹配目标字符串；

JSON：Python 自带的字典格式与 JSON 格式非常相似，都涉及键值对，将 Python 的字典与数组嵌套使用即可以表达出 JSON 形式，使用 JSON 库可以方便地把 Python 数据格式转换为 JSON。

（4）寻找规律：通过观察记录与记录之间的分割都是通过空行来区分；通过观察所有记录的开头均是以 LDR 为开头的字段；通过观察发现在每条记录每个字段中的所有子字段均是用 $ 字符作为区分。

（5）设计 JSON 数据：最终转换生成的数据如下所示。

```
[
{
  "marc_leader": "00481cw   2200145 a 45",
  "marc_controlfield": [
   {
    "tag": "001",
    "data": "C005729"
   },
   {
     "tag": "005",
     "data": "20051001102030.0"
    }
   ],
   "marc_datafield": [..,...]
 },
 {
   "marc_leader": "00381aw   2200121 a 45",
   "marc_controlfield": [
    {
     "tag": "001",
     "data": "C005730"
    },
```

```
    {
     "tag": "005",
     "data": "20051001102030.0"
    }
   ],
   "marc_datafield": [..,...]
 }
 ...
 ]
```

所有的 384 条记录转为一个数组（即为最外层的 [ ]），每一条记录均作为此数组中各个位置上的元素；每一条记录均是 Python 中的字典键值对形式（即为次外层的 { }）；每一条记录中均有三个键值对：分别代表了通用信息、控制号及处理时间或具体数据，例如：

```
{"marc_leader"：值，"marc_controlfield"：值，"marc_datafield": 值 }
```

在每一条记录中：LDR 字段作为记录头标区，代表着处理记录时所需的通用信息。用 "marc_leader" 作为键，将 LDR 对应的字段作为值存进字典，例如：

```
"marc_leader": "00481cw   2200145 a 45"
```

以“=001”开头的字段是记录里必备、唯一的控制号、以“=005”开头的字段是记录的处理时间，将这两部分数据存进以 "marc_controlfield" 作为键的数组中，分别用 "tag"、"data" 作为记录数据头与数据本身的键。数据示例如下：

```
"marc_controlfield": [
 {
  "tag": "001",
  "data": "C005729"
 },
 {
  "tag": "005",
  "data": "20051001102030.0"
 }
]
```

剩下不以 =LDR、=001、=005 开头的字段均存进以 "marc_datafield" 作为键的数组中，

用 "tag" 作为键记录字段头，用 "ind1""ind2" 作为键记录指示符 1 与指示符 2，用 "marc_subfield" 作为键记录存有该条字段内容的数组，用 "code" 作为键记录子字段名，用 "text" 作为键记录子字段内容。数据示例如下：

```
"marc_datafield": [
 {
  "tag": "100",
  "ind1": "\\",
  "ind2": "\\",
  "marc_subfield": [
   {
    "code": "a",
    "text": "19991009aaaa abachiy50      ea"
    }
   ]
 },
 {
  "tag": "250",
  "ind1": "0",
  "ind2": "\\",
  "marc_subfield": [
   {
    "code": "d",
    "text": "02"
   },
   {
    "code": "a",
    "text": "G8"
   },
   {
    "code": "9",
    "text": "G"
```

```
      },
      {
        "code": "h",
        "text": " 文化、科学、教育、体育 "
      },
      {
        "code": "j",
        "text": " 体育 "
      },
     {…},
     {…},
     …
     ]
   }
]
```

9.3.2.2 分类数据转换 JSON 格式的代码实现

第一步：读取各记录。

```
f = open(r' 文件路径 / 文件名 ', 'r', encoding='ANSI') # 读取文件
```

第二步：初始化各类变量。

```
names = locals() # 为了动态生成变量名
marc_record = dict()
marc_controlfield = []  # 初始化控制字段
MarcDatafield = []
marc_datafield = []     # 初始化数据字段
MarcRecord = []  # 初始化记录字段
i = 0 # 用于记录转换了多少条数据
```

第三步：读取每一行的数据生成一个迭代 lines。

```
lines = f.readlines()
```

第四步：取出迭代对象。

```
for line in lines:
```

第五步：取出以 =LDR 开头字段中的内容存进 marc_leader 中。

```
# 通过匹配开头字段进行操作
if re.search('=LDR', line): # 搜索开头匹配 =LDR 的迭代对象
    data = re.split('=LDR', line)[1] # 去除 '=LDR'
    data = data.replace("\n","") # 去除所有换行符
    marc_record.update(marc_leader = data) # 将数据存进变量中
```

第六步：取出以 =001、=005 开头字段中的内容存进 marc_controlfield 中。

```
if re.match('=001',line): # 搜索开头匹配 =001 的迭代对象
    marc_controlfield1 = dict() # marc_controlfield1 初始化为字典
    marc_controlfield1.update( tag = '001' ) # 插入 tag 键值对
    data = re.split('=001', line)[1] # 去除 '=001'
    data = data.replace("\n","") # 所有换行符替换为空
    marc_controlfield1.update( data = data) # 插入 data 键值对
    marc_controlfield.append(marc_controlfield1) # 将 marc_controlfield1 字典插入 marc_controlfield 数组中
if re.match('=005',line):  # 005 字段与 001 字段完全一致
    marc_controlfield2 = dict()
     marc_controlfield2.update( tag = '005' )
     data = re.split('=005', line)[1]
     data = data.replace("\n","")
     marc_controlfield2.update( data = data )
     marc_controlfield.append(marc_controlfield2)
```

第七步：其余的字段存进 marc_datafield 中。

```
if re.match('=100|=184|=250|=330|=750|=801|=875|=661|=663|=669', line): # 以这些字符串开头的字符段操作一致
     marc_datafield = dict() #初始化为字典
     marc_subfield = [] #初始化为数组
     marc_datafield.update(tag = line[1:4]) #marc_datafield 中插入 tag 键值对
     marc_datafield.update( ind1 = str(list(line)[6])) #取出迭代对象第五个字符作为第一位指示符
     marc_datafield.update( ind2 = str(list(line)[7])) #取出迭代对
```

```
象第六个字符作为第二位指示符
    for n in range(1,len(line.split('$'))): # 以 $ 字符作为分割的符号将迭代对象分割为数组
        names['marc_datafield'+str(n)]= dict() # 因为不知道会有多少个字段所以需要动态生成变量名
        code = '{}'.format(line.split('$')[n][0]) # 将字段名转换为字符串放进 code 键中
        text = line.split('$')[n][1:] # 将字段内容放进 text 键中
        text = text.replace("\n","") # 去除所有换行符
        names['marc_datafield'+str(n)]['code'] = code
        names['marc_datafield'+str(n)]['text'] = text
        marc_subfield.append(names['marc_datafield'+str(n)])
    marc_datafield['marc_subfield'] = marc_subfield
    MarcDatafield.append(marc_datafield)
```

第八步：如果匹配到了空白行并且 MarcDatafield 和 marc_controlfield 数组均存在，把本条记录的所有信息写入。

```
if (line == '\n' and MarcDatafield and marc_controlfield): # 在匹配到空白行时写入
    marc_record.update(marc_controlfield = marc_controlfield)
    marc_record.update(marc_datafield = MarcDatafield)
    MarcRecord.append(marc_record)
    # 重新初始化 marc_record、marc_controlfield、MarcDatafield
    marc_record = dict()
    marc_controlfield = []
    MarcDatafield = []
    i = i+1 # 记录转了多少条数据
```

第九步：最终的结果统计以及输出文件。

```
print(" 一共转了 "+str(i)+" 条数据 ")
f.close() # 关闭打开的文件
JSONStr = JSON.dumps(MarcRecord, indent=1,ensure_ascii=False) # 字典转 JSON
```

```
4. with  open(r'文件路径\文件名', 'w',encoding='ANSI') as f: #写入
   文件
5.     f.write(JSONStr)
```

9.3.3 嵌套 JSON 格式数据的生成

9.3.3.1 转换细则

因为选用了 zTree 作为树形插件，而 zTree 插件的标准格式是嵌套 JSON 数据格式。所以为了展示的方便，将上一步生成的普通 JSON 数据转换成嵌套的 JSON 数据。

（1）工具选择：Python

（2）相关依赖库：

re：正则表达式库，方便匹配相关目标字符串；

JSON：JSON 数据相关库，方便读取与解析 JSON 数据

（3）规则：

①以 =250 开头的数据中的 $9、$h 字段分别代表了上位类的类号与类名，并且是从 G 开始的所有上位类，因此可以作为路径解析，如：G804 的路径即为 G—G8—G80。

```
=250  0\$d04$aG804$9G$h 文化、科学、教育、体育 $9G8$h 体育 $0G80$cG808$fM01$k 理论
$9G80$h 体育理论 $j 体育基础科学
```

②为了展示方便，将类号与类名加在一起放进 zTree 标准格式 name 属性中，分别再将类号与类名放进 name1 字段与 name2 字段中。

③将以 =330 开头的数据中的 $i 的内容取出放进 zTree 标准格式 describe 属性中，作为悬停时的提示。

④以 =250 开头的数据中 $f 字段中，内容为 M01、M02、M03、M04 的记录为“总论面”；内容为 L01 的记录为“专论面”。

（4）属性说明：

name1: 节点唯一识别，取值为本类号；

name2: 扩展备用，取值为本类名；

name: 前端所显示的字符部分，取值为本类号 + 本类名；

describe: 扩展使用，取值为 330 数据的 $i 字段内容。

数据示例如下：

```
{
    "name1": "G823",
    "name2": " 跳 ",
    "describe": "",
    "name": "G823  跳 ",
    "children": [
      {
        "name1": "G823.1",
        "name2": " 跳高 ",
        "describe": "",
        "name": "G823.1  跳高 ",
      },
      {
        "name1": "G823.2",
        "name2": " 撑竿跳 ",
        "describe": "",
        "name": "G823.2  撑竿跳 ",
      },
      {
        "name1": "G823.3",
        "name2": " 跳远 ",
        "describe": "",
        "name": "G823.3  跳远 ",
      },
      {
        "name1": "G823.4",
        "name2": " 三级跳远 ",
        "describe": "",
        "name": "G823.4  三级跳远 ",
      }
    ]
}
```

9.3.3.2　生成嵌套数据的代码

函数 TxtToDict：用于实现文本数据转到字典的功能（也即是 9.3.1 实现的主要功能）。

```
def TxtToDict(): # 解析 txt
    f = open(r' 文件路径 \ 文件名 ', encoding='utf-8') # 读取文件
    names = locals() # 为了动态生成变量名
    marc_record = dict()
    marc_controlfield = []  # 初始化控制字段
    MarcDatafield = []
    marc_datafield = []     # 初始化数据字段
    MarcRecord = []  # 初始化记录字段
    i = 0
     lines = f.readlines()
     # 通过匹配开头字段进行操作
     ... # 剩余代码与 Txt 转 JSON 相同
     return(MarcRecord)
     f.close()
```

函数 path：用于实现构造嵌套路径与构造时的数据的添加。

```
def path(D,F,c,a): # 产生标准化嵌套数据
    for k in range(0,len(c)):
        i = 0
        purpose = nodes[0]['children'] # 进入节点的 'children' 键对应的数组
        while i < len(F[k]) :
            for n in range(0,len(purpose)):
                if  purpose[n]['name2'] == F[k][i]: # 如果当前节点的类名与路径一类名相同的话
                    purpose = purpose[n]['children']
                    break
            if (i == (len(D[k])-1)):
purpose.append({'name1':'{}'.format(c[k]),'name2':'{}'.format(a[k]),'describe':'{}'.format(describe[k]),'name':'{}
```

```
{}'.format(c[k],a[k]),'record':'{}'.format(MarcRecord[k]),'children':[]}) # 更新 purpose 的数据
            i = i+1
```

主函数：实现具体功能。

```
if __name__=="__main__":
    MarcRecord = TxtToDict() #txt 转成 JSON 的形式并存进 MarcRecord 变量中
    a = [] # 用于存储类名的变量
    c = [] # 用于存储类号的变量
    D = [] # 用于存储路径类号的变量
    F = [] # 用于存储路径类名的变量
    describe = [] # 用于存储 330 字段中的说明
    nodes = [{'name1':'1/76','name2':' 五、中国时代表 ','name':'1/76 五、中国时代表 ','children':[]}]
    # 各个变量的初始化
     for n in range(0,len(MarcRecord)):
        d = [] # 初始化一条记录的路径类号
        f = [] # 初始化一条记录的路径类名
        describe.append('') # 生成空白记录
        for k in range(0,len(MarcRecord[n]['marc_datafield'])):
            if MarcRecord[n]['marc_datafield'][k]['tag']  == '250': # 进入 250 字段进行操作
                for m in range(0,len( MarcRecord[n]['marc_datafield'][k]['marc_subfield'] )):
                    if MarcRecord[n]['marc_datafield'][k]['marc_subfield'][m]['code'] =='j':# 取出类名并存进 a 数组中
                        a.append(MarcRecord[n]['marc_datafield'][k]['marc_subfield'][m]['text'])

                    if MarcRecord[n]['marc_datafield'][k]['marc_subfield'][m]['code'] =='a':# 取出类号并存进 c 数组中
```

```
                    c.append(MarcRecord[n]['marc_datafield'][k]['marc_subfield'][m]['text'])
                if (MarcRecord[n]['marc_datafield'][k]['marc_subfield'][m]['code'] =='c' and MarcRecord[n]['marc_datafield'][k]['marc_subfield'][m-1]['code'] =='a'):
                    print(MarcRecord[n]['marc_datafield'][k]['marc_subfield'][m-1]['text'])
                if MarcRecord[n]['marc_datafield'][k]['marc_subfield'][m]['code'] =='9': #取出路径类号并存进 d 数组中
                    d.append(MarcRecord[n]['marc_datafield'][k]['marc_subfield'][m]['text'])
                if MarcRecord[n]['marc_datafield'][k]['marc_subfield'][m]['code'] =='h': #取出路径类名并存进 f 数组中
                    f.append(MarcRecord[n]['marc_datafield'][k]['marc_subfield'][m]['text'])
        if MarcRecord[n]['marc_datafield'][k]['tag']  == '330': #330 字段中
            for m in range(0,len( MarcRecord[n]['marc_datafield'][k]['marc_subfield'] )):
                if MarcRecord[n]['marc_datafield'][k]['marc_subfield'][m]['code'] =='i': #取出说明并存进 describe 数组中，因为需要记录哪些记录有说明所以采用先生成空白记录再替换的方法
                    describe[n] = MarcRecord[n]['marc_datafield'][k]['marc_subfield'][m]['text']
    D.append(d) #将每条记录的路径类号均存进数组 D 中
    F.append(f) #将每条记录的路径类名均存进数组 F 中
path(D,F,c,a) #将路径类号、路径类名、类号、类号均传进函数 path 里
```

输出文件：

```
JSONStr = JSON.dumps(nodes, indent=1,ensure_ascii=False) #字典转JSON
    with  open(r'文件路径/文件名', 'w',encoding='utf-8') as f: #写入文件
                f.write(JSONStr)
```

“总论面”或者“专论面”因为在原始数据中没有分离出来，因此还需要以下代码进行分离。

```
def choose(a,b): # 选择M01等“总论面”
    MarcRecord = a
    MarcRecord1 = []
    for n in range(0,len(MarcRecord)):
        d = []
        f = []
        for k in range(0,len(MarcRecord[n]['marc_datafield'])):
            #print(MarcRecord[n]['marc_datafield'][k])
            if MarcRecord[n]['marc_datafield'][k]['tag']  == '250':
                for m in range(0,len( MarcRecord[n]['marc_datafield'][k]['marc_subfield'] )):
                    if MarcRecord[n]['marc_datafield'][k]['marc_subfield'][m]['code'] =='f':
                        if re.match('{}'.format(b),MarcRecord[n]['marc_datafield'][k]['marc_subfield'][m]['text']) :
                            MarcRecord1.append(MarcRecord[n])
    MarcRecord = MarcRecord1
    return (MarcRecord)
```

9.3.4 875 字段的处理

9.3.4.1 包含 875 字段的实验用数据分析

875 字段类型	数据项 / 条
=875（总）	214 条
=875 10$i 非版本类，不显示。	201 条
=875 01$i4 版入 $aG899	1 条
=875 28$i4 版类名：（组织、管理）	9 条
=875 21$i4 版类名：钓鱼；$t 狩猎运动 $i,4 版入 $aG896	1 条
=875 80$t 电子游戏机活动 $i,5 版改入 $aG898.3	1 条
=875 88$i4 版类名：运动员选材	1 条

需要特别说明的是，既有 875 字段又有 661 字段（即含有组配规则指示）共 6 条，其中 5 条数据在分割树的过程中舍弃，存在于树上的数据只剩一条，在此仍以 875 字段的说明要求去除，如下所示：

```
=LDR  00496aw   2200121 a 45
=001  C005805
=100  \\$a19991009aaea abachiy50      ea
=184  0\$aCLC$b 中国图书馆分类法 $c5$d4$echi
=250  0\$d06$aG811.13$cG811.17$9G$h 文 化、 科 学、 教 育、 体 育 $9G8$h 体 育 $0G81$cG811.9$fM03$k 体育事业面 $9G81$h 世界各国体育事业 $9G811$h 世界体育事业：各国 $0G811.0$cG811.9$k 各国：按国分 $9G811.1$h 国际体育运动组织 $j 地区性体育运动组织
=661  \0$i 依 $zfb2$i 分。
=750  \\$a 体育组织 $x 地区 $y 世界
=005  20051001102030.0
=801  \0$aCN$bNLC$c20051001
=875  10$i 非版本类，不显示。
```

9.3.4.2 删除内容

在 875 字段下“10”标识符要求的删除内容：

① M01：共 30 条被删除的记录

② M02：没有任何删除内容

③ M03：共 10 条被删除的记录

④ M04：没有任何删除内容

⑤“专论面”G82/G89：共 161 条被删除的数据

9.4 G8 类树形目录的构造

9.4.1 树形目录初始化

9.4.1.1 文件初始化

（1）依赖部分：需要加载 jquery-1.4.2.js 或其他更高版本的 jQuery。

（2）核心部分：需要加载 jquery-zTree.core-3.0.js，如果需要用到编辑功能或复选框还需要分别加载 jquery-zTree.exedit-3.0.js 和 jquery-zTree.excheck-3.0.js。

（3）样式部分：需要加载 zTreeStyle.css 以及 zTreeStyle 目录下的 img 文件。

9.4.1.2 自定义命名说明

（1）树名命名规则

treeDemo1: G82/G89	treeDemo2: M01	treeDemo3: M02
treeDemo4: M03	treeDemo5: M04	
treeDemo6: 第一类附表树	treeDemo7: 第二类附表树	

其中 treeDemo6 与 treeDemo5 与前 5 棵树不同，它们不在网页开始载入时便生成具体的树，而是在 661 字段规则的触发下动态的触发不同的附表树。当只触发一棵树时，无论 661 字段的指示符为 /0 还是 /1 触发的附表均在 treeDemo6 中展示；当同时触发两棵树时，661 字段指示符为 /1 触发的附表在 treeDemo6 中展示，661 指示符为 /0 触发的附表在 treeDemo7 中展示。

（2）JSON 数据命名

zNodes1:G82/G89	zNodes2:M01	zNodes3:M02
zNodes4:M03	zNodes5:M04	zNodes6:fb2
zNodes7:fb3	zNodes8:fb4	zNodes9:fb5

（3）函数命名

这些函数分别代表了点击某棵树时所触发的行为。

onClick1:“专论面”G82/G89	onClick2:“总论面”M01	onClick3:“总论面”M02
onClick4:“总论面”M03	onClick5:“总论面”M04	onClick6: 第一类附表树
onClick7: 第二类附表树		

9.4.2 关键词搜索功能的实现

9.4.2.1 关键词搜索功能描述

此功能主要基于模糊搜索帮助用户进行更详细的查询或确定。

（1）属于前后模糊搜索，匹配字符前部分或者后部分，不可调换顺序否则无效。举例如下：搜索【G831 基本体操】

正确输入：“基本”、“基本体”、“基本体操”、“体操”等

问题输入：“体操基本”

（2）输入字母不区分大小写，如 G 或 g；

（3）输入支持空格，但仍需要满足前后模糊搜索规则；

（4）在当前展示于前端的所有树形目录中都在可搜索范围。特别地，附表只有在触发后才可以搜索，如果当前附表并未触发生成则搜索无效；

（5）在关键词搜索功能中，用户不需要知道搜索系统的结构，只需任意输入字符或者数字，如类号或类名且不要求完整输入，但不可同时输入中文与数字的组合或中文与字母的组合。搜索结果会给出字面匹配的相关结果，举例如下。

正确输入：“G822”、“跑”

错误输入：“G822 跑”、“822 跑”

搜索结果：得到字面匹配的跑相关结果

（6）关键词越详细定位更明确，如下图所示：

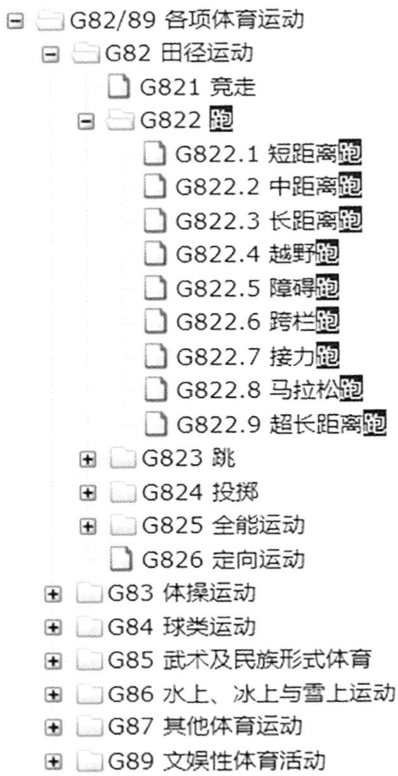

9.4.2.2　模糊搜索代码示例

每个模糊搜索函数的作用域均只为一棵树，所以模糊搜索函数必须紧跟各棵树的初始化之后 fuzzySearch 函数中传入相应的树名（例如：treeDemo5）及 ' #key ' 对应的关键词即可。

```
// 展示页代码
    $(document).ready(function(){
        $.fn.zTree.init($("#treeDemo5"), setting5, zNodes5);
        // 初始化模糊搜索方法
        fuzzySearch('treeDemo5','#key',null,false);
        var treeObj = $.fn.zTree.getZTreeObj("treeDemo5");
        var nodes = treeObj.transformToArray(treeObj.getNodes());
    });

```

9.4.3 树形目录的点击触发

9.4.3.1 功能描述

此功能实现点击自定义节点触发绑定事件，在本项目中指点击“专论面”和“总论面”中的任一符合规则的节点生成对应新树。其过程统一描述为鼠标点击节点触发点击事件，判断相关属性值（自定义规则条件），调用函数（zTree初始化函数），新树在前端呈现。

9.4.3.2 标识

相关规则由661字段决定，其中部分标识符说明：

$z：说明对应的触发树；

\0：触发后无组配规则；

\1：触发后有组配规则。

（1）\0标识符下的触发规则

本项目中所有661字段中\0指示符下定义的触发规则总结如下：

点击“专论面”中的具有661\0字段的节点触发生fb2树；

点击“总论面”M03中的G811.13节点触发生fb2树；

点击“总论面”M04中的G812.21节点触发生fb3树；

点击“总论面”M04中的G812.9节点触发生fb5树。

（2）\1标识符下的触发规则

本项目中所有661字段中\1指示符下定义的触发规则总结如下：

点击“总论面”M03中的G811节点触发生fb2树；

（3）特殊数据

同时含有\0和\1数据：

```
=250   0\$d05$aG811.9$9G$h文化、科学、教育、体育$9G8$h体育$0G81$cG811.9
$fM03$k体育事业面$9G81$h世界各国体育事业$9G811$h世界体育事业：各国$0G811.0
$cG811.9$k各国：按国分$j世界体育史
=661   \0$i依$zfb4$i分。
=661   \1$uG82$cG89$x0?$t9$i:$zfb2$a2$c7$bG82$cG89$x0?$t9$zfb2$d2$c7
```

此例中，根据661字段$z标识，点击此节触发生成fb2、fb4树。

9.4.3.3 点击触发的实现

静态加载的数据格式下为所有具备661字段的数据添加自定义属性，用于事件触发操作的定位和识别，以下为自定义属性说明：

（1）triger：代表触发树的名称（取对应表的编码）

triger 取值 1，表示触发生成 fb1 树；

triger 取值 2，表示触发生成 fb2 树；

triger 取值 3，表示触发生成 fb3 树；

triger 取值 4，表示触发生成 fb4 树；

triger 取值 5，表示触发生成 fb5 树。

触发代码示例：

以 onClick1 函数中包含的触发规则为例：

```
function onClick1(event, treeId, treeNode, clickFlag) {
        $.fn.zTree.destroy("treeDemo6");// 销毁第一类树
        $.fn.zTree.destroy("treeDemo7");// 销毁第二类树
        Log3[0] = treeNode.name1;// 取点击节点的本类号
        if(treeNode.triger === "2"){ // 如果 treeNode.triger 为 2
         // 初始化 treeDemo6 并给它添加模糊搜索的功能
         $.fn.zTree.init($("#treeDemo6"), setting6, zNodes6);
         fuzzySearch('treeDemo6','#key',null,true);
           ...
          }
```

参数说明：

treeId: 所属的树的 ID

treeNode: 选中的节点

实现逻辑：

（1）销毁 treeDemo6、treeDemo7，清空数据，保证不断点击数据不干扰。

（2）将点击取到的存入数组 Log3[0]。

（3）判断应生成哪棵新树，将对应 JSON 数据传入 treeDemo6，并初始化 treeDemo6，生成新树。

9.4.4 自定义展开与隐藏部分节点

9.4.4.1 功能描述

为向最终用户展示适当的分类表内容，优化前端页面展示数据，可自定义需要展开的节点数。项目实验目前定义的展开层级为二级。

数据中661字段对应着触发附表的规则，661字段中的$r/$c子字段代表着“总论面”或者“专论面”与触发的附表组配只能在此范围内组配。为了避免用户有点击无法组配的附表数据，因此在初始化附表树时就将超出范围的节点隐藏。

9.4.4.2 自定义展开与隐藏节点的代码示例

自定义展开：用到了zTree自带的expandNode函数，这个函数通过节点的层次来判断是否展开。

```
$(document).ready(function(){
    $.fn.zTree.init($("#treeDemo1"), setting1, zNodes1);
        var treeObj = $.fn.zTree.getZTreeObj("treeDemo1");
        var nodes = treeObj.transformToArray(treeObj.getNodes());
        // 展开第一级树
        treeObj.expandNode(nodes[0], true);
    });
```

隐藏部分节点：通过遍历附表的所有节点并且比较节点的第一位是否在范围中来确定是否隐藏该节点。

```
for(var i=1;i<nodes.length;i=i+1) { // 遍历附表树的节点
        if((parseFloat(nodes[i].name1.slice(0,1))<=(begin-1))||(parseFloat(nodes[i].name1.slice(0,1))>=(finish+1))){
                        treeObj.hideNode(nodes[i]) // 如果末位数字超过了范围则直接隐藏该节点
                        }
                    }
```

9.4.5 界面样式与布局

树形目录展示页面的css文件为demo，zTree插件中设置zTree的容器样式：class="zTree"，对于容器可定义增加其他特殊样式，修改对应的css文件。

展示页面布局总体遵循单列居中排列原则，共分为两个模块：Head 模块和 Content_wrap 模块。

Head 模块：包括树形目录展示、关键词搜索框、提示框、生成类号按钮，按照上述顺序依次单列居中排列。此布局内在逻辑为：先使用（也可不使用）关键词模糊搜索帮助用户实现定位查看详细完整的类号，再根据提示框进一步进行组配操作，最后发送数据。

Content_wrap 模块：包括“总论面”、“专论面”、附表，按照上述顺序依次三列排序。其中主论面模块内按照 M01、M02、M03、M04 依次顺序单列排序，依照组配规则触发多个附表时单列顺序排序，共设计两个容器模块为第一类附表和第二类附表，不固定显示某一特指附表。

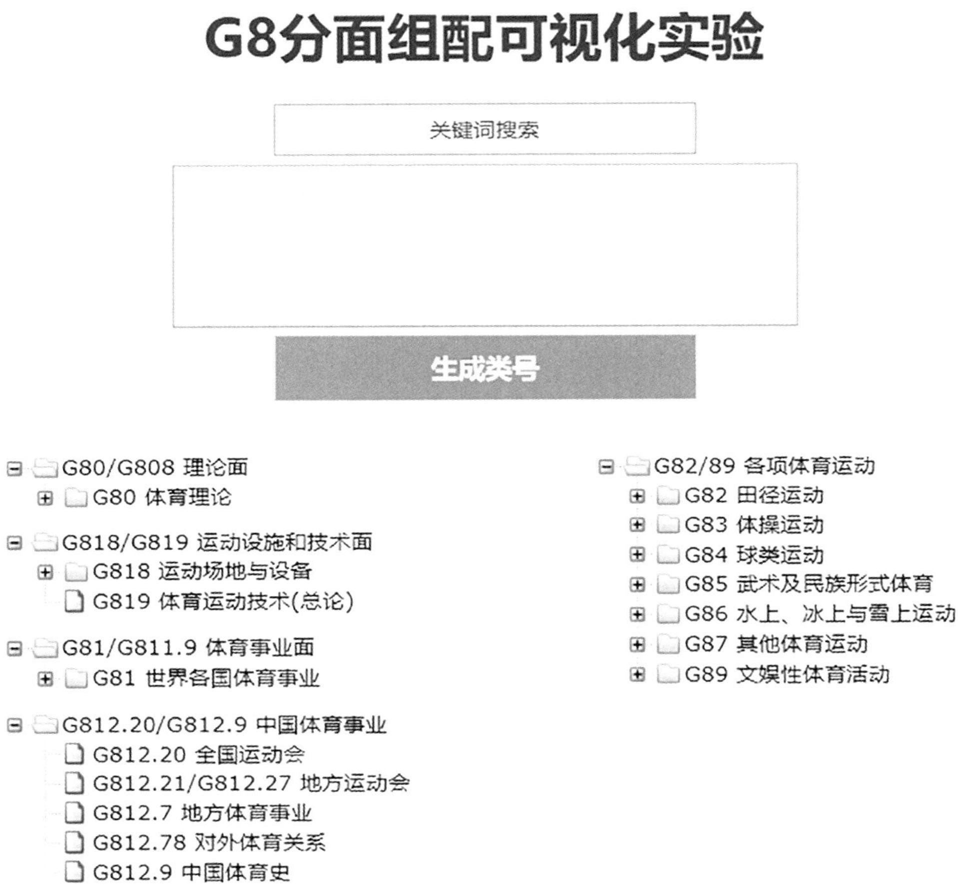

图 9-3 界面样式占布局

9.5 G8 类分面匹配规则的实现

9.5.1 661 字段的匹配规则解读

661 字段的规则用于“专论面”G82/G89 或“总论面”M01-M04 与附表 fb2-fb5 的组配。

数据示例：

```
=250  0\$d04$aG811$9G$h文化、科学、教育、体育$9G8$h体育$0G81$cG811.9$fM03$k
体育事业面$9G81$h世界各国体育事业$j世界体育事业：各国
=661 \1$i依$zfb2$i分，$aG811$i:$zfb2$d2$c7$bG81$zfb2$d2$c7
```

各指示符与子字段的说明：

指示符 1：\

指示符 2:

0：无分析内容，按照复分仿分注释处理

1：有分析内容，按规则组配

$i 分面组配标识符的子字段及符号，此处为冒号：

$a 基础号

$x0? 判断 $x 前方紧邻的类目是否有下位类，如果有下位类，需加 0

$r/$c 附加号码的范围，$r0$c9 表示符号为 0/9

$u 上一条组配规则的组配结果类号。当 661 字段以 $u 开头时，表示该字段与另一条组配规则连续执行。

9.5.2 665 字段的匹配规则解读

665 字段的规则用于”总论面”M01-M04 与“专论面”G82/G89 组配。

数据示例：

```
G811.1
665 0#$aG811.1$i:$fL$aG82$cG89$bG82$cG89$x0?$t6
```

组配类号 =$b/$c 基础号（G82/G89)+“判断是否加 0”+$t

G811.1：G82=G820.6（映射表中 G811.1 映射值为 6）

G804：G821=G821.14（映射表中 G804 映射值为 14）

G80:G82=G820.1（映射表中 G80 映射值为 1）

说明：

$fL：“专论面”G82/G89

$x0?：判断是否加“0”即判断是否存在下位类（是否有子节点）

存在下位类：加“0”

不存在下位类：无操作

$t：映射值

9.5.3 JSON 嵌套数据中的匹配规则处理方式

为了在嵌套数据中体现出 661 字段与 665 字段分别的规则，因此还需要在生成的嵌套数据中加入不同的键值对来支撑匹配规则的实现。

9.5.3.1 661 字段的嵌套处理

在所有具有 661 字段的记录中添加自定义属性用于事件触发操作的定位和识别，以下为自定义属性说明：

（1）triger_control：代表进一步的组配规则。

triger_control 取值为 0，对应 /0 指示符；

triger_control 取值为 1，对应 /1 指示符；

triger_control 取值为 2，对应 /1 指示符；

triger_control 取值为 3，对应同时具有 /0、/1 指示符；

（2）begin：弹出的附表树的起始类号。

finish：弹出的附表树的终止类号。

（3）x：判断附表下位类是否取零。

x=0 代表 661 字段无须判断附表下位类是否取零；

x=1 代表 661 字段需要判断附表下位类是否取零。

（4）u：判断 661 字段有无连续组配规则。

u=0 代表 661 字段无连续组配规则；

u=1 代表 661 字段有连续组配规则。

9.5.3.2 665 字段的嵌套处理

在所有具有 665 字段的记录中添加自定义属性用于事件触发操作的定位和识别，以下为自定义属性说明：

（1）match_control：

match_control=0 代表该记录中无 665 规则；

match_control=1 代表该记录中有 665 规则。

（2）match：代表 665 字段中 $t 映射的内容。

9.5.4 分面组配规则的逻辑设计

对“总论面”、“专论面”、附表三类不同的树分别设置不同的规则。“总论面”上的规则只传递数据，只在点击到“专论面”或者附表的时候才会触发组配规则。

因为每棵树均有不同的规则，所以如果想让“总论面”控制“专论面”、附表的行为或者“专论面”控制附表的行为需要设置一些中间变量来达到控制的效果。各变量及取值分别代表的含义：

（1）fb_control 代表了“总论面”对于附表的控制。

fb_control = 1 代表 661 字段既无连续组配的规则，也无须判断附表是否有下位类（加不加零）

fb_control = 2 代表 661 字段无连续组配的规则，需要判断附表是否有下位类（加不加零）

fb_control = 3 代表 661 字段有连续组配的规则，无须判断附表是否有下位类（加不加零）

fb_control = 4 代表 661 字段既有连续组配的规则，也需要判断附表是否有下位类（加不加零）

（2）zlm_control 代表了“总论面”对于“专论面”的控制。

当 zlm_control = 1 时代表“总论面”存在 665 字段

（3）bridge 代表“专论面”对附表的控制。

当 bridge = 0 代表没有点击“专论面”

当 bridge = 1 代表连续组配的情形下已经点击过“专论面”

当 bridge = 2 代表在存在 665 字段的情形下点击过“专论面”且点击的“专论面”为范围节点。

“总论面”是组配的起点，如果无组配即可直接发送类号或者交替类号。在有组配规则的情形下，因为“总论面”的节点可能存在两条规则，所以存在三种可能：只存在 661 字段、只存在 665 字段以及 661 字段与 665 字段同时存在的情形。因为 661 字段中存在子字段 $u 也即连续组配的情形，因此将 661 字段与 665 字段同时存在的情形与只存在 661 字段的情形合并。

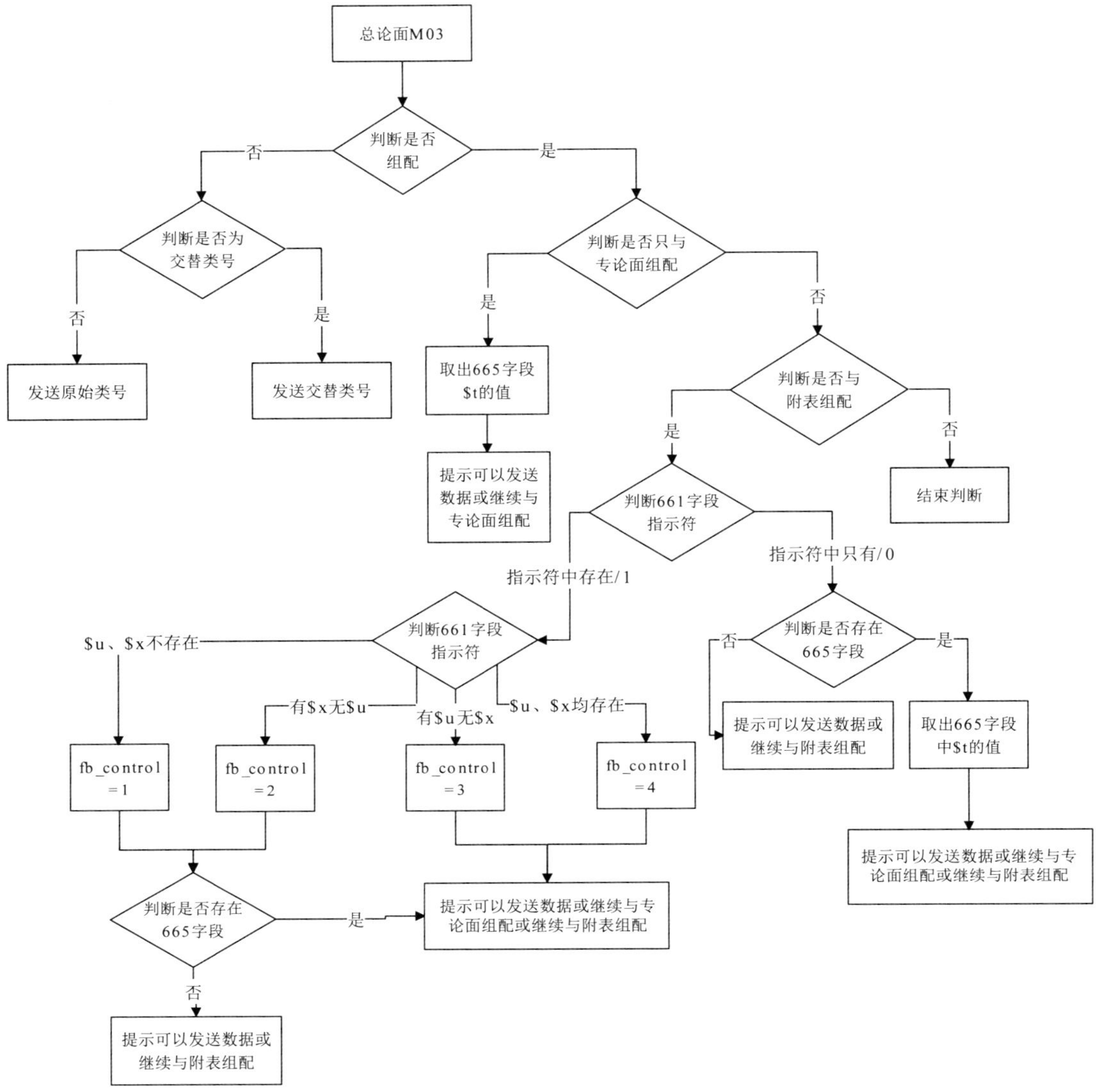

图 9–4 9.5.1“总论面”的逻辑设计

“专论面”G82/G89 中作为组配的终点、在连续组配中参与第一次组配两种情形均存在。若为连续组配中参与第一次组配，因为还可能与附表树组配，所以在这种情形下不销毁第一类附表树。在前一点击节点无 665 字段的情形下提示可以发送数据，在前一节点只有 665 字段的情形下直接显示组配后的数据，在 661 字段是连续组配的情形下判断当前点击的节点是否为范围节点。非范围节点可以展示连续组配后第一次组配的数据，范围节点则提示必须继续组配附表。

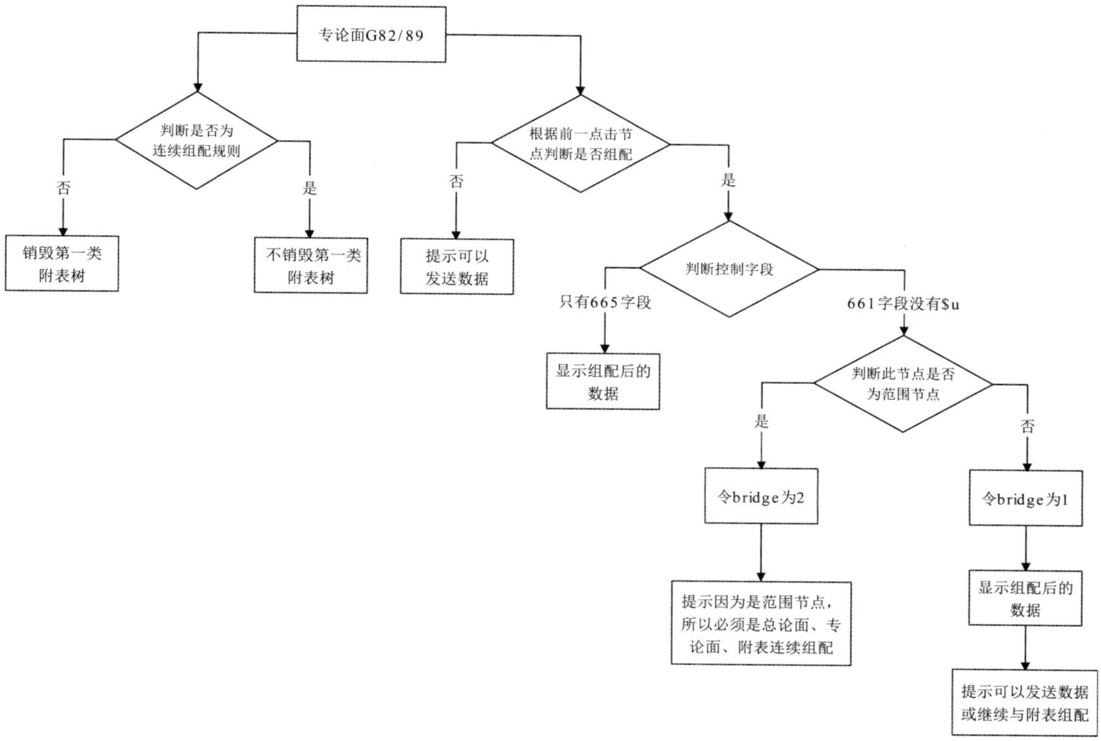

图 9–5 9.5.2“专论面”的逻辑设计

附表只有可能作为组配的终点，因此，不可能在未组配的情形下单独发送类号。只能按照 fb_control 与 bridge 变量的控制来触发不同的规则。

例如：当 fb_control 为 0 时，代表“总论面”或者“专论面”的 661 字段指示符为 \0，也即可以直接将附表类号附加在前一类号之后（若前一类号为范围，则将起始类号去除最后一位来附加）。当 fb_control 为 1 时，代表“总论面”的 661 字段指示符为 \1 并且既无连续组配也不用判断附表节点是否有下位类，因此直接去除“总论面”节点类号的最后一位再将附表类号附加上去即可。

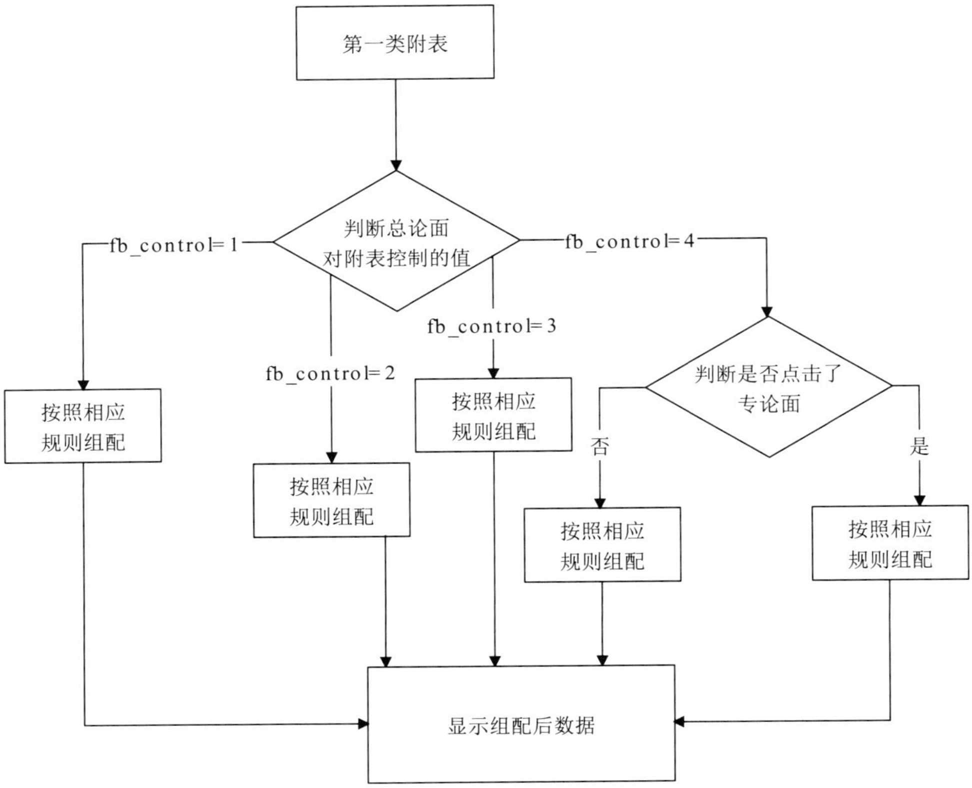

图 9-6 “附表”的逻辑设计

9.5.5 系统逻辑设计的具体代码实现

参数初始化及说明：

```
var Log1 = ["",""]; // 用于记录组配中前一棵树的类号，用数组形式是因为前一棵树的类号可能需要进行拆分
var Log2 = [""]; // 用于记录组配中后一棵树的类号
var last_click_node = [""]; // 最后一个点击的节点类号
var previous_click_number = '' //# 上一个点击的节点类号（是为了最终展现出 前一类号：后一类号 = 生成的组配数据 这一形式）
var data_665 = ''; //665 字段的 $t 里的数据
var final_generated_data = ''; // 最终生成的组配数据
var final_generated_data_copy = ''; // 最终生成的组配数据的拷贝
var intermediate_generated_data = ''; // 用于生成组配数据的中间数据
var begin ; // 弹出的附表树的起始类号
```

```
var finish ; // 弹出的附表树的终止类号
var fb_control=0;
var zlm_control = 0;
var bridge = 0;
```

9.5.5.1 “总论面”（以“总论面”M03 为例）

初始化函数与各个变量，其中 Log1[0] 记录组配中的前一类号，final_generated_data 代表最终组配的结果，fb_control 代表“总论面”对附表的控制，zlm_control 代表“总论面”对“专论面”的控制。

```
function onClick4(event, treeId, treeNode, clickFlag) {
var treeObj = $.fn.zTree.getZTreeObj("treeDemo4");
treeObj.cancelSelectedNode();
    Log1[0] = "";
    final_generated_data = "";
    fb_control=0;
    zlm_control = 0;
    bridge = 0;
    $.fn.zTree.destroy("treeDemo6"); // 销毁第一类附表树
     $.fn.zTree.destroy("treeDemo7"); // 销毁第二类附表树
```

判断是否是交替类号的情形并在没有组配的规则下提示可以直接发送数据。

```
if(treeNode.alternate_control === 1){
            // 若是交替类号则采用交替的类号
            last_click_node[0] = treeNode.alternate;
            }
        else{
            // 若不是交替类号则采取原始的类号
            last_click_node[0] = treeNode.name1;
            }
        // 判断是否存在需要组配的情况，若没有则提示可以直接发送数据
         if(treeNode.trigger_control != "1"&& treeNode.trigger_control != "0"&& treeNode.trigger_control != "3"&&
```

```
treeNode.match_control != "1"){
                    showLog(last_click_node[0] + " 可以直接发送数据");
                }
```

判断是否是只有 665 字段组配“专论面”的情形。

```
if(treeNode.match_control === "1" && treeNode.trigger_control != "0" && treeNode.trigger_control != "1"&& treeNode.trigger_control != "3"){
showLog(treeNode.name1 + " 可以直接发送数据或继续组配“专论面”");
}
```

若存在 665 字段（即和“专论面”组配），则将 665 字段中的 $t 取出存进 data_665 的变量中方便点击“专论面”时用，将点击的类号存进 previous_click_number 方便组配展示，将 zlm_control 的值赋为 1 是为了给“专论面”提示“总论面”组配条件中有 665 字段，并且除去 data_665 变量中的所有 '.'。

```
    if(treeNode.match_control === "1"){
                data_665 = treeNode.match;
                previous_click_number = treeNode.name1;
                zlm_control = 1;
            // 若 data_665 字段不为空，则去除 data_665 字段中的所有 '.'
                if ((data_665!="")){
                                data_665 = data_665.split("");
                                data_665= data_665.slice(0,(data_665.length));
                                for(var i=0;i<data_665.length;i=i+1){
                if(data_665[i]==="."){data_665.splice(i,1)}
                                    }
                                 data_665 = data_665.join("");
                                 }
                }
```

661 字段指示符包含三种情况：第一种情况指示符为 /1、第二种情况指示符为 /0、第三种情况同时存在指示符为 /1 和 /0/。以下分别介绍代码实现方式。

第一种情况 661 字段指示符为 /1 的处理方式如下。

```
if(treeNode.trigger_control === "1"){

```

判断 661 字段中是否存在下位类加零以及连续组配的规则，一共有四种组合形式：

（1）若数据中的 661 字段既不存在 $x（是否有下位类加 0）也不存在 $u（连续组配）：令 fb_control 变量的值为 1；将 661 字段控制的附表的开始类号放进 begin 变量中，将 661 字段控制的附表的结束类号放进 finish 变量中；将点击的“总论面”节点类号放进 Log1[0] 变量与 previous_click_number 变量中，并将 Log1[0] 的值去除所有的‘.’；再根据数据中的 trigger 值判断需要弹出哪棵附表树并隐藏超出范围的节点。

```
if(treeNode.x != 1 && treeNode.u !=1){
                        // 若数据中同时存在 665 字段，提示
                        if(treeNode.match_control === "1"){
                            showLog(treeNode.name1+" 可以继续组配附表或直接组配“专论面”或直接发送数据");
                        }
                        // 若数据中不存在 665 字段，提示
                        if(treeNode.match_control != "1"){
                            showLog(treeNode.name1+" 可以继续组配附表或直接发送数据");
                            }
                         begin = treeNode.begin; // 将 661 字段控制的附表的开始大小放进 begin 变量中
                         finish = treeNode.finish; // 将 661 字段控制的附表的结束大小放进 finish 变量中
                         Log1[0] = treeNode.name1; // 将点击的类号放在组配中的前一类号数组中
                         previous_click_number = treeNode.name1;
                         // 去除组配中前一棵树的类号中的 "."
                             if ((Log1[0]!="")){
                                 Log1[0] = Log1[0].split("");
```

```
                    Log1[0] = Log1[0].slice(0,(Log1[0].length-1));
                    for(var i=0;i<Log1[0].length;i=i+1){
                        if(Log1[0][i]==="."){Log1[0].splice(i,1)}
                        }
                    Log1[0] = Log1[0].join("");
                    }
            //若需要弹出的是附表 2
            if(treeNode.trigger === "2"){
        //第一棵附表树初始化（为附表二）
                $.fn.zTree.init($("#treeDemo6"), setting6, zNodes6);
                fuzzySearch('treeDemo6','#key',null,true);
              //展开第一级树
                var treeObj = $.fn.zTree.getZTreeObj("treeDemo6");
                var nodes = treeObj.transformToArray(treeObj.getNodes());
                //隐藏不在范围内的节点
                treeObj.expandNode(nodes[0], true);
                for(var i=1;i<nodes.length;i=i+1) {
                    if((parseFloat(nodes[i].name1.slice(0,1))<=(begin-1))||(parseFloat(nodes[i].name1.slice(0,1))>=(finish+1))){treeObj.hideNode(nodes[i])}
                    }
                }
            }
```

（2）若数据中的 661 字段存在 $x（是否有下位类加 0）但不存在 $u（连续组配）：令

fb_control 变量的值为 2；将 661 字段控制的附表的开始类号放进 begin 变量中，将 661 字段控制的附表的结束类号放进 finish 变量中；将点击的“总论面”节点类号放进 previous_click_number 变量中；将点击的节点类号分成‘.’前后两位，前一位放进 Log1[0] 中，后一位放进 Log1[1] 中并将 Log1[0] 的值去除所有的‘.’。最后，根据数据中的 trigger 值判断需要弹出哪棵附表树并隐藏超出范围的节点。

```
if(treeNode.x === 1 && treeNode.u != 1){
        fb_control = 2; // 将 fb_control 的值赋为 2
    // 若记录中同时存在 665 字段，提示
        if(treeNode.match_control === "1"){
            showLog(treeNode.name1+" 可以继续组配附表或直接组配“专论面”或直接发送数据");
        }
    // 若记录中不存在 665 字段，提示
        if(treeNode.match_control != "1"){
            showLog(treeNode.name1+" 可以继续组配附表或直接发送数据");
            }
        begin = treeNode.begin;// 将 661 字段控制的附表的开始大小放进 begin 变量中
        finish = treeNode.finish;// 将 661 字段控制的附表的结束大小放进 finish 变量中
    // 将当前类号分割分别放进 Log1[0] 与 Log1[1] 中
        Log1[0] = treeNode.name1;
        Log1[1] = Log1[0].split(".")[1];
        previous_click_number = treeNode.name1;
    // 去除 '.'
        if ((Log1[0]!="")){
            …
                }
            }
          Log1[0] = Log1[0].join("");
```

```
                        }
                    // 若需要弹出的是附表 2
                    if(treeNode.trigger === "2"){
                // 附表第一类树初始化，为附表 2
                        …
                // 展开第一级树
                        …
            treeObj.expandNode(nodes[0], true);
                // 隐藏不在范围内的节点
                        for(var i=1;i<nodes.length;i=i+1) {
                          …
                              }
                           }
                        }

                    }
```

（3）若数据中的 661 字段不存在 $x（是否有下位类加 0）但是存在 $u（连续组配）：令 fb_control 变量的值为 3；将 661 字段控制的附表的开始类号放进 begin 变量中，将 661 字段控制的附表的结束类号放进 finish 变量中，将点击的“总论面”节点类号放进 Log1[0] 变量与 previous_click_number 变量中，并将 Log1[0] 的值去除所有的‘.’。最后，根据数据中的 trigger 值判断需要弹出哪棵附表树并隐藏超出范围的节点。

```
if(treeNode.u === 1 && treeNode.x != 1){
                fb_control = 3;
                showLog(treeNode.name1+"  可以直接组配“专论面”"+" 或先组配“专论面”再组配附表 "+treeNode.trigger+" 或直接发送数据 ");
                begin = treeNode.begin;
                finish = treeNode.finish;
                Log1[0] = treeNode.name1;
                Log1[1] = Log1[0].split(".")[1];
                previous_click_number = treeNode.name1;
```

```
                    // 去除 '.'
                      if ((Log1[0]!="")){
                         …
                               }
                            }
                         Log1[0] = Log1[0].join("");
                         }
                   // 若需要弹出的是附表 2
                  if(treeNode.trigger === "2"){
                  // 附表第一类树初始化，为附表 2
                      …
                         // 展开第一级树
                      …
                         // 隐藏不在范围内的节点
                      …

                         }

                  }
```

（4）若数据中的 661 字段既存在 $x（是否有下位类加 0）也存在 $u（连续组配）：令 fb_control 变量的值为 4；将 661 字段控制的附表的开始类号放进 begin 变量中，将 661 字段控制的附表的结束类号放进 finish 变量中；将点击的“总论面”节点类号放进 previous_click_number 变量中；将点击的节点类号分成‘.’前后两位，前一位放进 Log1[0] 中，后一位放进 Log1[1] 中并将 Log1[0] 的值去除所有的‘.’。最后，根据数据中的 trigger 值判断需要弹出哪棵附表树并隐藏超出范围的节点。

```
if(treeNode.x === 1 && treeNode.u === 1){
                  fb_control = 4;
                  showLog(treeNode.name1+" 可以直接组配“专论面”"+"或直接组配附表"+"或先组配“专论面”再组配附表"+treeNode.trigger+"或直接发送数据");
                  begin = treeNode.begin;
```

```
            finish = treeNode.finish;
            Log1[0] = treeNode.name1;
            Log1[1] = Log1[0].split(".")[1];

            previous_click_number = treeNode.name1;
             // 去除 '.'
             if ((Log1[0]!="")){
                 …
                 }
             // 若需要弹出的是附表 2
             if(treeNode.trigger === "2"){
             // 附表第一类树初始化，为附表 2
             …
                 // 展开第一级树
             …
             // 隐藏不在范围内的节点
             …
                     }
                 }
             }
        }
```

第二种情况 661 字段指示符为 /0 的处理方式如下。

将点击的“总论面”节点类号放进 previous_click_number 变量中，再根据数据中的 trigger 值判断需要弹出哪棵附表树：

```
if(treeNode.trigger_control === "0"){
            // 若存在 665 字段
            if(treeNode.match_control === "1"){
                    showLog(treeNode.name1+"  可以继续组配附表
   或或直接组配”专论面”或直接发送数据");
                }
            // 若不存在 665 字段
```

```
                if(treeNode.match_control != "1"){
                        showLog(treeNode.name1+" 可以继续组配附表或直接发送数据");
                        }
                previous_click_number = treeNode.name1;
                // 若弹出的为附表树 2
                if(treeNode.trigger === "2"){
                    $.fn.zTree.init($("#treeDemo6"), setting6, zNodes6);
                    fuzzySearch('treeDemo6','#key',null,true);
                    // 树的初始化
                    var treeObj = $.fn.zTree.getZTreeObj("treeDemo6");
                    var nodes = treeObj.transformToArray(treeObj.getNodes());
                    treeObj.expandNode(nodes[0], true);
                    // 展开第一级树
```

若点击的节点类号为范围类号：则取出范围类号的起始类号与结束类号的最后一位作为触发附表树的范围，根据此范围隐藏触发的附表树超出范围的节点。将去除最后一位的起始类号去除‘.’并放进 Log1[0] 变量中。

```
if(treeNode.name1.split("/").length > 1){
                    // 若是范围类号
                        begin = treeNode.name1.split("/")[0].split("")[treeNode.name1.split("/")[0].split("").length-1];
                        finish = treeNode.name1.split("/")[1].split("")[treeNode.name1.split("/")[0].split("").length-1];

                        for(var i=1;i<nodes.length;i=i+1) {
                            if((parseFloat(nodes[i].name1.slice(0,1))<=(parseFloat(begin)-1))||(parseFloat(nodes[i].
```

```
name1.slice(0,1))>=(parseFloat(finish)+1))){
                treeObj.hideNode(nodes[i]);
                }
            }
        //隐藏不在范围内的节点

        Log1[0] = treeNode.name1.split("/")[0];
        if ((Log1[0]!="")){
            Log1[0] = Log1[0].split("");
            Log1[0] = Log1[0].slice(0,(Log1[0].length-1));
            for(var i=0;i<Log1[0].length;i=i+1){
                if(Log1[0][i]==="."){Log1[0].splice(i,1)}
                }
            Log1[0] = Log1[0].join("");
            }
        }
```

若点击的节点类号不是范围类号，则将点击的节点类号去除所有’.’并放进 Log1[0]变量。

```

        else{
        //不是范围类号
            Log1[0] = treeNode.name1;
            if ((Log1[0]!="")){
                Log1[0] = Log1[0].split("");
                Log1[0] = Log1[0].slice(0,Log1[0].length);
                for(var i=0;i<Log1[0].length;i=i+1){
```

```
                            if(Log1[0][i]===".."){
                                Log1[0].splice(i,1);
                            }
                        }
                    Log1[0] = Log1[0].join("");
                    }
                }
            }
        }
```

第三种情况 661 字段指示符为 /1 和 /0/ 的处理方式如下

```
if(treeNode.trigger_control === "3"){
            previous_click_number = treeNode.name1;
```

判断 661 字段中是否存在下位类加零以及连续组配的规则，与指示符为 /1 的情形类似，这两条规则一共有四种组合形式：

（1）与 661 字段指示符为 /1 第一种情况类似，若数据中的 661 字段既不存在 $x（是否有下位类加 0）也不存在 $u（连续组配）：对 fb_control、begin、finish 与 previous_click_number 四个变量的处理与 661 字段指示符为 /1 的第一种情况相同：

fb_control = 1

begin = 661 字段控制的附表的开始类号

finish = 661 字段控制的附表的结束类号

previous_click_number = 点击的“总论面”节点类号

与 661 字段指示符为 /1 的第一种情况不同的是，将点击的“总论面”节点类号放进 Log1[0] 变量后并未做去除所有‘.’的处理，且此种情况会有两个 trigger 变量判断弹出哪两棵树后再隐藏超出范围的节点。

```
if(treeNode.x != 1 && treeNode.u != 1){
                fb_control = 1;
                if(treeNode.match_control === "1"){
                    showLog(treeNode.name1+"  可以继续组配附表或直接组配”专论面”或直接发送数据");
                }
                if(treeNode.match_control != "1"){
```

```
                        showLog(treeNode.name1+" 可以继续组配附表或直接发送数据");
                    }
                begin = treeNode.begin;
                finish = treeNode.finish;
                Log1[0] = treeNode.name1;
                if(treeNode.trigger1 === "2"){
                    $.fn.zTree.init($("#treeDemo6"), setting6, zNodes6);
                    fuzzySearch('treeDemo6','#key',null,true);
                    var treeObj = $.fn.zTree.getZTreeObj("treeDemo6");
                    var nodes = treeObj.transformToArray(treeObj.getNodes());
                    // 展开第一级树
                    treeObj.expandNode(nodes[0], true);
                    for(var i=1;i<nodes.length;i=i+1) {
                        if((parseFloat(nodes[i].name1.slice(0,1))<=(begin-1))||(parseFloat(nodes[i].name1.slice(0,1))>=(finish+1))){treeObj.hideNode(nodes[i])}
                        }
                    // 隐藏不在范围内的节点
                    }

                if(treeNode.trigger2 === "4"){
                    $.fn.zTree.init($("#treeDemo7"), setting7, zNodes9);
                    fuzzySearch('treeDemo7','#key',null,true);
```

```
                        var treeObj = $.fn.zTree.getZTreeObj("treeDemo7");
                        var nodes = treeObj.transformToArray(treeObj.getNodes());
                        treeObj.expandNode(nodes[0], true);
                        // 展开第一级树
                    }
                }
```

（2）与 661 字段指示符为 /1 第二种情况类似，若数据中的 661 字段存在 $x（是否有下位类加 0）但是不存在 $u（连续组配）对 fb_control、begin、finish、Log1[0]、Log1[1] 与 previous_click_number 六个变量的处理与 661 字段指示符为 /1 的第二种情况相同：

fb_control = 2

begin = 661 字段控制的附表的开始类号

finish = 661 字段控制的附表的结束类号

Log1[0] = 点击的“总论面”节点类号“.”前面的部分

Log1[1] = 点击的“总论面”节点类号“.”后面的部分

previous_click_number = 点击的“总论面”节点类号

与 661 字段指示符为 /1 的第二种情况不同的是，此种情况会有两个 trigger 变量判断弹出哪两棵树后再隐藏超出范围的节点。

```
if(treeNode.x === 1 && treeNode.u != 1){
                fb_control = 2;
                if(treeNode.match_control === "1"){
                    showLog(treeNode.name1+" 可以继续组配附表或或直接组配“专论面”或直接发送数据");
                }
                if(treeNode.match_control != "1"){
                    showLog(treeNode.name1+" 可以继续组配附表或直接发送数据");
                    }
                begin = treeNode.begin;
```

```
            finish = treeNode.finish;
            Log1[0] = treeNode.name1;
            Log1[1] = Log1[0].split(".")[1];

            previous_click_number = treeNode.name1;

            if ((Log1[0]!="")){
                Log1[0] = Log1[0].split(".")[0].split("");
                Log1[0] = Log1[0].slice(0,(Log1[0].length-1));
                for(var i=0;i<Log1[0].length;i=i+1){
                    if(Log1[0][i]==="."){
                        Log1[0].splice(i,1);
                        }
                    }
                Log1[0] = Log1[0].join("");
                }
             // 生成第一类树
            if(treeNode.trigger1 === "2"){
                $.fn.zTree.init($("#treeDemo6"),setting6, zNodes6);
                fuzzySearch('treeDemo6','#key',null,true);
                var treeObj = $.fn.zTree.getZTreeObj("treeDemo6");
                var nodes = treeObj.transformToArray(treeObj.getNodes());
                // 展开第一级树
                treeObj.expandNode(nodes[0], true);
                for(var i=1;i<nodes.length;i=i+1) {
```

```
                if((parseFloat(nodes[i].name1.slice(0,1))<=(begin-1))||(parseFloat(nodes[i].name1.slice(0,1))>=(finish+1))){treeObj.hideNode(nodes[i])}
                }
            //隐藏不在范围内的节点
            }
        //生成第二类树
        if(treeNode.trigger2 === "4"){
            $.fn.zTree.init($("#treeDemo7"), setting7, zNodes9);
            fuzzySearch('treeDemo7','#key',null,true);
            var treeObj = $.fn.zTree.getZTreeObj("treeDemo7");
            var nodes = treeObj.transformToArray(treeObj.getNodes());
            treeObj.expandNode(nodes[0], true);
            //展开第一级树
            }
        }
```

（3）与 661 字段指示符为 /1 第三种情况类似，若数据中的 661 字段不存在 $x（是否有下位类加 0）但是存在 $u（连续组配）：对 fb_control、begin、finish 与 previous_click_number 四个变量的处理与 661 字段指示符为 /1 的第三种情况相同：

fb_control = 3

begin = 661 字段控制的附表的开始类号

finish = 661 字段控制的附表的结束类号

previous_click_number = 点击“总论面”节点类号

与 661 字段指示符为 /1 的第三种情况不同的是，将点击的“总论面”节点类号放进 Log1[0] 变量后并未做去除所有‘.’的处理，且此种情况会有两个 trigger 变量判断弹出哪两棵树后再隐藏超出范围的节点。

```
if(treeNode.u ===1 && treeNode.x !=1){

                    fb_control = 3;
                    showLog(treeNode.name1+"  可以继续组配附表"+treeNode.trigger2 +"或先组配“专论面”再组配附表"+treeNode.trigger1+"或直接发送数据");
                    begin = treeNode.begin;
                    finish = treeNode.finish;
                    Log1[0] = treeNode.name1;

                    //生成第一类树
                     if(treeNode.trigger1 === "2"){
                         $.fn.zTree.init($("#treeDemo6"), setting6, zNodes6);
                         fuzzySearch('treeDemo6','#key',null,true);
                         var treeObj = $.fn.zTree.getZTreeObj("treeDemo6");
                         var nodes = treeObj.transformToArray(treeObj.getNodes());
                         //展开第一级树
                         treeObj.expandNode(nodes[0], true);
                         for(var i=1;i<nodes.length;i=i+1) {
                             if((parseFloat(nodes[i].name1.slice(0,1))<=(begin-1))||(parseFloat(nodes[i].name1.slice(0,1))>=(finish+1))){treeObj.hideNode(nodes[i])}
                             }
                         //隐藏不在范围内的节点
                         }
                     //生成第二类树
```

```
            if(treeNode.trigger2 === "4"){
                $.fn.zTree.init($("#treeDemo7"), setting7, zNodes9);
                fuzzySearch('treeDemo7','#key',null,true);

                var treeObj = $.fn.zTree.getZTreeObj("treeDemo7");
                var nodes = treeObj.transformToArray(treeObj.getNodes());
                treeObj.expandNode(nodes[0], true);
                //展开第一级树

                }
            }
```

与 661 字段指示符为 /1 第四种情况类似，若数据中的 661 字段既存在 $x（是否有下位类加 0）也存在 $u（连续组配）：对 fb_control、begin、finish、Log1[0]、Log1[1] 与 previous_click_number 六个变量的处理与 661 字段指示符为 /1 的第四种情况相同：

fb_control = 4

begin = 661 字段控制的附表的开始类号

finish = 661 字段控制的附表的结束类号

Log1[0] = 点击的“总论面”节点类号“.”前面的部分

Log1[1] = 点击的“总论面”节点类号“.”后面的部分

previous_click_number = 点击的“总论面”节点类号

与 661 字段指示符为 /1 的第四种情况不同的是，此种情况会有两个 trigger 变量判断弹出哪两棵树后再隐藏超出范围的节点。

```
if(treeNode.u ===1 && treeNode.x ===1){
            fb_control =4;
            showLog(treeNode.name1+" 可以继续组配附表"+" 或直接组配“专论面”"+" 或先组配“专论面”再组配附表 "+treeNode.trigger1+" 或直接发送数据 ");
```

```
            begin = treeNode.begin;
            finish = treeNode.finish;
            Log1[0] = treeNode.name1;
            Log1[1] = Log1[0].split(".")[1];

            previous_click_number = treeNode.name1;

            if ((Log1[0]!="")){
                Log1[0] = Log1[0].split(".")[0].split("");
                Log1[0] = Log1[0].slice(0,(Log1[0].length-1));
                for(var i=0;i<Log1[0].length;i=i+1){
                    if(Log1[0][i]==="."){
                        Log1[0].splice(i,1);
                    }
                }
                Log1[0] = Log1[0].join("");
            }

            // 生成第一类附表树
            if(treeNode.trigger1 === "2"){
                $.fn.zTree.init($("#treeDemo6"), setting6, zNodes6);
                fuzzySearch('treeDemo6','#key',null,true);
                var treeObj = $.fn.zTree.getZTreeObj("treeDemo6");
                var nodes = treeObj.transformToArray(treeObj.getNodes());
                // 展开第一级树
```

```
                    treeObj.expandNode(nodes[0], true);
                    for(var i=1;i<nodes.length;i=i+1) {
                        if((parseFloat(nodes[i].name1.slice(0,1))<=(begin-1))||(parseFloat(nodes[i].name1.slice(0,1))>=(finish+1))){treeObj.hideNode(nodes[i])}
                        }
                    // 隐藏不在范围内的节点
                    }
                // 生成第二类附表树
                if(treeNode.trigger2 === "4"){
                    $.fn.zTree.init($("#treeDemo7"), setting7, zNodes9);
                    fuzzySearch('treeDemo7','#key',null,true);

                    var treeObj = $.fn.zTree.getZTreeObj("treeDemo7");
                    var nodes = treeObj.transformToArray(treeObj.getNodes());
                    treeObj.expandNode(nodes[0], true);
                    // 展开第一级树
                    }
        }
                }
            }
```

9.5.5.2 “专论面”的组配规则实现（以“专论面”G82/G89 为例）

函数的初始化

```
function onClick1(event, treeId, treeNode, clickFlag) {
    var treeObj = $.fn.zTree.getZTreeObj("treeDemo1");
    treeObj.cancelSelectedNode();
            final_generated_data = "";
```

```
            bridge = 0;
    // 如果 661 字段存在有 $u（连续组配）则不销毁第一棵附表树，如果没有则销毁
            if(fb_control === 4 || fb_control ===3){}
            else{
                $.fn.zTree.destroy("treeDemo6");
                 }
             $.fn.zTree.destroy("treeDemo7");

             last_click_node[0] = treeNode.name1;
```

判断有没有需要组配或者交叉的情况，如果没有则可以提示直接发送。

```
             if(treeNode.triger_control != "1"&&treeNode.triger_control != "0"&&treeNode.triger_control != "3"&& zlm_control != 1&& zlm_control != 2){
                showLog(last_click_node[0] + "  可以直接发送数据 ");}
// 如果是连续组配（661 $u）的情况，将生成的数据放进组配前一数据的数组里
            if(fb_control===3 || fb_control===4 ){
                    if(treeNode.name1.split("/").length > 1){
                        bridge =2;
                        Log1[1] = Log1[0];
                        }
                    else{
                     // 不是范围节点
                         bridge =1;
                         showLog(final_generated_data+" 可以继续组配附表或直接发送数据 ");

                         Log1[0] = final_generated_data;
                         if ((Log1[0]!="")){
                             Log1[0] = Log1[0].split("");
```

```
                    Log1[0] = Log1[0].slice(0,Log1[0].length);
                    // 除去原始类号里所有的 "."
                    for(var i=0;i<Log1[0].length;i=i+1){
                        if(Log1[0][i]==="."){
                            Log1[0].splice(i,1);
                            }
                        }
                    Log1[0] = Log1[0].join("");
                    }
                }
            }
        }
```

“专论面”G82/89 中也存在 661 字段为 /0 的情况，判断是否存在这种情况。

```
    if(treeNode.triger_control === "0"){
            if(bridge != 2){
                showLog(treeNode.name1+" 可以继续组配附表或直接发送数据 ");
                previous_click_number = treeNode.name1;
                }
            else{}
            // 弹出的附表为附表 2
            if(treeNode.triger === "2"){
                $.fn.zTree.init($("#treeDemo6"), setting6, zNodes6);
                 fuzzySearch('treeDemo6','#key',null,true);
                 // 初始化附表 2
                 var treeObj = $.fn.zTree.getZTreeObj("treeDemo6");
                 var nodes = treeObj.
```

```
transformToArray(treeObj.getNodes());
                    treeObj.expandNode(nodes[0], true);
                    // 展开第一级节点
                    // 判断是否是范围类号（用 "/" 做字符串的切割）
                    if(treeNode.name1.split("/").length > 1){
                        Log1[0] = treeNode.name1.split("/")[0];
                        if ((Log1[0]!="")){
                            begin = treeNode.name1.split("/")[0].split("")[treeNode.name1.split("/")[0].split("").length-1];
                            finish = treeNode.name1.split("/")[1].split("")[treeNode.name1.split("/")[0].split("").length-1];
                            for(var i=1;i<nodes.length;i=i+1) {
                                if((parseFloat(nodes[i].name1.slice(0,1))<=(parseFloat(begin)-1))||(parseFloat(nodes[i].name1.slice(0,1))>=(parseFloat(finish)+1))){
                                    treeObj.hideNode(nodes[i]);
                                }
                            }
                        }
                    }
                }
            }
```

9.5.5.3　附表（以第一类附表树为例）

函数的初始化以及各个变量的初始化

```
function onClick6(event, treeId, treeNode, clickFlag) {
var treeObj = $.fn.zTree.getZTreeObj("treeDemo6");
treeObj.cancelSelectedNode();
// 点击第一个弹出附表的触发行为
    Log2[0]= treeNode.name1;
    final_generated_data = "";
intermediate_generated_data = "";
```

如果“总论面”或者“专论面”传过来的控制参数 fb_control 为 0。

```
if(fb_control===0){
```

（1）如果并未点击“专论面”，这代表着点击的前一节点是“总论面”节点并且具有 661\0 的规则，则直接将附表类号附加在“总论面”类号之后即可。

```
if(bridge === 0 ){
        final_generated_data = "";
        intermediate_generated_data = "";

        if ((Log1[0]!="")&&(Log2[0] != "")){
            intermediate_generated_data = intermediate_generated_data + Log1[0];
            intermediate_generated_data = intermediate_generated_data + Log2[0];

            intermediate_generated_data = intermediate_generated_data.slice(0,intermediate_generated_data.length);
            // 将生成的数据每三位加一"."
            for(var m = 0;m < intermediate_generated_data.length;m=m+1){
                if ((m%3===0)&&(m!=0)&&(m!=(intermediate_generated_data.length-1))&&(intermediate_generated_data[m]!= ".")){
                    final_generated_data = final_generated_data+intermediate_generated_data[m] + ".";
                }
                else{
                    if(intermediate_generated_data[m]=== "."){}
                    else{final_generated_data = final_generated_data+intermediate_generated_data[m];}
```

```
                        }
                    }
                final_generated_data_copy = final_generated_data;

                showLog(previous_click_number+":"+Log2[0]+"="+final_generated_data);

                Log2[0] = "";
                }
            }
```

（2）如果在点击的“专论面”为范围节点的情形下点击了“专论面”。

```

  // 如果“专论面”传过来的控制参数 bridge 为 2
   if(bridge === 2 ){
            final_generated_data = "";
            intermediate_generated_data = "";
            if ((Log1[0]!="")&&(Log2[0] != "")){
                intermediate_generated_data = intermediate_generated_data + Log1[0];
                intermediate_generated_data = intermediate_generated_data + Log2[0];
                intermediate_generated_data = intermediate_generated_data.slice(0,intermediate_generated_data.length);
                 // 将生成的数据每三位加一”.”
                 for(var m = 0;m < intermediate_generated_data.length;m=m+1){
                     …
                     }
                 showLog(Log1[0]+":"+Log2[0]+"="+final_generated_data);
```

```
                intermediate_generated_data = final_generated_data;
                final_generated_data_copy = final_generated_data;
                final_generated_data = "";
                if ((intermediate_generated_data!="")){
                    if ((intermediate_generated_data!="")){
                        intermediate_generated_data = intermediate_generated_data.split("");
                        for(var i=0;i<intermediate_generated_data.length;i=i+1){
                            if(intermediate_generated_data[i]==="."){intermediate_generated_data.splice(i,1)}
                        }
                        intermediate_generated_data = intermediate_generated_data.join("");
                    }
                    // 判断有没有下位类
                    if(treeNode.isParent){
                        intermediate_generated_data = intermediate_generated_data+"0";
                    }
                    intermediate_generated_data = intermediate_generated_data + data_665;
                    // 将生成的数据从第二位开始每三位加一个点
                    intermediate_generated_data = intermediate_generated_data.slice(0,intermediate_generated_data.length);
                    for(var m = 0;m < intermediate_generated_data.length;m=m+1){
                        if ((m%3===0)&&(m!=0)&&(m!=(intermediate_generated_data.length-1))&&(intermediate_generated_data[m]!=".")){
```

```
                        final_generated_data = final_generated_data+intermediate_generated_data[m] + ".";
                        }
                    else{
                        if(intermediate_generated_data[m]=== "."){}
                        else{final_generated_data = final_generated_data+intermediate_generated_data[m];}
                        }
                    }
 showLog(previous_click_number+":"+final_generated_data_copy+"="+final_generated_data);
                }
                Log2[0] = "";
                }
            }
        }
```

如果”总论面”或者”专论面”传过来的控制参数 fb_control 为 1。

```
    if(fb_control===1){
```

（1）如果并未点击“专论面”，这说明就直接按照“总论面”661 字段的指示符为 \1 无须判断附表是否有下位类、连续组配的规则，只需去掉”总论面”节点类号最后一位再附加附表类号即可。

```
        if(bridge === 0 ){
                final_generated_data = "";
                intermediate_generated_data = "";
            if ((Log1[0]!="")){
                    Log1[0] = Log1[0].split("");
                Log1[0] = Log1[0].slice(0,(Log1[0].length-1));
                    for(var i=0;i<Log1[0].length;i=i+1){
                        if(Log1[0][i]==="."){
                            Log1[0].splice(i,1);
```

```
            }
        }
    Log1[0] = Log1[0].join("");
    }
if ((Log1[0]!="")&&(Log2[0] != "")){
    intermediate_generated_data = intermediate_generated_data + Log1[0];
    intermediate_generated_data = intermediate_generated_data + Log2[0];
    intermediate_generated_data = intermediate_generated_data.slice(0,intermediate_generated_data.length);
    for(var m = 0;m < intermediate_generated_data.length;m=m+1){
        if ((m%3===0)&&(m!=0)&&(m!=(intermediate_generated_data.length-1))&&(intermediate_generated_data[m]!=".")){
            final_generated_data = final_generated_data+intermediate_generated_data[m] + ".";
            }
        else{
            if(intermediate_generated_data[m]===".")}{}
            else{final_generated_data = final_generated_data+intermediate_generated_data[m];}
            }
        }
    final_generated_data_copy = final_generated_data;
    showLog(previous_click_
```

```
number+":"+Log2[0]+"="+final_generated_data);

                    Log2[0] = "";
                    }
                }

```

（2）如果在点击的“专论面”为范围节点的情形下点击了附表

```
        if(bridge === 2 ){
            final_generated_data = "";
            intermediate_generated_data = "";

            if ((Log1[0]!="")&&(Log2[0] != "")){
                intermediate_generated_data = intermediate_generated_data + Log1[0];
                intermediate_generated_data = intermediate_generated_data + Log2[0];

                intermediate_generated_data = intermediate_generated_data.slice(0,intermediate_generated_data.length);
                 for(var m = 0;m < intermediate_generated_data.length;m=m+1){
                    if ((m%3===0)&&(m!=0)&&(m!=(intermediate_generated_data.length-1))&&(intermediate_generated_data[m]!= ".")){
                        final_generated_data = final_generated_data+intermediate_generated_data[m] + ".";
                        }
                    else{
                        if(intermediate_generated_data[m]=== "."){}
                        else{final_generated_data = final_
```

```
generated_data+intermediate_generated_data[m];}
                    }
                }
            showLog(Log1[0]+":"+Log2[0]+"="+final_generated_data);


        intermediate_generated_data = final_generated_data;
        final_generated_data_copy = final_generated_data;
        final_generated_data = "";
        if ((intermediate_generated_data!="")){
            if ((intermediate_generated_data!="")){
                    intermediate_generated_data = intermediate_generated_data.split("");
                    for(var i=0;i<intermediate_generated_data.length;i=i+1){
                        if(intermediate_generated_data[i]===".")){intermediate_generated_data.splice(i,1)}
                        }
                    intermediate_generated_data = intermediate_generated_data.join("");
                }
            //判断有没有下位类
            if(treeNode.isParent){
                intermediate_generated_data = intermediate_generated_data+"0";
                }
            intermediate_generated_data = intermediate_generated_data + data_665;
            //将生成的数据从第二位开始每三位加一个点
            intermediate_generated_data = intermediate_
```

```
generated_data.slice(0,intermediate_generated_data.length);
                for(var m = 0;m < intermediate_generated_data.length;m=m+1){
                    if ((m%3===0)&&(m!=0)&&(m!=(intermediate_generated_data.length-1))&&(intermediate_generated_data[m]!= ".")){
                        final_generated_data = final_generated_data+intermediate_generated_data[m] + ".";
                        }
                    else{
                        if(intermediate_generated_data[m]=== "."){}
                        else{final_generated_data = final_generated_data+intermediate_generated_data[m];}
                        }
                    }
                    showLog(previous_click_number+":"+final_generated_data_copy+"="+final_generated_data);
                }
                Log2[0] = "";
                }
            }
        }
```

如果“总论面”或者“专论面”传过来的控制参数 fb_control 为 2。

```
    if(fb_control===2){
```

（1）如果并未点击“专论面”，这说明按照这说明就直接按照“总论面”661 字段的指示符为 \1 并且需要判断附表是否有下位类的规则来处理。

```
        if(bridge === 0 ){
            final_generated_data = "";
            intermediate_generated_data = "";
        if ((Log1[0]!="")&&(Log2[0] != "")){
                intermediate_generated_data =
```

```
intermediate_generated_data + Log1[0];
            intermediate_generated_data = intermediate_generated_data + Log2[0];

            if(treeNode.isParent){
                intermediate_generated_data = intermediate_generated_data+"0";
                }
                intermediate_generated_data = intermediate_generated_data + Log1[1];

                intermediate_generated_data = intermediate_generated_data.slice(0,intermediate_generated_data.length);
                for(var m = 0;m < intermediate_generated_data.length;m=m+1){
                    if ((m%3===0)&&(m!=0)&&(m!=(intermediate_generated_data.length-1))&&(intermediate_generated_data[m]!= ".")){
                        final_generated_data = final_generated_data+intermediate_generated_data[m] + ".";
                        }
                    else{
                        if(intermediate_generated_data[m]=== "."){}
                        else{final_generated_data = final_generated_data+intermediate_generated_data[m];}
                        }
                    }
                showLog(previous_click_number+":"+Log2[0]+"="+final_generated_data);
```

```
                    Log2[0] = "";
                }
            }
```

（2）如果在点击“专论面”为范围节点的情形下点击了附表。

```
        if(bridge === 2 ){
            final_generated_data = "";
            intermediate_generated_data = "";
            if ((Log1[0]!="")&&(Log2[0] != "")){
                intermediate_generated_data = intermediate_generated_data + Log1[0];
                intermediate_generated_data = intermediate_generated_data + Log2[0];
                intermediate_generated_data = intermediate_generated_data.slice(0,intermediate_generated_data.length);
                for(var m = 0;m < intermediate_generated_data.length;m=m+1){
                    if ((m%3===0)&&(m!=0)&&(m!=(intermediate_generated_data.length-1))&&(intermediate_generated_data[m]!= ".")){
                        final_generated_data = final_generated_data+intermediate_generated_data[m] + ".";
                    }
                    else{
                        if(intermediate_generated_data[m]=== "."){}
                        else{final_generated_data = final_generated_data+intermediate_generated_data[m];}
                    }
```

```
                }
            showLog(Log1[0]+":"+Log2[0]+"="+final_generated_data);


        intermediate_generated_data = final_generated_data;
        final_generated_data_copy = final_generated_data;
        final_generated_data = "";
        if ((intermediate_generated_data!="")){
            if ((intermediate_generated_data!="")){
                    intermediate_generated_data = intermediate_generated_data.split("");
                    for(var i=0;i<intermediate_generated_data.length;i=i+1){
                        if(intermediate_generated_data[i]==="."){intermediate_generated_data.splice(i,1)}
                        }
                    intermediate_generated_data = intermediate_generated_data.join("");
                    }
            // 判断有没有下位类
            if(treeNode.isParent){
                intermediate_generated_data = intermediate_generated_data+"0";
                }
            intermediate_generated_data = intermediate_generated_data + data_665;
            // 将生成的数据从第二位开始每三位加一个点
            intermediate_generated_data = intermediate_generated_data.slice(0,intermediate_generated_data.length);
```

```
                    for(var m = 0;m < intermediate_generated_data.length;m=m+1){
                        if ((m%3===0)&&(m!=0)&&(m!=(intermediate_generated_data.length-1))&&(intermediate_generated_data[m]!=".")){
                            final_generated_data = final_generated_data+intermediate_generated_data[m] + ".";
                            }
                        else{
                            if(intermediate_generated_data[m]===".")){}
                            else{final_generated_data = final_generated_data+intermediate_generated_data[m];}
                            }
                        }
                showLog(previous_click_number+":"+final_generated_data_copy+"="+final_generated_data);
                    }
                    Log2[0] = "";
                    }
            }
        }
```

如果“总论面”或者“专论面”传过来的控制参数 fb_control 为 4。

```
if(fb_control===4){
```

（1）如果没有点击“专论面”：

```
 if(bridge === 0 ){
        final_generated_data = "";
        intermediate_generated_data = "";
        if ((Log1[0]!="")&&(Log2[0] != "")){
            intermediate_generated_data = intermediate_generated_data + Log1[0];
```

```
                intermediate_generated_data = intermediate_generated_data + Log2[0];

                if(treeNode.isParent){
                intermediate_generated_data = intermediate_generated_data+"0";
                    }
            intermediate_generated_data = intermediate_generated_data + Log1[1];

                intermediate_generated_data = intermediate_generated_data.slice(0,intermediate_generated_data.length);
                for(var m = 0;m < intermediate_generated_data.length;m=m+1){
                    if ((m%3===0)&&(m!=0)&&(m!=(intermediate_generated_data.length-1))&&(intermediate_generated_data[m]!=".")){
                        final_generated_data = final_generated_data+intermediate_generated_data[m] + ".";
                        }
                    else{
                        if(intermediate_generated_data[m]===".")){}
                        else{final_generated_data = final_generated_data+intermediate_generated_data[m];}
                        }
                    }
                showLog(previous_click_number+":"+Log2[0]+"="+final_generated_data);
                Log2[0] = "";
                }
```

```
            }
```

（2）如果在连续组配的情形下已经点击过了“专论面”。

```
if(bridge === 1 ){
            final_generated_data = "";
            intermediate_generated_data = "";

            if ((Log1[0]!="")&&(Log2[0] != "")){
                intermediate_generated_data = intermediate_generated_data + Log1[0];
                intermediate_generated_data = intermediate_generated_data + Log2[0];

                intermediate_generated_data = intermediate_generated_data.slice(0,intermediate_generated_data.length);
                for(var m = 0;m < intermediate_generated_data.length;m=m+1){
                    if ((m%3===0)&&(m!=0)&&(m!=(intermediate_generated_data.length-1))&&(intermediate_generated_data[m]!=".")){
                        final_generated_data = final_generated_data+intermediate_generated_data[m] + ".";
                        }
                    else{
                        if(intermediate_generated_data[m]===".")){}
                        else{final_generated_data = final_generated_data+intermediate_generated_data[m];}
                        }
                    }
                final_generated_data_copy = final_generated_data;

```

```
                showLog(Log1[0]+":"+Log2[0]+"="+final_generated_data);

                Log2[0] = "";
                }
            }
```

（3）如果点击的“专论面”节点为范围节点。

```
        if(bridge === 2 ){
            final_generated_data = "";
            intermediate_generated_data = "";

            if ((Log1[0]!="")&&(Log2[0] != "")){
                intermediate_generated_data = intermediate_generated_data + Log1[0];
                intermediate_generated_data = intermediate_generated_data + Log2[0];

                intermediate_generated_data = intermediate_generated_data.slice(0,intermediate_generated_data.length);
                for(var m = 0;m < intermediate_generated_data.length;m=m+1){
                    if ((m%3===0)&&(m!=0)&&(m!=(intermediate_generated_data.length-1))&&(intermediate_generated_data[m]!= ".")){
                        final_generated_data = final_generated_data+intermediate_generated_data[m] + ".";
                        }
                    else{
                        if(intermediate_generated_data[m]=== "."){}
                        else{final_generated_data = final_
```

```
generated_data+intermediate_generated_data[m];}
                    }
                }
            showLog(Log1[0]+":"+Log2[0]+"="+final_generated_data);
        intermediate_generated_data = final_generated_data;
        final_generated_data_copy = final_generated_data;
        final_generated_data = "";
        if ((intermediate_generated_data!="")){
            if ((intermediate_generated_data!="")){
                    intermediate_generated_data = intermediate_generated_data.split("");
                    for(var i=0;i<intermediate_generated_data.length;i=i+1){
                        if(intermediate_generated_data[i]==="."){intermediate_generated_data.splice(i,1)}
                    }
                    intermediate_generated_data = intermediate_generated_data.join("");
                }
            // 判断有没有下位类
            if(treeNode.isParent){
                intermediate_generated_data = intermediate_generated_data+"0";
                }
            intermediate_generated_data = intermediate_generated_data + data_665;
            // 将生成的数据从第二位开始每三位加一个点
            intermediate_generated_data = intermediate_generated_data.slice(0,intermediate_generated_data.length);
```

```
                    for(var m = 0;m < intermediate_generated_data.length;m=m+1){
                        if ((m%3===0)&&(m!=0)&&(m!=(intermediate_generated_data.length-1))&&(intermediate_generated_data[m]!= ".")){
                            final_generated_data = final_generated_data+intermediate_generated_data[m] + ".";
                            }
                        else{
                            if(intermediate_generated_data[m]=== "."){}
                            else{final_generated_data = final_generated_data+intermediate_generated_data[m];}
                            }
                        }               showLog(previous_click_number+":"+final_generated_data_copy+"="+final_generated_data);
                    }
                    Log2[0] = "";
                    }
                }
            }
}
```

9.5.6 组配规则的前端展示

9.5.6.1 匹配规则 I

某一类号只与唯一触发附表组配，如：G811 与世界地区表组配，结果是替换基础号最后一位，每隔三位一个点号。见图 9-7。

（1）点击“G811 世界体育事业：各国”，提示框显示可以继续组配或直接发送数据；

（2）此时可在触发附表上继续点击，如“2 中国”，提示框显示组配类号“G812”；

（3）此时可继续在附表上点击，默认当前点击结果，清空之前数据，如“333 越南”，提示框显示组配类号“G813.33”。

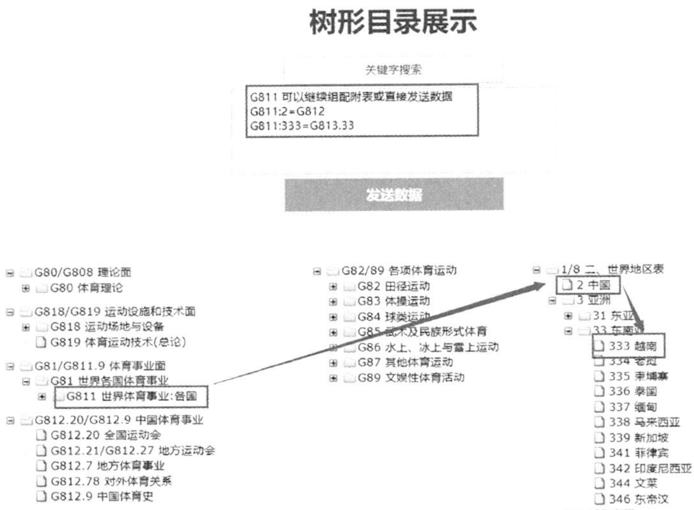

图 9–7 匹配规则 I 前端树形分面图

9.5.6.2 匹配规则 II

某一类号与唯一触发附表组配或与“专论面”组配或先组配“专论面”再组配附表。见图 9–8 及 9–9。

（1）与附表组配

点击“G811.1 国际政策及其阐述”，提示框显示可以继续组配附表或直接组配“专论面”或先组配“专论面”再组配附表 2 或直接发送数据；此时可在触发附表上继续点击，如“2 中国”，提示框显示组配类号“G812.1”；点击“311 蒙古”，提示框显示组配类号“813.111”。

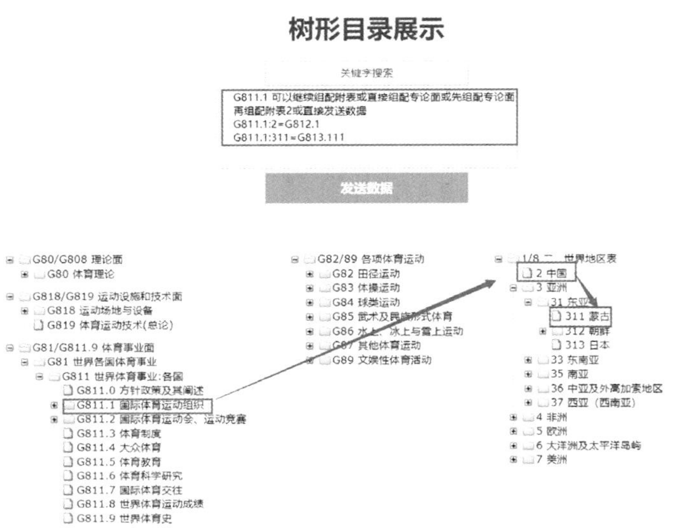

图 9–8 匹配规则 II（1）前端树形分面图

（2）与“专论面”组配或先组配“专论面”再组配附表

点击“G811.1 国际政策及其阐述”，提示框显示可以继续组配附表或直接组配“专论面”或先组配“专论面”再组配附表 2 或直接发送数据；在“专论面”上点击“G821 竞走”，提示框显示组配类号“G821.6”可以继续组配或发送数据；可继续在附表上点击，如“311 蒙古”，提示框显示新类号“G821.631.1”。

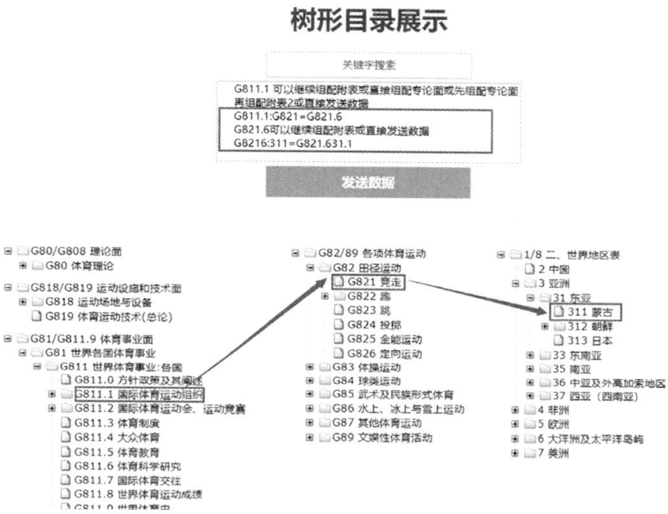

图 9–9　匹配规则 II（2）前端树形分面图

9.5.6.3 匹配规则 III：某一类号与两个触发附表组配（两个附表任选，互不影响），见图 9–10。

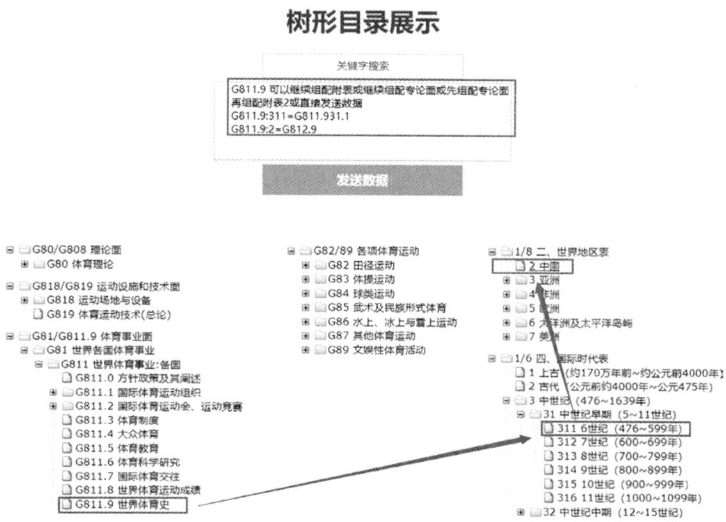

图 9–10　匹配规则 III 前端树形分面图

点击“G811.9 世界体育史”，提示框显示可以继续组配附表 4 或先组配“专论面”再组配附表 2 或直接发送数据；继续点击国际时代表，如“311 6 世纪”，提示框显示组配类号“G811.931.1”，可继续点击世界地区表，默认当前点击结果，清空之前数据，如“2 中国”，提示框显示组配类号“G812.9”。

9.5.7 问题讨论

（1）交替类号问题

```
=005  20090514015645.0
=LDR  00424nw   2200121 a 45
=001  C054594
=100  \\$a20090514aaab abachiy50      ea
=184  0\$aCLC$b 中国图书馆分类法 $c5$echi
=250  5\$d04$aG889$9G$h 文化、科学、教育、体育 $9G8$h 体育 $0G82$cG89$fL01$k 各项体育运动 $9G87$h 其他体育运动 $j 体育舞蹈（国际标准交谊舞）
=801  \0$aCN$bNLC$c20090514
=801  \2$aCN$bNLC$c20091116
=353  \\$i 宜入 $aJ722.8$i、$aJ732.8$i 等有关各类。
```

“专论面”G889 是交替类号 353 字段中的宜入是多个类号，在不组配直接发送数据时该发送什么内容。当”总论面”有 665 字段需要和 G889 组配时，由于 G889 是交替类号，应该怎样组配。这些都是根据分面方案（针对交替类指向一个类或一个面或多个面不同情况，采取“宜入类”导航资源和再现“宜入类”列“面”导航的不同方法。对于有复分选择要求的交替类，可组配检索，采取编制映射表办法解决指向类等）具体实现层面需要考虑的。

（2）“总论面”661 字段连续组配“专论面”范围类号问题

“总论面”中的 665 字段如果和“专论面”范围类号组配必须是:“总论面”、“专论面”、附表连续组配才能显示，也就相当于是“专论面”范围类号的 661 字段控制与附表组配完再反过来按照“总论面”的 665 字段组配。

那么类似 G811.1 这样含有 $u 连续组配规则的记录在与“专论面”范围类号组配时也是如此，G811.1 这样本身含有 $u 的 661 规则如何体现?

（3）组配规则在分类数据上的存储差异

G8 类的 661 字段是 G8 最为复杂的规则而 TP 类无 661 字段，唯一有 661 字段的一条数据同时有 875 不显示字段。

G8 类与 TP 类均有 665 字段但规则并不一致，G8 类的 665 字段是直接附加而 TP 类的 665 字段是根据 $r 截取后再附加，且 G8 类的 665 规则在“总论面”上，而 TP 类的 665 规则在“专论面”上。

组配规则在系统实现与分类数据两者之间应达成一致性。组配规则是确定，需要在分类数据层面上落实到位。“组配规则—数据体现—系统实现”，三者应能进一步明确并固定下来。这三者之间，前两者的一致性最为关键，数据体现在其中起到了与系统实现协调权衡的中介作用。举例来说，组配规则如果是双向皆可最好是在双向均添加规则（也即冗余），因为程序是直接寻找一条数据上的规则再进一步操作，系统实现不能应对和处理不在数据上的规则。

9.6 书目检索功能的实现

书目检索功能是在现有分类组配演示系统之上，根据用户所选类号，挂接书目数据库，检索返回相关类号。用户在前端页面点击各树节点，点击行为符合“9.5 匹配规则”中所规定的内容时将生成新类号，此时用户可选择检索生成类号的相关内容或直接检索所点击类号的相关内容。

功能实现思路如下：直接点击的类号或点击生成的组配类号将作为参数值向后端发送数据，参数在数据库中匹配相关值并返回相应的匹配结果，如匹配成功则为相应检索结果，如匹配失败则表示当前数据库中没有此条信息。以上功能由点击发送按钮触发。

9.6.1 技术实现过程

根据前述章节中前端与用户的交互设计和程序设计，用户点击的类号总共分为两种：一是直接点击类号，变量命名为 last_click_node[0]；二是最后生成的组配类号，变量命名为 final_generated_data。此两类类号将按照实际用户交互结果为后端参数赋值。

此处只是为展示检索效果，这里对样例书目数据进行了简化提取，构建了一个简单的书目数据库，仅包含书名、类号两个主要部分。

数据库中存储一张书目信息表，命名为 book_search，其中包含：编号、书目名、书目名补充、类号 1、类号 2，分别命名为：id、bookname、i_add、number1、number2，共计 4 项字段。其中 number1 与 number2 的值作为类号并不完全由数字组成，包含字母或特殊字符等（如 G812、G80-5 等），因此数据类型仍为 varchar。

表 9-2 检索数据表设计

字段	含义	数据类型	长度	备注
id	编号	int	4	自增
bookename	书名	varchar	255	
i_add	书名补充	varchar	255	
number1	类号 1	varchar	32	
number2	类号 2	varchar	32	

后端 PHP 程序接收到前端传参，将字段 number1 即类号 1 的值进行前方一致的模糊搜索，并一起返回包括：编号、书目名、书目名补充、类号 1、类号 2 的书目信息。检索功能实现的代码如下：

```
<?php
$number = $_GET['q'];  // 接收前端传参即类号值
$username = " 数据库用户名 ";
$password = " 数据库连接密码 ";
$hostname = "localhost";
$dbname = " 数据库名 "; // 本程序内数据库命名为 "search"
// 创建连接
$conn = mysqli_connect($hostname, $username, $password, $dbname);
if (!$conn) {
    die(" 连接失败： " . mysqli_connect_error());
}
// 设置字符集，避免乱码
mysqli_set_charset($conn,'utf8');
// 具体的 sql 实现语句
$sql = "SELECT id,bookname, number1, number2, i_add FROM book_search
        WHERE number1 LIKE '%$number%' OR number2 LIKE '%$number%'
        ORDER BY id";

```

```
$res = mysqli_query($conn, $sql);
echo "<h2> 当前检索类号是：$number</h2>";
if (mysqli_num_rows($res) > 0) {
    echo "<table>
        <tr>
        <th> 书名 </th>
        <th> 类号 </th>
        </tr>";
    // 输出数据
    while($row = mysqli_fetch_assoc($res)) {
        echo"<tr>";
        echo "<td>".$row["bookname"]."    ".$row["i_add"]."</td>";
        echo "<td>".$row["number1"]." / ".$row["number2"]."</td>";
        echo"</tr>";
    }

} else {
    echo "<h4> 此类号无匹配结果 </h4>";
}
echo "</table>";

mysqli_close($conn);
?>
```

9.6.2 部署环境

此处以 Windows 平台为例，采用 Apache+PHP+MySQL 环境搭建检索实验环境。为了便于非技术人员的安装与调试，选了 PHPStudy 集成化安装，简化安装与配置步骤。

9.6.2.1 安装 PHPStudy

第一步：解压并双击 phpstudy V8.1 安装包，出现如下安装界面。

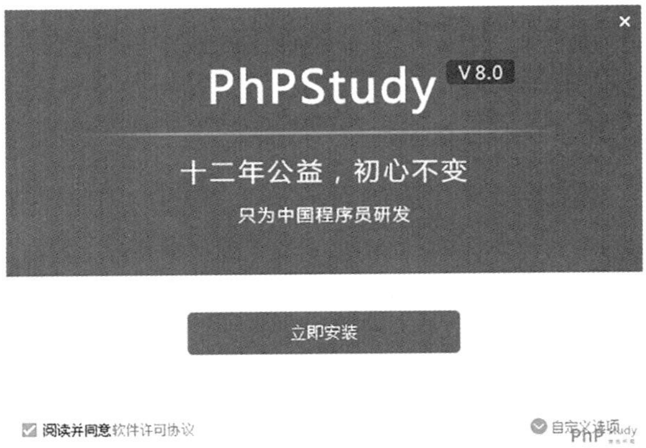

第二步：然后打开自定义选项可选择安装路径，但安装路径不能包含“中文”或者“空格”，否则启动会报错（默认安装在 D 盘）。

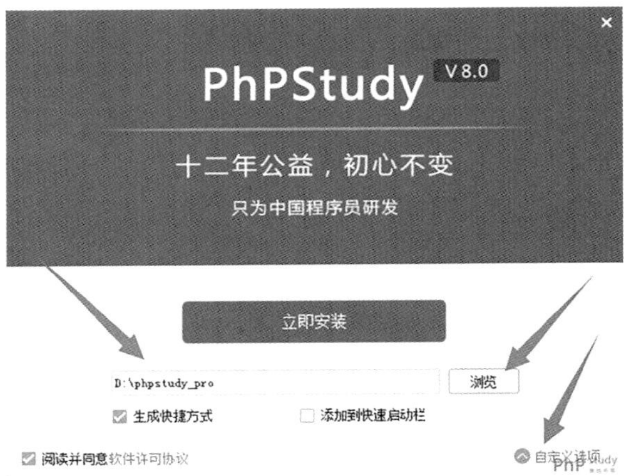

第三步：安装成功，双击打开 phpStudy 软件后就会出现以下界面。

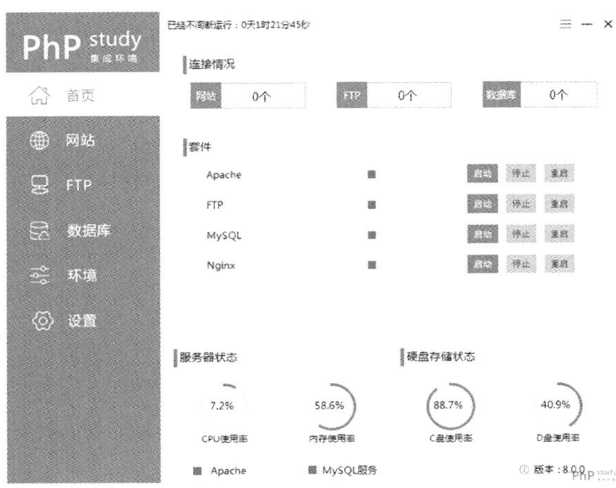

9.6.2.2　配置环境

第一步：安装相关工具和服务。

点击环境，依次安装红框标注的工具和服务。Web Server 选择 apache，数据库选择 MySQL 5.7 版本，PHP 选择 php 5，数据库管理工具选择 SQL_Front5.3。其中，Apache 主要用于解析静态文本，并发性能高，侧重于 HTTP 服务，支持静态页；而 PHP 是一种创建动态交互网页的的服务器端脚本语言，是链接前后端的桥梁；MySQL 是一种关系型数据库管理系统，其使用的 SQL 语言是用于访问数据库的标准化语；数据库管理工具则是辅助用户导入和管 MySQL 内的数据。

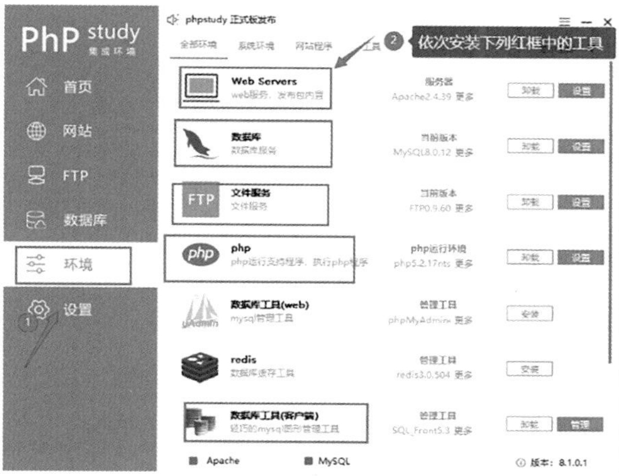

第二步：回到首页，开启服务，会出现如下画面。

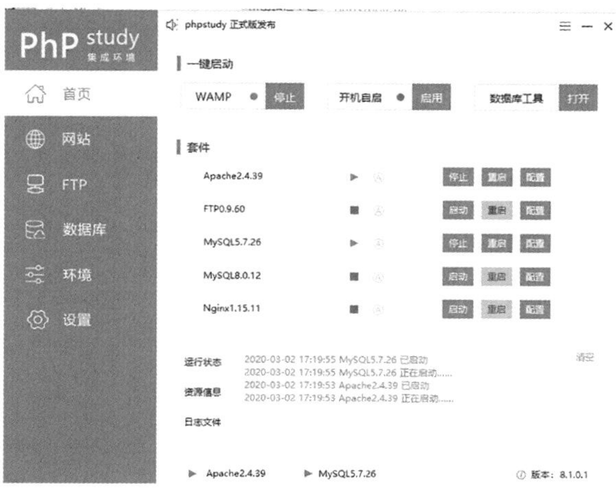

如果弹出如下警报，点击“允许访问”。

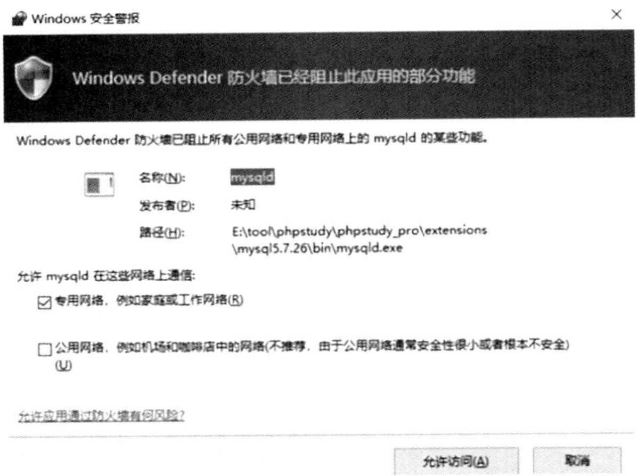

9.6.2.3　导入数据

第一步：点击数据库，先修改 root 密码（按照提示进行操作，如下图所示）。如在首页开启的是 mySQL8，则修改密码会出错。

第二步：创建数据库，并按照提示填写相关信息，数据库名称需与之后 php 程序中的变量保持一致。目前 php 程序中变量名为 search，因此本例中命名为“search”，如下图所示。

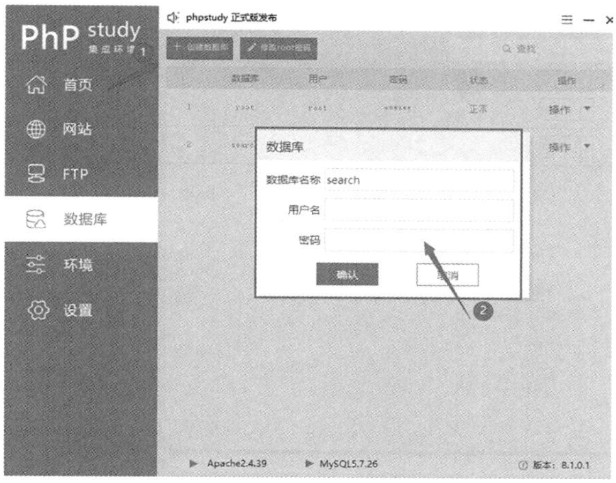

第三步：点击数据库工具—管理。

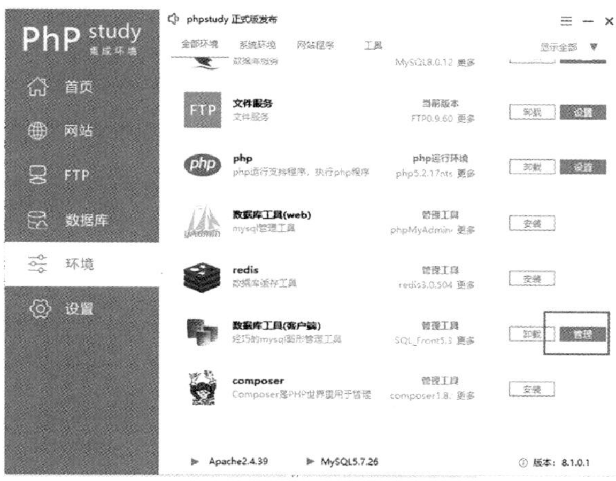

会出现如下页面（图中红框所标示为刚才所新建数据库）。

第四步：鼠标右键“search”—“输入”—“SQL 文件”，选择 sql 文件所在地址（两

个 sql 文件都按此方法导入），出现如下页面。注意选择字符集“UTF-8”，否则可能导致导入失败。

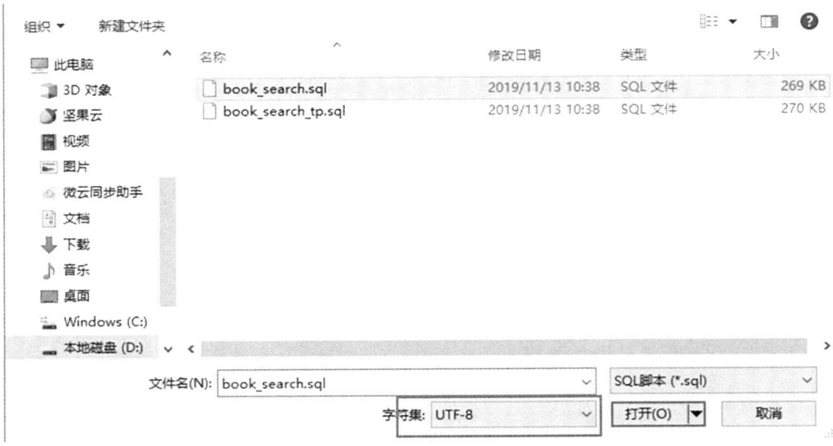

第五步：成功导入，查看数据。

9.6.2.4 搭建站点

第一步：选择设置项—系统设置，可设置网站根目录（此步可省略，直接打开目录）。

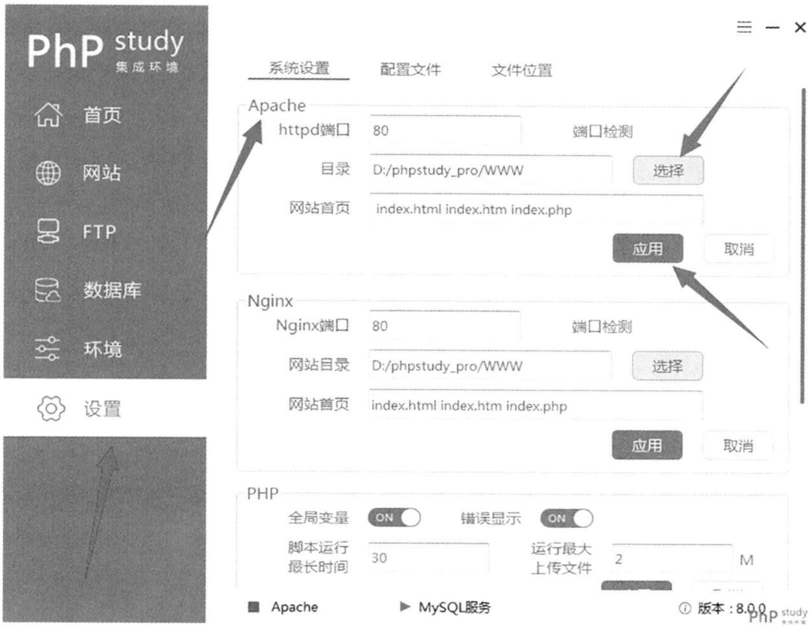

第二步：将“zTree”解压放入“www”文件夹。

注：“www”文件在 phpstudy 的安装路径下。

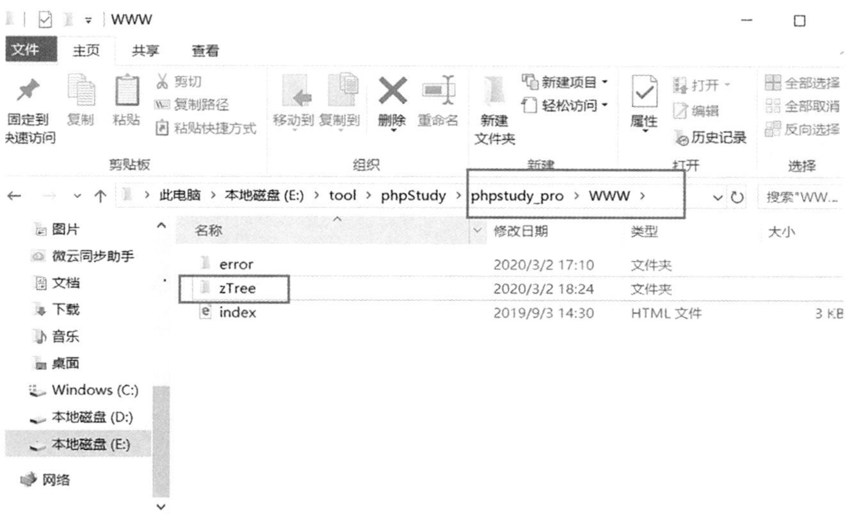

第三步：打开站点，输入地址，开始检索（本例中地址为 localhost:80/zTree/menu.html，80 为 httpd 默认端口号，也可由第一步中操作自行设置，推荐采用默认值，无须修改）。

首页：

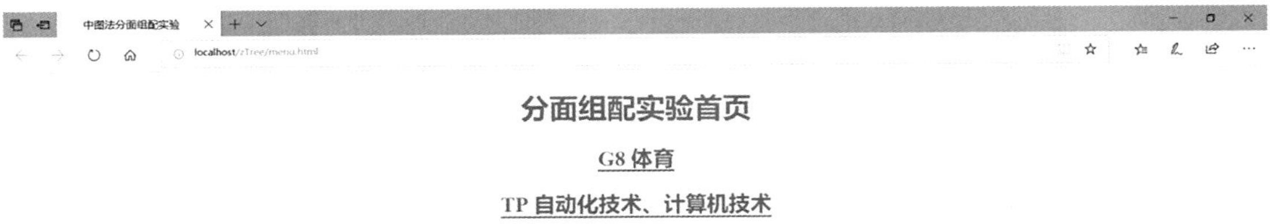

G8 分面组配实验：

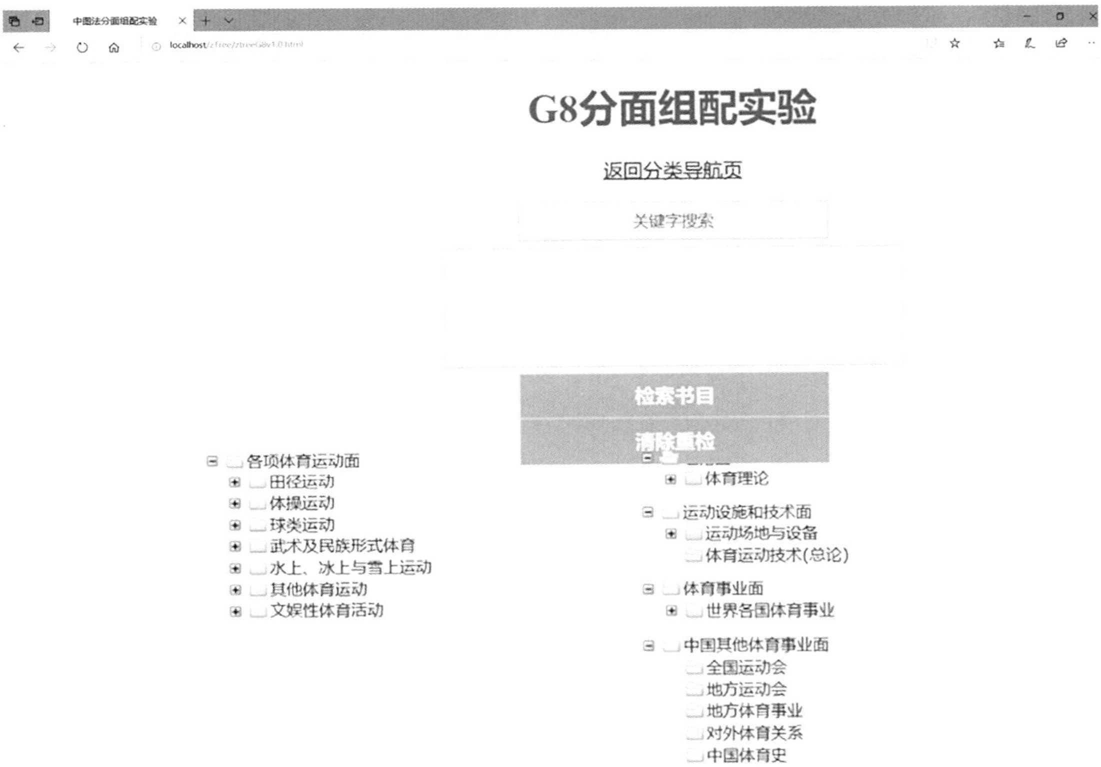

9.7 项目实现总结

9.7.1 演示实验的实施可推广性

（1）分类数据转换方法的普适性和扩展性

在 Txt 纯文本转换为 JSON 格式的部分中，利用 python 工具不仅实现全工具化处理也可作为后续其他相关纯文本文件转换格式的基础。中图法其他类目的数据转换可直接复用该转换方法。同时，JSON 作为一种轻量级数据交换格式，可供机器解析和读取，其简捷明了的层次结构、易于人工阅读编写的特性，使得 JSON 在本项目中不仅满足树形目录的生成也可利用其扩展后续除组配类号外其他任何需要调用数据的其他功能。

（2）嵌套 JSON 自定义属性扩展

利用 JSON 自身良好的扩展性即任意写入“键值对”的模式，在 zTree 插件的支持下实现包括各类组配规则的众多功能。这使得数据调用十分方便。同时，匹配规则不依赖外部代码和常量定义的设计也使得组配类号功能实现模块化。

（3）匹配规则直接关联字段标识符的指示内容

可动态构造树形目录。需注意的是，本项目中动态构造的基础是 JSON 数据集，但 JSON 数据集的生成与前端树形目录呈现并未使用调用程序直接连接。

9.7.2 实验项目的不足与改进

总体而言，根据 G8 类数据对研究项目提出的分面树形展示与分面组配规则以及导航检索进行了系统实现，达到了项目演示效果要求。由于 G8 类数据具有典型代表性，其组配规则相对复杂，而其他类目没有这么复杂的情况。实验系统在装入 TP 类数据后能够正常运行，但 G8 类和 TP 类在组配规则上存在细节上差异，组配规则在分类数据上标识对应（如 661、665 字段等），导致少部分组配效果未能达到。

在技术工程层面，也存在一些具体的技术问题：

（1）数据删除的处理可以进一步集成到文本格式转换

可将 875 字段指示下应删除的数据直接在 Python 工具下筛选过滤，生成直接可用的 JSON 数据集。但需注意的是，如有任何特殊添加和规则覆盖则需人工手动添加相应数据项。

（2）实现代码存在一定冗余

目前 JSON 数据集由人工手动添加到前端页面中，造成了一定的代码冗余。未来可考虑在远程服务器部署下运用异步调用实现，需注意的是本地操作会存在异步同源警告。后续 JSON 数据集的生成程序也可集成在前端树形目录代码中调用实现，减少单独的 JSON 数据集文件的存储空间浪费。

（3）可视化效果的进一步改进

实验项目主要采用树形目录实现了可视化展示，使用 JavaScript 前端技术实现了动态交互式 Web 界面，未来了考虑加入更复杂的可视化元素（如地图等）呈现方式。

10 《中图法》最终用户版系统应用前景探索

《中图法》作为图书馆、信息机构广泛使用的资源组织与检索工具，在文献组织和检索工作中发挥了巨大的作用。《中图法》满足了文献收藏机构实体和非实体资源的组织管理需求。《中图法》第五版 Web 版上线发布后，解决了纸版《中图法》的查询效率问题，为最终用户提供连接各图书馆 OPAC(联机公共目录检索系统)，开展分类导航检索文献资源服务。但其主要的服务对象依然为文献资源标引人员或受训的图书馆员，因为《中图法》详细等级体系直接用于最终用户检索文献服务，有诸多不适应，对多属性主题、专深复杂主题资源难以判断入口检索，尤其最终用户很难实现待组配的复分类和起止范围类的导航查找资源，特别是最终用户对《中图法》庞大的学科体系、多学科属性类目以及层层限定的类目无从查找和无精力学习掌握，发现新资源比较困难。《中图法》的使用门槛并没有降低，一方面需改造《中图法》体系，另一方面也需针对新体系在现有技术环境的基础上，力求简化《中图法》的使用难度，挖掘《中图法》未来的应用模式。

10.1 互联技术的发展

1989 年，蒂姆·伯纳斯－李（Tim Berners-Lee）首次提出了万维网（World Wide Web）的概念，通过 http 协议和 URI 连接全球的文件和资源，通过统一的接口方案来访问互联网上各种不同类型的信息，把全球的网络整合成了一个大型的异构资源共享网络，这种影响力一直延续到今天。万维网资源通常使用 http 访问，网络浏览器将 HTML、CSS（层叠样式表）和其他文件描述的资源组成网页显示给用户，并通过 URL 链接实现网页之间的关联。然而这依然不是万维网发展的终点，蒂姆·伯纳斯－李在 1998 年又提出了语义网（Semantic Web）的概念[55]。这个概念形成了关联数据的雏形。万维网中基于网页的无数个网站，向着数据或者说本体转变，更准确说是数据网（Data Web）。因此，语义网为实现全球数据的关联化服务提供了通用技术基础[56]。

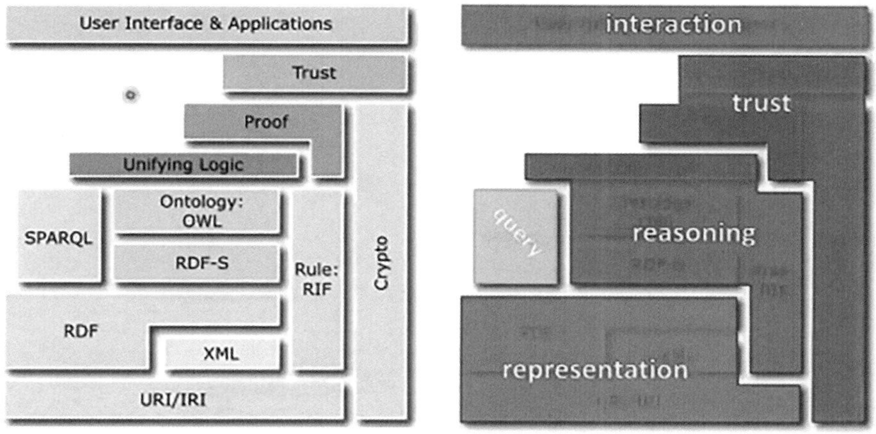

图 10-1 语义层级模型[57]

从历史发展的角度上看，异构应用程序间接口的结构难度也呈逐步下降的趋势。目前的用户接口设计主要基于 http 协议的 Web Service 使用的 RESTFUL（Representational State Transfer，表述性状态传递）软件风格。该风格是由 Roy Thomas Fielding 在他的博士论文 *Architectural Styles and the Design of Network-based Software Architectures* 中首次提出。依托于万维网的设计理念，采用类似 B/S 模式的数据传输方式，是目前的软件设计理念中得到了广泛认可的一种设计方法。在 Server 端提供的 RESTful API 中，通过 URI 定义资源，“资源”是 REST 架构或者说整个网络处理的核心。

10.2 《中图法》最终用户版可与 OPAC 的连接应用

《中图法》最终用户版希望把其知识组织系统长期以来积累的资源组织成果直接推广给用户提供服务，它可如同现在《中图法》Web 版（http://clc5.nlc.cn）和《中国分类主题词表》Web 版（http://cct.nlc.cn）门户网站一样，通过访问其主页，向最终用户提供分类导航的资源检索服务，即可提供用户本身的 OPAC 或常用 OPAC 设置分类连接，在《中图法》Web 版门户网站上，开展单个 OPAC 或多个 OPAC 联合资源的分类分面导航服务，甚至可开展多个 OPAC 的云检索服务。

OPAC 连接设置简单，可由系统预先设置或实时修改 OPAC 的设置，或用户根据常用 OPAC 和专业文献检索需求随时更改个人账户的 OPAC 设置。这种方式既可适用于单个网络用户也可满足于机构用户的分类导航的文献检索需求。

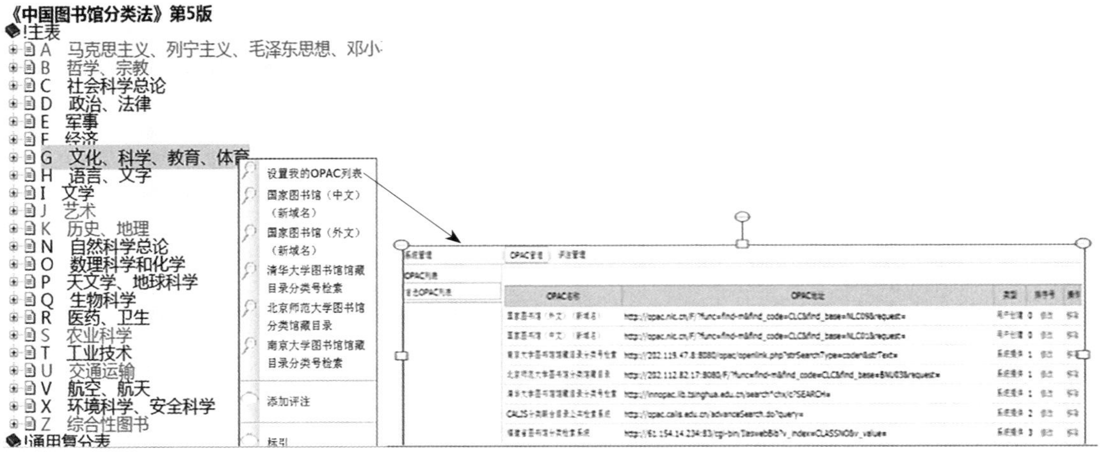

图 10-2　《中图法》Web 版的 OPAC 的连接设置

不同机构用户往往对《中图法》的应用需求不同，因此也可以通过接口或开放技术，为用户提供本地化、针对性、个性化或关联化的知识组织和文献检索服务，消除《中图法》的使用难度。通过针对性、灵活的服务接口设计，结合目前工业化原则，使用微服务的设计思想，进行信息服务接口设计和嵌入式网页的服务模式。通过资源化、服务化的理念，提供知识组织系统多元化的服务模式。使其接口服务工作具备积极性、方向性、前瞻性，充分提高机构用户对《中图法》最终用户版的满意程度。因此，《中图法》最终用户版在本地用户个性化应用场景还可有以下方面考虑。

10.3　基于 Web Service 模式的用户接口服务方案

该方案《中图法》最终用户版需基于 Web Service 模式的用户接口环境下发布，用户可利用 Service 端提供的接口，访问上位类节点获取传输直接下位类树型显示数据，在本地开展相关类导航检索或多属性主题组配检索服务。通过远程分类节点查询，可积累获取《中图法》最终用户版相关类数据，开展简单或深层次的资源检索服务。

《中图法》最终用户版为体系分面等级树型结构，类目等级树型结构可展开显示所有导航大类的分类级别。

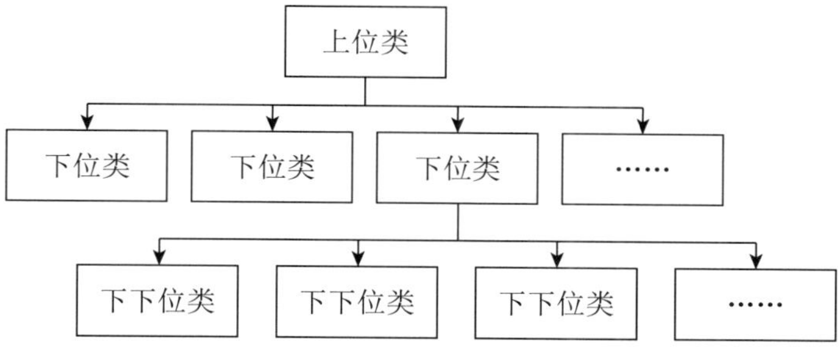

图 10–3 《中图法》基本层级结构

树型结构的主要特点是数据上体现为“一对多”的关系，且相对容易进行数据遍历，共有前序遍历，中序遍历、后序遍历以及层序遍历四种。考虑到用户的实际应用，在此主要以层序遍历为主。以递归算法，作为主体接口设计的思想。通过递归的方法，允许用户可以通过不断的调用同一接口，遍历整个《中图法》分类树的所有内容，形成用户机构所需的实用分类体系。

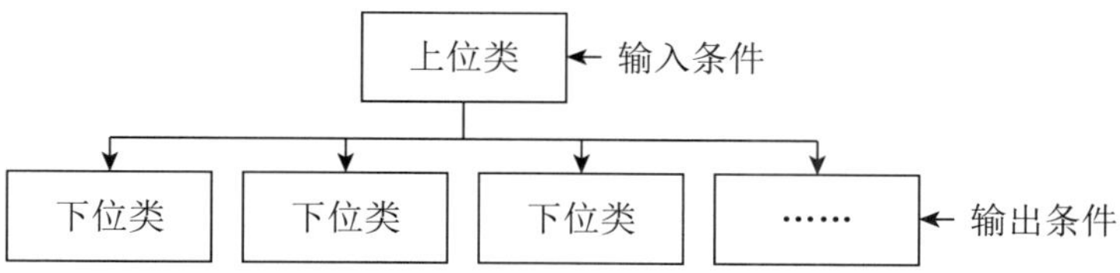

图 10–4 用户服务主体接口

接口的主要功能为通过获得上位类的类号或对应类号的唯一标识号，给出相应的下位类类号。当用户需要更深层级的信息时，可以再次对下位类类号进行调用，直到访问到需要的分类信息。由于需要考虑传输效率，因此在数据传输时以 JSON 格式[58]作为主要的交换格式。

例如：当对方请求为唯一标识符

```
{
“UID”:“C000053”
}
```

或具体的分类号时

```
{
“Data”:“A4”
}
```

系统返回相应的下类位层级的分类号、类名以及其他相应信息。

```
{
“code”:“ok”,
“result”:{
“C000054”{
“classification code”:A41
“classification name”: 选集、文集
}
“C000055”{
“classification code”:A42
 “classification name”: 单行著作
 }
 “C000056”{
 “classification code”:A43
 “classification name”: 书信集、日记、函电、谈话
 }
 ……
 }
```

这种模式可以为用户提供完整的、一致的接口使用体验，且复杂度较低，理论上最大的调用次数为《中图法》的树型结点数，考虑到《中图法》结点的总体量，效率上也完全可以满足用户的常用需求，满足针对中小型图书馆或信息机构使用类级较浅（如 3 级或 4 级以内的类表）或某专业或行业范畴的类表（如医学类表或教育类表）导航需求。

10.4 基于 Web 内嵌模式的用户接口方案

该方案是利用类似 iframe（内联框架）的方案，为第三方应用提供已经设计好的界面和功能，并允许用户对界面通过 CSS（层叠样式表），进行适当的自定义，也可使用默认样式。在本地调用网页选定类级，提供数据与可视化界面及其服务功能，还可保持增删改同步更新，形成同步的 Web 环境下的简单版、复杂版、专业版。用户通过直接调用 iframe 或 javascript 自行调用，可以使用唯一标识号或分类号两种方法。

当用户需要使用时，可以直接通过类似下面的 HTML 语言，直接在页面中调用《中

图法》的树形列表：

```
<iframe src="http://clc5.nlc.cn/cls.html" scrolling="no" border="0" frameborder="no" framespacing="0" allowfullscreen="true">
</iframe>
```

该方案是所列方案中实现难度最低的，不仅为用户提供了《中图法》数据，而且直接为用户生成了展示界面。相应也使用户的调用难度大幅下降，同时由于页面由服务方定期更新，用户不需要考虑数据更新的问题。但相对缺失了其他方法的灵活性，无法按自己的需要选择《中图法》内容的排布方式和展示效果。

10.5 基于关联数据模式的方案

不采用接口设计，《中图法》最终用户版可转换为关联数据的标准化定义来发布。这种模式也是目前作为知识服务比较常见的服务模式。有望通过关联数据的方法使分类法数据融入更多其他符合关联数据标准的其他数据网络中。现阶段主要使用 Virtuoso、Neo4j 为代表的图数据库内基础平台，以简单知识组织系统（SKOS）为语法，发布《中图法》最终用户版。从系统接口层面，因为图数据库已经发展得非常成熟，相应接口就不再需要单独设计，而是自动按 SPARQL 语言进行查询，按定义的 URI 访问资源即可。同时也可以按分面知识体系开展导航和复杂主题组配检索服务。

10.6 基于 OAuth 2.0 协议的权限认证应用

上述的接口方案虽然有不同层级的复杂度和软件灵活度，但本质上都是基于 HTTP 协议来实现数据传输的，互联网技术发展到现阶段，通过 HTTP 协议传输数据是最常用且成熟的方案。从系统完备性角度，尤其是从未来服务拓展和标准化实施的角度，还需要引入权限体系的建设来保障服务授权的标准化。不同的服务方案需要同一套授权平台，且随着未来服务的深化，可能出现新的服务模式，这都需要一套成熟、稳定的授权服务器。在目前网络环境下，主要采用 OAuth 2.0 协议来实现这个功能。

通过 OAuth 2.0 协议，用户可以使用同一套账号访问其他不同的服务或资源，服务资源也可以在获得授权的前提下，得到用户的部分信息，以提供针对性服务。具体到《中图法》最终用户版的需求而言，主要集中在对用户信息的管理以及用户使用接口和数据资源的管理上，对不同需要的用户分别提供不同的服务。同时在这个过程中，客户端获得授权的过程是完全独立于资源的拥有者的，服务本身的授权由授权服务器完成。客户端通过令牌授权访问受保护资源，同时令牌存在使用有效期，需要定期更新。这就最大限度地保障了资源的安全性。

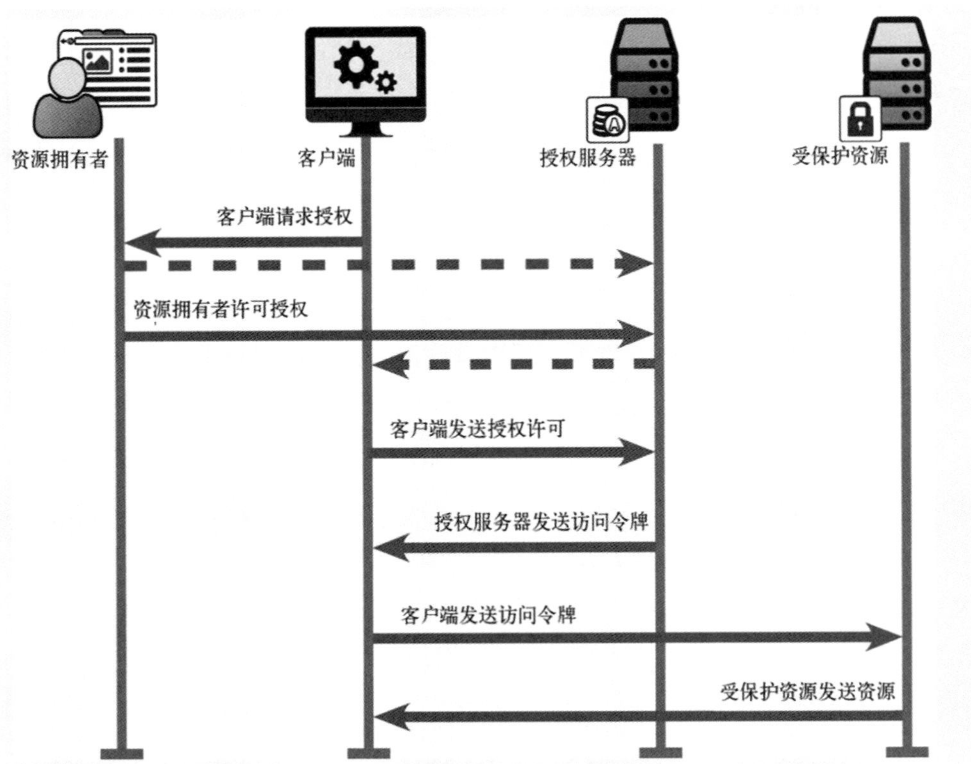

图 10-5　OAuth 通过授权、得到令牌并获取资源的流程[59]

OAuth2.0 协议的授权登录在网络中已经有了较高的普及度，虽然也存在诸如传输效率低，未指定加密方式等问题。但对于《中图法》最终用户版来说，从管理和业务流程已经充分满足了业务需求。首先，强化了用户信息的一体性，知识服务有一定个性化属性，随着服务的开展，为了满足不同的用户需求，后期往往需要各种不同的服务功能。OAuth2.0 协议可以使用户权限一体化。其次，OAuth2.0 协议已经是目前用户权限管理的主流协议，有很多不同的软件包支持该协议。用户使用该协议的难度本身也不复杂。最后，由于用户权限是统一的，当用户使用了《中图法》最终用户版的服务后，还可能延伸使用其他相关知识服务功能，可以帮助用户简化注册流程和登录流程，继而进一步基于统一的用户信息对用户行为进行分析，通过大数据等方式分析了解用户新的需求。第三方调用《中图法》

最终用户版接口流程可见图 10-6 所示。

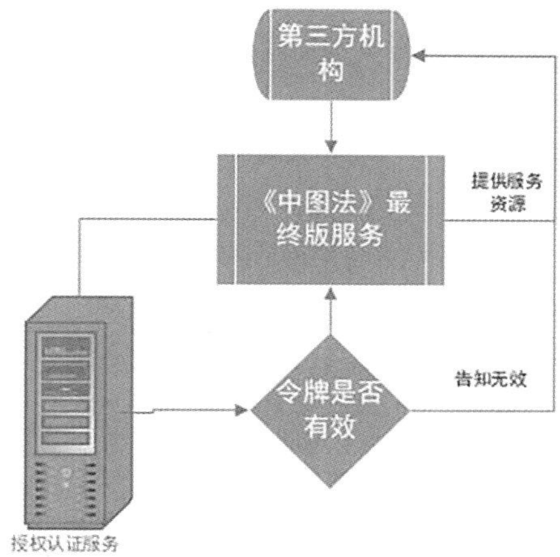

图 10-6 第三方调用接口流程

附录 1　建议列入最终用户版的类目类级数据选编

备注：

1. 表中“类号”后附加 * 或 @，分别代表其类下有复分注释和在说明类下有被说明复分的注释。

2. 表中“类号”列的“……”，是因为篇幅所限，省略了连续性的同位类。

3. 表中“书目库总量”列为空，代表该类的量没有达到统计的标准量。

类号	类级	书目库总量（不含下位类）	书目库总量（包含下位类）
A	1	21	46258
A1	2	237	4084
A11	3	228	275
A12	3	313	2624
A13	3	197	197
A14	3	44	44
A15	3	40	40
A16*	3	649	649
A18	3	18	18
A2	2	397	5298
A26*	3		
A28	3	6	6
A3	2	109	2067
A36*	3		
A4	2	79	9615
A46*	3		
A49	2	1	150
A5	2	410	1530
A56*	3		
A7	2	361	6875
A71	3	48	886
A72*	3	219	219
A73*	3	1391	1391
A74*	3	678	678
A75*	3	2800	2800

续表

类号	类级	书目库总量（不含下位类）	书目库总量（包含下位类）
A76*	3	540	540
A8	2	658	16618
A81	3	2780	6497
A811.2*	5		
A811.6*	5		
A82	3	239	1010
A821.2*	5		
A821.6*	5		
A83	3	54	261
A831.6*	5		
A84	3	1965	5814
A841.2*	5		
A841.6*	5		
A849	3	1252	1940
A849.16*	5		
A85	3	184	438
A851.6*	4		
B*	1	624	432436
B0	2	2533	24766
B0-0	3	3258	3258
B01	3	348	3965
B013	4	10	10
.....	4	43	43
B02	3	1002	5320
B021	4	100	255

续表

类号	类级	书目库总量（不含下位类）	书目库总量（包含下位类）
.....	4	392	496
B03	3	1359	2534
B08	3	496	7156
B081	4	157	1019
.....	4	107	107
B089	4	2032	3227
B089.1	5	376	376
.....	5	247	247
B1	2	1815	3753
B12	3	600	600
B13	3	308	308
B14	3	121	217
B15	3	663	813
B21@	3	1033	1033
B22@	3		
B221@	4		
B222@	4		
B222.1@	5		
.....	5		
B223@	4		
B223.1@	5		
.....	5		
B224@	4		
B225@	4		
B226@	4		
B226.1@	5		
.....	5		
B228@	4		
B229@	4		
B229.2@	5		
B234@	3		
B234.4@	4		
.....	4		
B235@	3		

续表

类号	类级	书目库总量（不含下位类）	书目库总量（包含下位类）
B235.7@	4		
B241@	3		
B241.9@	4		
B244@	3	931	2993
B244.4@	4		
.....	4		
B248@	3		
B248.2@	4		
.....	4		
B249@	3		
B249.1@	4		
.....	4		
B25@	3		
B256@	4		
.....	4		
B26@	3		
B261@	4		
B262@	4		
B4*	2		
B-4	2	181	1360
B502.23	5	129	2800
B502.231	6	256	256
.....	6	1317	1317
B516.3	5	397	4157
B516.31	6	1720	1720
.....	6	0	0
B516.4	5	74	1975
B516.41	6	330	330
.....	6	8	8
B516.5	5	161	2890
B516.51	6	51	51
.....	6	458	458
B516.6	5	40	40
B565.5	5	349	3104

续表

类号	类级	书目库总量（不含下位类）	书目库总量（包含下位类）
B565.51	6	225	225
.....	6	65	65
B6*	2		
B7*	2		
B71*	3		
B80	2	419	1709
B80-0	3	8	21
B802	3	15	15
B804	3	533	1254
B81*	2	1703	5123
B81-0	3	17	922
B81-09*	4		
B811	3	93	192
B812	3	1333	2014
B813	3	29	29
B814	3	3	3
B815	3	48	213
B819	3	47	47
B82*	2	4335	43491
B82-0	3	32	6853
B82-02	4	271	271
B82-05	4	250	3680
B82-051	5	638	638
.....	5	334	334
B82-06	4	207	929
B82-09*	4	1941	1941
B821	3	4936	16388
B821.1	4	317	317
B821.2*	4	275	275
B821-4	4	13	10860
B822	3	72	1943
B822.1	4	255	255
.....	4	71	71
B823	3	243	2655

续表

类号	类级	书目库总量（不含下位类）	书目库总量（包含下位类）
B823.1	4	1972	1972
.....	4	164	164
B824	3	280	609
B825	3	9842	10640
B825.1*	4		
B829	3	68	68
B83*	2	1898	6084
B83-0	3	582	2782
B83-02	4	137	137
.....	4	239	239
B83-09*	4	1556	1556
B832	3	11	73
B834	3	123	1322
B834.2	4	43	43
.....	4	1109	1109
B835	3	9	9
B84*	2	5656	73326
B84-0	3	79	3870
B84-05	4	353	353
B84-06	4	516	2897
B84-09*	4	541	541
B841	3	820	3156
B841.1	4	18	18
.....	4	199	199
B842	3	1404	14180
B842.1	4	1341	1341
.....	4	1280	1280
B843	3	132	541
B844	3	1593	14580
B844.1	4	4390	5197
.....	4	5161	5161
B845	3	693	2966
B845.1	4	1046	1046
.....	4	172	172

续表

类号	类级	书目库总量（不含下位类）	书目库总量（包含下位类）
B846	3	2067	2067
B848	3	2858	25037
B848.1	4	161	161
.....	4	468	468
B849	3	1000	1273
B9*	2	1289	180662
B91	3	1292	3372
B911	4	1115	1115
.....	4	654	654
B92	3	1039	13148
B920	4	3377	3377
.....	4	1466	1466
B928*	4	3229	3229
B929*	4	3160	3312
B93	3	98	4455
B932*	4	1612	1612
B933	4	2745	2745
B94	3	25451	60297
B941	4	2138	2138
B942	4	585	3600
B942.1	5	2650	2650
.....	5	289	289
B943	4	94	128
.....	4	134	354
B946	4	259	10658
B946.1	5	596	596
.....	5	40	40
B947*	4	2261	2261
B948	4	4616	4616
B949*	4	4862	9347
B949.9*	5	4485	4485
B95	3	1094	4988
B951	4	431	431
.....	4	188	188

续表

类号	类级	书目库总量（不含下位类）	书目库总量（包含下位类）
B957*	4	303	303
B958	4	876	876
B959*	4	1489	1703
B959.9*	5		
B96	3	1574	9466
B961	4	784	784
.....	4	1216	1216
B967*	4	420	420
B968	4	2081	2081
B969*	4	1617	2386
B969.9*	5		
B97	3	7038	69419
B971	4	6246	10555
B971.1	5	1950	1950
B971.2	5	2359	2359
B972	4	6495	7068
B972.1	5	95	95
.....	5	193	193
B975	4	7949	9751
B975.1	5	1317	1317
B975.2	5	485	485
B976	4	198	11444
B976.1@	5	5327	5327
.....	5	737	737
B977*	4	4785	4785
B978	4	2778	2778
B979*	4	9871	16000
B979.9*	5	6129	6129
B98	3	600	5591
B981@	4	747	747
B982@	4	1510	1510
B983	4	80	80
B985@	4	1972	1972
B986	4	84	84

续表

类号	类级	书目库总量（不含下位类）	书目库总量（包含下位类）
B987	4	14	14
B989.1@	4	134	134
B989.2	4	19	19
B989.3@	4	431	431
B99	3	843	8637
B992.1	5	131	131
.....	5	1947	1947
C	1	3352	190758
C09*	3		
C1*	2		
C23@	3		
C26@	3		
C52*	3		
C53*	3		
C8	2	4547	22998
C81	3	663	1832
C82	3	39	39
C829	3	4	494
C83	3	195	16086
C91	2	5906	79799
C91-0	3	423	2402
C91-03	4	686	686
C91-06	4	278	278
C91-09*	4	1015	1015
C911	3	12	12
C912	3	1459	33323
C912.1	4	7669	10399
C912.11	5	2132	2132
.....	5	161	161
C912.15*	5	123	123
C912.2	4	1051	1290
.....	4	3784	4426
C912.64*	5		
C912.8	4	737	4977

续表

类号	类级	书目库总量（不含下位类）	书目库总量（包含下位类）
C912.81	5	3165	3165
.....	5	999	999
C913	3	2760	34211
C913.1	4	5596	12977
C913.11	5	2357	2357
.....	5	2278	2278
C913.2	4	3758	3758
.....	4	1469	1763
C914	3	9	9
C915	3	1032	1032
C916	3	2315	2886
C919	3	18	18
C92	2	859	13991
C92-0	3	10	391
C921	3	479	619
C922*	3	711	711
C923	3	568	568
C924	3	143	10843
C924.21	5	522	522
C924.23	5	24	24
C924.24*	5	1103	1103
C924.25*	5	5052	5052
C93	2	5576	28386
C93-09*	4		
C931	3	535	8192
C931.1	4	267	267
.....	4	313	313
C931.4	4	1257	5095
C931.46	5	3554	3554
C931.47	5	284	284
C931.6	4	1765	1765
C931.9	4	97	97
C932	3	400	662
C932.8*	4		

续表

类号	类级	书目库总量（不含下位类）	书目库总量（包含下位类）
C933	3	3963	5369
C933.1	4	2	2
.....	4	1009	1163
C934	3	2995	2995
C935	3	941	941
C936	3	3076	3076
C939	3	44	44
C95	2	536	3624
C95-0	3	58	114
C951	3	31	31
C952	3	5	5
C953	3	4	4
C954	3	59	59
C955*	3	2655	2655
C956	3	56	56
C957	3	0	0
C958	3	159	164
C96	2	1048	2616
C961	3	255	255
C961.9	3	13	13
C962	3	493	493
C963	3	39	39
C964*	3	744	744
C965	3	0	0
C969	3	24	24
C97*	2	61	993
C971	3	5	5
C972	3	0	0
C973	3	1	1
C974	3	0	0
C975	3	753	753
C976.1	3	23	23
C976.2	3	0	0
C976.7	3	0	0

续表

类号	类级	书目库总量（不含下位类）	书目库总量（包含下位类）
C976.8	3	0	0
C979	3	0	0
D*	1	1335	884510
D0	2	6836	44991
D0-0	3	1858	1858
D0-02	3	506	506
D0-05	3	593	593
D01	3	318	448
D02	3	274	395
D03	3	1512	11934
D031	4	94	94
.....	4	142	142
D035	4	2904	7172
D035.1	5	856	856
.....	5	695	695
D04	3	197	828
D05	3	307	530
D06	3	381	1270
D062	4	166	166
.....	4	46	46
D068	3	1205	1205
D069	3	229	229
D08	3	1283	5428
D081	4	1124	1124
.....	4	2803	2803
D09	3	495	12931
D091.2	5	127	127
.....	5	49	49
D092*	4		
D1	2	1033	4719
D10	3	120	120
D11	3	157	157
D12	3	92	489
D13	3	166	166

续表

类号	类级	书目库总量（不含下位类）	书目库总量（包含下位类）
D139	3	12	12
D14	3	98	290
D15	3	390	390
D16	3	376	714
D169	3	113	113
D17	3	66	133
D18	3	389	1102
D2	2	506	47762
D20	3	502	502
D2-0	3	3583	3583
D21	3	638	2123
D219	4	1485	1485
D22	3	190	3425
D220	4	1701	1701
.....	4	434	434
D23	3	2018	12005
D231	4	1045	1045
D232	4	246	246
D235*	4	7672	7672
D239	4	1024	1024
D24	3	711	711
D25	3	1327	2059
D26	3	4223	20173
D261	4	312	5319
D261.1	5	438	438
.....	5	84	84
D261.4	5	337	2548
D261.41	6	736	736
D261.42	6	1475	1475
D261.5	5	443	443
D262	4	212	3425
D262.1	5	7	328
.....	5	456	456
D263	4	1992	2620

续表

类号	类级	书目库总量（不含下位类）	书目库总量（包含下位类）
.....	4	636	636
D27*	3	311	311
D29	3	153	2364
D290	4	79	79
.....	4	100	203
D297*	4	1095	1095
D4	2	226	32366
D41	3	301	9249
D410	4	244	244
D412.6	5	1251	2882
D412.61	6	76	76
.....	6	1220	1220
D412.8*	5		
D42	3	58	2859
D420	4	53	53
D422.6	5	242	1179
D422.8*	5		
D43	3	276	10615
D430	4	73	73
D432.5	5	228	1002
D432.6	5	477	4026
D432.61	6	1	1
.....	6	2866	2866
D432.8*	5		
D44	3	449	9417
D440	4	1636	1636
D442.8*	5		
D50	3	1463	2721
D501	4	683	683
.....	4	142	142
D51	3	645	1091
D511	4	223	223
.....	4	136	136
D52	3	652	5673

续表

类号	类级	书目库总量（不含下位类）	书目库总量（包含下位类）
D521	4	1110	1110
.....	4	688	3255
D55	3	389	389
D56	3	210	1769
D561	4	42	42
.....	4	681	681
D57	3	601	601
D58*	3	1067	1067
D59	3	570	570
D60	3	501	5096
D601	4	525	525
.....	4	937	937
D61	3	2861	13536
D610	4	95	208
.....	4	59	59
D619*	3	4464	4464
D62	3	1705	11956
D622	4	1047	1047
D623	4	487	487
D624*	4	1880	1880
D625*	4	3055	3055
D627	4	563	563
D628*	4	1851	1851
D630	4	327	16126
D630.1	5	3390	3390
D631	4	1904	5647
D631.1	5	174	1305
.....	5	73	73
D631.4	5	648	1489
D631.41	6	232	232
.....	6	170	170
D631.6	5	296	296
D631.7	5	34	34
D632	4	1486	6729

续表

类号	类级	书目库总量（不含下位类）	书目库总量（包含下位类）
D632.1	5	2542	2542
.....	5	123	123
D633	4	1322	2391
D63-3	4	87	273
D633.3*	5		
D634	4	344	2504
D634.0	5	19	19
.....	5	107	107
D634.3*	5	2000	2000
D635	4	173	311
D638	4	949	949
D64	3	3483	13412
D641	4	522	522
.....	4	468	468
D648	4	2678	4398
D648.1	5	111	111
.....	5	27	27
D649	4	83	83
D65	3	180	5459
D651	4	43	1582
.....	4	3315	3315
D66	3	293	3579
D661	4	78	78
.....	4	454	1430
D668	3	1898	1898
D669	3	1427	10815
D669.1	4	1121	1121
.....	4	1321	1321
D67*	3	2447	10547
D675.8*	4	6108	6108
D676.58@	4	1550	1550
D676.59@	4	442	442
D69	3	1091	63209
D691	4	2263	9777

续表

类号	类级	书目库总量（不含下位类）	书目库总量（包含下位类）
D691.2	5	1466	1809
D691.3*	5	553	553
D691.4	5	369	1983
D691.42	6	1393	1393
D691.46	6	221	221
D691.49	5	221	221
.....	5	1202	1202
D691.9*	5	1008	1008
D693	4	5865	52080
D693.0	5	5190	5190
D693.09	5	5225	6626
D693.091	6	39	39
.....	6	1155	1155
D693.1	5	483	483
D693.2	5	1337	2766
D693.21	6	3	3
.....	6	908	908
D693.4	5	1376	1376
D693.6	5	515	19258
D693.61	6	535	535
.....	6	11636	11636
D693.7	5	83	7784
D693.71	6	161	161
.....	6	276	276
D693.79	5	521	521
D693.9*	5	2211	2211
D696	4	261	261
D8	2	512	75072
D80	3	1204	1713
D801	4	250	250
.....	4	74	242
D81	3	3623	23620
D812	4	241	241
D813	4	914	7658

续表

类号	类级	书目库总量（不含下位类）	书目库总量（包含下位类）
D813.1	5	505	505
D813.2	5	1155	4147
D813.3	6	418	418
.....	6	1343	1343
D814.1	5	1346	1346
.....	5	557	668
D815	4	3528	10147
D815.1	5	418	418
.....	5	812	812
D816	4	320	320
D819	4	1631	1631
D822.2*	5		
D822.3*	5		
D827*	4		
D9*	2	7620	331397
D90	3	6077	12150
D90-05	4	365	1582
D90-051	5	138	138
.....	5	274	274
D901	4	322	322
.....	4	502	502
D909.1*	5		
D909.2*	5		
D909.9	4	404	410
D91	3	1977	44876
D910.1	4	6	6
.....	4	3	3
D911@	4	2654	2682
D912.1@	4	2962	3314
D912.11	5	14	19
.....	5	0	0
D912.16@	5	201	201
D912.17	5	36	36
.....	5	4	4

续表

类号	类级	书目库总量（不含下位类）	书目库总量（包含下位类）
D912.2@	4	869	869
.....	4	1196	1344
D912.291	5	25	25
D912.294@	5	203	203
D912.295	5	24	24
.....	5	35	35
D912.3@	4	141	141
D912.4	4	84	84
D912.5@	4	759	759
.....	4	976	976
D912.8	4	92	92
D913@	4	6684	7760
D913.1	5	21	21
.....	5	61	61
D913.4@	5	759	759
D913.5	5	16	16
D913.6@	5	131	131
D913.7	5	56	56
D913.8	5	7	7
D913.9@	4	374	374
D913.99@	4	364	508
D913.991@	5		
D914@	4	3795	3969
D914.3@	5		
D915@	4	549	3526
D915.1@	5	184	615
D915.13@	6		
D915.18@	5	244	244
D915.2*@	5	724	724
.....	5	994	994
D916@	4	636	2360
D916.1@	5	101	221
D916.2@	5	232	232
D916.3	5	96	96

续表

类号	类级	书目库总量（不含下位类）	书目库总量（包含下位类）
D916.4	5	42	42
D916.5@	5	440	440
D916.6	5	64	64
D916.7@	5	575	575
D916.8	5	54	54
D917	4	2994	4357
D917.1	5	21	21
.....	5	590	590
D918	4	1996	2451
D918.1	5	26	26
.....	5	192	192
D918.9	4	258	664
D919	4	920	2211
D919.1	5	264	264
.....	5	175	175
D921@	4		
D921.1@	5		
D921.11@	6		
D921.12@	6		
D921.2@	5		
.....	5		
D922.1@	4		
D922.11@	5		
D922.112@	6		
D922.114@	6		
D922.12@	5		
.....	5		
D922.182@	5		
D922.182.1@	6		
D922.182.3@	6		
D922.19@	5		
D922.2@	4		
D922.22@	5		
D922.221@	6		

续表

类号	类级	书目库总量（不含下位类）	书目库总量（包含下位类）
.....	6		
D922.26@	5		
D922.27@	5		
D922.28@	4		
D922.281@	5		
.....	5		
D922.29@	4		
D922.291@	5		
.....	5		
D922.3@	4		
D922.32@	5		
.....	5		
D922.4@	4		
D922.5@	4		
D922.52@	5		
.....	5		
D922.6@	4		
D922.62@	5		
.....	5		
D922.7@	4		
D923@	4		
D923.1@	5		
.....	5		
D923.4@	5		
D923.41@	6		
.....	6		
D923.5@	5		
.....	5		
D923.9@	4		
D923.99@	4		
D923.991@	5		
.....	5		
D924@	4		
D924.1@	5		

续表

类号	类级	书目库总量（不含下位类）	书目库总量（包含下位类）
D924.11@	6		
.....	6		
D924.3@	5		
D924.32@	6		
.....	6		
D925@	4		
D925.1@	5		
D925.11@	6		
D925.113@	7		
D925.114@	7		
D925.118@	6		
D925.2*@	5		
.....	5		
D926@	4		
D926.1@	5		
D926.13@	6		
D926.17@	6		
D926.2@	5		
D926.21@	6		
D926.22@	6		
D926.3@	5		
D926.32@	6		
D926.4@	5		
.....	5		
D927*	4		
D929*	4		
D99	3	4001	21332
D990	4	695	695
D992	4	472	472
D993	4	116	2078
D993.1	5	55	55
.....	5	51	51
D993.7	4	77	77
.....	4	92	92

续表

类号	类级	书目库总量（不含下位类）	书目库总量（包含下位类）
D996	4	1163	4609
D996.1	5	2139	2508
.....	5	347	347
D996.9	4	640	640
D997	4	1588	3315
D997.1	5	776	776
.....	5	267	267
D997.9	4	682	682
D998	4	164	1996
D998.1	5	124	124
D998.2	5	1134	1134
D998.3*	5	351	351
D998.8	5	11	223
D999.1	4	136	136
D999.2	4	46	46
E*	1	1486	98363
E0	2	1341	4471
E0-02	3	109	109
E0-03	3	25	25
E0-05	3	149	1569
E07	3	405	853
E08	3	35	35
E09*	3	539	539
E1	2	821	10086
E10	3	278	278
E11	3	77	655
E12	3	105	520
E13	3	388	388
E139	3	32	32
E141	3	12	138
E142	3	40	40
E144*	3	1116	1116
E145	3	20	80
E15	3	199	1616

续表

类号	类级	书目库总量（不含下位类）	书目库总量（包含下位类）
E16	3	122	560
E19*	3	3842	3842
E20	3	706	865
E21	3	447	599
E211	4	61	61
.....	4	52	52
E22	3	979	3085
E221	4	1077	1151
.....	4	64	64
E23	3	828	2192
E231	4	19	19
.....	4	63	108
E24	3	123	428
E241	4	46	46
.....	4	33	33
E249	3	61	61
E25	3	693	2428
E251	4	237	1204
.....	4	49	49
E26	3	104	1116
E261	4	34	34
.....	4	58	58
E27	3	119	1927
E270	4	4	12
E271@	4	69	223
.....	4	161	211
E275	4	34	34
.....	4	1	1
E277@	4	570	570
E279	4	34	34
E28	4	219	493
E289*	3	429	820
E289.58*	4		
E29	3	486	18966

续表

类号	类级	书目库总量（不含下位类）	书目库总量（包含下位类）
E291	4	236	1175
E295	4	134	12011
E296	5	491	11688
E296.51@	7		
.....	7		
E297	4	785	5294
E297.3	5	1303	1472
E297.4	5	1399	1457
E8	2	632	10581
E81	3	807	1223
E82	3	104	296
E83	3	1044	2563
E86	3	42	537
E87	3	537	537
E89	3	73	4793
E892*	4		
E9	2	455	13156
E91	3	149	1132
E92	3	2276	9379
E920	4	7	85
.....	4	416	1393
E94	3	156	156
E95	3	161	1148
E96	3	417	886
E961	4	70	70
.....	4	89	89
E99	2	142	770
E991	3	199	199
E992	3	77	115
E993	3	74	282
E993.2*	4		
E994	3	21	32
F*	1	3686	1004008
F0	2	7948	44464

续表

类号	类级	书目库总量（不含下位类）	书目库总量（包含下位类）
F0-0	3	3115	3115
F0-08	3	274	274
F01	3	887	8592
F011	4	208	208
F012	4	62	62
F014	4	185	3731
F014.1	5	728	728
.....	5	247	247
F015	4	1790	1790
.....	4	1301	1301
F02	3	108	319
F03	3	1286	4535
F04	3	1092	3184
F041	4	55	57
.....	4	67	249
F05	3	51	51
F06	3	151	9187
F061.1	4	0	0
.....	4	596	596
F08	3	89	89
F09	3	413	7170
F091.1	5	39	39
F091.2	5	9	9
F091.3	5	865	4221
F091.31	6	40	40
.....	6	52	52
F1	2	711	126504
F110	4	1025	1025
F11-0	4	624	624
F112	4	1711	4117
F112.1	5	1727	1727
.....	5	111	111
F113	4	611	3251
F113.1	5	267	267

续表

类号	类级	书目库总量（不含下位类）	书目库总量（包含下位类）
.....	5	202	202
F114	4	1186	3752
.....	4	586	586
F119*	4	1596	1596
F119.9	4	945	945
F120	4	1004	2510
F121	4	2176	3879
F121.1	5	290	290
.....	5	197	994
F123	4	534	3663
F123.1	5	636	1398
.....	5	303	348
F123.9	4	591	634
F124	4	3516	6997
F124.1	5	601	601
.....	5	813	813
F125	4	750	1974
F125.5*	5		
F126	4	610	1910
F127*	4	25970	25970
F127.8	4	351	351
F127.9	4	564	564
F129*	4		
F129.9*	4		
F2	2	1361	271771
F20	3	1270	4991
F201	4	216	216
.....	4	128	128
F21	3	302	832
F22	3	613	10202
F221	4	208	208
F222	4	822	1397
F222.1	5	85	85
F222.3	5	13	452

续表

类号	类级	书目库总量（不含下位类）	书目库总量（包含下位类）
F222.31	6	4	4
.....	6	24	24
F223	4	297	297
F224	4	1337	7687
F224.0	5	3334	3334
.....	5	311	522
F23	3	8307	33899
F230	4	9518	9658
F231	4	566	3172
F231.1	5	67	67
.....	5	158	158
F232	4	3065	3065
F233*	4	2386	2386
F234	4	152	7115
F234.1	5	93	93
.....	5	1823	1823
F235	4	169	196
F239	3	791	6520
F239.0	4	1907	1907
.....	4	281	281
F239.227*	6		
F239.4	4	57	1252
F239.6	4	297	1101
F24	3	975	22036
F240	4	1248	1248
.....	4	3147	4414
F249.21*	6		
.....	6		
F25	3	429	9064
F250	4	57	57
.....	4	268	268
F259.22*	6		
.....	6		
F26	3	78	1648

续表

类号	类级	书目库总量（不含下位类）	书目库总量（包含下位类）
F260	4	191	191
.....	4	41	41
F269.27*	6		
F27	3	8409	152889
F270	4	16817	21970
F270.3	5	121	121
.....	5	0	0
F271	4	2049	2428
F272	4	4563	11176
F272.1	5	686	775
.....	5	773	773
F272.9	4	5513	18685
F272.90	5	73	73
.....	5	3801	3801
F273	4	3175	10542
F273.1	5	1536	1536
.....	5	4464	4464
F274	4	7879	7879
F275	4	8676	15278
F275.1	5	1151	1151
.....	5	3367	3367
F276	4	445	15840
F276.1	5	423	423
F276.2	5	987	987
F276.3*	5	3495	3495
F276.4	5	755	2323
F276.41	6	1	1
.....	6	59	59
F276.5	5	649	649
F276.6	5	4686	4686
F276.7*	5	2734	2734
F276.8	5	98	98
F279	4	326	40682
F279.21*	6		

续表

类号	类级	书目库总量（不含下位类）	书目库总量（包含下位类）
.....	6		
F28	3	148	2722
F280	4	12	12
.....	4	57	57
F29	3	1054	25607
F290	4	432	432
.....	4	252	441
F293	4	332	5520
F293.2	5	257	289
F293.3	5	1723	4899
F293.30	6	189	189
.....	6	43	43
F294	4	256	517
F299	4	59	17581
F299.23*	6		
.....	6		
F3	2	893	81189
F30	3	957	8060
F301	4	722	2105
F301.0	5	42	42
.....	5	257	257
F302	4	380	1539
F302.1	5	3	3
.....	5	106	106
F303	4	221	547
.....	4	115	557
F307.2*	5		
.....	5		
F310	4	246	246
.....	4	224	224
F316	4	160	1149
F316.1	5	43	428
F316.2	5	128	199
F316.3*	5	116	116

续表

类号	类级	书目库总量（不含下位类）	书目库总量（包含下位类）
F316.4*	5	229	229
F316.5	5	17	17
F318	4	13	13
.....	4	128	128
F325.7*	5		
F326.27*	6		
F326.3*	5		
F326.4*	5		
F327*	4		
F329.0*	5		
F329.9*	4		
F4	2	340	104032
F40	3	943	25005
F401	4	48	48
F402	4	396	878
F403	4	158	1393
F403.2	5	19	19
.....	5	75	75
F404	4	156	156
F405	4	267	267
F406	4	2900	10140
F406.1	5	284	984
.....	5	1474	1474
F406.7	5	276	1816
F406.71	6	50	50
.....	6	1314	1314
F406.8	5	28	28
F406.9	5	24	24
F407	4	66	11180
F407.1@	5	693	693
F407.2@	5	556	1688
F407.21@	6		
F407.22@	6		
F407.3@	5	236	295

续表

类号	类级	书目库总量（不含下位类）	书目库总量（包含下位类）
F407.4@	5	1680	2654
F407.47@	6		
F407.471@	7		
F407.48@	6		
F407.5@	5	239	239
F407.6@	5	383	1793
F407.61@	6		
.....	6		
F407.7@	5	284	579
F407.76@	6		
F407.8@	5	303	1372
F407.81@	6		
.....	6		
F407.9@	5	1790	1801
F41	3	161	6300
F410	4	138	138
.....	4	148	148
F425*	4	809	809
.....	4	42621	42621
F427.8	4	8	8
.....	4	2	2
F429.0*	5		
F429.9	4	38	38
F49	2	1432	2819
F490	3	10	183
F492*	3		
F5	2	333	30169
F50	3	603	1329
F502	4	272	272
.....	4	135	135
F506*	4	255	255
F51	3	30	6606
F511.0	5	64	64
.....	5	32	32

续表

类号	类级	书目库总量（不含下位类）	书目库总量（包含下位类）
F512.7*	5	1784	1784
F512.99	5	643	643
F53	3	186	8816
F530	4	87	1109
F531	4	70	148
F532.6*	5		
F532.8*	5		
F54	3	185	4462
F540	4	167	794
F542*	4		
F55	3	218	4348
F550	4	121	715
F551*	4		
F552.7*	5		
F56	3	350	3183
F560	4	120	1039
F560.6*	5		
F561*	4		
F562.8*	5		
F57	3	73	1092
F570	4	54	292
F572*	4		
F572.88*	5		
F59	2	1184	16459
F590	3	1683	6618
F590.1	4	307	307
.....	4	416	480
F592.7*	4	3273	3273
F592.9	4	99	99
F592.99	4	350	350
F6	2	218	11433
F60	3	36	239
F601	4	18	18
.....	4	1	1

续表

类号	类级	书目库总量（不含下位类）	书目库总量（包含下位类）
F61	3	192	1178
F62	3	682	3841
F621	4	44	44
.....	4	158	158
F63	3	34	5957
F632.0	5	32	32
.....	5	104	104
F632.7*	5	1745	1745
F632.9	5	1463	1463
F632.99	5	12	12
F7	2	3375	132522
F71	3	936	66332
F710	4	944	944
.....	4	48	48
F713	4	1410	37846
F713.1	5	460	460
F713.2	5	97	97
F713.3	5	5281	15140
F713.31	6	75	75
.....	6	1141	1141
F713.36	6	6265	8342
F713.360	7	198	198
.....	7	56	295
F713.37	6	2	2
F713.4	5	17	17
F713.5	5	4454	14701
F713.50	6	5912	5912
.....	6	232	232
F713.6	5	64	64
F713.7	5	138	138
F713.8	5	3805	5819
F713.80	6	1243	1243
.....	6	395	434
F714	4	91	670

续表

类号	类级	书目库总量（不含下位类）	书目库总量（包含下位类）
F715	4	5218	7918
F715.1	5	90	90
.....	5	91	91
F716	4	654	654
F717	4	836	3345
F717.1	5	28	28
.....	5	842	842
F718	4	1831	1831
F719	4	4313	11541
F719.0	5	84	84
.....	5	88	88
F720	4	106	106
.....	4	285	1200
F723*	4	951	951
F724	4	232	5977
F724.7*	5		
F726	4	439	1213
F726.7*	5		
F726.9*	4		
.....	4	1751	1751
F729.9	4	52	52
F74	3	2259	15125
F740	4	2358	6604
F740.2	5	982	1016
.....	5	34	34
F741	4	422	699
.....	4	673	673
F75	3	620	16674
F752.65*	6		
F752.7*	5		
.....	5		
F76	3	1165	8436
F762@	4	363	1516
F762.1@	5		

续表

类号	类级	书目库总量（不含下位类）	书目库总量（包含下位类）
.....	5		
F763@	4	385	385
F764@	4	207	945
F764.1@	5		
.....	5		
F765	4	70	70
F766@	4	757	757
F767@	4	141	349
F768@	4	79	1463
F768.1@	5		
.....	5		
F769	4	4	14
F8	2	1511	178960
F81	3	855	49365
F810	4	2503	9254
F810.2	5	403	403
.....	5	288	288
F812.4	5	360	9976
F812.41	6	24	24
F812.42*	6	8999	8999
F812.43	6	131	131
F812.44	6	1	1
F812.45*	6	461	461
F812.5	5	271	271
F812.7*	5	5530	5530
F812.8	5	350	350
F812.9*	5	7803	7803
F82	3	441	9999
F820	4	1419	2291
F820.1	5	79	79
.....	5	265	265
F83	3	5163	106040
F830	4	5218	43962
F830.2	5	1268	1322

续表

类号	类级	书目库总量（不含下位类）	书目库总量（包含下位类）
.....	5	788	2256
F830.9	5	7228	17944
F830.91	6	9723	9723
.....	6	395	395
F830.99	5	221	221
F831.5*	5		
F832.0	5	240	240
.....	5	1313	1313
F832.3	5	873	7409
F832.31	6	397	397
.....	6	23	23
F832.4	5	1385	2638
.....	5	1920	1920
F832.5*	5	9262	9262
F832.59	5	83	83
F832.6	5	1800	2631
F832.7*	5	3285	3285
F832.9*	5	4325	4325
F84	3	969	12045
F840	4	1015	4421
F840.2	5	2	2
.....	5	170	550
F840.6	5	311	2213
F840.61	6	251	303
.....	6	642	709
F842.6*	5		
F842.7*	5		
G*	1	495	1120330
G0	2	2028	4451
G02	3	615	615
G03	3	130	130
G04	3	818	818
G05	3	669	669
G07	3	122	122

续表

类号	类级	书目库总量（不含下位类）	书目库总量（包含下位类）
G09	3	69	69
G1	2	181	16995
G112	4	727	727
.....	4	205	205
G127*	4	4338	4338
G2	2	462	99859
G20	3	574	12110
G201	4	769	769
.....	4	2007	2007
G206	4	2046	7166
G206.2	5	2740	2740
.....	5	2074	2074
G209	3	69	69
G21	3	1506	18545
G210	4	2647	2833
G211	4	89	89
G212	4	974	2603
G212.1	5	285	285
G212.2	5	1344	1344
G213	4	691	691
.....	4	174	459
G219.19*	6		
.....	6		
G22	3	851	9864
G220	4	547	567
.....	4	102	102
G229.27*	6		
G229.29*	6		
G23	3	1335	11539
G230	4	186	271
.....	4	132	132
G239.27*	6		
G239.29*	6		
G24	3	157	3951

续表

类号	类级	书目库总量（不含下位类）	书目库总量（包含下位类）
G240	4	47	47
.....	4	8	469
G249.27*	6		
G25	3	2577	32581
G250	4	1508	3118
G250.1	5	118	151
.....	5	152	211
G251	4	691	1243
G251.2	5	11	11
.....	5	27	27
G252	4	643	3710
G252.0	5	33	33
.....	5	306	982
G253	4	338	826
G254	4	267	2683
G254.0	5	71	71
.....	5	219	1017
G254.9	4	349	1148
G254.90	5	0	0
.....	5	16	16
G255	4	157	1220
G255.1	5	294	294
.....	5	314	314
G256	4	776	4010
G256.1	5	1847	1847
.....	5	167	792
G257	4	586	908
G258	4	139	2366
G258.1	5	57	57
.....	5	324	498
G258.9	4	58	603
G259	4	62	8169
G259.25*	6		
.....	6		

续表

类号	类级	书目库总量（不含下位类）	书目库总量（包含下位类）
G26	3	541	7231
G260	4	460	460
.....	4	91	91
G269.26*	6		
.....	6		
G27	3	398	3507
G270	4	230	380
.....	4	319	350
G279.27*	6		
G279.29*	6		
G3*	2	751	16618
G30	3	567	7047
G301	4	1432	1432
.....	4	475	475
G306.7*	5		
G307*	4	395	395
G31	3	327	1660
G311	4	594	594
.....	4	145	145
G32	3	132	7160
G321.9*	5		
G322.23*	6		
G322.7*	5		
G4*	2	3887	903561
G40	3	5829	19239
G40-011	4	126	126
.....	4	72	72
G40-05	4	868	5700
G40-051	5	430	430
.....	5	1286	1458
G40-06	4	346	346
G40-09*	4	2920	2920
G41	3	1035	1992
G410	4	528	528

续表

类号	类级	书目库总量（不含下位类）	书目库总量（包含下位类）
.....	4	56	56
G42	3	2239	9073
G420	4	869	869
.....	4	300	300
G424	4	721	3583
G424.1	5	585	585
.....	5	76	1268
G426	4	210	210
.....	4	146	146
G43	3	1007	5462
G431	4	369	369
.....	4	141	141
G44	3	4753	13800
G441	4	277	277
.....	4	2111	2111
G45	3	200	7132
G451	4	1678	6304
G451.1	5	1616	1616
.....	5	1776	1776
G455	4	293	350
G456	4	278	278
G459	3	329	329
G46	3	797	1254
G462	4	18	18
.....	4	5	5
G47	3	2241	7133
G471	4	184	509
.....	4	218	295
G48	3	198	546
G510	4	205	205
.....	4	341	341
G519*	4	663	663
G520	4	559	604
.....	4	683	683

续表

类号	类级	书目库总量（不含下位类）	书目库总量（包含下位类）
G526.7*	5		
G527*	4	5660	5660
G528	4	114	114
G529*	4	6504	6504
G61	3	5479	103027
G610	4	2193	2531
.....	4	1881	1881
G613	4	22229	88353
G613.2	5	18691	18691
.....	5	18503	18503
G614	4	252	252
.....	4	805	805
G619.28*	6		
G62	3	1387	183829
G620	4	957	957
G621*	4	1255	1255
G622	4	516	4277
G622.0	5	829	829
.....	5	1258	1258
G622.42*	6		
G623	4	1700	26368
G623.1@	5	621	1549
G623.15@	6		
G623.2@	5	6500	8000
G623.22@	6		
.....	6		
G623.29*@	5	395	395
G623.3@	5	239	2588
G623.31@	6	2229	2229
G623.32	6	9	9
.....	6	10	10
G623.4@	5	87	836
G623.41@	6		
G623.45@	6		

续表

类号	类级	书目库总量（不含下位类）	书目库总量（包含下位类）
G623.5@	5	4147	5507
G623.56@	6	1314	1314
G623.57	6	46	46
G623.58@	5	211	211
G623.6@	5	2095	2095
G623.7@	5	301	2475
G623.71@	6	894	894
G623.75@	6	1280	1280
G623.8@	5	808	808
G623.9@	5	204	204
G624*	4	142882	142882
G625	4	76	1986
G625.1	5	1038	1038
.....	5	846	846
G626	4	126	126
.....	4	511	1353
G629.28*	6		
G63	3	2583	370660
G630	4	1906	1906
G631*	4	2590	2590
G632	4	535	14094
G632.0	5	3053	3053
G632.3	5	2896	2896
G632.4	5	389	7610
G632.41	6	130	130
G632.42*	6	2225	2225
G632.46	6	1621	1621
G632.47	6	160	3245
G632.471	7	4	4
.....	7	856	856
G633	4	4209	43321
G633.2@	5	1747	2280
G633.25@	6		
G633.3@	5	7894	9224

续表

类号	类级	书目库总量（不含下位类）	书目库总量（包含下位类）
G633.33@	6		
G633.34@	6		
G633.39*@	5	209	209
G633.4@	5	185	5512
G633.41@	6	4793	4793
G633.42	6	22	22
.....	6	31	31
G633.45@	6	290	290
G633.46@	6	171	171
G633.49	6	12	12
G633.5@	5	177	3866
G633.51@	6	1342	1970
G633.52@	7		
G633.53@	7		
G633.55@	6	1348	1687
G633.56@	7		
G633.57@	7		
G633.59	6	32	32
G633.6@	5	5181	6120
G633.62@	6		
G633.63@	6		
G633.67@	5	571	571
.....	5	3603	3603
G633.95@	5	258	1876
G633.951@	6	782	782
G633.955@	6	836	836
G633.96@	5	1154	1154
G633.98@	5	112	112
G634*	4	289916	289916
G635	4	71	4626
G635.1*	5	2857	2857
G635.5	5	1618	1618
G635.6	5	80	80
G636	4	73	73

续表

类号	类级	书目库总量（不含下位类）	书目库总量（包含下位类）
G637*	4	2625	2625
G638	4	28	87
G639	4	35	8839
G639.28*	6		
G64	3	3197	74816
G640	4	3076	3076
G641*	4	6916	6916
G642	4	729	4245
G642.0	5	978	978
.....	5	17	17
G642.3*	5	654	654
G642.4	5	171	1861
G642.8	5	0	0
G643	4	557	2279
G643.0	5	75	75
.....	5	44	44
G644	4	769	894
G645*	4	4116	4116
G646	4	74	74
G647*	4	9949	9980
G648	4	73	998
.....	4	1197	1197
G649.28*	6		
G649.29*	6		
G649.299*	7		
G65	3	497	4978
G650	4	136	136
G651	4	84	84
G652*	4	342	342
G655	4	76	76
.....	4	1	1
G659.28*	6		
G71	3	1270	10441
G710	4	275	275

续表

类号	类级	书目库总量（不含下位类）	书目库总量（包含下位类）
G711	4	265	265
G712*	4	365	365
G714	4	5	5
G715	4	135	135
G717*	4	329	329
G718	4	329	4333
G718.1	5	191	191
.....	5	717	717
G719	4	22	3464
G719.28*	6		
G72	3	1445	18836
G720	4	286	286
G722	4	228	2702
G722.2	5	190	190
G722.4	5	2284	2284
G723	4	65	4698
G723.2	5	374	374
G723.4*	5	4258	4258
G723.81	5	0	0
G723.83	5	1	1
G724	4	476	1428
G724.4	5	904	904
.....	5	4	4
G725	4	1107	2113
G726*	4	660	854
G726.9	4	2523	2523
.....	4	128	146
G729*	4	1720	1720
G74	3	78	586
G749*	4		
G749.9*	4		
G75	3	132	1910
G750	4	41	41
.....	4	64	64

续表

类号	类级	书目库总量（不含下位类）	书目库总量（包含下位类）
G76	3	1508	6177
G760	4	712	712
.....	4	141	201
G769*	4	1279	1279
G77	3	1053	3285
G773	4	59	59
.....	4	562	562
G779*	4	1076	1076
G78	3	14142	17006
G780	4	573	573
.....	4	1153	1153
G79	3	343	2932
G791	4	1397	1397
.....	4	1069	1069
G8*	2	1579	78351
G80	3	752	13261
G80-05	4	1172	1590
.....	4	59	59
G804	4	340	3330
G804.2	5	811	1001
.....	5	341	554
G806	4	933	933
G807	4	613	5295
G807.0	5	87	596
.....	5	12	12
G807.3@	5	231	231
G807.4@	5	3805	3805
G807.7	5	13	13
G807.8	5	0	0
G808	4	111	1050
G81	3	71	8222
G811.1	5	24	84
.....	5	164	2358
G811.9*	5		

续表

类号	类级	书目库总量（不含下位类）	书目库总量（包含下位类）
G812.0	5	33	33
G812.3*	5		
G812.4	5	398	656
G812.5	5	178	178
G812.7*	5	678	678
G812.78	5	4	4
G812.9*	5		
G818	3	189	353
G819	3	346	346
G82@	3	941	1854
G821	4	37	37
G822@	4	218	525
G822.8@	5		
G823@	4	27	121
G824@	4	28	101
G825	4	28	42
G826	4	87	87
G83@	3	471	3632
G831@	4	280	2524
G831.3@	5		
G832@	4	138	241
G833	4	52	83
G834@	4	95	170
G835	4	17	75
.....	4	52	52
G84@	3	423	9481
G841@	4	1770	1770
.....	4	752	752
G848@	4	94	845
G848.1@	5		
G849.1	4	57	57
G849.2@	4	117	117
G849.3@	4	724	724
G849.4	4	63	63

续表

类号	类级	书目库总量（不含下位类）	书目库总量（包含下位类）
G849.5	4	3	3
G849.9@	4	266	266
G85@	3	187	10463
G852@	4		
G852.1@	5	633	5024
G852.11@	6	2354	2354
.....	6	148	148
G852.17	6	45	45
G852.18@	6	151	151
G852.19@	6	620	620
G852.2@	5	107	1097
G852.22@	6		
.....	6		
G852.3	5	12	12
G852.4@	5	918	918
G852.5	5	5	5
G852.6@	5	344	344
G852.9@	4	676	676
G853 ~ G857@	4		
G86@	3	90	2472
G861@	4	96	1520
G861.1@	5	708	829
G861.2	5	42	47
G861.3	5	37	37
G861.4@	5	319	319
G861.5@	5	122	122
G861.6	5	7	7
.....	5	17	17
G862@	4		
G863@	4	27	379
G863.1@	5		
G865	4	7	7
G87@	3	179	4338

续表

类号	类级	书目库总量（不含下位类）	书目库总量（包含下位类）
G871@	4	97	122
G872@	4	70	500
G872.1@	5		
G872.3@	5		
G873	4	50	50
G874@	4	33	150
G875@	4	26	303
G875.3@	5		
G876	4	27	27
G881@	4	507	507
G882@	4	72	279
G882.1@	5		
G883@	4	632	632
G884@	4	156	168
G885	4	79	84
G886@	4	103	1152
G886.1@	5	179	179
.....	5	192	192
G886.6	5	28	28
G886.7	5	16	16
G886.9@	5	426	426
G888	4	6	68
G889	4	42	42
G89@	3	480	22350
G891@	4	179	7430
G891.1@	5	956	956
.....	5	2447	2447
G892@	4	856	1010
G892.1@	5	124	124
G892.2	5	25	25
G892.9	5	5	5
G893@	4	161	161
G895@	4	596	596
G896	4	32	32

续表

类号	类级	书目库总量（不含下位类）	书目库总量（包含下位类）
G897@	4	538	538
G898@	4	559	9643
G898.1@	5	356	356
.....	5	7924	7924
G899@	4	2460	2460
H	1	441	350735
H0	2	6165	35590
H0-0	3	99	3710
H002	3	232	232
H003	3	224	224
H004*	3	588	588
H0-05	4	2881	2881
.....	4	211	211
H01	3	480	7933
H012	4	86	86
.....	4	11	11
H02	3	229	1105
H03	3	607	4011
H030	4	953	953
.....	4	23	23
H04	3	1738	2325
H05	3	1276	1659
H059	3	2677	2677
H06	3	397	828
H07	3	112	112
H08	3	468	1440
H09	3	2581	2581
H1	2	3406	100108
H1-0	3	7	323
H102	3	1072	1072
H109.2	3	799	799
H109.3	3	34	34
H109.4	3	703	703
H11	3	1034	2844

续表

类号	类级	书目库总量（不含下位类）	书目库总量（包含下位类）
H12	3	2375	19537
H121	4	587	587
.....	4	335	335
H125	4	216	14062
H125.1	5	44	771
.....	5	97	97
H126	4	10	499
H127	4	260	260
H13	3	916	10468
H131	4	761	1493
H134	4	152	152
H136	4	757	7799
H136.1	5	108	108
H136.2	5	319	319
H136.3	5	4152	5588
H136.31	6	1255	1255
H136.33	6	181	181
H136.4	5	895	895
.....	5	53	53
H139	4	108	108
H14	3	1000	6240
H141	4	1387	1387
H146	4	1523	3853
H146.1	5	115	115
.....	5	959	959
H15	3	1507	13626
H151	4	23	23
H152	4	2357	11858
H152.1	5	53	53
.....	5	765	765
H155	4	236	236
H158	4	2	2
H159	3	254	254
H16	3	295	4405

续表

类号	类级	书目库总量（不含下位类）	书目库总量（包含下位类）
H161	4	912	912
.....	4	198	198
H17	3	546	4618
H171	4	108	108
.....	4	93	1548
H19	3	1052	31779
H191	4	15	15
H192	4	32	32
H193	4	350	3228
H193.1	5	59	59
.....	5	803	803
H194	4	516	18159
H194.1	5	6797	6797
H194.3	5	134	10846
H194.4	6	4586	4586
H194.5	6	6126	6126
H195	4	980	9293
H195.1	5	232	232
.....	5	89	89
H2	2	430	5180
H211@	3	29	224
H212@	3	861	861
H214@	3	845	845
H215@	3	579	579
H216@	3	104	104
H217@	3	229	229
H218@	3	154	154
H219@	3	248	248
H221@	3	176	176
H222	3	28	28
H223	3	26	26
H224	3	17	17
H225	3	7	7
H231	3	11	11

续表

类号	类级	书目库总量（不含下位类）	书目库总量（包含下位类）
H232	3	13	13
H233	3	12	12
H234	3	8	8
H235	3	16	16
H236@	3	172	172
H237	3	10	10
H238	3	7	7
H241	3	5	5
H242	3	5	5
H243	3	30	30
H244	3	6	6
H249	3	5	5
H251	3	62	62
H252	3	34	34
H253@	3	106	106
H254	3	53	53
H255	3	33	33
H256	3	47	47
H257@	3	130	130
H258	3	27	27
H259	3	69	69
H261	3	5	5
H262	3	10	10
H263	3	8	8
H264	3	4	4
H265	3	7	7
H266	3	8	8
H267	3	7	7
H268	3	38	38
H269	3	18	18
H271	3	20	20
H272	3	59	59
H273	3	35	35
H274	3	16	16

续表

类号	类级	书目库总量（不含下位类）	书目库总量（包含下位类）
H275	3	10	10
H276	3	6	6
H281	3	24	24
H282	3	7	7
H284	3	67	67
H289	3	42	42
H3	2	1244	190034
H31	3	25921	144198
H310.1	4	442	442
H310.4	4	78	6408
H310.421	6	1815	1815
H310.422	6	385	385
H310.9	4	434	434
.....	4	1187	1473
H313	4	1408	12398
H313.1	5	8898	8898
.....	5	408	408
H314	4	4615	7161
H314.1	5	164	164
.....	5	882	882
H315	4	7709	7709
.....	4	4814	4814
H319	4	2998	71948
H319.1	5	290	290
H319.2	5	209	209
H319.3	5	2407	9445
H319.31	6	10	10
.....	6	162	162
H319.4	5	35938	35938
.....	5	4923	4923
H32@	3	4917	4917
H33@	3	6009	6009
H34@	3	1889	1889
H35@	3	9599	9599

续表

类号	类级	书目库总量（不含下位类）	书目库总量（包含下位类）
H36@	3	20510	20510
H37@	3	1668	1668
H4@	2	292	1470
H41@	3		
H412@	4		
H42@	3		
H421@	4		
H44@	3		
H5@	2	100	5230
H51@	3	133	731
H512@	4		
H53@	3	54	486
H531@	4		
H54	3	29	74
H55@	3	3839	3839
H61@	2	39	114
H62	2	12	76
H63@	2	43	1010
H631@	3		
H631.1@	4		
H631.2@	4		
H64	2	7	87
H65@	2	30	198
H66@	2	46	368
H661@	3		
H662@	3		
H662.1@	4		
H67@	2	39	725
H671@	3		
H671.3@	4		
H7@	2	258	8657
H71@	3	128	2171
H711@	4	553	553
.....	4	1111	1111

续表

类号	类级	书目库总量（不含下位类）	书目库总量（包含下位类）
H714	4	43	43
.....	4	3	3
H73@	3	66	387
H733@	4		
H74@	3	442	1752
H741@	4		
.....	4		
H75	3	31	91
H76@	3	105	631
H761@	4		
.....	4		
H77@	3	250	2606
H771@	4		
.....	4		
H78@	3	48	169
H791@	3	191	437
H791.1@	4		
H791.3@	4		
H792	3	85	85
H793	3	40	40
H794	3	19	19
H795	3	11	11
H81@	2	131	437
H815@	3		
H823@	4		
H83@	2	325	476
H84@	2	114	114
H9@	2	20	420
H91@	3		
I*	1	1357	1160214
I0	2	3353	16456
I0-02	3	344	344
I0-03	3	920	920
I0-05	3	592	592

续表

类号	类级	书目库总量（不含下位类）	书目库总量（包含下位类）
I01	3	637	637
I02	3	109	336
I03	3	119	119
I04	3	1809	3459
I05	3	197	4407
I052	4	1035	1035
.....	4	544	957
I06	3	2289	2289
I106	3	6614	13819
I106.2	4	2031	2031
.....	4	720	756
I109	3	1261	3847
I11	3	3925	35246
I1-1	3	0	0
I12	4	1817	1817
I1-2	3	0	2
I13	4	660	771
.....	4	8133	8133
I200	3	406	406
I206	3	2798	22388
I206.09	4	341	341
I206.7*	4		
I207.2	4	1479	23530
I207.209	5	687	687
I207.21	5	925	925
I207.22	5	8190	14248
I207.222	6	1034	1034
.....	6	456	456
I207.227*	6	4107	4107
I207.23	5	3807	3807
.....	5	447	447
I207.3	4	987	3626
I207.301	5	16	16
.....	5	164	164

续表

类号	类级	书目库总量（不含下位类）	书目库总量（包含下位类）
I207.36*	5	238	238
I207.37	5	1494	1494
I207.38	5	15	15
I207.39	4	248	248
I207.4	4	430	12994
I207.409	5	565	565
I207.41	5	2963	7900
I207.411	6	2562	2562
.....	6	715	715
I207.42	5	3037	4099
I207.424	6	11	11
.....	6	792	792
I207.5	4	212	214
I207.6	4	872	2683
I207.609	5	30	30
.....	5	1063	1063
I207.7	4	1469	1787
I207.8	4	747	747
I207.9*	4	1620	1620
I207.99	4	181	181
I207.999	4	16	16
I209*	3	5542	7030
I209.9*	4	1473	1473
I209.99	4	15	15
I21	3	214	50882
I2-1	3	3	4
I210	4	163	6473
I210.1	5	509	509
.....	5	714	714
I210.97*	5	1366	1366
I210.99	5	1	1
I218*	4		
I222.7*	5		
I222.8*	5		

续表

类号	类级	书目库总量（不含下位类）	书目库总量（包含下位类）
I227*	4		
.....	4		
I276.29*	6		
.....	6		
I287.5*	5		
J*	1	3249	614733
J0	2	1654	14257
J0-02	3	508	508
J0-03	3	39	39
J0-05	3	1255	1255
J01	3	656	656
J02	3	66	168
J03	3	157	157
J04	3	220	295
J05*	3	3699	3699
J06	3	2637	5786
J061	4	824	824
.....	4	265	265
J08	3	40	40
J1	2	467	27268
J110.9	4	1626	4154
J110.92	5	205	205
.....	5	429	429
J111	4	893	893
.....	4	131	221
J120.9*	4		
J18	3	12	12
J19	2	1535	2168
J2*	2	582	210151
J20	3	412	9053
J20-02	4	41	41
.....	4	104	104
J205*	4	4749	4749
J206	4	53	621

续表

类号	类级	书目库总量（不含下位类）	书目库总量（包含下位类）
J209*	4	2499	2861
J21	3	2109	41434
J211	4	714	714
.....	4	36	1302
J212*	4	8179	17124
J212.1	5	396	396
J212.2*	5	8416	8416
J212.6	5	21	21
J212.7	5	112	112
J213*	4	1348	1619
J213.2*	5		
J213.9	4	101	101
J214	4	6536	7814
J214.1	5	1031	1031
.....	5	232	232
J215	4	2541	2541
.....	4	261	261
J218	4	35	5699
J218.1	5	183	183
.....	5	1913	1913
J219	4	1450	1450
J22	3	412	124096
J221	4	6144	9190
J221.1 ～ J221.7	5	894	894
.....	5	2056	2056
J222	4	1892	36841
J222.2 ～ J222.6	5	5037	5037
J222.7*	5	29912	29912
J223	4	3464	5393
J223.1	5	346	346
J223.8	5	1583	1583
J223.9	4	131	131
J224	4	1905	2395
J224.1*	5		

续表

类号	类级	书目库总量（不含下位类）	书目库总量（包含下位类）
J225	4	1620	1620
.....	4	80	80
J228*	4	65609	65609
J229	4	601	601
J23	3	1892	34904
J2-3	3	8	82
J231@	4	5031	5031
J231.9	4	10	10
J232@	4	1186	1186
.....	4	254	254
J233.9	4	36	36
J234@	4	1066	1066
J235@	4	430	430
J236	4	16	16
J237@	4	879	879
J238*@	4	21433	21433
J239@	4	176	176
J2-39	4	74	74
J29*	2	332	53735
J292	3	1015	52244
J292.1	4	2629	16814
J292.11	5	8233	8233
.....	5	4730	4730
J292.19	4	5	5
J292.2	4	501	28202
J292.21	5	2502	2502
.....	5	1249	1249
J292.3	4	480	2631
J292.31	5	280	280
.....	5	259	259
J292.4	4	486	3577
J292.41	5	380	380
.....	5	645	645
J293	3	1159	1159

续表

类号	类级	书目库总量（不含下位类）	书目库总量（包含下位类）
J3*	2	120	6915
J30	3	35	1260
J305*	4		
J309*	4		
J31	3	143	1464
J311	4	22	22
.....	4	9	32
J32	3	35	2403
J33	3	327	1668
J331@	4		
.....	4		
J4*	2	667	24333
J40	3	190	1649
J405*	4		
J409*	4		
J41	3	4394	7930
J412	4	152	152
.....	4	216	216
J421*	4	3410	4362
J422 ～ J429.9	4	4960	4960
J431@	4	2958	2958
J432 ～ J439.9	4	1536	1536
J5*	2	572	33442
J50	3	94	1641
J50-02	4	7	7
.....	4	20	20
J505*	4	158	158
.....	4	434	434
J51	3	1262	1431
J520.9	4	4	4
J521*	4	409	409
J522	4	2788	3403
J523	4	200	1281
J524	4	1026	4042

续表

类号	类级	书目库总量（不含下位类）	书目库总量（包含下位类）
J524.1	5	24	24
.....	5	427	427
J525	4	653	2565
J525.1	5	1161	1301
.....	5	446	446
J526	4	56	292
J527	4	2589	2743
J528	4	942	3274
J528.1	5	1231	1231
.....	5	679	679
J529	4	1107	1107
J53*	3	10334	10334
J59	2	26	26
J6	2	3579	136155
J60	3	1197	16393
J60-02	4	167	167
.....	4	616	917
J605*	4	6114	6114
J607	4	1650	1650
.....	4	903	1041
J609.1*	5		
J609.2*	5		
J609.9	5	102	102
J61	3	597	9452
J611	4	21	130
.....	4	94	224
J616	4	1353	2600
J616.1	5	233	233
.....	5	893	1007
J617	4	192	1056
J617.5*	5		
J618	4	302	302
.....	4	29	29
J62	3	458	9066

续表

类号	类级	书目库总量（不含下位类）	书目库总量（包含下位类）
J621	4	120	905
J622	4	91	954
J623	4	15	1417
J623.1	5	11	11
.....	5	1250	1250
J624	4	85	4109
J624.1	5	3394	3394
.....	5	124	124
J625	4	60	258
.....	4	444	444
J63	3	48	3017
J632	4	299	2688
J632.7*	5		
J64	3	170	42814
J641	4	545	545
J642	4	5478	28154
J642.0	5	118	118
.....	5	12269	12269
J642.21*	6	1313	1313
J642.22*	6	1550	1550
J642.3	5	35	39
.....	5	88	1950
J643	4	115	3000
J643.1	5	883	883
.....	5	13	13
J643.5*	5	1644	1644
J643.6	5	60	60
.....	5	17	17
J644*	4	258	258
J645	4	63	250
J647	4	213	5107
J647.1	5	53	321
.....	5	33	565
J647.4	5	7	1686

续表

类号	类级	书目库总量（不含下位类）	书目库总量（包含下位类）
J647.41	6	1433	1433
.....	6	21	21
J647.5	5	16	51
.....	5	175	1594
J648	4	785	5207
J648.1	5	60	799
.....	5	99	1120
J648.7*	5	378	378
J649	4	123	123
J65	3	1328	51485
J651@	4	3382	3382
J652@	4	3103	14749
J652.0	5	76	76
J652.1@	5	4691	4691
J652.2@	5	600	600
J652.3*@	5	133	133
J652.4@	5	1402	1402
J652.5*@	5	2412	2412
J652.6*@	5	554	554
J652.7	5	20	20
J652.8@	5	1674	1674
J652.9	5	84	84
J653*@	4	1861	1861
J654	4	15	15
J655@	4	220	498
J655.2*	5		
J655.8@	5		
J657*@	4	28939	28939
.....	4	407	407
J69*	3	344	344
J7	2	567	7258
J70	3	128	1129
J70-02	4	23	23
.....	4	73	73

续表

类号	类级	书目库总量（不含下位类）	书目库总量（包含下位类）
J705*	4	222	222
J706	4	29	29
J709*	4	540	547
J71	3	86	333
J72	3	60	3096
J720.9	4	8	8
J721	4	17	17
J722	4	213	2808
J722.1	5	205	205
J722.2	5	267	1366
J722.22*	6		
J722.3	5	489	489
.....	5	117	117
J723	4	30	203
J73	3	91	1949
J79	3	1	184
J8	2	927	30590
J80	3	515	6679
J80-02	4	61	61
.....	4	159	159
J805*	4	1719	1719
J806	4	1	1
J809*	4	3947	3975
J81	3	1062	3347
J811	4	207	275
.....	4	668	1206
J821.9@	4	277	277
J822@	4	129	129
J823	4	90	90
J824@	4	782	782
J825*	4	7254	7254
J826*	4	1175	1175
J827	4	584	584
J828	4	739	739

续表

类号	类级	书目库总量（不含下位类）	书目库总量（包含下位类）
J832@	4		
.....	4		
J89	3	7	912
J9	2	1478	65186
J90	3	1074	13719
J90-02	4	168	168
.....	4	418	418
J905*	4	7824	7824
J906	4	28	28
J909*	4	3455	3474
J91	3	212	1765
J911*	4		
J912*	4		
J92	3	19	579
J922*	4		
J923*	4		
J93	3	396	1035
J94	3	61	580
J95	3	83	42817
J951	4	13996	28200
J951.1	5	13759	13759
J951.2	5	445	445
J952	4	3099	3099
.....	4	1037	1037
J96	3	17	104
J97	3	14	551
J98	3	45	45
J99	3	174	2513
K*	1	778	833594
K0	2	1530	8261
K01	3	1133	1133
K02	3	1945	1945
K03	3	324	324
K04	3	75	75

续表

类号	类级	书目库总量（不含下位类）	书目库总量（包含下位类）
K05	3	92	92
K06	3	364	870
K09	3	232	2292
K092*	4		
K10	3	1152	9367
K101	4	372	372
.....	4	3085	3085
K204	4	772	6194
K204.1	5	1114	1114
.....	5	2084	2084
K21@	3		
K22@	3		
K221@	4		
K221.04@	5		
K223@	5		
K224@	5		
K224.06@	6		
K225@	4		
K225.04@	5		
K23@	3		
K231@	4		
K231.04@	5		
K232@	4		
K233@	5		
K234@	5		
K234.1@	6		
K234.2@	6		
K235@	4		
K236@	5		
K237@	5		
K239@	5		
K239.1@	6		
K239.2@	6		
K239.21@	7		

续表

类号	类级	书目库总量（不含下位类）	书目库总量（包含下位类）
K24@	3		
K242@	4		
K243@	4		
K243.1@	5		
K244@	4		
K245@	4		
K246@	4		
K246.1@	5		
.....	5		
K247@	4		
K248@	4		
K248.1@	5		
K248.105@	6		
K248.2@	5		
K248.205@	6		
K248.3@	5		
K248.301@	6		
K248.305@	6		
K248.4@	5		
K249@	4		
K249.2@	5		
K249.205@	6		
K249.3@	5		
K25@	3		
K250.6@	4		
.....	4		
K254@	4		
K254.4@	5		
K254.42@	6		
K256@	4		
K256.2@	5		
.....	5		
K257@	4		
K257.1@	5		

续表

类号	类级	书目库总量（不含下位类）	书目库总量（包含下位类）
.....	5		
K258@	4		
K258.2@	5		
K258.3@	5		
K26@	3		
K261@	4		
K261.1@	5		
K261.3*@	5		
K261.5@	5		
K262@	4		
K262.2@	5		
K262.22@	6		
K262.3@	5		
K262.34@	6		
K262.8@	5		
K262.9@	5		
K263@	4		
K263.5@	5		
K264@	4		
K264.1@	5		
K264.2@	5		
K264.3@	5		
K264.31@	6		
K264.4@	5		
K264.8@	5		
K265@	4		
K265.1@	5		
K265.19@	5		
K265.2@	5		
K265.21@	6		
K265.22@	6		
K265.3@	5		
.....	5		
K265.6@	5		

续表

类号	类级	书目库总量（不含下位类）	书目库总量（包含下位类）
K265.61@	6		
.....	6		
K265.7@	5		
K265.9@	5		
K266@	4		
K266.5@	5		
K266.51@	6		
K266.54@	6		
K266.6@	5		
K266.9@	5		
K269@	4		
K269.4@	5		
.....	5		
K27@	3		
K280.0*	4		
K3@	2		
K300@	3		
K301@	3		
K302@	3		
K303@	3		
K304@	3		
K305@	3		
K308@	3		
K31@	3		
K311@	4		
K312@	4		
K312.0@	5		
K312.2@	5		
K312.3@	5		
K312.31@	6		
.....	6		
K312.4@	5		
K312.42@	6		
K312.43@	6		

续表

类号	类级	书目库总量（不含下位类）	书目库总量（包含下位类）
K312.5@	5		
K312.52@	6		
K312.6@	5		
K312.62@	6		
K312.9@	5		
K313@	4		
K313.0@	5		
K313.1@	5		
K313.2@	5		
K313.21@	6		
.....	6		
K313.3@	5		
K313.31@	6		
.....	6		
K313.4@	5		
K313.41@	6		
.....	6		
K313.8@	5		
K313.9@	5		
K33@	3		
K333@	4		
K333.0@	5		
K333.4@	5		
K333.5@	5		
K333.52@	6		
K335@	4		
K336@	4		
K336.0@	5		
K337@	4		
.....	4		
K342@	4		
K342.0@	5		
K342.4@	5		
K35@	3		

续表

类号	类级	书目库总量（不含下位类）	书目库总量（包含下位类）
K351@	4		
K351.0@	5		
K351.2@	5		
K351.3@	5		
K351.32@	6		
K351.4@	5		
K351.43@	6		
K351.5@	5		
.....	5		
K353@	4		
K359@	4		
K36@	3		
K361@	4		
K369@	4		
K37@	3		
K372@	4		
K372.6@	5		
K373@	4		
K373.0@	5		
.....	5		
K374@	4		
K374.3@	5		
K374.4@	5		
K376@	4		
K377@	4		
K377.5@	5		
K377.53@	6		
K378@	4		
K378.5@	5		
K381@	4		
K382@	4		
K382.8@	5		
K384@	4		
K4@	2		

续表

类号	类级	书目库总量（不含下位类）	书目库总量（包含下位类）
K400@	3		
K404@	3		
K405@	3		
K41@	3		
K411@	4		
K411.0@	5		
K411.2@	5		
K411.4@	5		
K411.5@	6		
K412@	4		
.....	4		
K42@	3		
K421@	4		
K43@	3		
K437@	4		
K46@	3		
K47@	3		
K478@	4		
K478.4@	5		
K5@	2		
K500@	3		
K503@	3		
K504@	3		
K505@	3		
K508@	3		
K51@	3		
K511.3@	4		
K511.4@	4		
K512@	4		
K512.0@	5		
K512.3@	5		
K512.31@	6		
.....	6		
K512.4@	5		

续表

类号	类级	书目库总量（不含下位类）	书目库总量（包含下位类）
K512.42@	6		
K512.43@	6		
K512.5@	5		
K512.51@	6		
.....	6		
K512.6@	5		
K512.8@	5		
K512.9@	5		
K512.91@	6		
K512.93@	6		
K512.94@	6		
K512.942@	7		
K512.95@	6		
K512.96@	6		
K513@	4		
K513.4@	5		
K513.43@	6		
K513.5@	5		
K514@	4		
K514.4@	5		
K514.5@	5		
K515@	4		
K515.0@	5		
.....	5		
K516@	4		
K516.0@	5		
K516.3@	5		
K516.33@	6		
K516.4@	5		
K516.42@	6		
.....	6		
K516.8@	5		
K516.9@	5		
K517@	4		

续表

类号	类级	书目库总量（不含下位类）	书目库总量（包含下位类）
K518@	4		
K521@	4		
K521.4@	5		
K522@	4		
K53@	3		
K532@	4		
.....	4		
K54@	3		
K541@	4		
K542@	4		
K542.0@	5		
.....	5		
K543@	4		
K543.5@	5		
K544@	4		
K544.3@	5		
K544.4@	5		
K545@	4		
K545.0@	5		
K545.2@	5		
K546@	4		
K546.0@	5		
K546.3@	5		
K546.32@	6		
K546.33@	6		
K546.4@	5		
K546.42@	6		
K546.9@	5		
K551@	4		
K551.0@	5		
.....	5		
K551.5@	5		
K551.52@	6		
K551.9@	5		

续表

类号	类级	书目库总量（不含下位类）	书目库总量（包含下位类）
K552@	4		
K56@	3		
K561@	4		
K561.0@	5		
K561.3@	5		
K561.31@	6		
.....	6		
K561.4@	5		
K561.41@	6		
.....	6		
K561.8@	5		
K561.9@	5		
K562@	4		
K562.0@	5		
K562.3@	5		
K563@	4		
K564@	4		
K565@	4		
K565.0@	5		
K565.3@	5		
K565.4@	5		
K565.41@	6		
K565.42@	6		
K565.44@	7		
.....	7		
K565.5@	6		
K565.9@	5		
K6@	2		
K611@	3		
K611.0@	4		
K611.8@	4		
K612@	3		
K7@	2		
K703@	3		

续表

类号	类级	书目库总量（不含下位类）	书目库总量（包含下位类）
K708@	3		
K71@	3		
K711@	4		
K711.8@	5		
K711.9@	5		
K712@	4		
K712.0@	5		
K712.3@	5		
K712.4@	5		
K712.41@	6		
.....	6		
K712.5@	5		
K712.51@	6		
.....	6		
K712.8@	5		
K712.9@	5		
K73@	3		
K731@	4		
K731.2@	5		
.....	5		
K75@	3		
K751@	4		
K77@	3		
K777@	4		
.....	4		
K81	2	293	235297
K810	3	114	2436
K810.1	4	71	71
K810.2	4	2251	2251
K812*	4		
.....	4		
K820.9	4	7954	7954
K825	4	433	88166
K825.1@	5	404	408

续表

类号	类级	书目库总量（不含下位类）	书目库总量（包含下位类）
.....	5	461	461
K825.3@	5	1325	5041
K825.31@	6	277	277
.....	6	241	241
K825.4@	5	4024	8684
K825.41@	6	173	173
.....	6	1055	1055
K825.5@	5	375	375
K825.6@	5	11969	11969
K825.7@	5	3184	10027
K825.72@	6	3388	3388
.....	6	1170	1170
K825.8@	5	549	1639
K825.81@	6		
K825.89@	6		
K82-6@	4	5	856
K826.1@	5	1839	4363
K826.11@	6	394	394
K826.13	6	86	86
K826.14@	6	375	375
.....	6	146	146
K826.2@	5	2346	2346
.....	5	543	543
K828@	5	184	5329
K828.1@	6	473	473
K828.2@	6	1136	1136
K828.3	6	39	39
K828.4@	6	430	430
.....	6	1543	1543
K828.7*@	6	411	411
.....	6	212	212
K85	2	1301	69273
K851	3	225	225
K852	3	52	52

续表

类号	类级	书目库总量（不含下位类）	书目库总量（包含下位类）
K853	3	97	97
K854	3	225	573
K86*	3		
K87@	3		
K870.6@	4	23368	23368
K871@	4	182	1494
K871.1@	5		
K871.13@	6		
K871.3@	5		
K871.4@	5		
K871.41@	6		
K872*@	4	3899	3899
.....	4	532	532
K875.1	5	32	32
K875.2@	5	557	557
K875.3	5	71	71
K875.4@	5	467	467
.....	5	217	217
K875.7	5	33	33
K875.8@	5	191	191
K875.9	5	20	20
K876@	4	105	5199
K876.1	5	2	2
K876.2	5	46	46
K876.3@	5	2839	2839
K876.4@	5	63	938
K876.41@	6		
K876.43@	6		
K876.5	5	29	29
K876.6	5	20	20
K876.7@	5	101	101
K876.8@	5	1039	1039
K876.9	5	80	80
K877@	4	348	6005

续表

类号	类级	书目库总量（不含下位类）	书目库总量（包含下位类）
K877.1@	5	726	726
K877.2@	5	824	3650
K877.3@	6	631	631
K877.4@	6	626	2195
K877.42@	7		
.....	7		
K877.5@	5	777	777
.....	5	162	162
K878@	4	1309	4577
K878.2@	5	943	943
K878.3@	5	263	263
K878.4	5	38	38
K878.5@	5	139	139
.....	5	353	353
K879@	4	170	3251
K879.1	5	41	41
K879.2@	5	150	1151
K879.21@	6		
.....	6		
K879.3@	5	503	503
K879.4@	5	197	1384
K879.41@	6		
.....	6		
K879.9	5	2	2
K89	2	238	25715
K890	3	422	422
K891*	3		
K892.1	4	1175	1646
K892.2	4	106	3504
K892.21	5	691	691
.....	5	1057	1057
K892.3*	4	1273	1273
K892.4*	4	2722	2722
K892.9	4	1326	1688

续表

类号	类级	书目库总量（不含下位类）	书目库总量（包含下位类）
K9*	2	1270	121776
K90	3	734	2244
K90-0	4	47	336
.....	4	649	1163
K916*	4	407	407
K917*	4	1119	1119
K918	4	11	165
K919	4	3402	3767
K928	4	152	31447
K928.1	5	552	628
.....	5	485	485
K928.4	5	642	2306
K928.42	6	1042	1042
.....	6	526	526
K928.6*	5		
K928.70*	6	2974	2974
.....	6	1425	1425
K928.73	6	6142	6142
.....	6	1219	1219
K928.8	5	41	41
K928.9*	4		
K99	3	80	3861
K992.1	5	8	8
K992.2*	5	1420	1420
K992.5	5	259	259
K992.6*	5	352	352
K992.7	5	0	0
K992.9*	5	394	394
N	1	2476	39725
N01*	3		
N09*	3		
N1*	2		
N24@	3		
N26@	3		

续表

类号	类级	书目库总量（不含下位类）	书目库总量（包含下位类）
N28@	3		
N8*	2	1554	1554
N91*	2	721	721
N93	2	55	55
N94	2	1114	2598
N94-0	3	2	22
N941	3	150	547
N945	3	516	905
N949	3	10	10
N99	2	2	2
O*	1	464	260945
O1*	2	2790	105854
O1-0	3	1265	1265
O11	3	717	1608
O12	3	1039	6155
O121	4	959	2281
O121.1	5	70	70
.....	5	21	21
O122	4	724	1023
.....	4	523	1380
O13	3	10384	10384
O14	3	249	2886
O141	4	1027	1983
.....	4	33	33
O15	3	2058	16879
O151	4	183	4270
O151.1	5	102	102
O151.2	5	2989	3985
O151.21	6	730	730
.....	6	57	57
O152	4	1163	2863
O152.1	5	372	372
.....	5	137	137
O153	4	357	1469

续表

类号	类级	书目库总量（不含下位类）	书目库总量（包含下位类）
.....	4	201	352
O157	4	690	2616
O157.1	5	243	243
.....	5	92	92
O158	4	762	762
O159	4	556	556
O17	3	2172	22276
O171	4	272	272
.....	4	2690	3019
O174	4	1104	5079
O174.1	5	386	819
.....	5	288	673
O174.5	5	968	1738
O174.51	6	139	139
.....	6	139	139
O174.6	5	116	149
O175	4	2714	7402
O175.1	5	595	917
O175.2	5	1168	2716
O175.21	6	9	9
.....	6	33	33
O175.3	5	287	287
.....	5	3	3
O176	4	239	272
O177	4	1431	3598
O177.1	5	275	275
.....	5	318	318
O178	4	200	200
O18	3	1409	9375
O1-8	3	229	229
O181	4	196	196
.....	4	631	897
O186	4	336	1658
O186.1	5	649	1213

续表

类号	类级	书目库总量（不含下位类）	书目库总量（包含下位类）
O186.11	6	122	122
.....	6	269	269
O186.5	5	109	109
O187	4	565	965
O189	4	976	3110
O189.1	5	145	648
.....	5	344	697
O19	3	395	702
O21	3	2933	14726
O211	4	1697	5147
O211.1	5	108	108
.....	5	30	30
O211.6	5	1354	2939
O211.61	6	396	396
.....	6	410	410
O211.9	5	19	19
O212	4	3504	6292
O212.1	5	944	944
.....	5	175	175
O213	4	188	354
O22	3	1217	5031
O221	4	423	1134
O221.1	5	309	309
.....	5	202	202
O223	4	166	166
.....	4	1455	1455
O23	3	220	2593
O231	4	1244	1548
.....	4	228	228
O24	3	564	6596
O241	4	1824	4975
O241.1	5	94	94
.....	5	102	102
O241.8	5	425	2204

续表

类号	类级	书目库总量（不含下位类）	书目库总量（包含下位类）
O241.81	6	140	140
.....	6	1444	1444
O242	4	109	721
.....	4	113	113
O29	3	1403	1403
O3*	2	1432	17460
O301	3	32	32
O302	3	229	229
O303	3	17	17
O31	3	1417	3052
O311	4	124	153
.....	4	78	107
O32	3	368	1129
O321	4	26	26
.....	4	450	450
O33	3	370	372
O34	3	386	4161
O341	4	1	1
.....	4	1003	1003
O35	3	2077	5778
O351	4	94	849
.....	4	56	56
O369	3	64	64
O37	3	158	231
O38	3	155	349
O39	3	614	614
O4*	2	6108	62121
O4-0	3	284	822
O4-09*	4		
O41	3	1220	13502
O4-1*	3	97	97
O411	4	806	2330
O411.1	5	1503	1503
O411.3	5	21	21

续表

类号	类级	书目库总量（不含下位类）	书目库总量（包含下位类）
O412	4	248	1960
O412.1	5	1437	1437
.....	5	83	83
O413	4	1561	4897
O413.1	5	2322	2322
.....	5	153	153
O414	4	322	2589
O414.1	5	659	860
O414.2	5	1187	1407
O415	4	181	506
O42	3	538	1320
O421	4	75	83
.....	4	122	273
O43	3	1718	6866
O431	4	264	725
.....	4	80	339
O434.3*	5		
O435	4	146	249
.....	4	372	724
O44	3	332	4364
O441	4	1532	3712
O441.1	5	611	611
.....	5	280	280
O442	4	320	320
O45	3	65	289
O46	3	248	855
O469	3	511	511
O47	3	684	1810
O471	4	243	531
.....	4	433	460
O48	3	1416	5241
O481	4	142	291
O482	4	226	1911
O482.1	5	43	43

续表

类号	类级	书目库总量（不含下位类）	书目库总量（包含下位类）
.....	5	72	72
O483	4	97	97
.....	4	919	1220
O51	3	324	1564
O511	4	1141	1151
.....	4	28	51
O52	3	69	337
O53	3	1426	1862
O531	4	57	57
.....	4	55	60
O55	3	49	1347
O551	4	295	676
O552	4	70	622
O56	3	614	3481
O561	4	515	1142
.....	4	1041	1713
O57	3	874	9377
O571	4	1415	3299
O571.1	5	105	105
.....	5	246	572
O572	4	820	5199
O572.1	5	156	201
.....	5	1613	2562
O581	4	4	4
O582	4	1	1
O59	3	134	134
O6*	2	3552	71308
O6-09*	4		
O61*	3	2592	8307
O611	4	315	900
.....	4	42	159
O62*	3	5119	16663
O621.1	5	88	621
.....	5	60	1415

续表

类号	类级	书目库总量（不含下位类）	书目库总量（包含下位类）
O622	4	154	690
.....	4	129	1429
O63*	3	1711	7639
O631	4	1996	3730
O631.1	5	290	335
.....	5	517	534
O632	4	199	706
.....	4	176	661
O64*	3	3487	19858
O641	4	721	4830
O641.1	5	339	1369
.....	5	70	70
O642	4	164	664
O643	4	283	4854
O643.1	5	559	950
O643.2	5	314	323
O643.3	5	1412	3261
O643.31	6	20	20
.....	6	133	141
O643.4	5	12	12
.....	5	9	9
O644	4	141	1116
.....	4	201	465
O65*	3	2607	11346
O651	4	167	167
O652	4	143	942
O653@	4	171	824
O654@	5		
O655@	5		
O655.2@	6		
O656@	4	189	345
O657@	4	827	5104
O657.1@	5	558	700
O657.2@	5	130	130

续表

类号	类级	书目库总量（不含下位类）	书目库总量（包含下位类）
O657.3@	5	865	1885
O657.31@	6		
.....	6		
O657.4	5	72	72
.....	5	3	3
O657.63@	5	318	318
.....	5	663	712
O657.91	5	5	5
.....	5	38	38
O658@	4	100	1000
O658.1@	5		
.....	5		
O659@	4	64	114
O661	4	57	243
O69	3	237	237
O7	2	582	3738
O71	3	35	104
O72	3	121	279
O73@	3	235	885
O74	3	155	276
O75	3	57	694
O76	3	96	146
O77	3	138	145
O78	3	356	539
O79	3	16	74
O799	3	14	14
P*	1	1203	156006
P1*	2	1221	27634
P11	3	185	973
P112*	4		
P12	3	280	1133
P121	4	140	140
.....	4	83	83
P1-28*	4		

续表

类号	类级	书目库总量（不含下位类）	书目库总量（包含下位类）
P128.1	5	57	131
P129	4	3	3
P13	3	226	634
P14	3	1158	3022
P141	4	156	290
P142	4	307	438
P144	4	245	1136
P144.1	5	30	30
.....	5	0	0
P148	3	93	93
P149	3	2	2
P15	3	764	5735
P151	4	437	437
.....	4	311	357
P159	4	2883	3123
P159.1	5	16	16
.....	5	34	34
P16	3	252	583
P17	3	169	754
P18	3	710	4715
P181	4	63	63
P182	4	379	758
P183	4	1131	1377
P183.1	5	29	29
.....	5	55	55
P184	4	323	453
P185	4	474	1354
P185.1	5	27	50
.....	5	45	45
P19	3	313	6665
P191	4	3	3
.....	4	13	13
P195*	4	5075	5075
P196	4	64	64

续表

类号	类级	书目库总量（不含下位类）	书目库总量（包含下位类）
P197	4	16	460
P197.2*	5		
P2*	2	892	11968
P201	4	49	49
.....	4	0	0
P21	3	497	931
P22	3	677	2252
P221	4	221	228
.....	4	4	4
P229	3	40	75
P23	3	491	1274
P231	4	389	588
.....	4	30	30
P24	3	65	65
P25	3	163	165
P27	3	221	349
P28	3	921	2197
P281	4	119	119
.....	4	70	151
P3*	2	2073	19773
P31	3	582	8530
P311	4	195	225
.....	4	99	182
P315	4	1026	4369
P315.0	5	30	64
.....	5	63	63
P315.73*	6		
P315.8	5	36	36
P315.9	5	1074	1151
P316*	4	1233	1233
P317	4	387	659
P317.5*	5		
P318	4	202	538
P319	4	26	49

续表

类号	类级	书目库总量（不含下位类）	书目库总量（包含下位类）
P33	3	1250	8230
P331	4	59	197
.....	4	195	389
P337	4	20	2573
P337.1 ～ P337.7	5	2529	2529
P337-3	5	24	24
P338	4	373	375
.....	4	433	433
P343.7*	5		
P344*	4	542	542
P345	4	0	0
P349	4	0	0
P35	3	153	940
P4*	2	2486	20781
P40	3	48	1107
P401	4	328	328
.....	4	182	182
P41	3	907	1688
P42	3	649	5761
P421	4	201	576
.....	4	98	237
P426	4	214	2474
P426.1	5	26	26
.....	5	59	60
P426.6	5	311	1796
P426.61	6	50	899
.....	6	317	317
P427	4	63	640
P429	4	248	248
P43	3	190	698
P44	3	878	1500
P45	3	459	1911
P451	4	64	64

续表

类号	类级	书目库总量（不含下位类）	书目库总量（包含下位类）
.....	4	22	22
P459.2*	5		
P46	3	919	4722
P461	4	244	255
.....	4	44	132
P468	4	40	1636
P468.0	5	52	57
P468.1 ～ P468.7	5	1539	1539
P469	4	85	85
P47	3	385	385
P48	3	297	356
P49	3	167	167
P5*	2	3729	52186
P51	3	56	499
P52	3	7	7
P53	3	540	3915
P531	4	173	173
.....	4	561	561
P535*	4	700	700
P536	4	20	20
P539	4	12	87
P54	3	762	3679
P541	4	267	267
.....	4	476	550
P548*	4	1771	1771
P55	3	190	288
P56*	3	2333	2333
P57	3	1052	2826
P571	4	126	126
.....	4	31	33
P577*	4	228	228
P578	4	153	714
P579	4	38	38

续表

类号	类级	书目库总量（不含下位类）	书目库总量（包含下位类）
P58	3	658	3976
P581	4	66	66
.....	4	95	95
P587*	4	144	144
P588	4	58	2591
P588.1	5	363	1379
P588.11	6	87	87
.....	6	489	521
P588.2	5	353	702
P588.3	5	254	452
P589	4	8	22
P59	3	692	1649
P591	4	38	38
.....	4	47	47
P596*	4	137	137
P597	4	224	230
.....	4	6	6
P61	3	583	16018
P611	4	241	500
.....	4	173	173
P617*	4	899	899
P617.9	4	0	0
P618	4	77	13742
P618.1@	5	173	8036
P618.11@	6	1330	1360
P618.12@	6	111	111
P618.13@	6	2893	6392
P618.130.1@	7	203	203
P618.130.2@	7	3292	3296
P618.2@	5	734	734
P618.3@	5	42	481
P618.31@	6		
P618.4@	5	200	1035
P618.41@	6		

续表

类号	类级	书目库总量（不含下位类）	书目库总量（包含下位类）
.....	6		
P618.5@	5	106	1157
P618.51@	6		
P618.6@	5	89	420
P618.67@	6		
P618.7@	5	107	194
P619.1@	5	65	438
P619.14@	6		
P619.2@	5	219	1170
P619.21@	6		
.....	6		
P62	3	801	6417
P621	4	87	87
.....	4	131	132
P631	4	572	3232
P631.1	5	76	86
.....	5	112	117
P632	4	227	232
.....	4	17	44
P64	3	327	6363
P641	4	792	2889
P641.1	5	79	324
.....	5	329	387
P641.6*	5	341	341
P641.69	5	0	0
.....	5	144	325
P642	4	1083	3147
P642.1	5	79	494
.....	5	131	1447
P642.4*	5	113	113
P642.5	5	6	6
P65	3	6	6
P66	3	3	3
P67	3	1	1

续表

类号	类级	书目库总量（不含下位类）	书目库总量（包含下位类）
P68	3	30	30
P691	3	6	6
P694	3	441	441
P7*	2	2696	13795
P71	3	166	836
P717*	4		
P72	3	235	786
P73	3	287	6267
P731	4	260	1975
P731.1	5	23	200
P731.2	5	311	1328
P731.21	6	113	113
.....	6	295	295
P731.3	5	18	187
P732	4	606	927
.....	4	221	487
P736.5*	5		
P737	4	62	711
P737.17*	6		
P737.27*	6		
P738	4	28	38
P74	3	1039	1809
P75	3	605	1396
P76	3	2	2
P77	3	3	3
P79	3	0	0
P9*	2	1121	8666
P90	3	55	471
P901	4	391	391
.....	4	13	13
P91	3	173	173
P92	3	7	7
P93	3	10	1329
P931	4	606	1313

续表

类号	类级	书目库总量（不含下位类）	书目库总量（包含下位类）
.....	4	2	2
P94	3	133	5279
P941.1	5	53	53
.....	5	3	3
P942*	4		
P951	3	1	1
P954	3	5	5
P96	3	70	125
P966*	4		
P97	3	5	5
P98*	3	150	150
Q*	1	352	165262
Q-0	2	362	494
Q1*	2	1064	16596
Q-1*	2	124	124
Q10	3	566	631
Q1-0	3	1027	1027
Q11	3	759	3156
Q111	4	1585	2335
Q111.1	5	7	7
.....	5	655	655
Q112	4	62	62
Q13	3	159	517
Q14	3	2000	3496
Q141	4	259	259
.....	4	80	330
Q15	3	289	1223
Q151	4	32	142
.....	4	9	112
Q16	3	937	937
Q17	3	264	3034
Q171	4	110	110
.....	4	3	3
Q178	4	47	2159

续表

类号	类级	书目库总量（不含下位类）	书目库总量（包含下位类）
Q178.2	5	3	1884
Q178.3*	6	2	2
Q178.4*	6	134	134
Q178.5	6	28	1745
Q178.51	7	356	360
.....	7	2	2
Q179	4	22	161
Q18	3	362	362
Q189	3	751	751
Q19	3	398	398
Q2*	2	1851	5719
Q2-0	3	11	20
Q21	3	106	106
Q23	3	1	1
Q2-3	3	16	332
Q24	3	718	1137
Q241	4	71	71
.....	4	13	13
Q25	3	1069	1639
Q251	4	18	18
.....	4	4	4
Q26	3	384	384
Q27	3	149	245
Q291	3	4	4
Q3*	2	1217	5633
Q-3	2	203	2986
Q3-0	3	38	148
Q31	3	106	267
Q32	3	51	80
Q33	3	122	122
Q3-3	3	247	247
Q34	3	186	2119
Q341	4	2	2
.....	4	0	0

续表

类号	类级	书目库总量（不含下位类）	书目库总量（包含下位类）
Q343	4	715	1245
Q343.1	5	349	349
.....	5	166	168
Q344	4	163	169
.....	4	31	31
Q36	3	95	95
Q37	3	369	369
Q38	3	313	313
Q39	3	656	656
Q4*	2	1181	10446
Q-4	2	158	871
Q4-0	3	9	9
Q41	3	468	935
Q42	3	2047	3943
Q421	4	274	274
.....	4	163	163
Q43	3	155	803
Q4-3	3	18	177
Q44	3	127	385
Q45	3	251	362
Q46	3	252	709
Q47	3	130	195
Q48	3	107	223
Q491	3	8	74
Q492	3	660	998
Q493	3	188	361
Q494	3	61	61
Q495	3	30	30
Q5*	2	3978	23531
Q501	4	129	129
.....	4	84	84
Q51@	3	3698	5051
Q511@	4	245	245
.....	4	181	194

续表

类号	类级	书目库总量（不含下位类）	书目库总量（包含下位类）
Q518.1	4	17	17
.....	4	1	1
Q52@	3	777	3202
Q522@	4	769	776
.....	4	1356	1358
Q525	4	76	76
.....	4	37	39
Q53@	3	344	548
Q5-3@	3	144	2443
Q5-33@	4	588	588
Q539@	4		
Q54@	3	291	586
Q55@	3	1754	3245
Q552	4	52	52
Q553	4	15	15
Q554@	4	237	245
.....	4	379	381
Q557	4	42	44
Q558	4	22	22
Q559@	4	133	144
Q56@	3	420	596
Q57@	3	1078	1644
Q571@	4	220	220
Q572	4	23	23
.....	4	13	13
Q58	3	436	1109
Q581	4	48	48
.....	4	56	56
Q591	3	230	657
Q592	3	33	193
Q593	3	208	220
Q594	3	12	12
Q599	3	47	47
Q6*	2	970	3975

续表

类号	类级	书目库总量（不含下位类）	书目库总量（包含下位类）
Q61	3	215	363
Q62	3	54	54
Q63	3	216	246
Q6-3	3	37	177
Q64	3	221	221
Q65	3	143	143
Q66	3	408	408
Q67	3	190	190
Q68	3	83	122
Q691	3	344	420
Q692	3	52	52
Q693	3	609	609
Q7*	2	3136	10281
Q71	3	594	594
Q73	3	500	598
Q74	3	107	107
Q75	3	1358	1788
Q77	3	63	63
Q78	3	3039	3995
Q81	2	1317	3997
Q811	3	316	1693
Q811.1	4	10	10
.....	4	42	159
Q812	3	1	1
Q813	3	242	620
Q814	3	251	293
Q815	3	8	8
Q816	3	31	31
Q819	3	34	34
Q89	2	232	232
Q-9*	2	144	144
Q91*	2	431	6304
Q91-0	3	20	20
Q911	3	98	1263

续表

类号	类级	书目库总量（不含下位类）	书目库总量（包含下位类）
Q911.6*	4		
Q911.7*	4		
Q913	3	64	243
Q91-3	3	14	14
Q914	3	151	586
Q914.6*	4		
Q914.7*	4		
Q915	3	231	3740
Q915.1	4	10	10
.....	4	140	140
Q915.6*	4	130	130
Q915.7*	4	105	105
Q915.8	4	6	3111
Q915.81	5	455	673
Q915.86	5	500	2432
Q915.861	6	2	2
.....	6	18	18
Q91-65	3	0	0
Q919	3	7	7
Q93*	2	1462	8725
Q931	3	38	38
Q932	3	229	229
Q933	3	363	363
Q93-3	3	62	434
Q934	3	30	99
Q935	3	178	178
Q936	3	391	391
Q937	3	51	51
Q938	3	69	412
Q939	3	252	3843
Q939.1@	4	1412	2683
Q939.11@	5	605	965
Q939.121@	6		
Q939.124@	6		

续表

类号	类级	书目库总量（不含下位类）	书目库总量（包含下位类）
Q939.13@	5	264	268
Q939.14	5	29	34
Q939.15	5	4	4
Q939.2	4	45	45
Q939.3	4	23	29
Q939.4@	4	667	745
Q939.5	4	68	68
Q939.9	3	188	1225
Q939.91	4	669	669
.....	4	74	74
Q94*	2	1819	25610
Q941	3	121	122
Q942	3	314	502
Q943	3	1161	2206
Q94-3	3	61	573
Q943.1	4	138	138
Q943.2	4	907	907
Q944	3	129	968
Q945	3	1618	3838
Q945.1	4	289	1179
.....	4	270	310
Q945.8	3	3	3
Q946	3	541	1153
Q946.1	4	84	84
.....	4	18	18
Q947	3	27	70
Q948	3	364	5459
Q948.1	4	622	1377
Q948.11	5	56	178
.....	5	180	182
Q948.2	4	278	3352
Q948.3*	5	109	109
Q948.4	5	84	84
Q948.5*	5	2881	2881

续表

类号	类级	书目库总量（不含下位类）	书目库总量（包含下位类）
Q948.8*	4	349	349
Q948.9	4	17	17
Q949	3	790	7850
Q949.1@	4	97	3480
Q949.2@	5	679	1221
Q949.21@	6		
Q949.22@	6		
Q949.3@	5	188	2162
Q949.31	6	41	41
Q949.32@	6	776	1418
Q949.325@	7		
Q949.326@	8		
Q949.326.1@	9		
Q949.329@	7		
Q949.331@	7		
Q949.34	6	83	84
Q949.35@	6	231	231
Q949.36@	6	199	200
Q949.4@	4	728	3391
Q949.5@	5	27	2663
Q949.6@	6	38	211
Q949.66@	7		
Q949.7@	6	278	2425
Q949.71@	7	534	563
Q949.72@	7	267	1584
Q949.731	8	1	1
.....	8	1	4
Q949.746@	8	6	115
Q949.748@	8	7	173
Q949.748.3@	9		
Q949.749	8	2	6
Q949.751@	8	8	204
Q949.751.9@	9		
Q949.752	8	1	66

续表

类号	类级	书目库总量（不含下位类）	书目库总量（包含下位类）
.....	8	0	39
Q949.777@	8	8	148
Q949.779	8	0	0
.....	8	2	28
Q949.783@	8	11	116
Q949.783.5@	9		
Q949.9	3	305	1047
Q95*	2	1695	25315
Q951	3	147	148
Q952	3	171	248
Q953	3	398	401
Q95-3	3	78	787
Q954	3	128	1487
Q955	3	27	27
Q956	3	10	10
Q957	3	4	4
Q958	3	262	3957
Q958.1	4	512	1413
Q958.2	4	137	1445
Q958.5*	5		
Q958.8*	4	617	617
Q958.9	4	220	220
Q959	3	652	16472
Q959.1@	4	377	3436
Q959.11@	5	97	314
Q959.111@	6		
Q959.12	5	40	42
Q959.129	5	1	1
Q959.13@	5	22	187
Q959.133@	6		
Q959.14	5	8	8
Q959.15@	5	15	152
Q959.16	5	8	10
Q959.17@	5	144	207

续表

类号	类级	书目库总量（不含下位类）	书目库总量（包含下位类）
Q959.174	5	1	1
.....	5	3	3
Q959.19@	5	21	175
Q959.21@	5	198	635
Q959.212@	6		
Q959.215@	6		
Q959.22@	5	124	1033
Q959.221@	6		
Q959.223@	7		
Q959.225@	6		
Q959.226@	7		
Q959.23	5	21	24
.....	5	8	8
Q959.26@	5	46	132
Q959.27	5	3	3
.....	5	3	95
Q959.3@	4	431	12380
Q959.39	5	19	19
Q959.4@	5	1657	2530
Q959.41@	6		
Q959.46@	6		
Q959.483@	7		
Q959.5@	5	599	607
.....	5	783	795
Q959.81	6	10	11
Q959.82	6	97	97
Q959.83@	6	677	3165
Q959.831	7	8	8
Q959.832	7	4	4
Q959.833@	7	101	101
Q959.834	7	7	7
.....	7	3	3
Q959.837@	7	360	360
Q959.838@	7	780	780

续表

类号	类级	书目库总量（不含下位类）	书目库总量（包含下位类）
Q959.839	7	38	38
Q959.841@	7	221	221
Q959.842@	7	266	266
Q959.843	7	88	88
.....	7	2	2
Q959.848@	7	455	455
Q959.9	3	79	79
Q959-65	4	4	4
Q96*	2	2975	8356
Q961	3	50	50
Q962	3	15	15
Q963	3	66	66
Q964	3	78	78
Q965	3	230	230
Q965.8	3	100	100
Q965.9	3	26	26
Q966	3	86	86
Q967	3	7	7
Q968	3	103	745
Q968.2*	4		
Q969	3	262	3761
Q969.1	4	6	28
Q969.2	4	15	3471
Q969.21	5	14	14
.....	5	86	88
Q969.9	3	142	217
Q98*	2	893	5571
Q98-0	3	49	64
Q981	3	446	1218
Q982	3	488	493
Q983	3	755	757
Q984	3	121	121
Q985	3	25	25
Q986	3	15	15

续表

类号	类级	书目库总量（不含下位类）	书目库总量（包含下位类）
Q987	3	804	839
Q988	3	1125	1125
Q989	3	21	21
R*	1	2582	608339
R-09*	3		
R1	2	3905	81380
R-1*	2	501	501
R11	3	296	578
R12	3	856	2891
R122	4	75	178
.....	4	233	612
R127*	4	342	342
R128	4	134	137
R129	4	80	80
R13	3	1175	3258
R131	4	114	114
.....	4	24	24
R14	3	477	821
R149	3	53	59
R15	3	823	14205
R151	4	2474	8127
R151.1	5	1059	1059
.....	5	645	645
R153	4	123	2429
R153.1	5	794	794
.....	5	1185	1185
R154	4	126	126
R155	4	912	2700
R155.1	5	269	269
.....	5	116	116
R16	3	823	17054
R161	4	7523	12111
R161.1	5	1244	1244
.....	5	306	306

续表

类号	类级	书目库总量（不含下位类）	书目库总量（包含下位类）
R163	4	1390	1578
.....	4	14	14
R169	3	489	2099
R169.1	4	916	916
R169.4	4	319	694
R17	3	1369	8047
R172*	4	137	137
R173	4	1511	1529
.....	4	4880	4897
R179	3	835	835
R18	3	887	4411
R181	4	233	582
.....	4	456	568
R19	3	1135	23155
R1-9	3	62	62
R19-0	4	103	103
R192	4	791	1981
R192.3	5	324	324
.....	5	74	74
R193	4	700	896
R194	4	98	534
R195	4	466	1730
R195.1	5	856	856
.....	5	104	104
R197	4	541	8110
R197.1	5	1551	1551
R197.2	5	116	169
R197.3	5	1147	4896
R197.31	6	29	29
R197.32	6	1348	3137
R197.321	7	18	18
.....	7	738	738
R197.38	6	93	93
R197.39	6	490	490

续表

类号	类级	书目库总量（不含下位类）	书目库总量（包含下位类）
R197.4	5	140	140
.....	5	274	274
R199*	4	8666	8666
R2*	2	3649	106139
R21	3	109	7003
R211	4	118	118
.....	4	4383	4384
R22	3	954	6944
R221	4	1188	1806
R221.9	4	154	154
R222	4	121	1997
R222.1	5	61	183
R222.2*	5	1191	1191
R222.3*	5	502	502
R223	4	72	250
R224	4	249	1321
R224.1	5	420	420
.....	5	311	311
R226	4	176	176
.....	4	218	218
R24*	3	2108	32020
R2-4	3	991	991
R241	4	884	2372
R241.1	5	360	493
.....	5	347	795
R242	4	1143	7023
R243	5	308	314
R244	5	179	5566
R244.1	6	3875	4263
.....	6	330	330
R245	4	2222	7026
R245.2	5	1	1
.....	5	162	628
R246	5	569	2820

续表

类号	类级	书目库总量（不含下位类）	书目库总量（包含下位类）
R246.1	6	561	561
.....	6	350	350
R247	4	48	10287
R247.1	5	8916	8916
.....	5	92	92
R247.9	4	76	76
R248	4	394	443
R249	4	51	2685
R249.1	5	607	607
.....	5	2027	2027
R25	3	1182	11937
R2-5	3	411	3440
R2-52	4	2114	2114
.....	4	915	915
R255	4	31	2278
R255.1	5	17	17
.....	5	516	516
R256	4	88	5264
R256.1	5	425	725
.....	5	892	1370
R259*	4	2025	2025
R26	3	555	943
R269*	4		
R271	3	500	2115
R271.1	4	829	1288
.....	4	116	246
R272	3	1000	1169
R273*	3	1539	1539
R274	3	934	1897
R274.1	4	83	114
.....	4	141	152
R274.9*	4	609	609
R275	3	433	748
R275.9*	4		

续表

类号	类级	书目库总量（不含下位类）	书目库总量（包含下位类）
R276	3	115	959
R276.1*	4		
.....	4		
R277	3	32	1671
R277.5*	4	395	395
R277.7*	4	1244	1244
R278	3	74	74
R28	3	2307	17241
R281	4	161	2490
R281.2	5	195	195
R281.3	5	1523	1523
R281.4*	5	508	508
R281.5	5	102	102
R281.6	5	1	1
R282	4	783	7942
R282.2	5	1	1
.....	5	0	0
R282.71@	6	5582	5582
R282.74@	6	459	459
R282.76	6	45	45
R282.77	6	62	62
R283	4	581	900
R283.6*	5		
R284	4	932	1327
R285	4	564	1080
R286*	4	984	996
R287*	4	136	136
R288	4	63	63
R289	3	791	8814
R289.1	4	340	340
R289.2	4	814	814
R289.3*	4	1765	1765
R289.4	4	298	298
.....	4	4351	4642

续表

类号	类级	书目库总量（不含下位类）	书目库总量（包含下位类）
R29*	3	2229	2229
R3	2	756	58463
R-3	2	270	815
R31	3	305	12082
R311	4	539	539
.....	4	873	873
R318	4	1715	8404
R318.0	5	483	5120
R318.01	6	297	297
.....	6	4	32
R318.1	5	218	1002
.....	5	150	430
R319	4	1289	1289
R32	3	1585	9555
R321	4	554	918
R322	4	1751	4990
R322.1	5	201	205
.....	5	103	103
R329	4	673	2062
R329.1	5	300	300
.....	5	706	773
R329.4*	5	156	156
R329-3	5	4	129
R33	3	2056	12865
R-33	3	311	545
R331	4	393	1858
.....	4	110	260
R338	4	1197	4385
R338.1	5	150	150
.....	5	2065	2081
R339.1	4	222	847
.....	4	802	816
R34	3	91	91
R35	3	144	144

续表

类号	类级	书目库总量（不含下位类）	书目库总量（包含下位类）
R36	3	1933	4260
R361	4	356	363
.....	4	212	212
R37	3	2899	7631
R372	4	33	33
R373	4	804	2909
R373.1	5	452	470
.....	5	778	835
R374	4	51	82
.....	4	19	22
R38	3	590	1391
R392	3	1746	4333
R392.1	4	761	1810
.....	4	46	46
R393	3	17	17
R394	3	885	1146
R395	3	290	4192
R395.1	4	1355	1355
.....	4	171	171
R4	2	7918	48967
R41	3	166	194
R44	3	1397	11659
R441	4	375	1783
R441.1	5	713	713
.....	5	88	88
R443	4	242	246
R444	4	112	112
R445	4	2416	4176
R445.1	5	798	798
.....	5	884	884
R446	4	1451	3781
R446.1	5	1142	1522
.....	5	315	315
R447	4	106	106

续表

类号	类级	书目库总量（不含下位类）	书目库总量（包含下位类）
.....	4	37	37
R45	3	1444	11582
R451	4	178	178
.....	4	492	492
R454	4	561	1823
R454.1	5	164	164
.....	5	183	183
R455	4	667	667
R456	4	237	237
R457	4	191	1169
R457.1	5	534	534
.....	5	169	169
R458	4	78	85
.....	4	38	38
R47	3	5443	15876
R47-05	4	368	368
R471	4	872	872
R472	4	672	1569
R472.1	5	14	14
.....	5	654	654
R473	4	303	7624
R473.1	5	37	37
.....	5	705	705
R48	3	341	341
R49	3	637	1232
R492	4	94	94
.....	4	326	326
R499	3	165	165
R5@	2	4321	76483
R51@	3	1725	10402
R511@	4	245	6922
R511.1	5	88	88
R511.2	5	8	8
R511.3@	5	138	138

续表

类号	类级	书目库总量（不含下位类）	书目库总量（包含下位类）
R511.5	5	7	7
R511.6	5	99	99
R511.7@	5	584	584
R511.8	5	12	12
R512.1	5	9	9
R512.3@	5	111	182
R512.4	5	65	65
R512.5@	5	114	114
R512.6@	5	1966	2043
R512.7	5	8	8
R512.8@	5	416	416
R512.91@	5	2669	2669
R512.93	5	28	28
R512.99@	5	207	207
R513	4	26	88
R514@	4	25	109
R515@	4	90	317
R516@	4	82	1036
R516.1@	5		
.....	5		
R518	4	24	31
R518.9	4	14	14
R519@	4	57	160
R519.9	4	0	0
R52@	3	979	1830
R521@	4	630	686
R522	4	18	18
.....	4	7	7
R53@	3	415	1956
R531@	4	56	648
R531.3@	5		
R532@	4	78	893
R532.1@	5		
R532.2@	5		

续表

类号	类级	书目库总量（不含下位类）	书目库总量（包含下位类）
R532.21@	6		
R532.3@	5		
R535	3	81	81
R54@	3	3055	21529
R540.4@	4	1956	2011
R541@	4	1361	10246
R541.1@	5	372	372
R541.2	5	54	54
R541.3	5	37	37
R541.4@	5	2800	2800
.....	5	199	199
R541.9	5	14	14
R542.1	5	31	31
R542.2@	5	2665	2739
R542.3	5	56	56
.....	5	39	41
R543@	4	1082	3325
R543.1@	5	172	172
R543.2	5	44	44
R543.3@	5	380	381
R543.4	5	90	90
R543.5@	5	1399	1399
R543.6@	5	150	150
R543.7	5	7	7
R544@	4	231	2892
R544.1@	5	2620	2623
R544.2	5	38	38
R55@	3	297	2434
R551@	4	84	368
R551.2@	5		
R551.3@	5		
R552@	4	660	1769
R553	5	17	17
R554@	5	321	361

续表

类号	类级	书目库总量（不含下位类）	书目库总量（包含下位类）
R555	5	35	36
R556@	5	238	493
R556.5@	6		
R557	5	53	53
R558@	5	127	135
R559	5	14	14
R56@	3	1477	5813
R561@	4	67	147
R562@	4	196	1240
R562.1	5	88	88
R562.2@	5	931	956
R563@	4	1345	2923
R563.1@	5	850	862
R563.2	5	8	8
.....	5	44	44
R563.5@	5	177	177
R563.6	5	3	3
R563.7	5	1	1
R563.8@	5	256	256
R563.9@	5	217	217
R564	4	6	8
R565	4	15	18
R57@	3	2010	9688
R571@	4	196	203
R572@	4	200	255
R573@	4	735	1336
R573.1@	5	287	287
R573.2	5	46	46
R573.3@	5	188	188
R573.4	5	33	33
.....	5	1	1
R574@	4	526	1690
R574.1	5	7	7
.....	5	33	33

续表

类号	类级	书目库总量（不含下位类）	书目库总量（包含下位类）
R574.5@	5	77	105
R574.6@	5	47	811
R574.62@	6		
R574.63@	6		
R574.8@	5	173	173
R575@	4	1844	3722
R575.1@	5	301	301
.....	5	624	627
R575.4	5	9	9
R575.5@	5	385	385
R575.6@	5	298	328
R575.7	5	61	61
R576@	4	472	472
R58@	3	873	10738
R581@	4	393	709
R581.1@	5		
R582	4	34	38
.....	4	27	27
R586@	4	65	115
R587@	4	443	6065
R587.1@	5	4416	4416
R587.2@	5	1185	1185
R587.3	5	20	20
R587.4	5	1	1
R588@	4	115	145
R589@	4	578	2691
R589.1	5	52	52
R589.2@	5	1575	1575
R589.3	5	28	28
.....	5	74	74
R589.7@	5	292	292
R589.8	5	8	8
R589.9	5	39	39
R59@	3	193	7455

续表

类号	类级	书目库总量（不含下位类）	书目库总量（包含下位类）
R591@	4	78	357
R591.1@	5		
R591.4@	5		
R592@	4	1723	1723
R593@	4	346	2877
R593.1@	5	486	486
R593.2@	5	380	1975
R593.21@	6	391	391
.....	6	560	560
R593.25	6	48	48
.....	6	24	24
R593.3	5	37	50
R593.9	5	20	20
R594@	4	10	152
R595@	4	350	1474
R595.1	5	47	47
R595.2@	5	226	226
R595.3	5	44	44
R595.4@	5	188	188
R595.5	5	61	61
R595.6@	5	263	263
R595.7@	5	144	144
R595.8	5	20	20
R595.9@	5	131	131
R596@	4	360	487
R596.1@	5		
R597	4	22	24
R598*@	4	168	168
R599@	3	139	236
R6@	2	2879	46563
R602@	3	115	115
R604@	3	125	125
R605@	3	347	640
R605.97@	4		

续表

类号	类级	书目库总量（不含下位类）	书目库总量（包含下位类）
R608	3	31	31
R61@	3	718	4098
R612	4	62	62
R613	4	48	48
R614@	4	1475	1912
R614.2@	5		
R614.3@	5		
R615@	4	100	100
R616@	4	35	202
R616.2@	5		
R617@	4	484	484
R618	4	78	78
R619@	4	482	494
R62@	3	668	1779
R622@	4	941	971
R625@	4	103	120
R628	4	20	20
R63@	3	147	746
R631@	4	470	481
R632	4	4	54
.....	4	1	1
R64@	3	935	2079
R641@	4	320	320
R642	4	28	28
R643	4	3	3
R644@	4	618	618
R645	4	25	25
.....	4	65	65
R65@	3	690	13157
R651@	4	1571	3720
R651.1@	5	1080	1144
.....	5	612	612
R651.4	5	2	2
R653@	4	221	221

续表

类号	类级	书目库总量（不含下位类）	书目库总量（包含下位类）
R654@	4	724	2569
R654.1@	5	149	149
.....	5	1205	1205
R654.4	5	46	46
R654.7	5	17	17
R655@	4	470	1325
R655.1	5	7	7
R655.2	5	3	3
R655.3@	5	248	248
R655.4	5	51	51
.....	5	12	12
R655.8@	5	520	520
R656@	4	588	3983
R656.1@	5	131	131
R656.2	5	54	56
.....	5	14	14
R656.6@	5	185	188
R656.7@	5	105	105
R656.8	5	26	26
R656.9	5	71	71
R657.1@	5	407	411
R657.2	5	6	6
R657.3@	5	1481	1497
.....	5	385	408
R657.6	5	55	55
.....	5	0	0
R658@	4	116	592
R658.2@	5		
R658.3@	5		
R659	4	57	57
R68@	3	1935	12518
R681@	4	1283	4326
R681.1@	5	220	220
R681.2	5	67	67

续表

类号	类级	书目库总量（不含下位类）	书目库总量（包含下位类）
.....	5	52	52
R681.5@	5	2206	2223
R681.6	5	70	70
R681.7	5	71	71
R681.8@	5	329	329
R682@	4	41	377
R682.1@	5		
R682.3@	5		
R683@	4	1237	1652
R683.4@	5		
R683.42@	6		
R684@	4	1002	1708
R684.3@	5		
R685@	4	211	276
.....	4	97	248
R687.1	5	41	41
R687.2	5	15	15
R687.3@	5	803	824
R687.4@	5	571	574
R687.5	5	69	69
R69@	3	873	8396
R691@	4	74	328
R691.4@	5		
R692@	4	2586	3811
R692.1	5	37	38
R692.2	5	12	12
R692.3@	5	304	316
R692.4	5	76	76
R692.5@	5	595	595
R692.6@	5	140	140
R692.7	5	17	17
R692.9	5	31	31
R693	4	72	82
R694@	4	287	298

续表

类号	类级	书目库总量（不含下位类）	书目库总量（包含下位类）
R695@	4	110	122
R696	4	50	56
R697@	4	1028	1055
R698@	4	636	659
R699@	4	465	1112
R699.2@	5		
R71@	2	2903	15595
R711@	3	1119	3537
R711.1	4	20	20
R711.2	4	10	32
R711.3@	4	70	211
R711.4	4	6	6
R711.5@	4	40	470
R711.51@	5		
R711.6@	4	655	655
R711.7@	4	45	1024
R711.71@	5		
.....	5		
R713@	3	236	495
R714@	3	1093	4383
R714.1@	4	164	391
R714.12@	5		
R714.15@	5		
R714.2@	4	148	986
R714.21@	5		
.....	5		
R714.3@	4	279	279
R714.4@	4	38	132
R714.5@	4	356	825
R714.51@	5		
R714.6@	4	117	575
R714.61@	5		
R714.7@	4	102	102
R715@	3	119	3706

续表

类号	类级	书目库总量（不含下位类）	书目库总量（包含下位类）
R715.2	4	1	1
R715.3@	4	3580	3580
R715.5	4	2	2
.....	4	1	1
R717@	3	338	338
R719@	3	138	233
R72@	2	3281	8747
R720.5@	3	351	655
R720.597@	4		
R722@	3	293	1068
R722.1@	4	308	653
R722.19@	5		
R722.6@	4	122	122
R723@	3	51	260
R723.1@	4		
R723.14@	5		
R725@	3	220	2118
R725.1*@	4	275	275
R725.3	4	18	18
R725.4*@	4	383	383
.....	4	142	142
R726@	3	311	1312
R726.1*@	4	108	108
R726.2@	4	181	181
R726.5*@	4	226	226
.....	4	207	207
R729	3	53	53
R73@	2	2250	43558
R730.1@	4	420	420
R730.2@	4	794	2946
R730.21@	5	227	227
R730.23@	5	652	1656
R730.231@	6		
R730.26@	5	40	269

续表

类号	类级	书目库总量（不含下位类）	书目库总量（包含下位类）
R730.264@	6		
R730.3@	4	435	435
R730.4@	4	448	753
R730.43@	5		
R730.44@	5		
R730.5@	4	1655	4521
R730.51@	5	440	440
.....	5	120	120
R730.57	5	62	62
R730.58	5	53	53
R730.59@	5	344	344
R730.6	4	37	37
.....	4	17	17
R732@	3	20	223
R732.2@	4		
R733@	3	383	2985
R73-3@	3	149	9684
R733.1	4	26	26
R733.2	4	5	5
R733.3@	4	244	244
R733.4@	4	442	442
R733.7@	4	1312	1885
R733.71@	5		
R733.73@	5		
R73-31@	4	127	127
R73-33	4	3	3
.....	4	5	5
R73-37@	4	123	123
R734@	3	122	3039
R734.1	4	17	17
R734.2@	4	2861	2861
R734.3	4	12	12
.....	4	1	1
R735@	3	598	10941

续表

类号	类级	书目库总量（不含下位类）	书目库总量（包含下位类）
R735.1@	4	937	937
.....	4	2238	2238
R735.4	4	10	10
R735.5	4	20	20
R735.7@	4	3769	3769
.....	4	302	302
R736@	3	49	514
R736.1@	4		
R736.4@	4		
R737@	3	226	7886
R737.1@	4	236	1237
R737.11@	5	377	377
R737.13	5	0	0
R737.14@	5	622	622
R737.15	5	2	2
R737.2@	4	121	1081
R737.21	5	41	41
R737.23	5	3	3
R737.25@	5	911	911
R737.26	5	1	1
R737.27	5	4	4
R737.3@	4	638	2665
R737.31@	5	859	859
R737.32	5	0	0
R737.33@	5	1152	1152
R737.34	5	5	5
R737.35	5	11	11
R737.9@	4	2677	2677
R738@	3	87	959
R738.1@	4		
R739.4@	3	502	2083
R739.41@	4	1498	1498
R739.42	4	28	28
.....	4	7	7

续表

类号	类级	书目库总量（不含下位类）	书目库总量（包含下位类）
R739.5@	3	555	555
R739.6@	3	308	1276
R739.61	4	16	16
R739.62	4	37	37
R739.63@	4	599	599
R739.64	4	0	0
R739.65@	4	316	316
R739.7@	3	153	154
R739.8@	3	479	729
R739.9@	3	30	280
R739.91@	4		
R74@	2	958	34796
R741@	3	1987	14112
R741.02@	4	420	420
R741.04@	4	338	934
R741.041@	5		
R741.044@	5		
R741.05@	4	412	412
R742@	4	874	3037
R742.1@	5	977	977
R742.2	5	47	47
R742.3@	5	104	104
R742.4	5	18	18
R742.5@	5	820	820
R742.6	5	2	2
R742.7@	5	133	133
R742.8	5	61	62
R743@	4	1650	4546
R743.1	5	43	43
R743.2	5	9	9
R743.3@	5	1480	2778
R743.31@	6		
.....	6		
R743.4	5	38	38

续表

类号	类级	书目库总量（不含下位类）	书目库总量（包含下位类）
R743.9	5	28	28
R744@	4	139	482
R744.5@	5		
R745@	4	357	726
R745.1@	5		
R745.4@	5		
R746@	4	208	537
R746.4@	5		
R747@	4	41	158
R747.2@	5		
R747.9	4	32	32
R748@	4	841	841
R749@	3	3611	19726
R749.05@	4	1866	7655
R749.053	5	84	84
R749.054	5	59	59
R749.055@	5	4959	4959
.....	5	162	162
R749.1@	4	1935	2218
R749.11@	5		
R749.2	4	43	44
R749.3@	4	839	839
R749.4@	4	1505	1505
R749.5	4	78	78
R749.6@	4	229	235
.....	4	908	910
R749.93	4	29	29
R749.94@	4	1532	1532
R749.99@	4	269	269
R75@	2	984	6066
R751@	3	1556	4001
R751.05@	4	328	328
R752@	4	31	153
R753	4	18	40

续表

类号	类级	书目库总量（不含下位类）	书目库总量（包含下位类）
R754	4	5	17
R755@	4	192	210
R756@	4	112	170
R757	4	9	28
R758.1@	4	74	104
R758.2@	4	103	317
R758.3	4	37	37
R758.4@	4	172	176
R758.5	4	94	98
R758.6@	4	44	402
R758.63@	5		
R758.7@	4	22	365
R758.71@	5		
R758.73@	5		
R759@	3	858	1081
R759.1@	4		
R76@	2	1207	4162
R762@	3	239	239
R763	3	33	33
R764@	3	335	1483
R764.1	4	3	3
R764.2	4	25	85
R764.3@	4	74	139
R764.4@	4	77	610
R764.43@	5		
R764.5@	4	121	121
R764.7	4	26	26
R764.8	4	4	5
R764.9@	4	121	122
R765@	3	128	570
R765.2@	4		
R765.21@	5		
R766@	3	53	143
R767@	3	48	400

续表

类号	类级	书目库总量（不含下位类）	书目库总量（包含下位类）
R767.92@	4		
R768	3	12	87
R77@	2	2104	8577
R770.4@	3	170	449
R770.42@	4		
R771@	3	123	210
R772@	3	49	335
R772.2@	4		
R773@	3	35	257
R773.4@	4		
R774@	3	388	1370
R774.1@	4	735	746
.....	4	118	118
R774.7	4	2	2
R775@	3	499	606
R776@	3	105	474
R776.1@	4		
R777@	3	37	516
R777.3@	4		
R777.4@	4		
R778@	3	343	967
R778.1@	4		
.....	4		
R779.1@	3	69	116
R779.6@	3	527	1034
R779.61	4	1	1
R779.62	4	24	24
R779.63@	4	152	152
R779.64	4	26	26
R779.65@	4	193	193
R779.66@	4	111	111
R779.7@	3	128	128
R779.9	3	11	11
R78@	2	2554	9713

续表

类号	类级	书目库总量（不含下位类）	书目库总量（包含下位类）
R780.1@	3	426	426
R780.2@	3	220	220
R781@	3	509	1928
R781.05@	4	126	126
R781.1@	4	232	232
R781.2	4	63	63
R781.3@	4	205	240
.....	4	516	527
R781.6	4	6	7
.....	4	46	47
R782@	3	604	1889
R782.05@	4	106	106
R782.1@	4	47	407
R782.12@	5		
R782.2@	4	473	486
R782.3	4	13	13
R782.4@	4	110	110
R782.6@	4	143	153
R782.7	4	10	10
R783@	3	758	2395
R783.1@	4	473	473
R783.2	4	56	56
R783.3@	4	179	179
R783.4	4	72	72
R783.5@	4	584	584
R783.6@	4	250	250
R783.9	4	23	23
R787	3	37	37
R788@	3	258	264
R79*@	2	962	962
R8@	2	316	10953
R81@	3	1206	6821
R811@	4	71	220
R812@	4	151	151

续表

类号	类级	书目库总量（不含下位类）	书目库总量（包含下位类）
R813	4	73	73
R814@	4	610	1391
R814.2	5	11	11
R814.3	5	95	95
R814.4@	5	216	665
R814.42@	6		
R814.5	5	10	10
R815@	4	301	339
R816@	4	226	2544
R816.1@	5	427	427
R816.2@	5	446	446
R816.3	5	18	18
R816.4@	5	263	374
R816.41@	6		
R816.5@	5	308	308
R816.6	5	21	21
R816.7	5	83	83
R816.8@	5	286	286
R816.91	5	69	69
R816.92@	5	107	107
R816.95	5	7	7
.....	5	61	61
R817@	4	205	451
R817.4*@	5		
R818@	4	180	446
R818.7@	5		
R82@	3	486	2178
R821@	4	381	734
R821.1@	5		
R823	4	71	71
.....	4	27	40
R826@	4	172	448
R826.1@	5		
R827@	4	30	305

续表

类号	类级	书目库总量（不含下位类）	书目库总量（包含下位类）
R827.1@	5		
R827.11@	6		
R828	4	3	55
R83	3	55	92
R84	3	47	70
R85@	3	150	452
R852@	4		
R87@	3	456	999
R873@	4		
R89	3	25	25
R9	2	2314	37872
R91	3	201	3038
R911	4	44	44
.....	4	105	105
R917	3	726	726
R918	3	176	176
R92	3	250	1129
R921	4	17	447
.....	4	4	4
R93	3	514	1524
R9-39	3	13	13
R94	3	1122	2108
R942	4	171	171
.....	4	174	188
R95	3	523	1360
R96	3	2745	5760
R961	4	337	347
.....	4	230	230
R97	3	4270	16703
R971	4	2187	2316
.....	4	1112	1224
R977	4	288	1452
R977.1	5	495	522
.....	5	91	96

续表

类号	类级	书目库总量（不含下位类）	书目库总量（包含下位类）
R978	4	267	2209
R978.1	5	983	1030
.....	5	88	89
R979.1	4	3094	3107
.....	4	81	96
R99	3	1013	3021
R991	4	153	153
.....	4	72	72
S*	1	2220	222567
S-09*	3		
S1	2	997	20847
S-1*	2		
S11	3	297	299
S12	3	181	988
S13	3	669	767
S14	3	457	2908
S141	4	156	463
.....	4	56	56
S15	3	1425	11614
S151	4	125	129
.....	4	209	211
S153	4	344	1034
S153.1	5	8	8
.....	5	29	29
S154	4	202	1099
S154.1	5	165	165
.....	5	42	42
S155	4	69	438
S156	4	380	1089
S156.1	5	12	12
.....	5	27	27
S157	4	1263	2068
S157.1	5	505	505
.....	5	152	152

续表

类号	类级	书目库总量（不含下位类）	书目库总量（包含下位类）
S158	4	996	1448
S159	4	147	1816
S159.2*	5		
S16	3	643	1675
S161	4	7	71
S162	4	177	604
S162.2*	5		
S163	4	42	43
.....	4	28	28
S17	3	6	6
S18	3	182	1471
S181	4	647	686
.....	4	108	108
S19	3	122	122
S2*	2	507	13267
S21	3	132	2470
S211	4	1	1
.....	4	4	4
S219	4	489	1519
S219.1	5	140	140
.....	5	28	28
S22	3	1557	3944
S221@	4	231	231
S222@	4	102	366
S222.1@	5		
S223@	4	49	414
S223.2@	5		
S223.9@	5		
S223.91@	6		
S224@	4	16	102
S225@	4	83	454
S225.3@	5		
S226@	4	78	259
S229@	4	193	194

续表

类号	类级	书目库总量（不含下位类）	书目库总量（包含下位类）
S23	3	307	945
S24	3	235	235
S25	3	18	32
S26	3	65	69
S27	3	804	4652
S271	4	68	68
.....	4	57	199
S279.2*	5		
S28	3	110	334
S29	3	79	79
S3*	2	907	8252
S31	3	637	993
S32	3	150	608
S329*	4		
S33	3	1019	2132
S3-3	3	4	522
S-33	3	41	41
S330	4	254	307
.....	4	45	45
S34	3	201	1094
S341	4	84	162
.....	4	2	22
S35	3	52	163
S-35	3	7	7
S36	3	206	277
S-36	3	2	2
S37	3	550	1126
S38	3	116	116
S39	3	314	314
S4*	2	871	20441
S40	3	60	60
S41	3	136	325
S42	3	228	624
S43	3	683	12734
S431	4	90	129
S432	4	520	2115
S432.1	5	627	627
.....	5	101	105
S433	4	678	1587
S433.1	5	21	21
.....	5	205	205
S435	4	1019	4545
S435.1	5	118	1833
.....	5	10	21
S436	4	299	3675
S436.3	5	673	1375
.....	5	90	90
S44	3	195	296
S45	3	218	798
S46	3	67	67
S47	3	130	1167
S471	4	40	40
.....	4	9	9
S48	3	1216	3200
S481	4	245	251
S482	4	424	1733
S482.1	5	94	94
.....	5	180	181
S49	3	132	299
S5*	2	837	34678
S501	4	29	29
.....	4	5	5
S51@	3	1092	14734
S511@	4	6200	6729
S511.2@	5		
S511.3@	5		
S512@	4	819	3883
S512.1@	5	2712	2723

续表

类号	类级	书目库总量（不含下位类）	书目库总量（包含下位类）
S512.3@	5	224	226
S512.4	5	10	10
.....	5	28	28
S513@	4	2481	2481
.....	4	254	254
S516	4	33	33
.....	4	82	82
S52@	3	149	249
S53@	3	76	1294
S5-3@	3	8	278
S531@	4	432	432
S532@	4	702	702
S533	4	76	76
S5-33@	4		
S539	4	8	8
S54@	3	1319	1960
S541@	4		
S543@	4		
S55@	3	573	892
S551@	4		
S56@	3	501	12114
S561@	4	69	3011
S562@	5	2427	2427
S563@	5	97	438
S563.1@	6		
S564	5	63	77
S565@	4	281	2580
S565.1@	5	1023	1023
S565.2@	5	390	390
S565.3	5	69	69
S565.4@	5	526	526
S565.5@	5	116	116
S565.6	5	57	57
.....	5	36	36

续表

类号	类级	书目库总量（不含下位类）	书目库总量（包含下位类）
S566@	4	39	728
S566.1@	5		
S566.3@	5		
S567@	4	1196	2718
S567.1@	5	216	218
S567.2@	5	60	749
S567.23@	6		
S567.3@	5	247	247
S567.5@	5	212	222
S567.7	5	76	77
S567.9	5	9	9
S571@	4	44	1322
S571.1@	5	1174	1174
S571.2	5	69	69
.....	5	18	18
S572@	4	963	963
S573@	4	261	261
S574	4	13	13
.....	4	0	0
S58@	3	1970	1970
S59@	3	350	350
S6*	2	1220	33706
S6-0	3	15	21
S61	3	43	106
S62	3	247	1323
S621	4	10	10
.....	4	6	6
S63@	3	2373	10949
S6-3@	3	3	317
S631@	4	84	266
S631.1@	5		
S632@	4	56	327
S633@	4	141	495
S63-3	4	4	29

续表

类号	类级	书目库总量（不含下位类）	书目库总量（包含下位类）
S6-33	4	18	18
S633.4@	5		
S634@	4	184	765
S634.1@	5		
S634.3@	5		
S635@	4	123	300
S636@	4	118	356
S637	4	27	56
S641@	4	199	1599
S641.1@	5	196	196
.....	5	811	811
S641.4	5	0	0
S641.9	5	0	0
S642@	4	263	1091
S642.1	5	88	88
S642.2@	5	510	510
S642.3	5	30	30
.....	5	33	33
S643@	4	182	436
.....	4	14	246
S646@	4	1074	2272
S646.1@	5	946	956
S646.2	5	36	36
.....	5	3	3
S646.6@	5	163	163
S646.7	5	6	6
.....	5	8	8
S647@	4	139	139
S649	4	12	12
S65@	3	113	924
S651@	4	497	497
S652@	4	284	314
S66@	3	1621	9733
S661@	4	108	1694

续表

类号	类级	书目库总量（不含下位类）	书目库总量（包含下位类）
S661.1@	5	963	963
S661.2@	5	509	509
S661.3	5	3	3
.....	5	23	23
S662@	4	87	1063
S662.1@	5	442	442
.....	5	162	162
S662.4	5	35	35
S662.5@	5	187	187
S662.9	5	33	33
S663@	4	112	1437
S66-3	4	3	29
S663.1@	5	1028	1028
S663.2	5	59	59
S663.3	5	25	25
S663.4@	5	121	121
S663.9	5	92	92
S66-33	5	26	26
S664@	4	71	721
S664.1@	5		
S664.2@	5		
S665@	4	38	579
S665.1@	5		
S665.2@	5		
S666@	4	708	1063
S667@	4	133	887
S667.1@	5		
.....	5		
S668@	4	31	639
S668.1@	5		
S668.4@	5		
S68@	3	3476	9113
S681@	4	73	170
S682@	4	140	2070

续表

类号	类级	书目库总量（不含下位类）	书目库总量（包含下位类）
S682.1@	5	491	494
S682.2@	5	262	266
S682.3@	5	12	1170
S682.31@	6		
.....	6		
S684@	4	86	1221
S68-49@	4	166	166
S685@	5	178	944
S685.11@	6		
S685.12@	6		
S686	5	51	51
S687@	5	70	140
S688@	4	692	2010
S688.1@	5	630	630
S688.2@	5	169	169
S688.3	5	33	33
S688.4@	5	457	457
S688.5	5	26	26
S688.9	5	3	3
S7*	2	961	23674
S71	3	338	5012
S711	4	53	53
.....	4	8	8
S718	4	330	3070
S718.3	5	98	98
S718.4	5	216	456
S718.5	5	888	2004
S718.51	6	110	113
.....	6	33	33
S718.6	5	35	53
.....	5	96	96
S719	4	1	1
S72	3	565	2639
S721	4	26	26

续表

类号	类级	书目库总量（不含下位类）	书目库总量（包含下位类）
.....	4	134	326
S73	3	149	1294
S731	4	98	626
S732*	4		
S75	3	423	4135
S750	4	121	121
.....	4	5	6
S759.9	4	157	2428
S759.91	5	102	102
.....	5	15	15
S759.99*	5		
S76	3	534	2261
S761	4	4	14
S762	4	229	472
S763	4	351	1127
S763.1	5	88	129
.....	5	4	4
S763.7*	5	278	278
S764	4	12	31
.....	4	12	14
S77	3	198	826
S78	3	280	1893
S781	4	474	961
.....	4	98	522
S79	3	584	4575
S7-9	3	0	0
S791@	4	171	1192
S791.11	5	7	7
.....	5	0	0
S791.22@	5	72	130
S791.23	5	2	2
S791.24@	5	130	444
S791.26	5	0	0
S791.27@	5	157	157

续表

类号	类级	书目库总量（不含下位类）	书目库总量（包含下位类）
S791.28	5	2	2
.....	5	4	4
S792@	4	164	1599
S792.11@	5	321	519
S792.12	5	38	38
.....	5	3	7
S792.39@	5		
S792.99@	5		
S793@	4	37	230
S794@	4	16	486
S794.1@	5		
.....	5		
S795@	4	260	388
S796	4	96	96
S8*	2	989	50580
S81	3	361	6866
S811	4	15	103
S812	4	747	1770
S812.1	5	4	4
.....	5	41	41
S813	4	196	493
.....	4	333	537
S816	4	866	2151
S816.1	5	29	145
.....	5	22	22
S816.4@	5	35	105
S816.5@	5	220	272
S816.6	5	35	35
S816.69	5	7	7
S816.7@	5	183	318
S816.8@	5	188	188
S816.9	5	57	57
S817	4	154	410
.....	4	26	49

续表

类号	类级	书目库总量（不含下位类）	书目库总量（包含下位类）
S82	3	645	13900
S821@	4	310	623
S821.1	5	17	17
.....	5	37	37
S822@	4	70	70
S823@	4	1290	3015
S823.8@	5	253	265
S823.9@	5	1424	1460
S824@	4	101	101
S825@	4	115	115
S826@	4	1235	1813
S826.8@	5		
S826.9@	5		
S827*@	4	610	610
S828@	4	3507	3839
S828.8@	5		
S828.9@	5		
S829.1@	4	966	966
.....	4	1638	1638
S829.9	4	16	16
S83	3	787	5191
S831	4	935	2782
S831.3	5	64	64
S831.9	5	573	781
S832	4	39	39
S833	4	17	17
S834@	4	594	605
.....	4	404	404
S837	4	11	11
S839@	4	216	216
S85	3	1274	17060
S851	4	142	1200
S851.2	5	201	203
.....	5	364	632

续表

类号	类级	书目库总量（不含下位类）	书目库总量（包含下位类）
S852	4	103	3782
S852.1	5	255	277
.....	5	224	256
S852.6	5	541	2170
S852.61	6	261	262
.....	6	17	17
S852.7	5	175	432
S853	4	163	618
.....	4	141	500
S858	4	477	6639
S858.2	5	144	3980
.....	5	704	1961
S859	4	237	1029
S859.1	5	5	5
.....	5	38	38
S86	3	120	2469
S86-0	4	0	0
S861	4	5	5
S862*	4	109	109
S863	4	283	283
.....	4	98	142
S865.2@	5		
.....	5		
S866	4	43	53
.....	4	21	21
S87	3	58	124
S88*	3	762	2226
S881	4	118	263
.....	4	71	195
S89	3	670	1704
S8-9	3	0	0
S891	4	49	49
.....	4	20	53
S9*	2	393	11939

续表

类号	类级	书目库总量（不含下位类）	书目库总量（包含下位类）
S91	3	120	365
S922*	4		
S93	3	115	586
S94	3	236	1491
S941	4	125	422
S942	4	160	189
S943*	4	224	224
S944	4	9	68
.....	4	48	204
S95	3	47	167
S96	3	1017	7549
S961	4	58	83
.....	4	55	71
S965	4	179	2397
S965.1	5	128	761
.....	5	34	313
S966	4	80	1386
S966.1	5	44	444
.....	5	12	122
S967	4	84	146
S968	4	137	1244
S968.1	5	2	2
.....	5	131	386
S969	4	17	106
S97	3	186	815
S98	3	57	205
S9-9	3	0	0
T*	1	822	9898
T-09*	3		
T-1*	2		
T-2*	2		
T-63*	3		
T-9	2	1	1
TB	2	1564	73210

续表

类号	类级	书目库总量（不含下位类）	书目库总量（包含下位类）
TB1	3	523	10975
TB11	4	1568	4556
TB111	5	74	74
.....	5	123	123
TB114	5	581	2115
TB114.1	6	275	275
.....	6	568	568
TB115	5	569	611
TB12	4	2616	4514
TB121	5	65	65
.....	5	129	129
TB13	4	152	355
.....	4	4	4
TB2	3	214	5471
TB21	4	1514	1514
.....	4	751	751
TB3	3	4287	33686
TB301	5	2978	2987
.....	5	501	1582
TB31	4	20	20
TB32@	4	260	3583
TB321@	5	776	776
.....	5	274	274
TB33@	4	1965	4306
TB331@	5	593	593
TB332@	5	1084	1084
TB333@	5	194	508
TB333.1@	6		
TB333.2@	6		
TB334@	5	135	135
TB339	5	21	21
TB34@	4	2939	2939
TB35@	4	211	211
TB36	4	21	21

续表

类号	类级	书目库总量（不含下位类）	书目库总量（包含下位类）
TB37	4	24	24
TB381@	4	637	637
.....	4	10129	10129
TB4	3	588	8159
TB41	4	286	286
.....	4	134	134
TB47	4	888	3644
TB472	5	2609	2697
TB476	5	59	59
TB48	4	414	1061
TB482	5	225	282
.....	5	80	208
TB49	4	125	1154
TB5	3	222	2767
TB51	4	19	19
TB52	4	106	107
TB53	4	668	1518
TB532	5	11	11
.....	5	147	160
TB54	4	7	7
.....	4	132	413
TB6	3	534	2975
TB61	4	259	291
TB64	4	148	148
TB65	4	174	1633
TB651	5	260	261
.....	5	104	104
TB66	4	310	360
TB69	4	9	9
TB7	3	212	373
TB8	3	602	4512
TB81	4	134	601
.....	4	135	135
TB85	4	158	1649

续表

类号	类级	书目库总量（不含下位类）	书目库总量（包含下位类）
TB851	5	154	158
.....	5	44	1066
TB86	4	159	1151
.....	4	175	305
TB9	3	1325	2728
TB91	4	309	493
.....	4	37	101
TD*	2	555	21626
TD1	3	151	678
TD2	3	125	1671
TD21	4	34	104
.....	4	37	73
TD3	3	67	2089
TD31	4	284	351
.....	4	131	899
TD4	3	363	1974
TD41	4	7	7
.....	4	158	803
TD5	3	234	957
TD50*	4		
TD6	3	245	1178
TD7	3	1333	4584
TD71	4	30	1226
.....	4	323	522
TD8	3	693	5338
TD82	4	1312	2549
.....	4	20	20
TD9	3	347	2480
TD-9	3	0	0
TD91	4	62	90
TD92	4	73	902
TD921	5	92	98
.....	5	55	55
TD94*	4	580	580

续表

类号	类级	书目库总量（不含下位类）	书目库总量（包含下位类）
TD95	4	46	450
TD97*	4	111	111
TD98	3	62	88
TE*	2	1565	21574
TE0	3	76	106
TE1	3	212	959
TE11	4	27	27
.....	4	5	5
TE2	3	427	2134
TE21	4	140	140
.....	4	68	68
TE3	3	451	5729
TE31	4	107	536
.....	4	159	415
TE35	4	371	2395
TE352	5	1	1
.....	5	130	131
TE37	4	330	543
.....	4	86	86
TE4	3	91	177
TE5	3	192	412
TE52*	4		
TE6	3	256	5674
TE62	4	355	3367
TE621	5	93	93
.....	5	78	189
TE64	4	327	501
.....	4	714	714
TE8	3	162	1073
TE81	4	4	4
.....	4	78	155
TE9	3	191	3736
TE-9	3	1	1
TE91	4	2	2

续表

类号	类级	书目库总量（不含下位类）	书目库总量（包含下位类）
TE92@	4	132	517
TE921@	5		
TE93@	4	73	499
TE931@	5		
TE933@	5		
TE94	4	4	4
TE95@	4	56	329
TE951@	5		
TE96@	4	305	684
TE97@	4	72	1271
TE972@	5		
TE973@	5		
TE973.6@	6		
TE98	4	51	239
TE99	3	7	8
TE991	4	1	1
TE992	4	0	0
TF*	2	1148	13921
TF01	4	341	341
.....	4	30	30
TF1	3	306	2389
TF11	4	98	548
.....	4	381	1281
TF3	3	186	584
TF4	3	805	805
TF5	3	342	1620
TF51	4	13	40
.....	4	40	160
TF6	3	78	214
TF7	3	425	2598
TF71	4	96	183
.....	4	41	106
TF79	3	5	48
TF8	3	424	3164

续表

类号	类级	书目库总量（不含下位类）	书目库总量（包含下位类）
TF81	4	115	790
.....	4	108	968
TF-9	3	1	1351
TG*	2	1776	65432
TG1	3	440	21243
TG11	4	252	3205
TG111	5	431	1025
.....	5	153	741
TG13	4	346	2187
TG131	5	156	156
.....	5	106	509
TG14	4	1658	8705
TG141	5	144	144
.....	5	651	2266
TG146	5	885	4199
TG146.1	6	643	687
.....	6	1406	2031
TG147	5	32	32
TG148	5	73	73
TG15	4	748	2392
TG151	5	43	65
.....	5	8	31
TG161*	5	348	348
TG162	5	37	246
.....	5	11	11
TG17	4	918	4314
TG171	5	88	88
TG172	5	146	536
TG174	5	481	2118
TG174.1	6	4	4
.....	6	34	34
TG175	5	44	58
.....	5	66	66
TG2	3	654	4364

续表

类号	类级	书目库总量（不含下位类）	书目库总量（包含下位类）
TG21	4	87	89
.....	4	43	146
TG3	3	810	7909
TG301	5	214	214
.....	5	82	82
TG31	4	320	1181
TG311	5	7	7
.....	5	12	12
TG33	4	260	2774
TG331	5	37	37
.....	5	39	42
TG35	4	48	303
.....	4	48	425
TG4	3	1229	7067
TG40	4	109	698
.....	4	105	307
TG44	4	807	3942
TG441	5	23	240
.....	5	88	88
TG47	4	7	7
.....	4	133	360
TG5	3	1161	15363
TG501	5	256	345
.....	5	476	1426
TG51	4	1135	2231
TG511	5	53	53
.....	5	25	25
TG52	4	161	209
TG53	4	119	165
TG54	4	697	1423
TG541	5	27	27
.....	5	6	6
TG55	4	133	188
.....	4	20	21

续表

类号	类级	书目库总量（不含下位类）	书目库总量（包含下位类）
TG58	4	440	1086
TG581	5	50	51
.....	5	14	14
TG61	4	375	391
.....	4	111	111
TG66	4	132	1102
TG661	5	347	347
.....	5	134	134
TG68	4	78	78
TG7	3	229	3844
TG71@	4	547	1075
TG711@	5		
TG73	4	45	84
TG74@	4	124	128
.....	4	339	476
TG78	4	44	44
TG8	3	359	1920
TG801	5	1031	1036
.....	5	10	10
TG81	4	15	44
.....	4	15	33
TG9	3	885	1946
TG91	4	25	25
.....	4	178	959
TH*	2	1361	52224
TH11	3	1800	5924
TH111	4	750	750
.....	4	517	678
TH12	3	525	11987
TH121	4	64	64
.....	4	6139	6139
TH13	3	1488	8871
TH131	4	198	366
TH132	4	306	1661

续表

类号	类级	书目库总量（不含下位类）	书目库总量（包含下位类）
TH132.1	5	4	4
.....	5	16	16
TH133	4	479	1674
.....	4	316	316
TH14	3	434	704
TH16	3	3300	5150
TH161	4	87	99
.....	4	168	168
TH17	3	1111	1111
TH18	3	76	428
TH2@	3	392	2309
TH21@	4	639	1106
TH211@	5		
TH213@	5		
TH22@	4	176	443
TH222@	5		
TH24@	4	91	368
TH3@	3	586	1283
TH-3@	3	64	980
TH31@	4	64	316
TH311@	5		
TH32	4	15	94
.....	4	26	26
TH38@	4	242	242
TH-39@	4		
TH4@	3	135	1678
TH41	4	35	38
TH42	4	11	11
TH43@	4	68	117
.....	4	113	138
TH47	4	6	6
TH48	4	11	11
TH49@	4	554	554
TH6@	3	86	167

续表

类号	类级	书目库总量（不含下位类）	书目库总量（包含下位类）
TH7	3	965	10271
TH71@	4	186	1221
TH714@	5		
TH714.5@	6		
TH714.52@	7		
TH715@	5		
TH715.1@	6		
TH72@	4	13	163
TH721@	5		
TH73	4	68	68
TH74@	4	1306	3133
TH741@	5	187	346
TH742@	5	415	602
TH743	5	72	72
TH744@	5	216	787
TH744.1@	6		
TH744.3@	6		
TH745	5	10	20
TH75@	4	57	310
TH751@	5		
TH76@	4	40	549
TH761@	5		
TH77@	4	316	1115
TH771	5	11	11
TH772@	5	108	114
TH773	5	74	74
TH774@	5	120	120
TH775	5	1	1
TH776@	5	214	216
TH777	5	30	30
.....	5	5	5
TH79	4	32	32
TH81@	4	124	659
TH811@	5		

续表

类号	类级	书目库总量（不含下位类）	书目库总量（包含下位类）
TH814@	5		
TH82@	4	99	456
TH823@	5		
TH824@	5		
TH83@	4	181	332
TH841	4	3	3
.....	4	8	8
TH86@	4	270	362
TH87@	4	86	187
TH89	4	95	95
TH-9	3	0	0
TJ*	2	358	5348
TJ2	3	76	706
TJ21@	4		
TJ26@	4		
TJ3	3	102	429
TJ4	3	16	796
TJ5	3	26	101
TJ6	3	48	258
TJ7	3	54	1315
TJ71	4	10	10
TJ76	4	193	1251
TJ8	3	15	418
TJ9	3	58	418
TJ-9	3	1	549
TK*	2	498	22376
TK01	4	2068	2307
.....	4	118	118
TK1	3	403	5947
TK11	4	251	295
TK12	4	451	3306
TK121	5	164	164
.....	5	268	268
TK14	4	535	535

续表

类号	类级	书目库总量（不含下位类）	书目库总量（包含下位类）
.....	4	609	609
TK2	3	135	3927
TK21	4	56	98
TK22	4	737	2461
TK221	5	31	31
.....	5	73	73
TK24	4	104	180
.....	4	343	924
TK3	3	135	491
TK31	4	101	220
.....	4	55	94
TK4	3	744	3674
TK401	5	154	154
.....	5	94	94
TK41	4	88	321
TK42	4	521	1318
TK423*	5		
TK43	4	83	116
.....	4	12	22
TK473*	5		
TK48	4	0	0
TK49	4	0	0
TK5	3	56	56
TK51	3	394	1219
TK511	4	244	250
.....	4	72	72
TK52	3	57	190
TK6	3	706	1995
TK61	4	111	111
.....	4	236	236
TK7	3	146	751
TK8	3	116	456
TK81	4	126	126
.....	4	3	3

续表

类号	类级	书目库总量（不含下位类）	书目库总量（包含下位类）
TK-9	3	0	3031
TK91	3	129	141
TL*	2	2221	10990
TL1	3	172	180
TL2	3	203	721
TL22*	4		
TL3	3	313	1682
TL4	3	112	637
TL5	3	222	1475
TL501	5	177	185
.....	5	71	210
TL51	4	18	18
TL52	4	45	45
TL53@	4	121	121
TL54@	4	162	169
TL55	4	71	71
TL56	4	74	74
TL57@	4	196	196
TL58	4	52	52
.....	4	0	0
TL6	3	149	1286
TL7	3	573	1044
TL71	4	26	26
.....	4	34	34
TL8	3	63	780
TL-9	3	0	0
TL91	3	51	51
TL92	3	27	28
TL929	3	52	52
TL93	3	42	43
TL94	3	148	454
TL99	3	336	336
TM*	2	7550	82438
TM02	4	584	584

续表

类号	类级	书目库总量（不含下位类）	书目库总量（包含下位类）
.....	4	336	336
TM1	3	3141	6783
TM11	4	225	225
.....	4	4	4
TM2	3	383	7855
TM21@	4	456	915
TM215@	5		
TM216@	5		
TM22@	4	971	1014
TM23	4	0	0
TM24@	4	314	1229
TM241@	5	143	148
.....	5	115	115
TM244	5	30	31
TM245	5	31	34
TM246@	5	147	150
TM247@	5	165	167
TM248	5	91	91
TM249	5	13	31
TM25@	4	110	110
TM26@	4	1015	1133
TM261	5	5	5
.....	5	95	95
TM27@	4	334	2573
TM271@	5	1430	1431
TM272	5	7	7
TM273@	5	320	320
TM274	5	61	61
.....	5	38	38
TM277@	5	352	355
TM278	5	23	23
TM28@	4	194	418
TM282@	5		
TM3	3	1935	8396

续表

类号	类级	书目库总量（不含下位类）	书目库总量（包含下位类）
TM31@	4	317	1441
TM311@	5	338	338
TM312@	5	303	307
TM313	5	14	14
TM314	5	56	56
TM315@	5	409	409
TM32@	4	688	688
TM33@	4	281	290
TM34@	4	358	1418
TM341@	5	263	263
TM342	5	19	19
TM343@	5	410	415
TM344	5	22	62
TM345	5	29	29
TM346@	5	263	272
TM35@	4	96	925
TM351@	5		
.....	5		
TM36	4	26	27
TM37	4	13	13
TM38@	4	284	496
TM4	3	310	2334
TM41@	4	427	490
TM42	4	47	99
.....	4	20	25
TM45@	4	113	258
TM452@	5		
TM46@	4	285	706
TM461@	5		
TM464@	5		
TM47	4	33	56
TM5	3	310	6302
TM51@	4	119	119
TM52@	4	249	249

续表

类号	类级	书目库总量（不含下位类）	书目库总量（包含下位类）
TM53@	4	356	554
TM531@	5		
TM54@	4	71	140
TM55@	4	95	105
TM56@	4	194	846
TM561@	5		
TM564@	5		
TM57@	4	24	3256
TM571@	5	83	3114
TM571.1	6	2	2
TM571.2@	6	845	845
TM571.3	6	4	4
.....	6	0	0
TM571.6@	6	1401	2179
TM571.61@	7		
TM572	5	54	75
.....	5	21	24
TM58@	4	161	348
TM59	4	18	91
TM6	3	344	9314
TM60	4	180	180
TM61	4	187	2143
TM62	4	649	4770
TM621	5	904	3033
TM621.1	6	25	25
.....	6	627	673
TM622	5	50	50
TM623	5	545	1015
TM623.1	6	24	24
.....	6	0	0
TM624	5	22	22
TM628	5	1	1
TM63	4	1317	1337
TM631	5	11	11

续表

类号	类级	书目库总量（不含下位类）	书目库总量（包含下位类）
.....	5	3	3
TM64	4	242	540
TM7	3	2300	13357
TM71	4	330	2219
TM711	5	435	477
.....	5	564	583
TM72	4	1022	4116
TM721	5	59	221
.....	5	29	29
TM73	4	535	1248
TM731	5	6	6
.....	5	495	495
TM74	4	94	332
TM75	4	215	710
TM76	4	834	1330
TM761	5	194	194
.....	5	129	149
TM77	4	675	1102
TM8	3	328	1194
TM81	4	13	13
.....	4	57	94
TM-9	3	1	2588
TM91	3	306	6416
TM911@	4	1048	2809
TM911.1@	5	72	111
TM911.3	5	21	21
TM911.4@	5	1274	1629
TM911.45@	6		
TM911.48@	6		
TM912@	4	1202	1389
TM913	4	10	10
TM914@	4	216	1766
TM914.1	5	2	2
.....	5	0	0

续表

类号	类级	书目库总量（不含下位类）	书目库总量（包含下位类）
TM914.4@	5	1545	1548
TM915	4	16	18
.....	4	32	39
TM92	3	1355	6807
TM921	4	612	1261
TM921.1	5	16	16
.....	5	28	28
TM922	4	21	88
.....	4	381	915
TM925	4	728	2900
TM925.1	5	53	447
.....	5	137	336
TM926	4	12	12
TM93	3	1532	3542
TM931	4	92	92
.....	4	78	78
TN*	2	3080	140492
TN01	4	5794	7837
.....	4	245	245
TN1	3	840	4226
TN11@	4	297	355
TN12@	4	207	394
TN13	4	37	73
TN14@	4	109	586
TN141@	5		
TN141.9@	6		
TN15@	4	237	264
TN16	4	474	474
TN2	3	943	12521
TN201	5	479	479
.....	5	41	41
TN21@	4	298	1322
TN211	5	11	11
TN212	5	12	12

续表

类号	类级	书目库总量（不含下位类）	书目库总量（包含下位类）
TN213@	5	131	131
TN214	5	19	19
TN215@	5	658	658
TN216@	5	162	162
TN219	5	31	31
TN22@	4	18	108
TN23@	4	137	137
TN24@	4	1215	5564
TN241@	5	799	799
TN242	5	15	15
TN243	5	11	11
TN244@	5	351	351
TN245	5	27	27
TN247@	5	246	246
TN248@	5	1024	2505
TN248.1@	6	516	519
TN248.2@	6	179	187
TN248.3	6	51	64
TN248.4@	6	601	601
TN248.5	6	44	44
TN248.6	6	66	66
TN249@	5	395	395
TN25@	4	960	1848
TN252@	5	268	268
.....	5	470	470
TN26	4	81	81
TN27@	4	485	485
TN29	4	133	133
TN3	3	1334	14663
TN301	5	218	218
.....	5	117	117
TN304.1@	6	593	655
TN304.2@	6	3148	3274
TN304.3	6	9	9

续表

类号	类级	书目库总量（不含下位类）	书目库总量（包含下位类）
TN304.5@	6	375	479
TN304.52@	7		
TN304.6	6	19	19
TN304.7@	6	276	276
.....	6	71	126
TN305	5	322	885
.....	5	30	30
TN31@	4	194	856
TN312@	5		
TN32@	4	620	1133
TN321@	5		
TN322@	5		
TN335	4	0	0
TN34@	4	186	426
TN342@	5		
TN35	4	72	72
TN36@	4	195	325
TN37	4	62	81
TN382	4	12	12
TN383@	4	668	690
TN384	4	86	86
TN385	4	39	39
TN386@	4	285	583
TN386.1@	5		
TN387	4	13	13
TN389	4	34	34
TN4	3	2143	11244
TN401	5	37	37
.....	5	751	751
TN405*	5	1067	1237
TN406	5	58	58
.....	5	279	279
TN41@	4	1290	1290
TN42	4	28	28

续表

类号	类级	书目库总量（不含下位类）	书目库总量（包含下位类）
TN43@	4	1042	2711
TN431@	5	52	944
TN431.1@	6		
TN431.2@	6		
TN432@	5	698	698
TN433	5	27	27
TN44	4	29	29
TN45@	4	107	375
TN454@	5		
TN46	4	13	13
TN47@	4	2053	2053
TN48	4	3	3
TN491	4	71	71
TN492@	4	114	114
TN495	4	13	13
TN6	3	677	2441
TN61	4	92	92
.....	4	68	511
TN7	3	1211	11773
TN701	5	24	24
.....	5	912	1060
TN710@	4	1521	2216
TN710.2@	5		
TN710.4@	5		
TN711@	4	141	287
TN712	4	94	95
TN713@	4	1190	1222
TN713.1	5	0	0
.....	5	7	7
TN715	4	37	38
TN72@	4	177	1423
TN721	5	23	53
TN722@	5	430	1193
TN722.1@	6		

续表

类号	类级	书目库总量（不含下位类）	书目库总量（包含下位类）
.....	6		
TN73	4	69	69
TN74@	4	169	194
TN75@	4	99	527
TN752@	5		
TN76@	4	100	601
TN761@	5		
TN77@	4	37	462
TN773@	5		
TN78@	4	351	494
TN79@	4	1722	1725
TN8	3	997	6734
TN81	4	97	541
TN82	4	1091	1858
TN821@	5	226	227
TN822@	5	229	237
TN823	5	72	76
.....	5	23	23
TN83	4	92	177
TN85	4	563	1267
TN851@	5	35	192
TN852	5	22	22
TN853	5	7	7
TN854@	5	134	134
TN855	5	3	3
.....	5	8	8
TN859@	5	271	271
TN86	4	576	576
TN87	4	145	900
TN-9	3	1	9835
TN91	3	3940	31812
TN911	4	1190	8210
TN911.1	5	97	97
.....	5	433	1404

续表

类号	类级	书目库总量（不含下位类）	书目库总量（包含下位类）
TN911.7	5	1706	4456
TN911.71	6	36	36
.....	6	1299	1299
TN911.8	5	107	107
TN912	4	481	3710
TN912.1	5	111	411
TN912.2	5	417	1281
TN912.22@	6		
TN912.27@	6		
TN912.271@	7		
TN912.3	5	826	1537
TN913	4	164	593
TN914	4	677	1438
TN914.1	5	8	8
.....	5	6	6
TN915	4	1338	4831
TN915.01	6	21	21
.....	6	109	109
TN915.1	5	74	412
.....	5	108	108
TN916	4	409	1972
TN916.1	5	41	41
.....	5	275	275
TN917	4	157	540
TN918	4	507	2023
TN918.1	5	1176	1176
.....	5	149	149
TN919	4	1157	2164
TN919.1	5	172	172
.....	5	390	410
TN919.8	4	965	2391
TN919.81	5	985	985
.....	5	3	3
TN92	3	4820	17775

续表

类号	类级	书目库总量（不含下位类）	书目库总量（包含下位类）
TN921	4	21	21
.....	4	8	8
TN929.1	4	1565	3152
TN929.11	5	1543	1543
.....	5	31	31
TN929.2	4	4	4
.....	4	231	231
TN929.5	4	4658	7595
TN929.51	5	13	13
.....	5	22	22
TN929.6	4	1	1
TN93	3	337	700
TN94	3	961	7358
TN941	4	148	702
.....	4	13	35
TN946*	4	860	1153
TN947	4	2	2
TN948	4	79	1004
TN949.1	4	195	2735
TN949.11	5	180	180
.....	5	1298	1298
TN949.2	4	88	224
.....	4	6	6
TN95	3	693	4195
TN951	4	130	130
.....	4	13	13
TN96	3	162	1447
TN961	4	18	18
.....	4	3	3
TN97	3	167	613
TN98	3	5	5
TN99	3	70	70
TP*	2	521	263082
TP1	3	233	16058

续表

类号	类级	书目库总量（不含下位类）	书目库总量（包含下位类）
TP11	4	2842	2842
.....	4	2756	2756
TP18	4	5617	8705
TP181	5	1357	1357
.....	5	452	452
TP2	3	586	30419
TP202	5	130	133
.....	5	10	10
TP21@	4	146	7786
TP211@	5	106	107
TP212@	5	4797	7028
TP212.1@	6	190	407
TP212.14@	7		
TP212.2@	6	526	526
.....	6	1060	1060
TP212.6	6	63	63
TP212.9	6	18	18
TP213	5	6	6
.....	5	74	74
TP216@	5	397	397
TP217	5	7	7
TP23@	4	258	258
TP24@	4	1000	6623
TP241@	5	258	306
TP242@	5	3184	5277
TP242.2@	6	785	785
TP242.3@	6	482	482
TP242.4	6	17	17
TP242.6@	6	804	809
TP249	5	40	40
TP27@	4	803	14694
TP271@	5	883	1006
.....	5	134	134
TP273.1	6	9	9

续表

类号	类级	书目库总量（不含下位类）	书目库总量（包含下位类）
.....	6	55	66
TP274@	5	3347	3376
TP274.1	6	1	1
.....	6	6	6
TP275@	5	151	151
TP276	5	15	15
TP277@	5	1006	1111
TP278@	5	682	682
TP29	4	261	261
TP3	3	15842	212951
TP301	5	1261	4323
TP301.1	6	95	95
.....	6	172	172
TP302	5	791	1923
TP302.1	6	609	609
.....	6	218	218
TP303	5	1709	1713
.....	5	8	8
TP3-05	4	270	13512
TP306	5	360	385
TP308	5	78	78
TP309	5	2730	4753
TP309.1	6	12	12
.....	6	252	252
TP31	4	6810	62839
TP311	5	3653	30374
TP311.1	6	1504	3392
TP311.11	7	414	414
TP311.12	7	1474	1474
TP311.13	6	5284	12781
TP311.131	7	497	497
.....	7	176	574
TP311.5	6	3502	10548
TP311.51	7	201	201

续表

类号	类级	书目库总量（不含下位类）	书目库总量（包含下位类）
.....	7	2195	2269
TP311.56	7	3887	4180
TP311.561	8	263	263
.....	8	17	17
TP312	5	4773	4783
.....	5	839	839
TP316	5	5316	12393
TP316.1	6	8	8
.....	6	292	292
TP316.8	6	177	4618
TP316.81	7	1645	1645
.....	7	10	10
TP316.9	6	1	1
TP317	5	2097	5952
TP317.1	6	2936	2936
.....	6	55	55
TP319	5	842	842
TP32	4	70	147
TP33@	4	758	8426
TP331@	5	220	777
TP331.1@	6		
TP331.2@	6		
TP332@	5	1496	1985
TP332.1@	6		
TP332.3@	6		
TP333@	5	886	1870
TP333.1	6	53	53
TP333.2	6	19	19
TP333.3@	6	285	298
.....	6	396	406
TP333.7	6	7	7
.....	6	69	69
TP334@	5	530	994
TP334.1@	6		

续表

类号	类级	书目库总量（不含下位类）	书目库总量（包含下位类）
.....	6		
TP335@	5	375	379
TP336@	5	265	265
TP337	5	6	6
TP338@	5	296	1392
TP338.1	6	0	0
.....	6	35	35
TP338.6@	6	718	718
TP338.7	6	6	6
TP338.8@	6	293	293
TP34@	4	122	192
TP35@	4	79	131
TP36*@	4	8442	13185
TP368@	5	146	4743
TP368.1@	6	3150	3150
TP368.2	6	16	16
TP368.3@	6	391	830
TP368.32@	7		
TP368.4	6	0	0
TP368.5@	6	594	594
TP368.6	6	7	7
TP37@	4	1880	1880
TP38@	4	172	791
TP387@	5		
TP389.1@	5		
TP39	4	7581	96006
TP391	5	3960	50360
TP391.1	6	994	5768
TP391.11	7	0	0
.....	7	1561	1561
TP391.2	6	165	165
TP391.3	6	472	472
TP391.4	6	5165	31979
TP391.41	7	22155	26357

续表

类号	类级	书目库总量（不含下位类）	书目库总量（包含下位类）
TP391.411	8	226	226
.....	8	759	759
TP391.42	7	19	19
.....	7	175	175
TP391.7	6	1496	6204
TP391.72	7	4480	4480
.....	7	161	161
TP391.9	6	1632	1812
TP392	5	1306	1306
TP393	5	10468	35888
TP393.01	7	170	170
.....	7	583	978
TP393.09	7	809	9272
TP393.092	8	6450	8191
TP393.092.1	9	196	196
.....	9	1521	1521
TP393.093	8	7	7
.....	8	40	40
TP393.1@	6	1525	2105
TP393.11@	7	120	120
TP393.17	7	0	0
TP393.18@	7	454	454
TP393.19	7	6	6
TP393.2@	6	121	121
TP393.4@	6	6190	6684
TP399	5	871	871
TP6	3	136	366
TP7	3	429	2311
TP72	4	117	232
.....	4	78	185
TP8	3	27	456
TP-9	3	0	0
TQ*	2	2554	73615
TQ01	4	152	1304

续表

类号	类级	书目库总量（不含下位类）	书目库总量（包含下位类）
TQ02	4	2498	5737
TQ021	5	293	731
.....	5	44	101
TQ03	4	281	1205
.....	4	70	302
TQ051@	5	271	1157
TQ051.1@	6		
.....	6		
TQ052@	5	198	352
TQ052.5@	6		
TQ053@	5	32	182
TQ053.5@	6		
TQ054	5	64	64
TQ055	5	21	99
TQ056@	5	145	250
TQ06	4	46	483
TQ07	4	255	734
TQ08	4	91	1365
TQ081	5	4	4
.....	5	18	18
TQ09	4	1	1
TQ11	3	153	1945
TQ111	4	18	220
.....	4	56	304
TQ12	3	20	577
TQ13	3	23	250
TQ15	3	235	1577
TQ151	4	51	86
.....	4	0	0
TQ16	3	22	460
TQ17	3	335	8690
TQ171	4	442	1778
TQ171.1	5	160	162
.....	5	26	26

续表

类号	类级	书目库总量（不含下位类）	书目库总量（包含下位类）
TQ172	4	513	1498
TQ172.1	5	105	108
.....	5	83	84
TQ173	4	49	92
TQ174	4	1422	3823
TQ174.1	5	188	194
.....	5	159	163
TQ175	4	268	609
.....	4	33	75
TQ2	3	295	3030
TQ21	4	19	109
TQ22	4	47	1688
TQ221	5	122	598
.....	5	3	27
TQ23	4	7	52
.....	4	48	365
TQ31	3	840	2068
TQ311	4	131	131
.....	4	106	445
TQ32	3	1589	8628
TQ320.1	5	39	39
TQ320.2	5	13	13
TQ320.4*	5	154	154
TQ320.5	5	686	688
.....	5	180	1676
TQ321@	4	56	104
TQ322@	4	124	343
TQ322.3@	5		
TQ322.4@	5		
TQ323@	4	278	1209
TQ323.1	5	74	74
.....	5	1	1
TQ323.4@	5	250	250
TQ323.5@	5	210	210

续表

类号	类级	书目库总量（不含下位类）	书目库总量（包含下位类）
TQ323.6	5	51	51
TQ323.7@	5	122	122
TQ323.8@	5	191	191
TQ323.9	5	16	16
TQ324	4	26	71
TQ325@	4	516	2021
TQ325.1@	5	687	715
.....	5	149	149
TQ325.4	5	79	79
.....	5	8	8
TQ325.7@	5	101	101
TQ325.8	5	29	29
.....	5	33	33
TQ326.5@	5	75	107
TQ326.6	5	2	2
.....	5	5	5
TQ327@	4	91	234
TQ327.1@	5		
TQ328@	4	135	192
TQ33	3	683	2161
TQ331	4	21	42
.....	4	55	76
TQ34	3	250	1372
TQ341@	4	133	135
TQ342@	4	723	778
TQ343	4	76	77
TQ35	3	77	614
TQ39	3	2	5
TQ41	3	13	164
TQ42	3	84	5065
TQ421	4	79	219
.....	4	8	8
TQ426	4	666	3126
TQ426.1	5	0	0

续表

类号	类级	书目库总量（不含下位类）	书目库总量（包含下位类）
.....	5	5	5
TQ427	4	84	197
TQ43	3	389	861
TQ44	3	177	964
TQ45	3	311	1410
TQ451	4	35	35
.....	4	29	49
TQ46	3	476	3596
TQ461	4	194	194
.....	4	24	26
TQ51	3	268	921
TQ52	3	297	1135
TQ521	4	65	97
.....	4	36	288
TQ53	3	303	1010
TQ530	4	99	159
.....	4	44	50
TQ54	3	271	800
TQ55	3	22	22
TQ56	3	133	971
TQ57	3	73	282
TQ571	4	27	27
.....	4	14	30
TQ58	3	74	149
TQ59	3	53	99
TQ61	3	192	654
TQ62	3	199	357
TQ63	3	637	1820
TQ631	4	5	32
.....	4	87	97
TQ64	3	147	1043
TQ641	4	49	49
.....	4	4	4
TQ65	3	338	1440

续表

类号	类级	书目库总量（不含下位类）	书目库总量（包含下位类）
TQ651	4	58	58
.....	4	5	5
TQ9	3	16	2146
TQ-9	3	0	14775
TQ91	4	5	18
TQ92	4	444	1777
TQ921	5	181	188
.....	5	90	96
TQ93	4	142	279
.....	4	20	51
TS*	2	913	128025
TS01	4	2	2
.....	4	10	10
TS1	3	1359	9395
TS101	5	46	391
.....	5	478	1039
TS11	4	251	1001
TS112.2*	6		
TS12	4	23	144
.....	4	69	291
TS183.92*	6		
TS19	4	261	1629
TS192	5	21	67
.....	5	231	485
TS2	3	1441	29039
TS201	5	587	3858
TS201.1	6	356	356
.....	6	1066	1076
TS202	5	192	710
.....	5	245	245
TS21	4	131	4482
TS211	5	41	174
TS212	5	55	114
TS213*	5	97	2425

续表

类号	类级	书目库总量（不含下位类）	书目库总量（包含下位类）
TS213.2	6	1676	2215
.....	6	52	52
TS214*	5	133	516
TS215	5	98	98
.....	5	13	13
TS22	4	92	767
.....	4	145	461
TS251	4	458	1531
TS251.1	5	50	50
.....	5	1	1
TS252	4	312	1358
TS252.1	5	176	176
.....	5	80	80
TS253	4	84	221
TS254	4	150	738
TS254.4*	5		
TS255	4	101	1598
TS255.1	5	24	24
.....	5	5	5
TS26	4	408	4075
TS261	5	212	460
TS262	5	355	2500
TS262.2	6	68	68
.....	6	344	344
TS264	5	175	707
TS27	4	325	2658
TS272	5	268	1069
TS272.2	6	3	3
.....	6	26	26
TS273@	5	291	291
TS274	5	20	20
TS275@	5	199	778
TS275.4@	6		
TS275.5@	6		

续表

类号	类级	书目库总量（不含下位类）	书目库总量（包含下位类）
TS277@	5	168	168
TS278	5	7	7
TS29	4	76	234
TS3	3	228	580
TS4	3	172	793
TS5	3	194	1026
TS51	4	18	64
.....	4	15	108
TS6	3	378	4012
TS61	4	6	39
.....	4	27	27
TS66	4	81	1825
TS662	5	1	1
.....	5	0	0
TS666.20*	8		
TS669	5	7	7
TS67	4	40	40
.....	4	42	42
TS7	3	772	2901
TS71	4	71	74
.....	4	52	272
TS8	3	1162	5715
TS801	5	6	320
.....	5	55	192
TS81	4	56	387
.....	4	100	340
TS-9	3	0	300
TS91	3	46	442
TS93	3	88	6353
TS932	4	8	107
TS933	4	483	1777
TS933.2	5	59	1214
TS933.21	6	1088	1088
TS933.23	6	67	67

续表

类号	类级	书目库总量（不含下位类）	书目库总量（包含下位类）
TS933.3	5	32	32
TS933.5	5	48	48
TS934	4	61	774
TS935	4	188	2991
TS935.1	5	123	131
.....	5	25	25
TS935.5	5	655	2536
TS935.52	6	1275	1849
.....	6	18	18
TS935.7	5	42	84
TS936	4	5	5
.....	4	57	313
TS94	3	175	13001
TS941	4	312	12205
TS941.1	5	318	1723
.....	5	1631	2359
TS941.7	5	1654	5969
TS941.71	6	14	181
.....	6	40	145
TS941.742*	7		
TS941.742.8*	8		
TS941.743*	7		
TS941.75	6	69	71
.....	6	0	1874
TS941.79	5	44	44
.....	5	5	5
TS941-09*	6		
TS942	4	54	153
TS943	4	81	468
TS95	3	141	2441
TS951	4	130	663
.....	4	35	144
TS97	3	1429	51114
TS971	4	3386	5861

续表

类号	类级	书目库总量（不含下位类）	书目库总量（包含下位类）
TS971.1	5	17	24
TS971.2*	5	1196	2451
TS972	4	711	29072
TS972.1	5	5571	27426
TS972.11	6	402	2256
TS972.12	6	844	6095
TS972.121	7	552	552
.....	7	1300	1449
TS972.13	6	336	1916
TS972.14	6	6	332
TS972.142*	7		
TS972.15	6	18	113
TS972.16	6	13	3707
TS972.161	7	1776	1776
.....	7	1008	1008
TS972.17	6	41	41
.....	6	15	15
TS972.182*	7	5411	5444
TS972.183 ～ TS972.187	7	1134	1134
TS972.188*	7	334	334
TS972.19	6	210	210
TS972.2	5	89	452
TS972.3	5	252	483
TS973	4	104	2312
TS973.1	5	62	62
.....	5	3	3
TS974	4	1295	6046
TS974.1	5	2722	3798
.....	5	203	893
TS975	4	253	306
TS976	4	1575	6087
TS976.1	5	61	1500
TS976.2	5	0	0

续表

类号	类级	书目库总量（不含下位类）	书目库总量（包含下位类）
TS976.3	5	1511	2675
TS976.31	6	1018	1018
.....	6	20	20
TS976.7	5	205	205
.....	5	97	97
TS979	4	1	1
TU*	2	1765	198703
TU-0	3	887	25378
TU-091*	5		
TU-092.8*	6		
.....	6		
TU1	3	277	3575
TU11	4	169	2215
TU111	5	117	727
.....	5	164	290
TU12	4	199	199
.....	4	49	49
TU19	3	402	1166
TU191	4	3	4
.....	4	5	5
TU2	3	2571	47160
TU201	5	463	2117
TU201.1	6	19	19
.....	6	11	11
TU202	5	144	144
.....	5	312	312
TU22	4	1164	7278
TU222	5	11	11
.....	5	19	19
TU24	4	649	24549
TU241	5	7446	11958
TU241.01	6	209	209
.....	6	1167	1167
TU242	5	505	1639

续表

类号	类级	书目库总量（不含下位类）	书目库总量（包含下位类）
.....	5	745	856
TU251	5	53	4594
TU251.1	6	44	44
.....	6	4468	4468
TU252	5	160	160
.....	5	49	49
TU26	4	173	313
TU27	4	446	1250
TU271	5	79	286
.....	5	13	61
TU28	4	0	0
.....	4	3	3
TU3	3	1873	18015
TU31	4	360	4607
TU311	5	1516	2710
.....	5	300	308
TU32@	4	58	459
TU323@	5		
TU323.3@	6		
TU33@	4	560	576
TU34	4	31	69
TU35@	4	168	2060
TU351	5	83	83
TU352@	5	223	1674
TU352.1@	6	1133	1249
TU352.2	6	76	76
.....	6	15	15
TU353	5	18	18
.....	5	0	0
TU36@	4	349	1055
TU366@	5		
TU366.2@	6		
TU37@	4	1900	4706
TU375@	5	1603	2296

续表

类号	类级	书目库总量（不含下位类）	书目库总量（包含下位类）
TU375.1@	6		
.....	6		
TU376	5	5	5
TU377	5	32	83
TU378@	5	292	422
TU38	4	26	78
TU39@	4	240	1990
TU391@	5	1243	1243
TU392@	5	107	377
TU392.3@	6		
TU393	5	17	61
.....	5	32	32
TU398@	4	294	297
TU399@	4	245	245
TU4	3	1596	9027
TU41	4	168	410
TU42	4	2	2
TU43	4	1065	1528
TU431	5	69	69
.....	5	101	101
TU44	4	172	765
.....	4	1096	1694
TU47	4	818	2898
TU470	5	35	37
.....	5	39	169
TU48	4	8	8
TU5	3	2243	8300
TU51	4	26	195
TU52	4	163	3685
TU521	5	52	204
.....	5	101	346
TU528.2@	6		
TU528.31@	6		
TU528.57@	6		

续表

类号	类级	书目库总量（不含下位类）	书目库总量（包含下位类）
TU528.571@	7		
TU528.572@	7		
TU53	4	88	372
.....	4	45	92
TU6	3	663	1891
TU61	4	1	1
.....	4	70	497
TU7	3	948	25396
TU71	4	1667	5343
TU711	5	311	311
.....	5	1721	2394
TU72	4	133	7878
TU721	5	589	622
TU722	5	165	165
TU723	5	1109	6923
TU723.1	6	314	314
.....	6	256	256
TU725	5	20	20
TU726	5	15	15
TU73	4	24	398
TU74	4	1450	2834
TU741	5	26	65
.....	5	37	37
TU75	4	91	7995
TU751	5	134	159
.....	5	35	35
TU8	3	1127	9236
TU-8	3	183	7812
TU-80	4	489	489
.....	4	402	402
TU83	4	1289	3838
TU831	5	404	1041
.....	5	333	577
TU84	4	3	3

续表

类号	类级	书目库总量（不含下位类）	书目库总量（包含下位类）
TU85	4	1404	2232
TU-85	4	77	2014
TU851	5	2	2
.....	5	55	55
TU86	4	34	34
TU-86*	4	2322	2322
TU87	4	23	23
.....	4	446	446
TU-881*	5	1798	1798
TU-882	5	42	42
.....	5	48	48
TU89	4	206	633
TU-89	4	3	3
TU9	3	156	998
TU-9	3	26	26
TU91	4	40	40
.....	4	76	264
TU97	3	113	1353
TU971	4	8	8
TU972	4	187	191
TU972+.9*	5		
TU973	4	680	830
.....	4	139	139
TU98	3	316	26715
TU981	4	41	48
TU981-01*	5		
TU982	4	87	1074
TU982.29*	6		
TU983	4	242	242
TU984	4	3400	13056
TU984.1	5	631	3241
TU984.11	6	709	716
.....	6	606	606
TU984.2*	5	4177	4177

续表

类号	类级	书目库总量（不含下位类）	书目库总量（包含下位类）
TU984.3 ~ TU984.7	5	2238	2238
TU985	4	179	972
TU985.2*	5		
TU986	4	585	11007
TU986.1	5	186	186
.....	5	2345	2345
TU986.6*	5	1113	1113
TU99	3	1225	10890
TU990.3	4	189	189
TU991	4	1197	5130
TU991.1	5	92	345
.....	5	1357	2139
TU991.9*	5	256	256
TU992	4	510	977
.....	4	103	190
TU998	4	56	2314
TU998.1	5	1585	2176
.....	5	0	0
TV*	2	3191	28089
TV1	3	361	4071
TV11	4	1	1
TV12	4	165	347
TV13	4	866	2050
TV131	5	177	688
.....	5	3	3
TV14	4	223	1170
TV141	5	4	5
.....	5	196	197
TV15	4	2	141
TV16	4	1	1
TV21	3	228	4860
TV211	4	384	805
TV212	4	124	390

续表

类号	类级	书目库总量（不含下位类）	书目库总量（包含下位类）
TV213	4	881	3383
TV213.1	5	1	1
.....	5	121	121
TV214	4	54	54
TV22	3	49	656
TV3	3	74	439
TV4	3	42	245
TV5	3	214	1624
TV51	4	119	718
.....	4	101	114
TV6	3	360	6035
TV61	4	22	22
.....	4	217	219
TV632*	5		
TV64	4	504	1735
TV641	5	198	461
.....	5	252	626
TV65	4	62	174
.....	4	196	265
TV68*	4	438	438
TV691	4	0	0
.....	4	191	670
TV7	3	513	2197
TV72	4	59	59
.....	4	170	788
TV752*	5		
TV76	4	2	2
TV8	3	110	4764
TV81	4	110	110
.....	4	30	30
TV882.1	6	907	907
.....	6	628	628
TV882.8*	6	884	884
TV882.9*	6	118	118

续表

类号	类级	书目库总量（不含下位类）	书目库总量（包含下位类）
TV-9	3	0	0
TV91	3	6	6
TV92	3	0	0
TV93	3	1	1
U*	1	1522	112639
U1	2	264	2001
U11	3	22	132
U12	3	290	340
U13	3	26	26
U14	3	6	11
U15	3	22	22
U16	3	76	76
U169	3	115	218
U17	3	203	864
U18	3	48	48
U2*	2	2012	21471
U21	3	701	4096
U211	4	31	103
.....	4	173	653
U22	3	202	673
U23	3	286	3039
U231	4	624	841
.....	4	22	22
U24	3	290	290
U25	3	158	158
U26	3	450	3247
U260.1	5	16	163
.....	5	19	19
U261	4	183	279
.....	4	244	452
U27	3	255	1738
U270.1	5	101	101
.....	5	22	22
U271	4	202	269

续表

类号	类级	书目库总量（不含下位类）	书目库总量（包含下位类）
.....	4	135	221
U28	3	170	1890
U281	4	6	6
.....	4	36	36
U29	3	218	4328
U2-9	3	0	0
U291	4	149	398
.....	4	388	1234
U4*	2	500	63345
U41	3	1725	11241
U411	4	89	89
U412	4	345	2169
U412.1	5	187	189
.....	5	71	286
U414*	4	725	725
U415	4	363	2105
U415.1	5	520	1260
.....	5	64	64
U416	4	342	2780
U416.1@	5	746	749
U416.2@	5	319	1539
U416.21@	6		
U416.216@	7		
U416.217@	7		
U416.3	5	1	1
U416.4	5	3	3
U417	4	33	161
.....	4	357	1331
U44	3	923	7536
U441	4	347	358
.....	4	137	554
U448	4	329	4043
U448.1	5	9	1361
.....	5	27	1455

续表

类号	类级	书目库总量（不含下位类）	书目库总量（包含下位类）
U449	4	35	92
U45	3	450	2616
U451	4	127	132
.....	4	28	120
U46*	3	2986	31344
U461	4	303	957
U462	4	330	556
U463@	4	1117	6315
U463.1@	5	456	456
U463.2@	5	194	629
U463.21@	6		
U463.212@	7		
U463.3@	5	65	588
U463.33@	6		
U463.34@	6		
U463.341@	7		
U463.4@	5	112	146
U463.5@	5	177	336
U463.6@	5	1687	2311
U463.62@	6		
U463.67@	6		
U463.7	5	57	57
U463.8@	5	103	656
U463.82@	6		
U463.85@	6		
U463.9	5	4	19
U464@	4	1310	2675
U464.1@	5	14	1246
U464.13@	6		
U464.136@	7		
U464.17@	6		
U464.171@	7		
U464.172@	7		
U464.2	5	9	52

续表

类号	类级	书目库总量（不含下位类）	书目库总量（包含下位类）
.....	5	6	18
U465	4	179	354
.....	4	162	162
U469.1@	5	323	2739
U469.11@	6		
U469.2@	5	562	582
U469.3@	5	170	170
U469.4	5	65	65
U469.5	5	76	76
U469.6@	5	408	411
U469.7@	5	470	1385
U469.72@	6		
U469.79@	5	101	101
U471	4	337	2796
U471.1	5	733	955
.....	5	160	248
U472	4	1230	7324
U472.1	5	8	8
.....	5	91	91
U472.4	5	1809	5227
U472.41	6	2122	2122
.....	6	121	121
U472.5	5	9	9
.....	5	5	5
U473	4	179	434
U48	3	137	2263
U481	4	0	0
U482@	4	66	125
.....	4	1376	1376
U488	4	15	15
U489@	4	116	116
U49	3	325	7844
U4-9	3	1	1
U491	4	2223	6202

续表

类号	类级	书目库总量（不含下位类）	书目库总量（包含下位类）
U491.1	5	1503	1516
.....	5	454	459
U492	4	65	838
U495	4	479	479
U6*	2	843	21226
U61	3	779	1485
U611	4	80	80
.....	4	54	205
U621*	4	137	137
U64	3	197	555
U65	3	1332	2951
U651	4	104	123
.....	4	123	169
U659*	4	284	284
U66	3	1317	12995
U661	4	202	894
.....	4	175	346
U664	4	370	2202
U664.1	5	306	1032
U664.11	6	37	183
.....	6	64	424
U664.2	5	10	67
.....	5	71	174
U665	4	325	574
.....	4	102	620
U674	4	326	2360
U674.1	5	59	323
U674.13@	6		
U674.2	5	5	36
U674.3	5	25	96
U674.4@	5	179	183
U674.6	5	6	6
U674.7@	5	325	598
U674.76@	6		

续表

类号	类级	书目库总量（不含下位类）	书目库总量（包含下位类）
U674.8	5	10	27
U674.91@	5	157	157
U674.92	5	20	93
U674.93@	5	1	253
U674.931@	6		
U674.94@	5	9	239
U674.941@	6		
U674.95	5	0	21
U674.98	5	2	2
U675	4	1140	2257
U675.1	5	26	155
.....	5	2	2
U676	4	42	977
U677	4	21	30
U69	3	231	2397
U6-9	3	0	0
U691	4	179	179
.....	4	183	489
U699*	4	100	100
U8	2	3074	3074
U-9	2	0	0
V*	1	746	30821
V1	2	929	2031
V11	3	1070	1070
V19	3	32	32
V2*	2	1749	17741
V21	3	244	3156
V211	4	680	1717
V211.1	5	245	275
.....	5	115	115
V212	4	185	331
.....	4	167	308
V22	3	332	1112
V221	4	286	297

续表

类号	类级	书目库总量（不含下位类）	书目库总量（包含下位类）
.....	4	28	28
V23	3	514	2106
V231	4	142	510
.....	4	32	148
V24	3	227	2440
V241	4	119	342
.....	4	132	266
V25	3	348	892
V26	3	81	1073
V261	4	46	187
.....	4	115	261
V27	3	270	2850
V271	4	528	1341
V271.1	5	175	175
.....	5	62	62
V272	4	6	6
.....	4	47	47
V2-9	3	0	0
V31	3	55	105
V32	3	164	1489
V321	4	5	285
.....	4	232	448
V35	3	110	748
V37	3	21	21
V4*	2	1732	9577
V41	3	228	995
V411	4	66	110
.....	4	68	355
V42	3	102	477
V421	4	60	117
.....	4	139	251
V43	3	347	1211
V44	3	168	1289
V45	3	24	24

续表

类号	类级	书目库总量（不含下位类）	书目库总量（包含下位类）
V46	3	164	223
V47	3	364	1777
V474	4	329	646
.....	4	73	313
V51	3	188	335
V511	4	24	24
.....	4	99	104
V52	3	409	1102
V524	4	34	73
.....	4	65	65
V55	3	84	330
V551	4	18	22
.....	4	3	3
V57	3	82	82
V7	2	726	726
X*	1	659	87826
X-01*	3		
X1	2	804	12484
X-1*	2		
X11	3	411	411
X12	3	679	737
X13	3	912	2134
X131	4	508	591
X132	4	631	631
X14	3	298	2126
X141	4	337	337
.....	4	226	226
X16	3	804	804
X169	3	15	15
X17	3	1146	3692
X171	4	722	1706
.....	4	361	361
X18	3	117	117
X191	3	1	1

续表

类号	类级	书目库总量（不含下位类）	书目库总量（包含下位类）
X192	3	46	46
X196	3	1597	1597
X197	3	0	0
X2	2	997	5355
X21	3	1472	1472
X2-1	3	25	25
X22	3	1387	1387
X24	3	1356	1356
X26	3	118	118
X3	2	1128	10588
X32	3	977	7410
X321@	4	4528	4528
X322@	4	1683	1683
X324	4	84	84
.....	4	108	108
X33	3	25	25
X34	3	4	4
X36	3	254	254
X37*	3	1292	1292
X38	3	160	475
X4	2	1702	3376
X43*	3	1583	1583
X45	3	91	91
X5	2	1666	19895
X501	4	103	103
.....	4	384	384
X508*	4	467	467
X51@	3	2534	5212
X511@	4	1442	1442
.....	4	101	101
X52@	3	2776	5161
X522@	4	849	849
.....	4	597	597
X53@	3	2158	2158

续表

类号	类级	书目库总量（不含下位类）	书目库总量（包含下位类）
X54	3	16	16
X55@	3	1325	1325
X56	3	74	74
X57	3	5	5
X591@	3	638	638
X592@	3	860	860
X593	3	89	89
X7	2	1418	17862
X701	4	727	1441
X703	4	3670	6355
X703.1	5	2283	2283
.....	5	102	102
X705	4	1815	1815
.....	4	21	21
X71@	3	299	582
X713@	4		
X72	3	19	19
X73@	3	78	471
X734@	4		
X734.2@	5		
X74@	3	431	676
X741@	4		
X75@	3	250	907
X751@	4		
X756@	4		
X757@	5		
X758@	5		
X76@	3	314	314
X77@	3	133	445
X773@	4		
X78@	3	568	1468
X781@	4	74	143
.....	4	167	342
X785	4	6	6

续表

类号	类级	书目库总量（不含下位类）	书目库总量（包含下位类）
X786	4	41	41
X787@	4	111	111
X788	4	95	95
X789	4	47	47
X79@	3	155	902
X791@	4		
.....	4		
X799@	3	101	1023
X799.3@	4		
X8	2	438	5224
X82	3	283	2014
X821*@	4	183	183
X822@	4	15	168
X823	4	56	56
X824@	4	292	292
X825	4	37	37
X826@	4	128	128
X827	4	6	6
X83	3	895	2323
X831@	4	374	374
X832@	4	541	541
X833	4	60	60
X834@	4	156	156
X835@	4	127	127
X836	4	2	2
.....	4	54	54
X84	3	134	134
X85	3	64	96
X87	3	219	219
X9	2	549	6740
X91	3	202	493
X92	3	591	2587
X921*	4		
X93	3	543	2891

续表

类号	类级	书目库总量（不含下位类）	书目库总量（包含下位类）
X931	4	1177	1177
.....	4	214	214
X96	3	52	137
X961	4	1	1
.....	4	13	13
Z	1	65	126713
Z1	2	488	37684
Z122*	4		
Z126.27*	6		
Z2	2	667	20778
Z3	2	239	1205
Z4	2	358	9749
Z42*	3		
Z429*	4		
Z5	2	333	20222

续表

类号	类级	书目库总量（不含下位类）	书目库总量（包含下位类）
Z52*	3		
Z6	2	226	4529
Z8	2	212	32481
Z81	3	38	1750
Z812.2*	5		
Z82	3	44	3516
Z822.0*	5		
Z83	3	152	3878
Z84	3	8	600
Z842*	4		
Z85	3	56	2559
Z86	3	9	518
Z87	3	1330	1330
Z88	3	9886	9886
Z89	3	8218	8232

附录 2　G8、TP 类分面可视化与组配检索案例摘编

“G8 体育”分面显示图

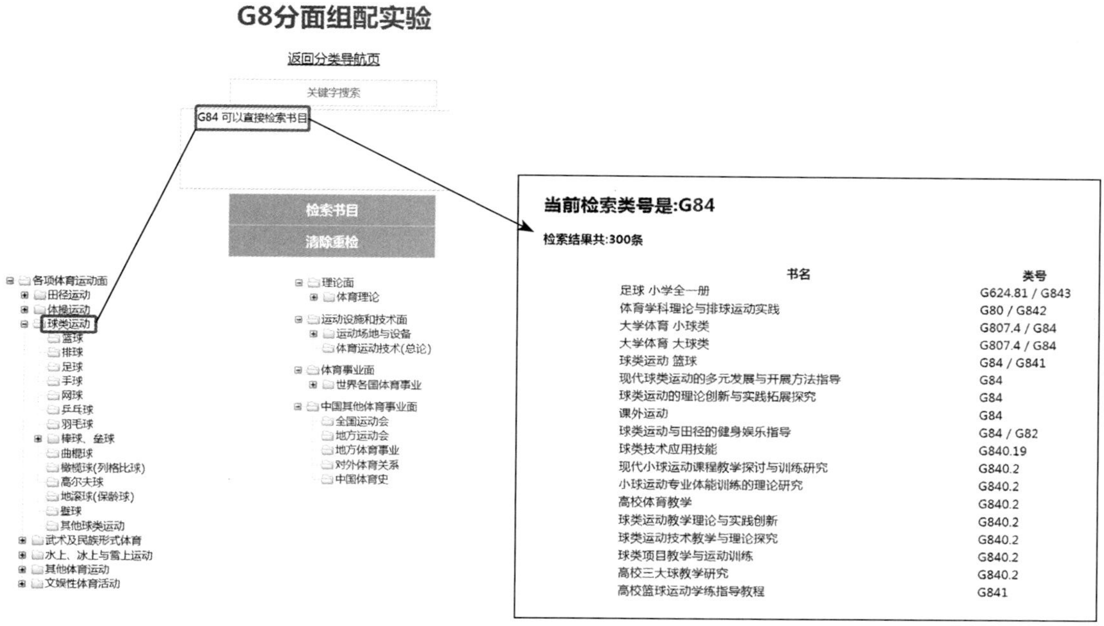

专论面“球类运动”直接检索书目结果

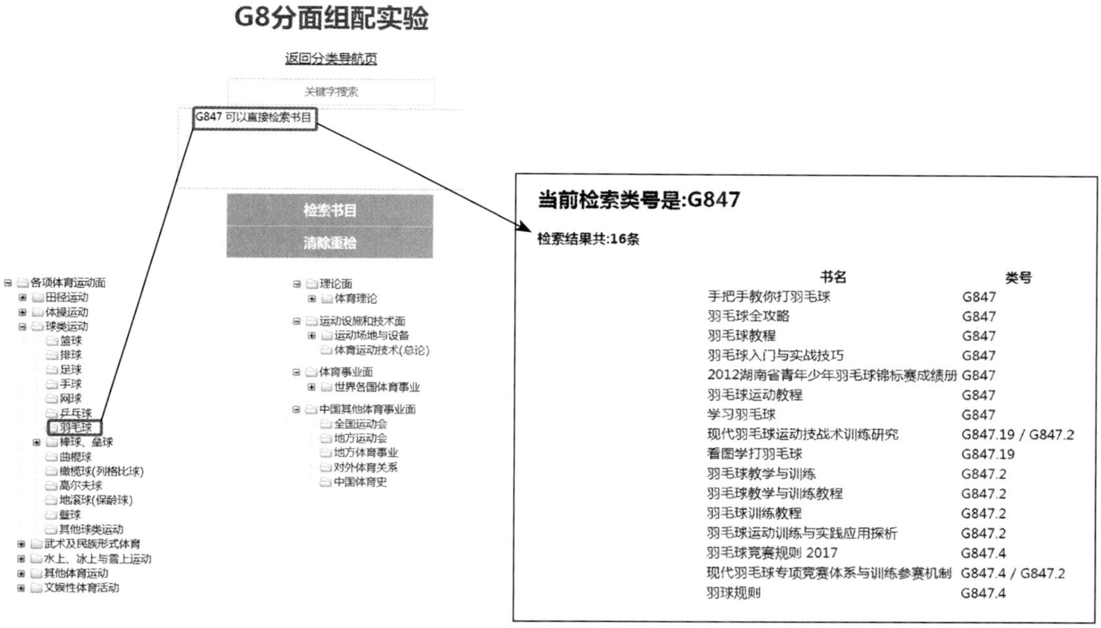

专论面“羽毛球”直接检索书目结果

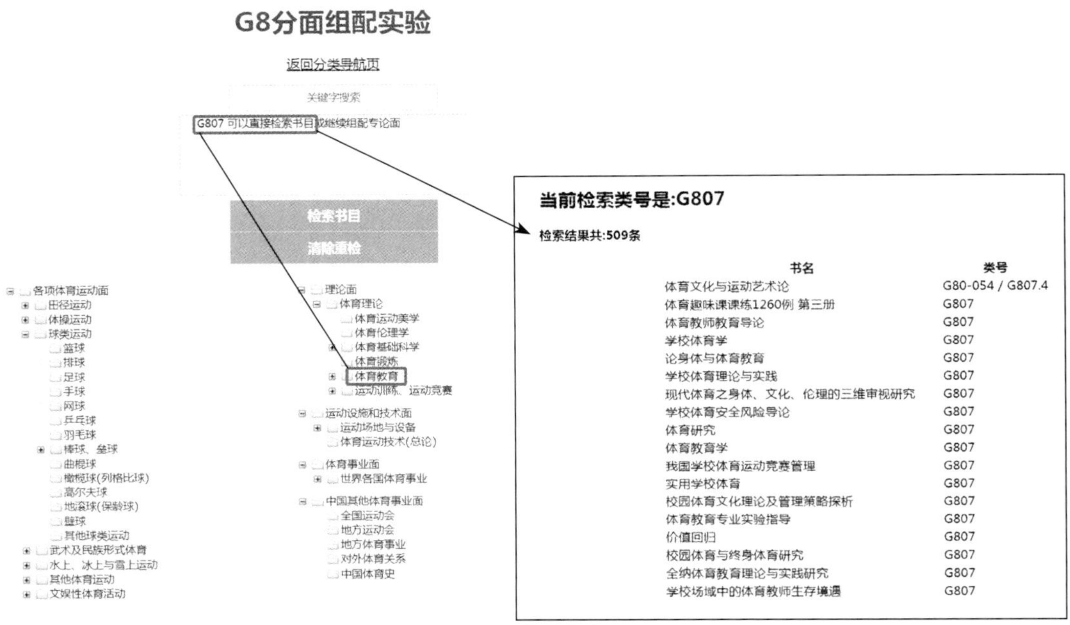

总论面“体育教育”直接检索书目结果

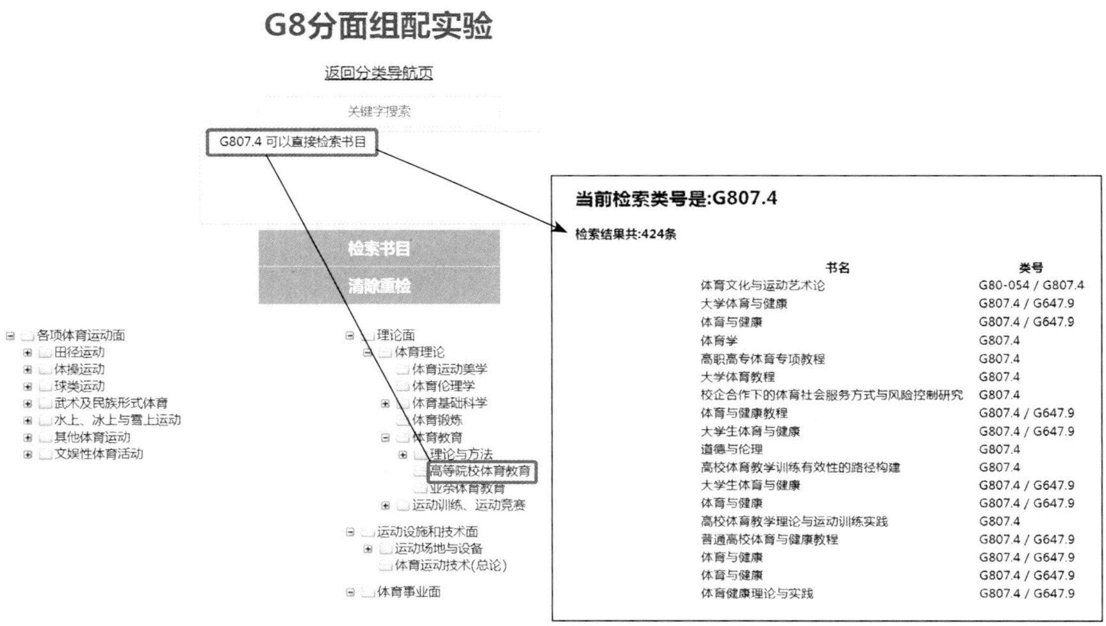

总论面“高等院校体育教育”直接检索书目结果

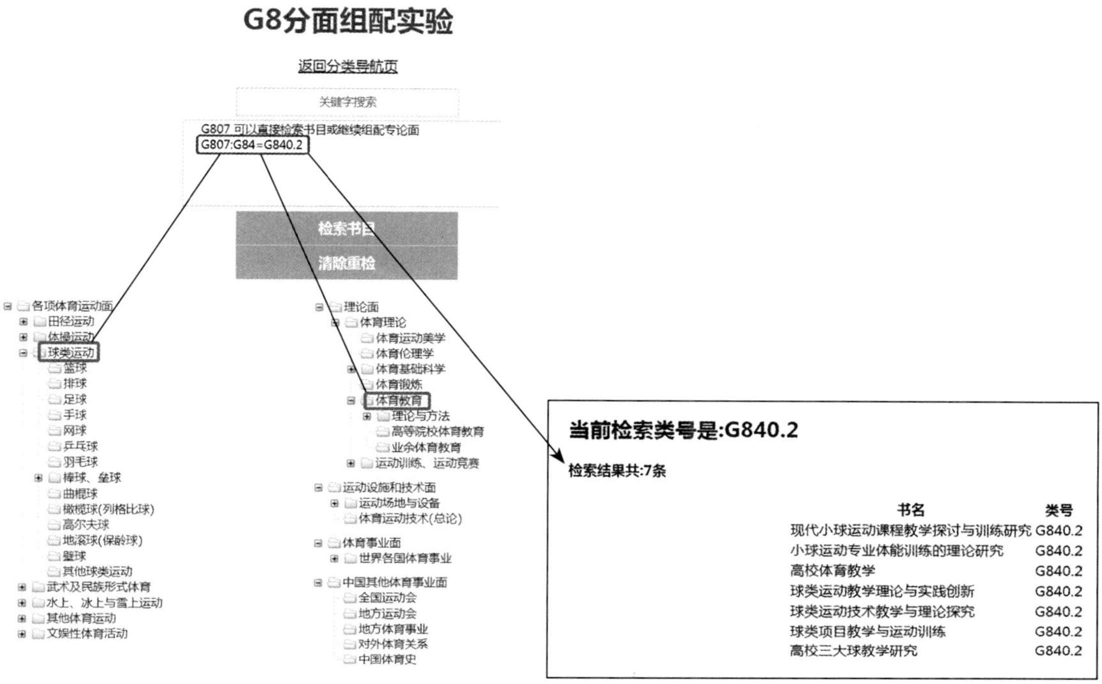

总论面“体育教育”与专论面“球类运动”组配检索书目结果

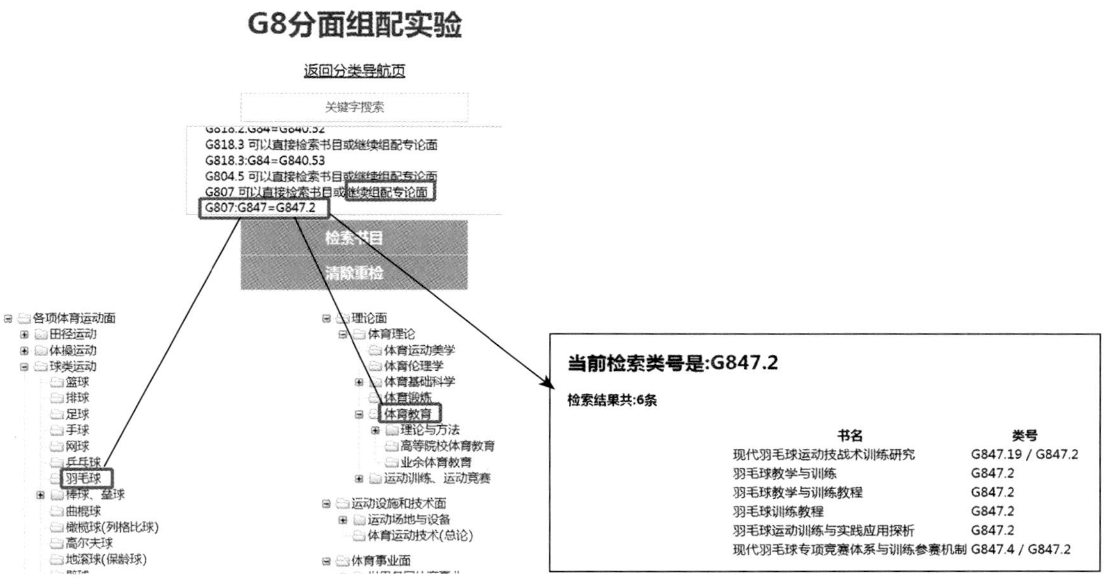

总论面“体育教育”与专论面“羽毛球”组配检索书目结果

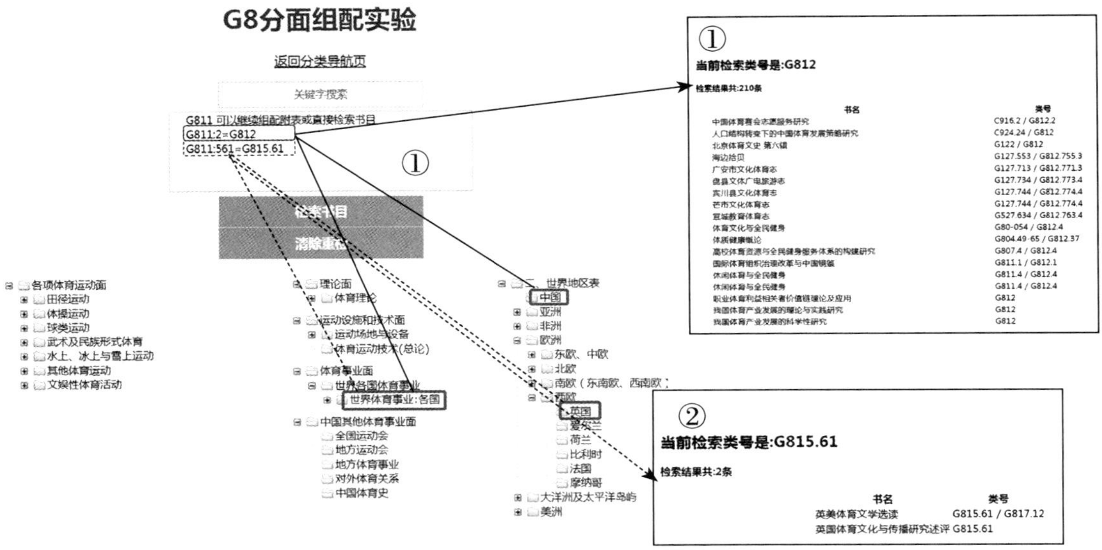

①——— 总论面“世界各国体育事业”与区域面“中国”组配检索书目结果

②·········· 总论面“世界各国体育事业”与区域面“英国”组配检索书目结果

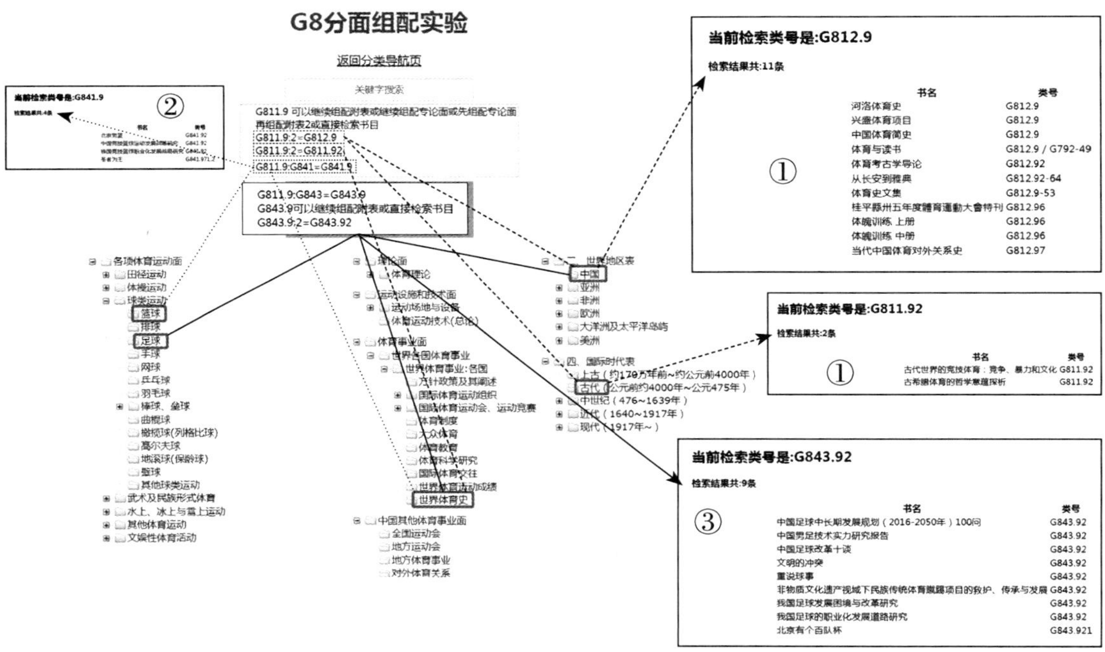

①·········· 总论面“世界体育史”与区域面“中国”组配检索书目结果

·········· 总论面“世界体育史”与时代面“现代”组配检索书目结果

②·········· 总论面“世界体育史”与专论面“篮球”组配检索书目结果

③——— 总论面“世界体育史”与专论面“足球”与区域面“中国”组配检索书目结果

G8 体育

TP 自动化技术、计算机技术

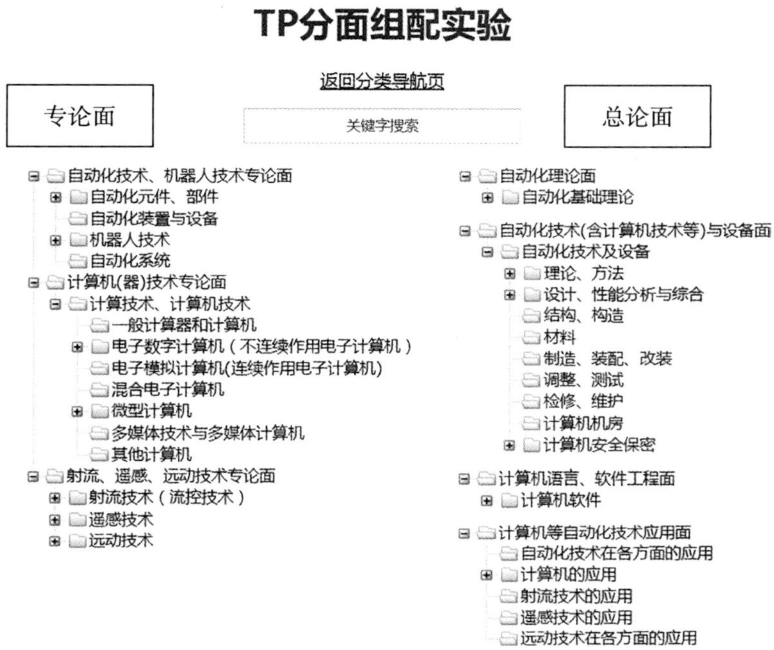

“TP 自动化技术 计算机技术”分面显示图

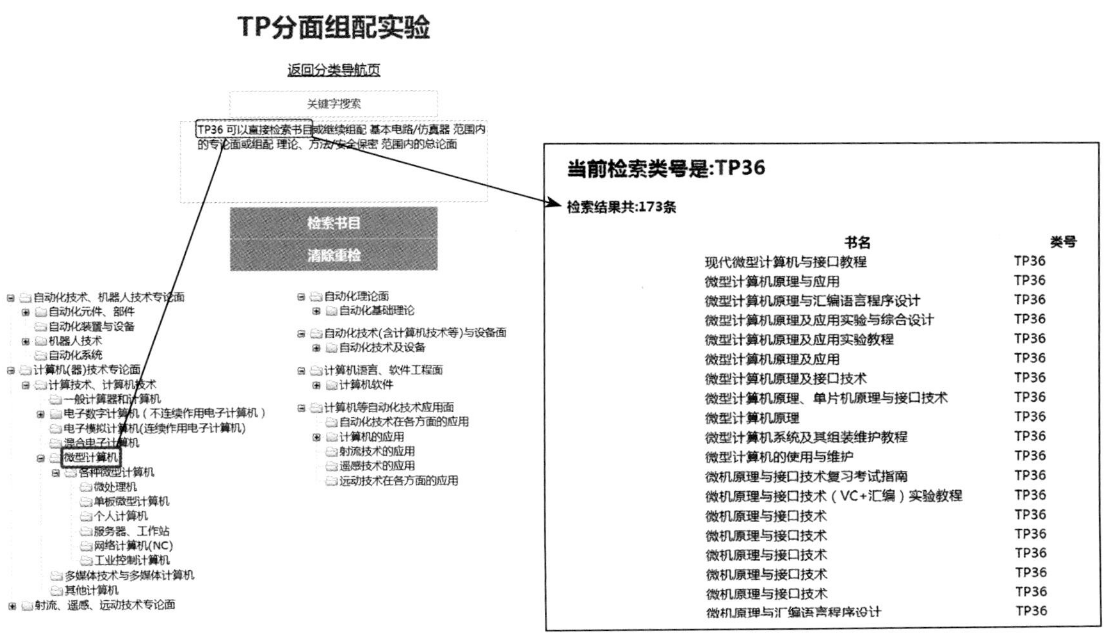

专论面“微型计算机”直接检索书目结果

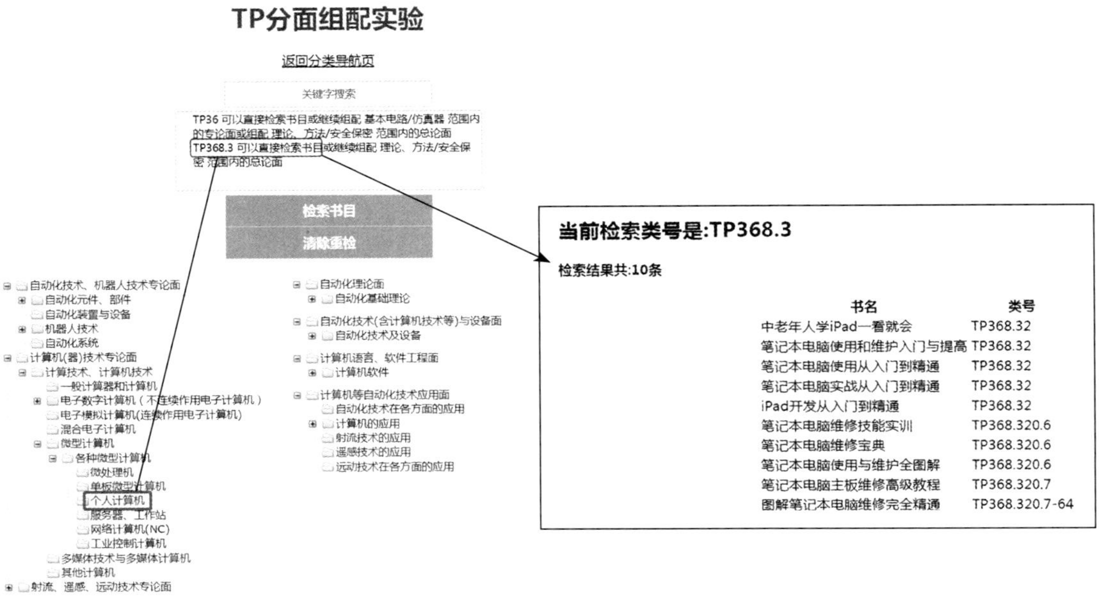

专论面“个人计算机”直接检索书目结果

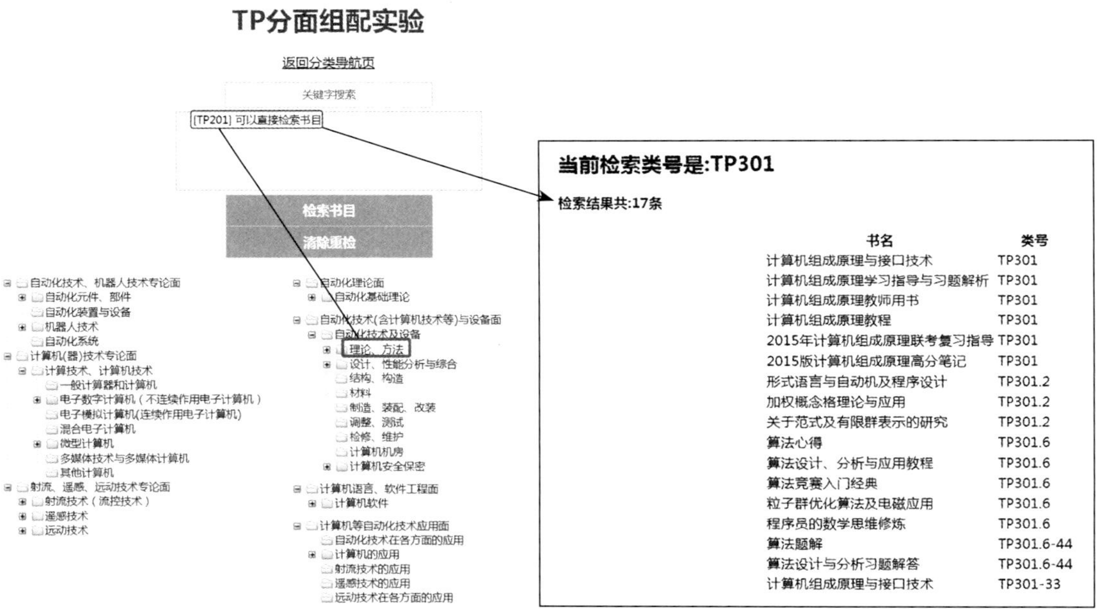

总论面“理论、方法”直接检索书目结果（包括 TP301）

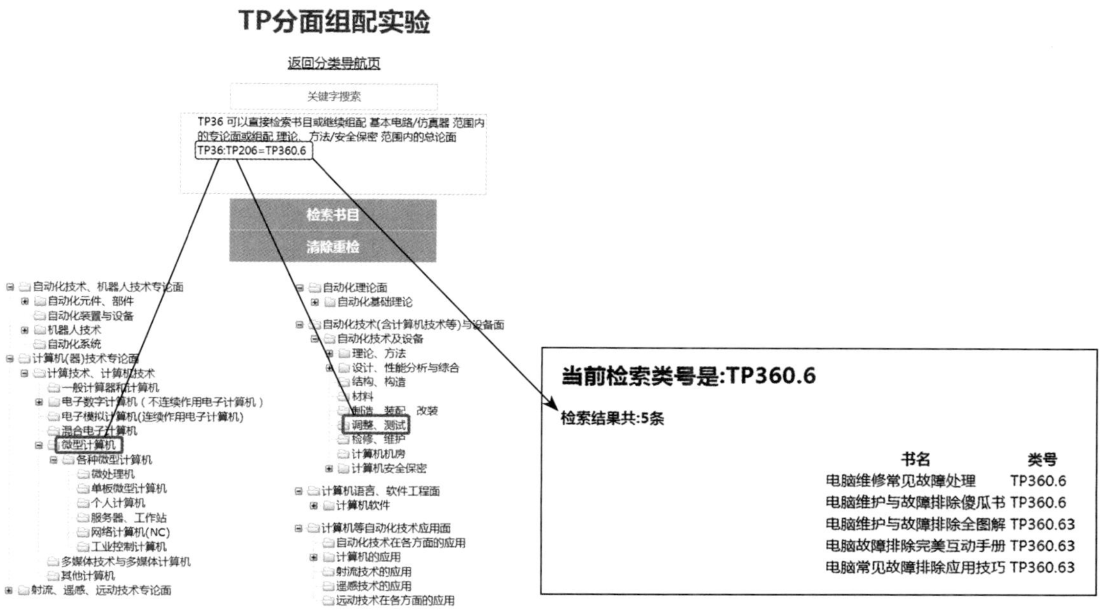

专论面“微型计算机”与总论面“调整、测试”组配检索书目结果

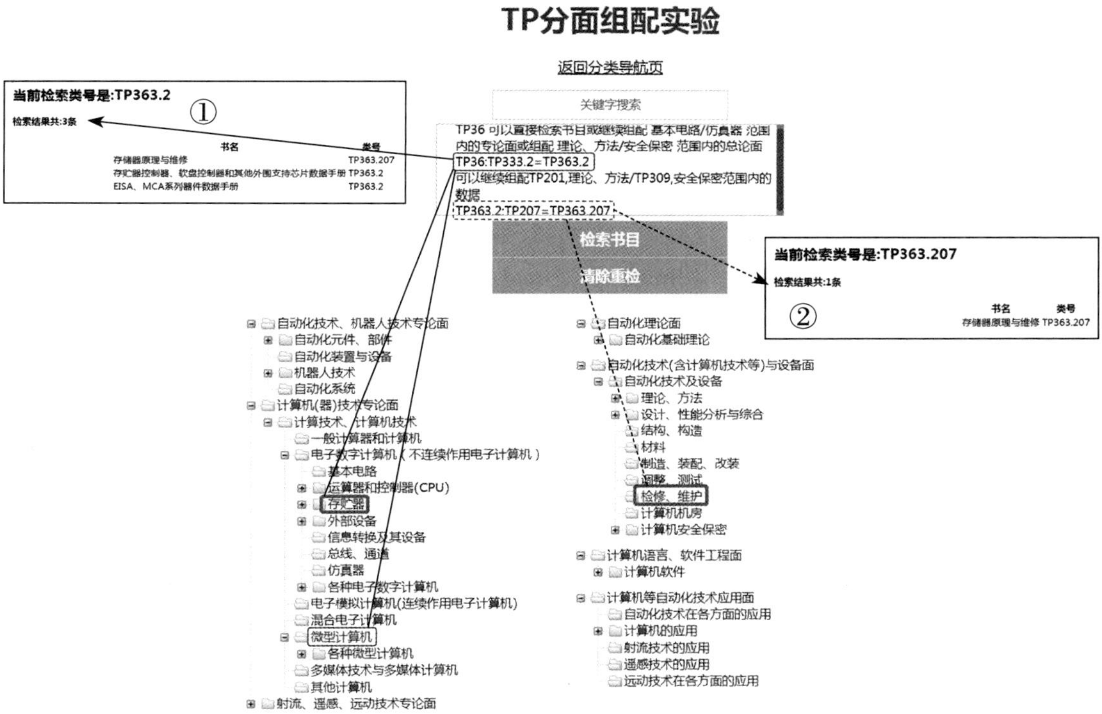

①——— 继续与总论面“检修、维护”组配检索书目结果

②········· 专论面“微型计算机”与专论面“存贮器”组配检索书目结果

引文和参考文献

［1］王军 . 基于分类法和主题词表的数字图书馆知识组织 [J]. 中国图书馆学报，2004(3):42-43.

［2］侯汉清，徐辉 . 阮冈纳赞分类思想在中国的传播及影响——纪念阮冈纳赞诞辰 100 周年 [J]. 情报科学，1992(6):72-74.

［3］侯汉清，周冰 . 从列举式分类法向组配分类法的转变——试论新版《资料法》的修订特色 [J]. 图书馆杂，2002(2):36-37.

［4］陈树年 . 基于计算机检索，对体系分类法改造的探讨 [J]. 图书馆建设，1998(5):40-42.

［5］GB/T32153—2015　文献分类标引规则 [S]. 北京：中国标准出版社，2016.

［6］《中图法》编委会 .《中国分类主题词表》Web2.1 版 [DB/OL].[2018-03-20]. http://cct.nlc.cn/user/opac/opaclist.aspx.

［7］卜书庆 .《中图法》最终用户版体系结构及可视化研究 [J]. 图书馆建设，2015(6):27-31.

［8］戴维民 . 信息组织 [M]. 3 版 . 北京：国家图书馆出版社，2014:37-42,404-406.

［9］王宇 . 英国图书馆学家布朗分类思想探析 [J]. 山东图书馆学刊，2014(2):40.

［10］张琪玉 . 张琪玉文集 [M]. 北京：国家图书馆出版社，2014:247-249;365-368.

［11］马张华 . 从等级列举式到分面组配式——布立斯《书目分类法》分面改造初探：下 [J]. 图书馆学研究，1989(5): 16-19.

［12］BROUGHTON V, SLAVIC A. Building a faceted classification for the humanities: principles and procedures [J].Journal of Documentation, 2007(5):727-754.

［13］英国分类法研究小组，秦明，云野 . 需要以分面分类法作为一切情报检索方法的基础 [J]. 宁夏图书馆通讯，1985(2):40-46.

［14］冯雷 .IFLA 图书馆参考模型概述及研究现状 [C]// 第五届全国文献编目工作研讨会论文集 . 北京：国家图书馆出版社，2017:113-121.

［15］GB/T 13190.1—2015　信息与文献 叙词表及与其他词表的互操作第 1 部分：用于信息检索的叙词表 [S]. 北京：中国标准出版社，2015.

［16］GB/T 3860—2009　文献主题标引规则 [S]. 北京：中国标准出版社，2010.

［17］马张华 . 信息组织 [M]. 北京：清华大学出版社，2008:127.

［18］林德海 .UDC：历史、现状及发展前景 [J]. 河南图书馆季刊，1981（3）：14-20.

［19］田书格 . 新版 UDC 与我国三大分类法的通用复分体系比较研究 [J]. 山东图书馆季刊，2007（4）:57-61.

［20］邓永福．试比较《中图法》与《国际十进分类法》之城助符号在使用上的异同 [J]. 曲靖师专学报，1991（2）:36–41.

［21］同［17］。

［22］SLAVIC A, CORDEIRO M I, RIESTHUIS G. Maintenance of the universal decimal classification: overview of the past and preparations for the future[EB/OL].［2017–04–05］. http://arizona.openrepository.com/arizona/handle/10150/105220.

［23］刘国钧．现代西方主要图书分类法评述 [M]. 长春：吉林人民出版社，1980: 172–195.

［24］袁勇．布利斯《书目分类法》评介 [J]. 图书与情报，1988(3): 24–29.

［25］马张华．从等级列举式到分面组配式——布立斯《书目分类法》分面改造初探（上）[J]. 图书馆学研究，1989(3): 56–61.

［26］同［11］。

［27］Bliss Classification Association. Introduction and auxiliary schedules(1977 ISBN: 0408708212)[EB/OL].[2018–06–11].http://www.blissclassification.org.uk/Class1/1_contents.shtml.

［28］戴维民．《布利斯书目分类法》第二版评介 [J]. 图书馆学通讯，1989(1): 65–71, 45.

［29］Bliss Classification Association［EB/OL］.［2018–06–11］. http://www.blissclassification.org.uk/.

［30］Bliss Classification Association. P religion, occult, morals and ethics(1977 ISBN: 0408708328)[EB/OL].[2018–06–11].http://www.blissclassification.org.uk/ClassP/P_contents.shtml.

［31］Facet analytical theory in managing knowledge structure for humanities[EB/OL]. [2016–5–18]. http://www.ucl.ac.uk/fatks.

［32］Facet analytical theory as a basis for a knowledge organization tool in a subject portal[J/OL].[2016–05–18]. http://www.ucl.ac.uk/fatks/paper2.htm.

［33］同［12］。

［34］BROUGHTON V.Faceted classification as a basis for knowledge organization in a digital environment;the Bliss Bibliographic Classification as a model for vocabulary management and the creation of multidimensional knowledge structures[J].New Review of Hypermedia and Multimedia, 2001(7): 67–102.[2016–05–18].http://dx.doi.org/10.1080/13614560108914727.

［35］卜书庆．《中图法》最终用户的知识服务体系方案研究 [J]. 数字图书馆论坛，2018(5):2–9.

［36］国家图书馆《中图法》编委会．《中国图书馆分类法》第五版使用手册 [M]. 北京：国家图书馆出版社，2012:13–106.

［37］同［36］。

［38］张琪玉．文献主题的构成因素及层次 [J]. 图书情报知识，1985(1):39–40.

［39］张琪玉．体系分类法中“集中与分散”的矛盾 [M]// 张琪玉文集：上．北京：国家图书馆出版社，2014:399–402.

［40］同［39］。

[41] 张琪玉."分类表词表编制规则→文献标引规则→文献检索规则"是一种演变过程[M]// 张琪玉文集:上.北京:国家图书馆出版社,2014:395-396.

[42] ZHAO S, MCGUFFIN M J, CHIGNELL M A. Elastic hierarchies: combining treemaps and node-link diagrams[P]. Information Visualization, 2005. INFOVIS 2005. IEEE Symposium on,2005.

[43] 陈贞子.层次化数据可视分析方法及在 PMS 中的应用研究[D].北京:北京工商大学,2011.

[44] 肖卫东,孙扬,赵翔,等.层次信息可视化技术研究综述[J].小型微型计算机系统,2011, 32(1): 137-146.

[45] 李彦龙,李国强,董笑菊.树比较可视化方法综述[J].软件学报,2016, 27(5): 1074-1090.

[46] 李志龙,陈谊,赵建宇,等.基于双曲树的农产品分类信息可视化方法[J].计算机仿真,2015, 32(2):436-440.

[47] 同[44]。

[48] Sun Burst [EB/OL].[2018-06-11]. https://www.cc.gatech.edu/gvu/ii/sunburst/.

[49] 同[42]。

[50] BEADOIN L, PARENT M A, VROOMEN L C. Cheops: a Compact Explorer for Complex Hierarchies. In proceedings of IEEE visualization 1996 San Francisco, CA, USA, October 27 – November 1, 1996, edited by R Yagel and G.M. Nielson, 87–92[R].Washington, DC: IEEE Computer Society, 1996. doi:10.1109/VISUAL.1996.567745.

[51] 卜书庆.《中图法》最终用户版体系结构及可视化研究[J].图书馆建设,2015(6): 27-31.

[52] 靖培栋,郭宇峰.基于双曲几何的《中图法》分类体系的可视化[J].现代图书情报技术,2005(1):40-42.

[53] 欧阳宁,包平.基于本体《中国图书馆分类法》的可视化实现[J].图书馆杂志,2008(1):28-32.

[54] 李国俊,肖明.基于 SAX 解析的《中图法》分类体系可视化系统的实现[J].大学图书馆学报,2010,28(5):31-35.

[55] Tim Berners-Lee [EB/OL].[2018-06-11].https://www.w3.org/People/Berners-Lee/Research.html.

[56] BERNERS-LEE T.Semantic web road map [EB/OL].[2018-06-11]. https://www.w3.org/DrsignIssues/Semantic.html.

[57] 王昊奋,漆桂林,陈华钧.知识图谱:方法、实践与应用[M].北京:电子工业出版社,2019:70-79.

[58] 马尔斯.JSON 实战[M].北京:人民邮电出版社,2018:7-9,12.

[59] 里彻,桑索.OAuth 2 实战[M].北京:人民邮电出版社,2019:17-18,27-30.